김경천의 활동지역

바이칼호
치타
시베리아 횡단철도
이르쿠츠크
알렉세예프스크(자유시)
아무르강 하바롭스크
미산
지린
평유퉁 우수리스크
수청
싼위안바오 창산리 블라디보스토크
평톈
베이징 안둥 신의주
인천
부산 교토 도쿄
시모노세키 나라시노
상하이

쿤밍

연해주 확대지도

아무르강 철도
시호테알린산맥
시베리아 철도
연해주

만주

우수리강

하얼빈
수이펀
동중국 철도
니콜스우수리스크 니콜라예프카(신영동) 올가항
프레치푸틴
코르사코프카 다우지미 약골리가
신한촌 도비허
수이푼(추풍)
블라디보스토크 스찬(수청)
안지혜
나호트카
포시에트
두만강
한반도

김경천 평전

백마 탄 김장군의 전설

김경천 평전
백마 탄 김장군의 전설

초판 1쇄 인쇄 2018년 2월 22일
초판 1쇄 발행 2018년 3월 1일

저 자 이원규

발행인 윤관백
발행처 ▨출판 선인

디자인 박애리
편 집 이경남 · 박애리 · 김지현 · 심상보 · 임현지
영 업 김현주

등 록 제5-77호(1998.11.4)
주 소 서울시 마포구 마포대로4다길 4 곳마루 B/D 1층
전 화 02)718-6252/6257
팩 스 02)718-6253
E-mail sunin72@chol.com

정 가 25,000원
ISBN 979-11-6068-154-3 03990

김경천 평전

백마 탄 김장군의 전설

이원규

도서출판 선인

부르는 소리

『약산 김원봉』, 『김산 평전』, 『조봉암 평전』에 이어 김경천 장군의 평전을 내놓게 되었다. 평전 쓰기가 너무 힘들어서 조봉암 평전 작가 서문에 이제 더 못 쓰겠다고 했는데 부르는 소리가 나를 일으켜 세웠다.

김경천은 나라가 패망으로 기울던 시대에 태어나 황실유학생으로 일본에 가서 육사를 나왔다. 한일합병 후 많은 무관 선후배들이 일제에 굴종했으나 민족의 운명을 등에 지고 분투했다. 만주에서 신흥무관학교 교관으로 애국청년들을 가르쳤고 러시아 연해주에서 백마를 타고 달리며 눈부신 무장항쟁을 벌여 민족을 구할 영웅으로 추앙받았다. 그러나 소련 스탈린 정권에 의해 반역누명을 쓰고 우랄산맥 너머 동토의 유형지에서 비참하게 죽었다. 그의 생애와 가족사에는 고난어린 한국근현대사가 고스란히 들어 있다.

김경천은 내게 세 번 다가왔다. 20여 년 전, 한인들의 강제이주사를 소설로 쓰겠다고 문예진흥원 지원을 받아 러시아 연해주에서 시베리아를 횡단해 카자흐스탄으로 갔다. 대표적인 강제이주지역들 중 우수토베, 크즐오르다를 답사했다. 지치고 쇠약해져 더 이상 험한 여정을 감당하기 어려워 알마티에 머물렀다.

보름 간 나를 집에 묵게 해주신 전 소련군 대좌 이종수 선생과, 북한정부 고위직을 지낸 정상진 선생은 내가 카라간다에 가지 못함을 안타까워하셨다. 김경천을 이야기하며 카라간다에 유족이 살고 있다고 했다. 특히 정상진 선생은 대학시절 장군의 집을 방문한 인상을 말씀하시며 언제고 김경천

을 쓰라고 하셨다. 그 몇 해 뒤 김경천 유족의 소재가 국내에 알려지고 독립
유공자 서훈이 이루어졌다. 그럼 됐지. 억울함은 씻은 셈이니까. 나는 그렇
게 생각하고 김경천을 잊었다.

여러 해 뒤, 내가 평전쓰기에 빠져 약산과 김산을 썼을 때였다. 장세윤 박
사가 두툼한 복사물을 건네주었는데 김경천의 육필일기『경천아일록』복사
본이었다. 마치 이순신 장군의『난중일기』같은 자기희생과 불굴의 인간혼이
담겨 있었다. 집필노트를 만들었으나 평전은 쓸 엄두를 내지 못했다. 김경
천의 숨결이 어린 서간도, 러시아 연해주의 스찬, 수이푼과 포시에트, 시베
리아 동부, 중앙아시아는 이미 여행한 터였으나 말년을 들여다볼 러시아 측
자료가 공개되지 않은 상태였다.

10년 쯤 지나 러시아의 자료들이 하나둘 공개되고 박환 교수와 반병률 교
수 등의 연구 성과가 나오기 시작했다. 나는 그것들을 목마른 사람처럼 받
아 안았다. 김경천 생애의 곁가지로 잡았던 이야기 —그가 일본 육사 선배로
서 멘토가 되어 이끌었던 대한제국 마지막 무관학교 생도들 45명의 삶의 자
취— 를 먼저 쓰기 시작했다. 그 때 내 가슴속의 김경천을 향해 말했다. 이
책은 당신의 평전을 쓰기 위한 예비입니다. 평전은 더 기다려야 할 듯합니
다, 하고.

그러던 중 KBS가「백마 탄 김 장군 김경천, 시베리아의 전설이 되다」를
방영하였다. KBS 류지열 PD의 프로정신이 만든 그 영상은 김경천의 진면
목을 널리 알리는 역할을 했다. 내가 한 발 늦었구나 하고 탄식했으나 그것
을 통해 유형지 공간 리얼리티를 얻었고 거기 리포터로 출연한 김경천 장군
의 외증손녀 올가를 만날 수 있었다. 올가는 전남대 박사과정에 유학 와 있
었다. KBS 촬영팀과 함께 가서 밟아본 감옥의 감방과, 관계기관에서 두 눈

으로 본 기밀문서에 대해, 김경천 장군이 죽은 코틀라스 유형지의 공간경험, 그리고 한 맺힌 가족사와 한인 유민사를 들려주었으며 러시아어 자료들을 번역해주었다.

이 무렵 크게 부르는 소리가 나를 일으켜 세웠다. 김경천의 생애를 복원해 세상에 알리는 것은 시대에 대한 작가의 책임이라는 생각이 내 가슴을 메웠다. 일제강점기 친일행위를 한 인물들과 후손들이 누린 영화와, 김경천의 거룩한 생애와 후손들의 고난 어린 삶을 대비시키게 되고 강렬한 집필욕을 갖게 되었다. 그래서 칠십 나이를 잊고 원고에 매달렸다. 김경천과 심리적 동일시에 빠져들었고 비운에 찬 그의 운명 때문에 이따금 눈물을 흘리며 한 줄 한 줄 써나갔다.

이 책은 평생 리얼리즘 소설을 써온 작가로서 김경천의 생애를 사실 중심으로 써서 복원시켜 본 성과물이다. 상상력에 의한 소설적 시퀀스가 일부 설정되어 있으나 기록과 증언을 절대우선으로 삼았고 자료 없는 빈 곳만 상상력으로 얼개를 만들었음을 밝혀둔다. 이 책에는 많은 인물들이 등장한다. 모두 실존인물이다. 김경천 뒤에 서 있는 또 다른 김경천들을, 영하 40도 북방의 혹한 속에서 조국 독립을 위해 분투한 그들을 뺄 수가 없었다.

집필을 끝낸 지금, 우랄산맥 너머 아르헨겔스크의 유형지 코틀라스 집단매장지에 이름 없는 유골들과 섞여 있는 김경천 장군을 생각하면 가슴이 아프다. 이 책이 장군의 영혼에 작은 위무가 되기를 바란다.

1995년 김경천을 처음 말씀하신 알마티의 이종수·정상진 선생, 2003년 『경천아일록』 복사본을 구해 준 장세윤 박사, 그 무렵 자료 일부를 준 박환 교수와 독립기념관의 이동언·이명화 박사를 잊을 수 없다. 최근에는 북청 군 명예군수 김경 선생과 북청 김경천 가문의 김지호 선생, 김경천의 독립 유공훈장 추서 공로자인 정창영 선생이 생생한 증언을 해주셨다. 올가는 만 사를 제쳐놓고 도와주었고 올가의 부친 겐나지 선생은 귀한 사진들과 내가 원하는 러시아 쪽 자료들을 찾아 보내주셨다. 장군의 친손녀 나탈리아 씨는 장군에 대한 아주 소소한 이야기들까지 채록한 미발표 노트를 보내주셨다. 모든 분들께 이 자리를 빌어 깊은 감사를 드린다.

앞의 평전 쓸 때처럼 많은 자료와 자문을 주고 출판까지 도와 준 이동언 형, 사진 수록을 허락해준 민속원의 홍기원 대표와 인천시역사자료관의 강 옥엽 박사를 비롯한 여러 연구가들, 그리고 내 글을 좋은 책으로 꾸며준 도 서출판 선인의 직원 여러분에게도 감사드린다.

2018년 2월
이 원 규

40대의 김경천
1932년 하바롭스크 연방국가보안부에서 일하던 시
절. 김경천의 외증손녀 김올가 씨 제공.

훈장증
1998년 대한민국 정부가 아들 기범 씨와 딸 지희 씨를 초청해 추서
한 건국훈장 대통령장. 김올가 씨 제공.

50대의 김경천
블라디보스토크 국제사범대학 교수
시절의 모습이다. 김올가 씨 제공.

초임장교 시절의 김경천
카자흐스탄 발행 『고려일보』에서
옮김.

2차 체포 사진
두 번째로 체포되어 카자흐스
탄 카라간다 정치범수용소에
서 촬영한 1939년의 모습.
김올가 씨 제공.

1914년 기병중위 시절 김경천 부부
아내는 큰딸 지리를 임신하고 있었다. 김올가
씨 제공.

초임장교 시절 도쿄 기병 제1연대 배속 직후에 찍은 단체사진. 아랫줄 오른쪽 끝이 김광서(당시 김경
천의 본명) 소위이다. 김올가 씨 제공.

김경천의 부친 김정우
북청의 향반 가문 출신으로 윤웅렬 남병사
를 만나 발탁되고 일본유학을 다녀와 군기
창감 벼슬을 지냈다. 김올가 씨 제공.

한인 강제이주 후 살아남은 김경천의 자녀들 위에서 시계방향으로 장남 수범, 사녀 지희, 삼녀 지란,
장녀 지리. 김올가 씨 제공.

코틀라스 바라크
1940년 초 대숙청시기 김경천이 반역 혐의로 끌려가 수용되었던 구소련 아르헨젤스크 주 코틀라스 북부철도수용소의 바라크 건물.

라자렛 병원 환자들
영양결핍으로 쓰러져 치료도 받지 못하고 죽을 날을 기다리던 죄수들. 김경천도 이렇게 죽었다.

모스크바 무죄증명
1959년 모스크바 군구 군법회의가 김경천에게 무죄를 선고하고 발행한 서류. 김올가 씨 제공.

유형지 확인증
김경천의 유족이 2008년 소련 옛 유형지로부터 받은 확인증. 유죄선고와 재심의 무죄판결, 사망사실과 매장지 정보가 포함되어 있다. 김올가 씨 제공.

차 례

제1장

망명의 길

탈출을 감행하다

1919년 6월 6일 금요일, 경성에는 아침부터 비가 내렸다. 사직동의 잣골에는 초가집 20여 채와 기와집 서너 채가 듬성하게 서 있고, 그 집들 뒤편에 멋들어진 솟을대문을 앞세운 대갓집이 앉아 있었다. 60칸의 기와집 본채와 사랑채, 그리고 양옥도 있는 저택이었다. 솟을대문에는 도자기로 구운 특이한 문패가 달려 있었다. '金光瑞(김광서)'* 라는 이름은 은회색 바탕에 진한 검정색으로 만들어져 선명하게 보였다. 700평에 달하는 잘 꾸며진 후원도 있었다. 팔각지붕 정자와 나무와 화초 들이 사선으로 비껴 내리는 빗줄기를 축축하게 맞고 있었다.

김광서는 본채의 안방에서 빗소리에 잠을 깼다. 머리맡에 놓은 회중시계를 보니 6시였다. 일본 육군유년학교와 육사, 그리고 임관 후 여러 해 일본군에 몸담아 기상시각이 몸에 밴 그였다. 어젯밤 술에 취해서 집에 들어왔고 아내와 격렬하게 몸을 섞은 탓으로 나른하고 피곤했지만 머릿속은 개운했다.

윗목에서 아기에게 젖을 물리고 있던 아내가 그의 기척을 느끼고 조용히 말했다.

"더 주무세요. 오늘 망명을 결행하실 거잖아요."

아내의 얼굴은 슬픔이 드러나고 있었다.

어제는 그의 생일이었다. 황실유학생 동기들을 비롯한 가까운 친구들을 불러 여화원**에서 생일파티를 했다. 후배 김두전(金枓全)과 김정현(金禎鉉)이

---

*   김경천의 이 시기의 이름이자 세 번째 이름, 호적상 이름이다.

**   여화원(麗華園):1910년대에 경성 사축동(司畜洞 현재의 중구 북창동)에 있던 유명한 중국

끼었다.* 두 사람은 그와 함께 금강산에 여행을 가는 것으로 위장하고 있었다. 주변 사람들에게 금강산 탐승 간다고 말해 놓아 밀정들이 잘못 파악하게 만들고 있었다. 김두전·김정현 외에는 친구들 중 누구도 그가 금명간 탈출할 것이고 이 회식이 이별 파티임을 알지 못했다. 모두들 생일을 축하한다는 말, 금강산 잘 다녀오라는 말을 하며 그에게 술잔을 안겼다.

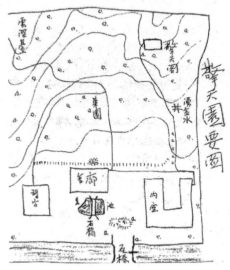

경천원 요도 자필 스케치
김경천이 육필일기 『경천아일록』에 삽화로 그린 종로구 사직동 저택 배치도.

김광서는 한 시간 쯤 더 눈을 붙이려 했으나 잠이 오지 않았다. 망명탈출을 결행하는 날 어찌 긴장하지 않으랴. 잠자리에서 일어나 세수를 하고 거울 앞에 섰다. 기병장교는 대개 키가 작지만 그는 그렇지 않았다. 일본인 동기생들보다 훨씬, 보통의 남자들보다 조금 컸다. 군살이 없어 늘씬한 몸이었고 얼굴은 군인답지 않게 곱상하고 피부가 흰 편이었다.

그는 옷을 입고 사랑채로 갔다. 돌아가신 아버지와 형의 유품이 있는 큰 가방을 열었다. 아버지가 애용하셨던 벼루와 붓과 연적, 형의 손때가 묻은

요릿집.

* 김두전과 김정현이 김광서의 탈출을 도왔다(이명영, 『김일성 열전』, 신문화사, 1974, 60~61쪽). 김두전은 김약수(金若水)라는 이름이 더 알려졌다. 공산주의 항일투사로 활약했으며 광복 후 제헌국회 부의장을 지내고 한국전쟁 때 납북되었다. 김정현은 경성공업학교 건축과를 나와 개인사업을 했다.

만년필 등을 어루만졌다. 대한제국 군대의 육군 부령** 예복 차림의 아버지와, 같은 제복, 같은 계급장을 단 형의 사진을 꺼내 나란히 문갑 위에 놓았다. 그리고 그 앞에 무릎을 꿇었다.

"아버님, 형님. 저는 독립전쟁을 하러 서간도로 탈출 망명합니다. 오늘 떠나게 될 겁니다. 부디 제 앞길을 보살펴 주십시오."

그리고 천천히 여행용 륙색을 꾸렸다.

'내가 6대독자이니 죽으면 대가 끊어지지. 어쩔 수 없는 일이지.'

안채로 가서 아침상 앞에 앉았다. 다섯 살, 세 살짜리 딸들을 양쪽에 앉히고 천천히 수저를 놀려 밥 한 그릇을 모두 비웠다. 딸들은 여느 날과 다름없이 까르르 까르르 웃으며 밥을 먹었다.

오전 10시, 그는 우산을 쓴 채 솟을대문을 열고 나가 밋밋하게 경사진 고샅길을 천천히 걸어 내려갔다. 패망한 왕조의 헐려버린 궁궐 경희궁의 북문인 무덕문(武德門)이 눈에 들어왔다. 그곳을 향해 걸었다. 문기둥에 낙서처럼 그려진 흰색의 큰 동그라미와 그 속에 그린 작은 동그라미 2개 표시가 눈에 들어왔다. 이 3개의 동심원은 모든 것이 준비됐으니 오늘 출발하라는 암호였다. 원래 계획은 보름 뒤였다. 밀정들의 감시가 치밀해지고 뭔가 불길한 예감이 엄습해왔다. 그래서 이틀 전 그가 압록강 국경 신의주로 계획을 앞당긴다는 밀사를 보냈고 그 답이 온 것이었다.

두부장수로 변장한 대한독립청년단 경성 조직원이 암호표시를 한 것은 새벽이었다. 국경도시 신의주에서 밤기차를 타고 어젯밤 10시에 도착한 비밀

** 부령은 대한제국 영관장교로 오늘날의 중령에 해당. 당시 무관 서열은 참위(參尉)-부위(副尉)-정위(正尉), 참령(參領)-부령(副領)-정령(正領), 참장(參將)-부장(副將)-대장(大將) 순서였다. 김경천의 아버지 김정우(金鼎愚)는 대한제국 군대의 군기창감을, 형 김성은(金成殷)은 공병대장을 지냈다.

요원의 지시에 따라, 그와 동행할 또 다른 망명자 지석규(池錫奎)의 집 근처 약속된 곳과 무덕문 기둥에 칠판용 분필로 표시한 것이었다.

지석규 이청천, 지청천으로 더 알려져 있다. 김경천의 일본육사 3년 후배로 함께 만주로 탈출했다. 뒷날 광복군총사령을 지냈다.

김광서는 무덕문 앞을 지나가면서 암호를 한 번 보고 돌아오면서 다시 보고 확인했다.

'마침내 때가 왔군.'

그는 심호흡을 하며 괜히 민가의 고샅을 에워 돌아 집을 향해 발길을 돌렸다.

사랑채에 들어가 천천히 금강산 탐승복으로 갈아입었다. 아내 유정화(柳貞和)가 건너왔다. 그는 아내의 손을 잡고 말했다.

"오늘 떠날 거요. 헌병 경찰이 와서 내 종적을 물으면 친구들과 금강산에 갔다고, 사흘 뒤에 돌아온다고만 하시오. 헌병 경찰이 사흘 뒤 다시 찾아온다면 내가 국경을 넘어 탈출에 성공한 걸로 아시오."*

"비가 오는데 괜찮겠어요?"

아내의 목소리는 떨렸다.

"오히려 그게 낫소. 당신에게 미안하오. 아이들을 잘 부탁하오."

"저는 괜찮아요. 당신은 가정보다 더 큰 조국을 구하러 나가시는 것이니까요."

아내는 그렇게 말하고 눈물을 보이기 싫어서인지 몸을 돌려 아이들이 있는 안채로 갔다.

----

* 김경천의 딸 김지희의 증언, 2012년 12월 6일 방영 KBS TV 역사스페셜 「백마 탄 김장군 김경천, 시베리아의 전설이 되다」.

김광서는 문갑을 열어 그동안 지인들의 기부와 토지를 팔아 마련한 군자금 10만 엔을 아내가 손수 만들어준 복대에 넣어 허리에 찼다. 그러고는 안채로 가서 강보에 쌓인 채 윗목에 누워 있는, 태어난 지 50일 된 셋째딸에게로 가서 몸을 엎드려 끌어안았다.

"아기야, 미안하다."

그는 중얼거리고 몸을 일으켰다.

그때 엄마가 시켰는지 두 딸이 엎드려 절했다.

"아버지, 안녕히 다녀오세요."

그는 두 딸을 한꺼번에 안고 대청으로 나갔다.

"탈 없이 튼튼하게 자라야 한다."

그는 그렇게 말하며 아이들을 내려놓았다.

곧장 댓돌로 걸어 내려가 구두를 신고는 후원을 향해 걸었다. 가지각색의 나무들과, 경천각(擎天閣)이라는 그의 친필 휘호를 이마에 붙이고 있는 팔각지붕 정자를 휘 한 번 돌아보았다.

그의 친구들은 후원의 나무들과 정자를 부러워하며 이 집을 경천원 또는 경천각이라고 불렀다. 오늘 망명길에 오르면 경천원을 다시 못 볼 수도 있다는 생각, 자신이 6대독자라는 생각, 아들을 하나 낳아두고 떠난다면 더 좋았을 텐데, 하는 아쉬움이 들었다. 그러나 그는 천천히 고개를 저어 잠깐의 감상에서 벗어났다.

'독립투사는 불가에 귀의하는 사람처럼 가족에 대한 미련을 떨쳐야 한다.'

빗줄기는 우산을 안 써도 좋을 정도로 약해지고 있었다.

"여보, 미안하오."

다시 집 앞으로 온 그는 두 딸의 손을 잡고 나와 있는 아내에게 말했다.

아내가 두 눈에 눈물을 가득 담은 채 머리를 끄덕이는 것을 보면서 그는 담담히 몸을 돌려 곧장 대문을 걸어 나갔다. 가슴속에 가득한 간절한 마음을 잘 표현하지 않는 무뚝뚝한 함경도식 이별이었다.

탈출행동은 완벽해야 한다. 그리고 냉정해야 한다. 그가 우산을 쓰고 고샅을 벗어나 경성고보 앞 큰길을 걸어가는데 택시가 다가와 멎었다. 금강산 탐승 차림을 한 김두전과 김정현이 악수를 하며 그를 택시 안으로 맞아들였다.

"이제 피맛골로 갑시다."하고 김정현이 운전사에게 소리쳤다.

택시가 피맛골 앞에 그들을 내려놓았다. 세 사람은 신속하게 골목으로 들어가 한 작은 초가집 문을 열었다. 감시하는 밀정들을 따돌리기 위한 행동이었다. 김정현과 김두전은 그가 탈출하면 마치 함께 금강산에 간 듯이 경성 거리에 모습을 보이지 않고 어딘가에 사흘 동안 숨어 있을 것이었다.

가게 안에서 기다리고 있던 절친한 친구인 김영섭(金永燮) 목사가 김광서의 손을 잡으며 눈물을 흘렸다.

"김 중위, 정말 망명길을 떠나는군. 부디 몸조심하게. 자네가 냉정하고 대범한 건 내가 알지만 일본 경찰의 촉수를 잘 피하게."

김광서는 담담한 얼굴로 김영섭의 배를 툭 쳤

김영섭 김경천의 가까운 친구로 1919년 6월의 탈출을 도왔다. 뒷날 저명한 개신교 목사가 되었다. 민족문제연구소, 『친일인명사전』에서 옮김.

김두전 김약수로 더 알려져 있다. 1919년 6월의 탈출을 도왔다. 독립운동으로 투옥된 시기의 모습. 국사편찬위원회 데이터베이스에서 옮김.

다.

"걱정 말게. 그저 태연하기만 하면 될 걸세."

그는 골목 안 초가에 가져다 둔 양복으로 갈아입고 여행가방도 고급 가죽
가방으로 바꿨다. 자신이 떠난 뒤의 일을 맡을 친구들에게 부탁했다.

"남은 재산이 있으니 내 가족들이 굶지는 않을 것이네. 어떻게든 살겠지.
김정현 군은 건축가니까 아내가 혹 재산을 처분하려 한다면 일을 도와주
게."

경성공업학교 건축과 출신인 김정현은 눈에 이슬이 맺혔다.

"형님, 걱정 마십시오. 부디 독립전쟁에서 큰 몫을 해주시기 바랍니다."

"김두전 군은 아이들 교육에 대한 걸 맡아주게."

김두전은 눈물을 글썽이며 김광서의 팔을 잡아당겼다.

"염려 마세요. 언제고 다시 만나겠지요. 무사 무탈하시기 빕니다."

김영섭 목사가 그를 굳게 포옹했다.

"김 중위, 나는 삼사 일 경성에 머물면서 김 중위는 김두전 김정현 두 사
람과 함께 금강산 갔다고 소문내겠네. 부인이 경찰 조사에 어떻게 대비하는
가 돕고 여차하면 밀사를 서간도 신흥무관학교로 보내겠네."

김광서는 정색하고 세 사람을 바라보았다.

"나의 탈출을 방조한 죄로 세 사람이 모두 종로경찰서에 끌려갈 텐데 뭐
금석맹약처럼 안 지켜도 되네. 다시 만날 때까지 평안하시기를 비네."

김광서는 태연하게 세 사람과 한 번씩 포옹했다. 그들이 불러준 또 다른
택시를 탔다.

다시 경희궁 쪽으로 달려온 택시는 궁궐 정문인 흥화문(興化門) 건너편에
잠시 멈추었다. 그처럼 고급스러운 양복을 입은 키가 후리후리하게 큰 신사

가 재빨리 차에 탔다. 그의 이름은 지석규였다. 뒷날 이청천이라는 가명을 쓰며 독립전쟁을 펼치고 광복군 총사령 자리에 오르게 될 인물이었다. 32세로 동갑이지만 일본 육사 3년 후배여서 깍듯이 고개를 숙이는 터였다.

"약혼녀 만나러 간 이응준(李應俊)은 소식 없었나?"

김광서의 질문에 지석규가 공손히 답했다.

"없었습니다. 금강산 가는 도중 합류할 겁니다."

김광서는 1904년에 50명의 마지막 황실유학생 중 하나로 일본에 가서 도쿄육군유년학교와 육사를 다녔다. 1909년에 파견된 대한제국의 마지막 무관학교 생도 44명이 그보다 3년 또는 4년 늦게 유년학교와 육사를 나왔다. 김광서는 그들의 정신적 지주가 되었고 1910년 일제가 조국을 강제합병하자 후배들 중 지석규·홍사익(洪思翊)·이응준과 더불어 무명지 피를 흘려 맹세를 했다. 지석규는 그의 밀명을 받고 병가를 얻어 경성으로 왔으나 홍사익은 육군대학 입학후보자로 추천되었다는 핑계로 오지 않았다. 이응준은 지석규처럼 병가를 얻어 고국 땅에 와 있었다. 그는 육사 대선배이자 애국지사인 고(故) 이갑(李甲) 참령의 사위로 지목된 터였고 약혼녀인 이 참령의 무남독녀를 만나러 평양에 가 있었다. 헌병 경찰이 낌새를 챈 듯해 탈출 날짜를 앞당긴다고 김광서는 밀사를 평양으로 보냈다. '군자금을 주기로 한 사람에게 받지 못했다. 경성으로 갈 수는 없고 신의주역에서 기차를 타도록 노력하겠다. 못 타면 나중에 혼자 뒤 따라가겠다'는 답이 왔다.

택시 행선지는 수원역이라고 미리 정하고 부른 터였다. 승차역을 남쪽 도시로 잡아 역행하는 것은 종로경찰서 소속의 밀정들을 따돌리기 위해서였다. 금강산 간다고 했는데 신의주행 차표를 갖고 타면 위험하기 때문이었다.

가급적 쾌속으로 달리고, 손님에 대해 죽는 날까지 침묵하는 조건으로 보통 대절요금보다 세 배를 받기로 한 터였다. 택시 운전수는 삼각산을 등에 지듯이 하고 빠른 속도로 차를 몰았다. 순식간에 숭례문 옆을 통과했다. 경성역* 앞을 지나는데 펑 소리가 나며 차가 기울었다.

"이런! 다이아(타이어)가 터졌습니다."

운전수가 말했다.

옆자리의 지석규 중위가 안색이 하얗게 질리고 있었다. 대합실 밖에 나와 있던 사람들이 구경하려고 밀려 왔다. 군중 속에 밀정들이 섞여 있을 것이고 지석규와 그의 얼굴을 아는 자가 있을지도 모른다는 생각에 바짝 긴장했다. 만사가 수포로 돌아갈지 모른다는 생각에 정신이 번쩍 났다.

"태연하게, 아주 태연하게 중절모를 쓰고 군중 속으로 가세."

그의 말에 지석규가 머리를 끄덕였다.

"그게 좋겠어요."

운전수가 예비 타이어를 꺼내 갈아 끼우는데 초조해서 1분이 한 시간처럼 느껴졌다. 칼을 찬 정복 경찰이 다가오더니 기차역 앞에 멈춰 교통 방해하지 말고 빨리 고쳐서 떠나라고 운전수를 윽박질렀다.

일본군의 중위는 경찰서장과 위상이 거의 비슷하다. 그러나 우리가 장교라 말할 수는 없다. 김광서는 중절모를 약간 들어 올리며 도저히 조선인으로서는 흉내낼 수 없는 능숙한 일본어로 말했다.

"순사, 수고가 많소. 그리고 미안하게 됐소. 나는 수원농림학교 교유(教諭, 정식교원)를 맡고 있는 가네야마(金山)이고 이 사람은 동료 사토(佐藤) 선생이

---

* 현재의 서울역에서 염천교 쪽으로 치우친 곳에 있었다. 1900년 경인철도 개통시 경성역으로, 1905년 남대문역으로, 1915년 다시 경성역으로 바꾸고 1925년 새 건물을 준공해 옮겨 갔고 8·15 광복 후 서울역으로 개칭했다(『민족문화대백과사전』11권, 한국정신문화연구원, 1991, 853쪽).

시오. 출장 왔다가 급히 돌아가는 길이오."

우리는 일본인이다 하는 뜻이었다. 김광서는 조금은 오만한 눈빛으로 순사를 바라보았다.

"아, 그러십니까? 편안히 가시기 바랍니다."

순사는 고개를 까딱 숙여 보이고 발길을 돌렸다. 이쪽으로 오고 있는 사복 경찰로 보이는 자와 헌병들을 손짓하여 다시 대합실 쪽으로 돌아서게 하며 소리쳤다.

"수원농림 선생님들이야. 점잖은 내지 출신 신사들이시네."

그렇게 아슬아슬하게 10분을 보내고 대절 자동차는 빠르게 한강 철교를 향해 달렸다. 조선군사령부가 가까운 삼각지를 통과할 때 일단의 기병대가 순찰을 위해 천천히 달리며 스쳐 지나갔다.

'아, 나는 기병장교였지.'

그는 자신도 모르게 양복 깃을 만졌는데 군복 깃에 병과 표시 휘장을 달았었기 때문이었다.

자동차는 한강 철교를 날아가듯이 달렸다. 강을 건너자 대로에는 차도 없고 사람도 없다. 거침없이 남으로 달렸다. 이제 됐구나 안심이 되며 휴우 하고 한숨을 쉬었다. 그러면서도 마음은 급해 자동차보다 앞서 달렸다.

'어서 수원으로 가자. 탈 없이 수원으로 가자.'

늦은 오후에 수원에 도착했다. 두 사람은 청요릿집으로 갔다. 기차 시간까지 기다리며 쉴 수 있게 조용한 방을 달라 했다. 골방으로 들어가자 긴장이 풀려 팔다리를 늘어뜨렸다.

지석규가 길게 한숨을 쉬더니 고개를 홰홰 저으며 말했다.

"선배님, 경성역 앞에서 연기가 훌륭했어요. 그런 면이 있으신 줄 몰랐습니다. 기가 막힌 임기응변 덕분에 위기를 면했습니다."

김광서는 껄껄 웃다가 고개를 저었다.

"나도 나한테 그런 면이 있는 줄 몰랐네. 아마 앞으로 우리는 그런 위기를 자주 겪을 것이네."

두 사람은 저녁을 먹고 잠시 눈을 붙였다. 그리고 캄캄한 밤에 시간차를 두고 청요릿집을 나와 서로 모르는 체하며 신의주행 1등석 침대칸 기차표를 샀다. 지석규와 멀리 떨어진 자리였다.

처량하게 기적을 울리며 기차가 떠났다. 필승의 각오를 다지며 앞날을 바라보려 했으나 그렇게 되지 않았다. 차창으로 아내와 딸들의 얼굴이 떠올랐다.

'오늘부터 아내와 딸들은 나를 기다리리라. 아, 무슨 까닭인가. 사람마다 처자가 있으리라. 사람마다 부모와 지아비가 있으리라. 나의 처자는 오늘부터 누구를 믿고 있으리오. 아이들이 나를 찾으면 아내 정화는 무어라 대답할 것인지…….'

잠시 그런 생각을 하다가 어금니를 웅쳐 물었다.

'나는 독립전쟁을 하러 가는 투사이다. 감상(感傷)은 떨쳐버리자. 내 어깨에는 조국의 운명이 얹혀 있다.'

그는 그렇게 마음을 다잡았다.

기차가 경성역에 섰다. 차창 밖으로 정복과 사복 차림의 헌병 경찰과 밀정으로 보이는 자들이 플랫폼과 개찰구 밖으로 우글우글하게 많이 보였다.

'네놈들이 나라를 구하라는 천명을 받고 가는 나를 어찌 잡을 수 있겠느냐.'

김광서는 배짱이 더 커졌다. 기차는 경성역을 떠났고 압록강을 향해 힘차게 달렸다. 다시 사직동 집과 아내와 딸들의 얼굴이 떠올랐다.

'잘 있어라, 아내와 딸들아.'

그는 1등실 침대에 아내와 딸들의 환상을 안고 누웠다가 잠에 빠졌다.*

신의주역에 도착한 두 사람은 차를 내려, 짐을 들고 광성(光成)여관에 들었다. 두 사람은 알지 못했지만 총독부 경찰과 일본군 헌병대는 그들이 금강산행 기차에 타지 않은 것을 확인하고 비상을 걸었다. 그리고 두 사람에게는 5만 엔의 현상수배를 내걸었다. 체포되면 군법회의에 넘겨져 중형을 선고받을 일이었다.

여관방에서 그들은 미리 연락해 놓은 안둥**의 비밀 연락책에게 암호를 사용해 전화를 걸고 여행권을 보내라 부탁했다. 안둥에서는 대한독립청년단이라는 청년단체가 그들을 맞아들이기 위해 총력을 기울이고 있었다.

두 사람은 이응준이 올 것으로 기대하며 초조하게 기다렸다. 그러나 소식이 없었다.

"더 기다리면 위험해지니 우리 둘만이라도 가세. 이응준은 안 올 것이야."

그의 말에 지석규가 머리를 끄덕였다.

"그래야겠어요. 이응준은 나중에 올 겁니다. 이갑 참령님의 유지를 실행할 사람이니까요."

지석규는 확신에 차서 말했으나 김광서는 고개를 갸우뚱했다.

"지난번 우리 집에 모였을 때 내가 다짐하듯이 물으니까 대답을 망설였네. 탈출 의지가 약한 듯했어."

----

*　　김경천은 전날 저녁 회식을 비롯해 이 날의 탈출 정황을 회고하여 썼다. 김경천 지음, 김병학 정리,『경천아일록(擊天兒日錄)』, 학고재, 2012, 29쪽. 이하『경천아일록』.
**　　신의주에서 압록강 건너에 있는 국경도시. 지금은 단둥(丹東)으로 지명이 바뀌었다.

저녁 무렵, 여관 주인의 아들을 보내 여행권을 받아오게 했다. 그래도 안심할 일이 아니었다. 아니나 다를까. 무슨 냄새를 맡았는지 헌병 보조원이 임검을 나왔다. 두 사람은 박 씨 성을 가진 사람으로 위조한 신분증을 갖고 있었고 여행권도 박 씨 성을 가진 사촌형제로 되어 있었다.

"허허, 두 분이 저하고 종씨군요. 저는 밀양 박 씨입니다."

헌병 보조원의 말에 김광서는 반색을 했다.

"오, 그렇습니까. 우리도 밀양 박 씨입니다. 참 반갑습니다."

지석규가 물었다.

"국경이라 늘 임검을 하는 모양이지요?"

보조원은 머리를 끄덕였다.

"경성에서 육군 중위 둘이 독립운동 한다고 탈출한 듯 행방불명이 됐다고 합니다. 현상금이 5만 엔이나 붙었지만 어디 쉽게 잡히겠습니까?"

헌병 보조원이 전혀 눈치 채지 못하고 나간 뒤 두 사람은 가슴을 쓸어 내렸다.

"검문이 또 있겠지만 기차를 타고 어서 압록강을 건널 수밖에 없네. 목숨을 한 번 걸어 보세."

그의 말에 지석규가 동의했다.

그들은 2등 칸을 탔으나 동행하지 않고 떨어졌다. 기차 좌석에서 김광서는 완벽한 일본인 행세를 했다. 옆자리의 일본인은 그를 교양 있는 일본인으로 알고 예절을 지키며 말을 걸어 왔다.

"선생은 고향이 어디십니까?"

"지바 현(千葉縣)입니다."

그는 그렇게 대답해놓고 자신이 셋집을 들었던 니노미야 촌(二宮村)을 가

상의 고향으로 삼아 이야기했다. 그들이 만두를 시켜먹으며 대화를 하는 동안 헌병들이 지나갔지만 그를 의심하는 눈길을 보이지 않았다.

안동역에 내리니 전등이 대낮같이 밝았다. 그는 옆자리에 앉았던 일본인과 맨 앞에 서서 나갔다. 헌병과 순사, 그리고 사복형사와 밀정 들이 눈을 빛내며 조금만 동작이 이상하거나 얼굴이 굳어 보이는 사람을 찍어 냈다. 대답이 늦으면 "바카야로!" 욕설과 함께 따귀를 때렸다.

"우선 좀 지나갑시다."

그는 중절모를 절반 쯤 벗으며 약간은 오만하게, 마치 당연한 듯이 검문자들의 울타리를 지나갔다.

역사(驛舍) 밖으로 나와 꼿꼿한 걸음걸이로 걸어가는데 인력거꾼이 다가왔다. 목에 때 묻은 수건을 감고 왼쪽 허리춤에 붉은 천을 차고 있었다. 약속

압록강 철교 돛배 김경천이 탈출할 당시의 압록강 철교.

된 대한독립청년단 밀사와 접선된 것이었다.

"안둥반점까지 갑시다. 침구가 깨끗하다더군."

그가 모국어로 암호를 말하자 인력거꾼도 암호로 대답했다.

"거기 음식 맛이 좋습니다. 압록강 황복어 요리도 일품이지요."

그가 인력거에 올라 깊숙이 몸을 묻자 인력거꾼이 다시 말했다.

"잘 오셨습니다, 동지. 지석규 동지도 조금 전 무사히 우리 동지의 인력거를 탔습니다. 안전한 곳으로 모시겠습니다."

인력거가 밋밋한 언덕을 오를 때 압록강 철교가 보였다. 강의 우안이었다. 그는 인력거를 끄는 밀사에게 잠깐 서 달라고 부탁했다. 강 건너 모국 땅을 보고 싶어서였다. 강 건너 조국은 푸르고 싱싱한 신록 때문에 손에 잡힐 듯이 가까워 보였다.

"잘 있어라, 조국 땅아. 그리고 아내와 딸들아."

그는 혼잣소리로 중얼거렸다.

호복으로 변장해 만주 땅을 걷다

인력거는 토담으로 만든 허름한 중국인 집 문 안으로 들어갔다. 대한독립청년단원들이 영접하며 그에게 악수를 청했다. 그때 막 지석규가 도착했다. 두 망명자는 그 집에서 밤을 보냈다.

다음날 아침, 호복(胡服)으로 갈아입고 신발도 바꿔 신었다. 호복에 익숙하지 않아 걷기에 거추장스러웠고 신발도 그랬다. 그들은 만주족처럼 허리를 구부정하고 안둥의 거리를 걸었다. 길은 넓은데 지저분하기 짝이 없었다.

안둥에서는 3·1만세 운동을 주동하다 탈출한 학생층이 대한독립청년단이라는 단체를 조직해 활동하고 있었다. 그와 지석규가 무사히 강을 건너오도록 비밀연락을 하고 만반의 준비를 해두었다가 안전지역으로 빼돌린 동지들이 바로 그들이었다. 김광서는 그들의 간곡한 요청을 받아들여 그 단체에 가입하고 활동자금을 내놓았다.*

5명의 안내 겸 호위요원이 따라붙었다. 호위조장이 자기소개를 했다.

"저의 이름은 이시영(李始榮), 경상도 대구 출신이지요. 신흥무관학교 이시영 교장 어르신과 한자도 같습니다."

"아, 그렇습니까? 잘 부탁합니다."

김광서와 지석규는 고개를 숙였다.

일행은 압록강을 오른쪽에 끼고 걸었다. 강 건너 의주(義州) 땅이 보이고 정자가 하나 보였다. 호위조장 이시영이 말했다.

"통군정(統軍亭)입니다. 청국으로 오가는 사신들이 묵은 객관이었다고도 하고 군사시설이었다고도 합니다."

이시영은 두 망명자보다 여섯 살 위였다. 김광서의 동지인 안확(安廓)과 조선국권회복단에 소속되어 투쟁했고 대한광복회 행동대원으로 투쟁하다가 일경에 쫓기게 되자 망명한 사람이었다. 안확의 특별한 부탁을 받아 호송을 맡은 것이었다.

압록강으로 흘러들어가는 작은 강이 나타났다.

"애하(愛河)입니다."

눈빛이 날카로운 길잡이 호송병이 말했다. 그는 원래 의주에서 헌병보조원으로 일했는데 동포를 괴롭히는 일을 할 수 없어 기밀을 탈취해 대한독립

---

* 　　박환, 『대륙으로 간 혁명가들』, 국학자료원, 2003, 352쪽.

청년단 진영으로 왔다고 했다.

지석규가 머리를 끄덕였다.

"김광서 선배님도 배우셨겠지만 내가 일본 육사에서 배운 바로는 애하는 임진왜란 때도 격전지였고 러일전쟁 때 첫 전투가 일어났지요. 러시아군이 대패했지요."

김광서가 고개를 끄덕였다.

"러시아군의 왼쪽 날개가 붕괴됐고 그래서 속절없어 무너졌지."

일단 안전을 확보한 김광서와 지석규는 독립청년단 호위조의 안내를 받아 하루에 50~60리씩 동북 방향으로 걸었다. 만주식 복장이야 참을 만한데 신발이 문제였다. 발에 제대로 맞지 않고 조잡하여 금방 발이 부르트고 물집이 잡혔다.

이시영은 권총을 가진 4명의 호위병을 거느리고 있었다. 그 중 이남기(李南基)라는 호위병이 김광서에게 륙색을 자신이 멜 테니 벗어 달라 했다.

"중위님, 짐을 제게 주십시오. 앞으로 하실 일이 많을 테니 힘을 아끼셔야지요."

"괜찮소이다. 나는 훈련으로 단련된 군인입니다."

김광서가 사양했으나 이남기는 한 나절 뒤 짐을 달라고 다시 말했다. 친절을 사양하는 것도 도리가 아닐 듯하여 김광서는 륙색을 넘겨주었다.

해질 무렵 놀라운 일이 일어났다. 산모퉁이 길을 지날 때 이남기가 륙색을 멘 채 산골짜기로 쏜살같이 도망친 것이었다.** 돈과 패물은 복대에 담아 허리에 찼고 륙색에는 옷가지와 비상식량, 가족사진이 들어 있었다. 일본

** 『경천아일록』, 72쪽.

헌병이나 경찰 손에 들어가면 행로를 발각당할 우려가 있었다.

김광서보다 더 놀라고 당황한 것은 점잖은 신사 같은 지석규였다. 손까지 부들부들 떨면서 호통을 쳤다.

"아니, 어떻게 이런 일이 생겨요? 호위고 뭐고 다 필요 없소. 우리끼리 가겠소."

이시영 호위조장이 눈물을 철철 흘리며 김광서와 지석규 앞에 무릎을 꿇었다. 다른 대원 셋도 무릎을 꿇었다.

"모두 제 탓입니다. 그놈을 잡아 오겠습니다."

이시영은 그날 저녁 동포의 집에 임시 숙소를 정해 두 망명자를 묵게 하고 대원 한 사람을 데리고 떠났다.

"선배님, 불길합니다. 동포라고 무조건 내 편, 내 동지라고 생각하면 큰일 나겠습니다."

지석규가 어두운 얼굴을 하고 말했다.

"그래, 이런 일이 또 있을 수도 있겠지. 믿을 건 우리 둘뿐이야."

김광서는 그렇게 말하고 남겨진 대원에게 요구해 권총을 넘겨받았다. 대원에게는 바깥을 지키며 비상시에 신호만 하라고 하고 지석규와 둘이 교대로 자며 위기에 대처했다.

이시영은 이틀 뒤 김광서의 류색을 찾아들고 돌아왔다. 열어보니 분실된 것은 없었다.

"그놈을 끌고 오지 못해서 미안합니다."

이시영은 동포마을을 중심으로 탐문했고, 이남기가 숨어들어간 마을의 동포청년들이 행동이 이상하여 따져 묻고 행장을 빼앗고 그를 억류했고, 이시영이 도착하자 여럿이 둘러서서 몽둥이로 타살했다는 것이었다.

"행로가 두 배는 위험해졌습니다. 왜놈 사냥개 노릇을 하는 밀정들이 알아차렸을 가능성이 크니까요."

이시영은 그렇게 말하고 이남기가 쓰던 권총을 내밀었다.

"위기가 닥치면 저희는 목숨을 던지겠습니다. 두 분은 뒤돌아보지 말고 탈출하십시오."

그날부터 낮에는 산에서 자고 밤에 이동하기 시작했다. 며칠 만에 쿠아이당모즈(快當帽子)라는 마을에 도착하니 독립운동기관의 연락소가 있었다. 거기서 묵고 다시 길을 떠났다. 곧 화이런현(懷仁縣)으로 들어섰고 다음날 해질 무렵에 비좁은 중국인 집에 묵었다. 중국 신발 때문에 일행 대부분이 발이 부르터서 바늘에 실을 끼워 물집을 터뜨렸다. 김광서는 음식이 입에 안 맞아 달걀 두 개로 요기를 했다. 그리고 연기와 중국인 냄새가 가득한 좁은 방에 몸을 눕혔다. 고단해서 잠은 잘 왔다.

다음날은 중국인 토호(土豪) 집에서 잤다. 지역 유지라는 사람이 나와 일행을 맞는데 변발(辮髮)을 하고 소리를 크게 질러 말하는 것 보니 내가 이런 나라에 왔구나 실망스러웠다. 숙소로 들어가니 더 심했다. 토호가 고용한 사병(私兵)들이 빼곡하게 들어차서 누워 있는데 더럽기 짝이 없었다. 게다가 밖에서 동초(動哨)를 하는 병사는 걸핏하면 총탄을 장전했다 뺐다 절걱거리며 "누구야!"소리를 질러 댔다.

"탈출해온 터에 깨끗한 숙소를 기대할 수는 없지."

그가 혼잣소리로 중얼거리자 지석규가 머리를 끄덕였다.

다음날은 온종일 걸었다. 가도 가도 끝이 없을 듯한 평지였다. 고구려의 왕도였던 환런현(桓人縣)으로 들어서 지루한 길을 걸었다. 그러다가 북쪽 산악지역으로 들어가며 수십 개의 고개를 넘었다. 해발 1,172m의 강샨링(崗山

嶺)에 올라서자 여러 산맥들이 밭고랑같이 보였다.

이튿날 저녁, 큰 마차 객점(客店)에 묵었다. 나그네를 재울 뿐만 아니라 화물마차까지도 받아들이는 숙박소였다. 그 객점에는 만주의 특산물인 대두(大豆), 콩기름, 고량주 따위를 가득 실은 마차 백여 대가 와 있었다. 마차는 대개 말 다섯 필이 끌게 되어 있어 500필이 넘는 말이 들어와 노천에 매어져 있었다.

김광서는 기병장교 출신답게 그쪽으로 가서 말들을 살폈다. 지석규도 따라왔다. 말구유가 커서 그 많은 말들이 머리를 나란히 하고 서서 동시에 여물을 먹는 모습은 장관이었다.

"정말 대단하군요. 마차 100량, 말 500필, 그리고 100명이 넘는 사람들을 재우고 먹일 규모이니 말이에요."

성격이 진중하여 여간해서는 놀라지 않는 지석규가 말했다.

그는 고개를 끄덕였다.

"만주 땅이 문명은 미개한 편이지만 대륙답게 규모는 장대하군."

두 사람은 호위대원들과 함께 숙소로 들어갔다.

중앙에 통로가 있고 양쪽에 만주식 온돌 캉(炕)이 만들어져 있었다. 양쪽 캉은 사람이 통로 쪽으로 발을 뻗고 누우면 넉넉할 정도였다. 초여름이라 온돌에 불을 때지는 않지만 캉이 곧 침상인지라 그들은 거기 신발을 신은 채로 몸을 눕혔다.

"이 객점은 안전한 곳이라 숙소로 잡은 겁니다. 마적이 안 쳐들어올 곳이라서요."

이시영이 말했다.

"마적은 1백 명, 2백 명씩 몰려다니고 모두 총을 갖고 있지 않습니까? 이런 객점쯤이야 공격할 수 있겠지요."

김광서의 말에 이시영은 천천히 고개를 저었다.

"이 객점이 마적과 내통하고 있다는 정보가 있어요. 그래서 자는 동안은 안전합니다."

"그런 정보를 군벌정부가 모를 리가 없지 않습니까?"

"알면서도 적당히 눈 감아 주는 거지요. 객점은 두어 달에 한 번씩 마적에게 갖다 바치고 들어오는 손님과 짐에 대한 정보를 제공하고 그러는 거지요. 군벌 군대는 명백한 증거가 있을 때만 나서는 거지요."

"그럴 수도 있겠군요. 내가 듣기에 간도 땅은 우리 동포들이 황무지를 개척했지만 군벌 정부와 마적이 지배하는 곳이니 더 자세히 알아야겠습니다."

지석규가 그렇게 말하자 이시영이 차근차근 설명했다.

만주는 지난날 고구려의 땅이지만 그 후 여진족이 살던 곳이었다. 여진족은 금(金) 왕국을 거쳐 청(淸)왕조를 세우고 중국 대륙 전체를 평정한 뒤 만주를 떠나 베이징(北京)이 있는 남서쪽으로 옮겨갔다. 그리고 신성한 땅이라 하여 만주에 한족(漢族)이 들어오는 것을 엄격하게 막는 봉금령(封禁令)을 내렸다.

기사년(己巳年. 1876년)을 전후하여, 조선 땅에 대기근이 닥쳤다. 북부지방에 가뭄이 심해 평안도나 함경도에 굶어죽는 사람이 숱하게 많았다. 그런데 관리들의 가렴주구는 더 심했다. 마침 청 왕조가 쇠퇴해졌고 민초들은 먹고 살 길을 찾아 나섰다. 평안도 사람들은 압록강을, 함경도 사람들은 두만강을 건너 월경하여 땅을 개간하고 공동체를 만들어 갔다. 그것이 서간도와 북간도의 시작이었다. 북쪽의 러시아가 호시탐탐 이곳을 노리기 시작했다. 청나라 조정은 봉금정책을 풀고 많은 한족이 이주했다. 관청의 힘이 약한

지라 곳곳에서 도둑떼가 출몰해 이주 한족을 괴롭혔다. 한족들은 자위를 위해 신속한 기동이 가능한 기마 무장대를 만들었는데, 그들을 붉은 수염을 가졌다는 뜻으로 홍후즈(紅胡子 홍호자) 또는 홍룽즈(紅戎子 홍융자)라고 불렀다. 초기의 마적은 살인이나 방화를 함부로 하지 않고 의리를 지키며 억강부약(抑强扶弱)하는 정신이 강했다.

홍호자 무리들 중에는 300명이 넘는 것도 있었다. 큰 홍호자 집단은 목표로 삼은 고을에 편자(片子)를 보냈다. 징수통보였다. 상업이 번성한 곳은 상무회가, 농업 지역에서는 땅 많은 지주들이 알아서 협의하여 재물을 마련해 보내라는 통고였다. 거절하면 약탈을 각오해야 했다.

100명쯤 되는 집단은 농촌의 토호를 노리는데 사전 정찰을 치밀하게 하였다. 토호의 집에는 100명 이상의 사병(私兵)과 기관총 따위 무기가 있었다. 토호의 집은 토성을 쌓아 방어하는데 축성학의 극치였다. 지하에 갱도를 파놓아 침실에서 자다가 뛰어내리면 곧장 탈출할 수 있었다. 갱도는 바깥 먼 곳 숲속까지 이어지고 거기 출구가 위장되어 있었다. 그러나 홍호자를 피할 수는 없었다.

'마적'이라는 명칭은 일본이 그들을 러일전쟁에 이용하면서 붙인 이름이었다. 마적 중에는 세력이 커져서 군벌이 된 경우도 있었다. 대표적인 것이 '빠이마장(白馬張)'이라는 마적 두목에서 중국 땅 전체를 흔드는 커다란 정치 세력으로 커진 장줘린(張作霖)이었다. 일본은 여전히 그들을 이용하려 애쓰고 있었다.

이시영이 이야기를 끝내자 김광서가 물었다.

"서간도를 개척하고 뿌리를 내린 우리 동포들도 마적에게 물자를 바쳐야겠군요."

이시영은 천천히 고개를 저었다.

"이삼 일 더 가면 우리 동포 마을이 나타날 테니 그때 아시게 되겠지요. 신흥무관학교가 처음 자리잡았던 삼원보(三源堡 쌴위안바오) 같은 곳은 안정이 되었고 마적에게 빼앗길 게 있겠지만 태반이 그렇지 못해요. 왜놈들의 침탈과 압박에 헐벗고 굶주리다가 유랑해 온 터라 가진 것이라고 바가지 몇 개와 누더기 같은 이불뿐입니다. 마적이 건드릴 이유가 없지요."

이시영은 길게 한숨을 쉬고 나서 다시 입을 열었다.

"수만 평 땅을 가진 지주를 점산호(占産戶)라고 합니다. 그런 자들이 토호입니다. 내일부터는 이동 중에 토호들이 만든 토성을 보게 될 겁니다. 이제 주무시지요."

정말 자야 할 시간이었다. 사방에서 중국인들이 코 고는 소리가 섞여 들려왔고 김광서는 그 소리들로 자기 최면을 걸며 잠속으로 빠져들었다.

다음날 그들은 마적단을 방어하기 위해 만든 토성들을 몇 개 목격하면서 계속 이동했다. 그 날 오후 화이런현 현성의 망루에 걸린 마적의 잘린 머리들을 보았다.

"작두로 자른 것 같군. 소설 『삼국지』에 나오는 것하고 똑같아."

김광서가 중얼거리자 지석규도 한 마디 했다.

"저는 명색이 군인인데 사람 목 잘려 내 걸린 건 처음 봐요."

그들은 얼른 발길을 돌려 그 곳을 떠났다. 언제 소규모 마적단이 들이닥칠지 몰라 긴장해야 했다. 간혹 산간에서 화전(火田)을 일구고 사는 동포들도 만났는데 머리칼은 흙먼지와 때가 낀 채 헝클어지고 누덕누덕 기운 옷을 입어 거의 귀신의 형상이었다.

"됴선 사램임둥(조선 사람입니까)?"하고 히죽 웃으며 바가지에 조밥을 담아 주는데 김광서는 가슴이 먹먹했다.

"저런 불쌍한 백성을 구휼하지 못하다니… 나라가 망한 탓이지."

김광서의 말에 지석규가 머리를 끄덕였다.

"그래요. 차마 목구멍으로 넘길 수가 없습니다."

평지로 내려가면 무논이 보이고 조선식 초가집도 보였다. 유민으로 떠돌아와 벼 재배의 북방한계선을 끌어올려 논농사로 뿌리를 내린 사람들이었다. 그곳 동포들은 쾌적한 잠자리를 제공했다.

엿새를 더 이동해 마침내 류허현(柳河縣) 구산쯔(孤山子)에 도착했다. 비록 규모가 큰 옛 양조장 건물을 이용하고 있었지만 민족의 희망 신흥무관학교가 거기 있었다. 학교 간판 이름은 '무관'을 뺀 신흥학교였다. 국내에는 이미 무관학교라고 알려져 있는데 남의 나라 땅에서 그렇게 쓸 수 없어 늘 그렇게 해 온 것이었다. 명칭이 어떻건 무수한 고난의 언덕을 넘으며 세워진 학교였다.

서간도의 선각자들

1880년대 말, 조선인 유민들은 류허현 쌴위안바오와 인근 지역에 잡초처럼 뿌리를 내렸다. 을미년에 의병을 일으켜 전국을 휩쓸었던 유인석(柳麟錫)은 힘이 다하자 만주로 갔고 1896년부터 10년 간 쌴위안바오 북동쪽 지역에서 재기병을 하려 애썼다. 그의 희망이 수포로 돌아간 뒤 1910년에 이회영·이시영 등 6형제가 독립전쟁 기지를 만들려는 일념으로 전 재산을 처분해 찾아와 쌴위안바오 읍에서 10리 쯤 떨어진 쩌우자가(鄒家街)로 갔고, 여준(呂準)·이상룡(李相龍)·이동녕(李東寧) 등 선각자들이 모여들었다. 그들은 독립운동 기지를 건설해 청년들을 훈련시켜 장교를 양성해 때가 오면 독립전쟁에 집중시킨다는 비원을 갖고 있었다.

일찍이 유인석이 재기병을 꾀했고 1910년대에 선각자들이 독립전쟁론의 실현 장소로 서간도를 선택하고 거기 신흥무관학교를 세운 이유는 무엇일까. 서중석 교수는 두 가지로 설명한다.

첫째는 독립운동의 선각자들이 만주를 부여와 고구려의 고토이며 부여, 고구려, 발해 등이 모두 단군의 핏줄을 이어받았다는 인식을 가진 때문이었다. 역사를 국민의 정신으로 키워야 하고 일제에 대항하는 데 물질이나 군사적으로는 미흡하기 때문에 정신으로 이겨야 하고 그러기 위해 고대사를 중요하게 여긴 것이었다. 물론 그 곳이 언젠가 되찾아야 할 우리의 강역이라는 현실적 인식도 있었다.

둘째는 국외에 독립운동기지를 만들려면 우선 우리 동포가 많이 살아야 하고 그 지역 정부가 그것에 호의적이거나 통치력이 약화되어 있어 방임하지 않을 수밖에 없는 상태에 있어야 한다. 또한 일본 군대나 경찰에 의한 위협이 적어야 한다. 그것은 일본이 압력 넣기가 용이하지 않은 지역이라는 것을 의미하기도 한다. 만주는 신해혁명 이후 혼란이 계속되어 청국 정부의 통치력이 약화되어 있었다.

북간도의 룽징(龍井)은 한인 유민들이 세운 도시였다. 거기서 가깝게 위치한 옌지(延吉)는 청국 지방통치의 중심지였고 룽징 등에는 일찍부터 일본영사관이나 영사관 분소가 설치되어 있었다. 그와 달리 서간도 지방은 통치 중심인 센양(瀋陽)에서 멀리 떨어진 편이었고, 신흥무관학교 소재지는 퉁화(通化)나 류허(柳河)에서도 꽤 떨어져 있었다. 일본이 퉁화에 영사관분관, 순사파출소를 설치하고 정탐꾼을 둔 것은 1916년에 이르러서였다.*

그러나 가장 무난하다고 생각한 서간도도 쉽지 않았다. 쩌우자가에 한인 집단촌이 만들어질 조짐을 보이자 만주인 주민 대표가 류허현 현청에 고발하였다. 지금까지는 고려인이 몰려왔어도 황무지를 일궈 감자나 심어 겨우 연명한 사람들이었는데 이번에는 수십 대의 짐마차가 무기를 실어오니 장차 일본과 합하여 우리 청국을 치러 올 것 같으니 그자들을 몰아내 달라는 것이었다.

군경 수백 명이 몰려와서 이회영 형제 일행의 짐을 수색했다. 이회영은 북경으로 가서 총리대신 위안스카이(袁世凱)를 만났다. 위안스카이는 청나라 군대를 따라 조선에 왔을 때 6형제의 부친 이유승과 가깝게 지냈고 6형제와도 그러했다.

위안스카이는 즉시 그들을 도우라는 강력한 지시를 내렸다. 그리하여 싼위안바오 쩌우자가 땅을 샀고 독립운동 지도자들도 많이 모여들었다. 1911년 4월 경학사(耕學社)라는 자치단체를 조직했다. 황무지를 개척해 둔전을 만들고 장차 독립전쟁을 이끌어갈 청년들을 가르치자는 것이었다. 그 일이 순조롭게 되어 마침내 신흥무관학교의 전신인 신흥강습소를 열었다. 청년들에게 민족의식을 고취하여 독립투쟁의 전위로 키워 무장 항일투쟁을 전개하는 것을 목표로 삼았다.

그러나 흉작과 질병으로 어려움에 처하자, 몇 달 뒤 경학사를 해체하고 그 후신으로 부민단(扶民團)을 만들었다. 싼위안바오가 눈에 띄기 좋은 곳이라 독립운동 기지와 신흥학교를 싼위안바오의 남동쪽에 있는 퉁화현 하니

---

*   서중석, 『신흥무관학교와 망명자들』, 역사비평사, 2001, 51~55쪽.

허(哈泥河)로 옮겼다.

그 뒤에도 시련은 계속되었다. 1913년 초겨울 새벽, 수십 명의 마적들이 쳐들어와 이회영의 부인 이은숙(李恩淑)은 어깨에 관통상을 입었고 이석영은 끌려갔다. 긴급 연락을 받은 위안스카이가 앞장서 동삼성(東三省) 총독에게 부탁해 군대가 출동하고 무사히 돌아왔다. 만주의 독립운동 기지 설립은 그렇게 어려웠다.

이회영 일가가 겪은 고초는 그것이 끝이 아니었다. 삼한갑족으로 불리웠던 그들 일가는 전 재산 40만원을 독립전쟁 기지 건설과 신흥무관학교 개교에 바치고는 생명 유지의 밑바닥까지 이르도록 굶주리고 그로 인해 죽거나 병들었다.

김광서가 지석규와 함께 하니허에 도착했을 때 설립자이자 교장이었던 이시영 선생은 임시정부에 참여하기 위해 상하이로 떠나고 없었다. 그러나 그와 형제들이 세운 신흥무관학교는 애국지사들에 의해 무수한 시련의 고비를 넘기고 마침내 희망이 커지는 시기였다. 지금까지 배출한 5기생까지 신흥무관학교의 생도 수는 매년 백여 명에 불과했는데 3·1만세운동이 일어나자 입학하려는 학생들이 1천 명이 넘게 쇄도했던 것이다. 그래서 하니허의 시설로는 부족해서 구샨즈에 새로운 교육장을 만들고 있었다.

지난날의 부민단은 한족회(韓族會)로 발전해 있었고 한족회는 군정부를 만들었는데 자치행정과 무력항쟁을 분리하기 위해서였다. 군정부는 무관학교를 운영하는 주체가 되었다. 그것은 최근 상하이 임시정부의 방침을 받아들여 서로군정서로 바뀌어 있었다. 북만주의 무장 세력은 북로군정서라 부른다고 했다.

일본 육사 출신 장교 두 사람이 탈출해 교관이 되겠다고 찾아온 것은 서

간도 동포 공동체를 흥분으로 몰아넣었다. 그들이
하루씩 동포의 집에서 잠을 자며 이동하는 것을 한
족회 조직을 통해 이미 알고 있었던 지도자들은 싼
위안바오에서 마차를 타고 그들의 도착시간에 앞서
신흥무관학교에 도착했다.

남만의 맹호 김동삼
서간도 지역 독립운동 조직의
대표인물이었다. 국사편찬위
DB.

전체 생도들이 함성을 올리며 군모를 벗어 흔드
는 가운데 김광서는 지석과와 함께, 다가오는 애국
지사들을 향해 일본 육사 출신답게 직립부동의 자세로 서서 거수경례를 했
다. 무관 출신인 몇 사람의 지도자와 교관들은 거수경례로 답례했다.

최고 서열인 일송(一松) 김동삼(金東三) 선생은 바위산에 선 한 그루 소나무
처럼 한결같고 '남만의 맹호', '만주의 호랑이'라고 불리는 분이었지만 김광
서와 지석규의 손을 잡고 펑펑 눈물을 쏟았다.

"장하오, 두 동지. 두 동지는 하늘이 우리 민족에게 내려준 선물이오. 이
제 우리는 본격적인 독립전쟁을 할 수 있게 됐소. 두 동지는 때 맞춰 정말
잘 왔소. 그동안 생도가 이삼백 명 정도였소. 그런데 3·1만세운동이 가슴에
냅다 애국심의 불을 질러버리는 바람에 청년들이 마구 몰려오고 있소."

김동삼 선생은 1878년생으로 이해 마흔 살이었는데 이회영 6형제와 더불
어 경학사와 부민단, 한족회로 이어지는 역정을 모두 겪고 백서농장(白西農
庄) 장주(庄主)를 지내고 신흥강습소를 세우는 등 서간도 항일운동의 중심에
서 있었으며 당시는 한족회와 군정부의 실질상의 대표였다.

많은 지도자들이 있었으며 무관학교 교관은 여준(呂準)·윤기섭(尹琦燮)· 김
창환(金昌煥)·성준용(成駿用)·신팔균(申八均)·원병상(元秉常) 등이 맡고 있었다.
모두가 일본 육사 출신의 두 젊은 장교를 반겼으나 제일 기뻐한 것은 교관

들 중 가장 젊은 신팔균이었다.

"김광서 동지, 동지를 만나니 선친이신 김정우 부령님이 생각나요."

신팔균은 그렇게 말하며 그의 허리를 냅다 껴안았다.

"저도 반갑습니다. 저의 아버님을 어디서 만나셨나요?"

그는 덩치 큰 그에게 바싹 안긴 채 말했다.

"내가 무관학교를 나와 막 참위로 임관한 계묘년(癸卯年. 1903)이지요. 그때 부령님은 신식 소총과 기관총의 사거리에 대해 설명하셨지요."

"그렇습니까?"하고 김광서는 머리를 끄덕이며 신팔균의 포옹에서 벗어났다.

신팔균은 1882년생으로 이해 38세, 김광서와 지석규보다 여섯 살이 위였다. 한성의 유명한 무관 가문에서 태어났다. 할아버지인 신헌(申櫶)은 병조 판서를 지냈으며 강화도조약과 조미수호통상조약을 협상하고 체결한 인물이었다. 그런 가문 출신으로 무관학교를 나왔다. 1907년 일본에 의해 군대가 해산당하자 안희제·김동삼 등이 조직한 비밀 결사 대동청년단에 가담했다. 1910년 강제합병이 되자 만주로 망명했다.

김광서와 지석규의 도착을 가장 반긴 것은 교관들도, 지도자들도 아니었다. 생도들이었다. 그들은 신명이 나서 말했다.

"아! 우리는 이제 일본 육사와 똑같은 교육을 받게 됐어!"

김광서와 지석규는 즉시 생도 교육에 팔을 걷어붙이고 나섰다.

김광서가 맡은 신흥무관학교 첫 강의는 '소대전투 전술'이었다. 그는 먼저 일본군의 전술을 소개하고 본론으로 들어갔다.

"우리의 적 일본군은 이런 전술로 너희를 상대할 것이다. 너희는 어떻게 나서야 할 것인가, 그것이 오늘 공부의 중심이다."

그의 말에 생도들의 눈빛도 활활 타올랐다.

그는 전술 몇 가지를 제시하고 숙지시켰다. 그런 다음 생도들을 이끌고 고지를 달려 올라갔다.

하루 일과를 보내고 자리에 누운 그는 가슴이 벅찼다.

'마침내 내가 조국을 위해 일하게 됐어. 제자들에게 일본을 이기는 법을 모두 가르쳐 줄 거야. 꼭 하고 말 거야.'

몸은 고단한데 흥분 때문인지 잠이 오지 않았다. 문득 어린 시절을 보낸 함경도 북청 고향집이 망막에 펼쳐졌다. 기억의 끝 가장 먼 곳에 있는 한 조각 그림은 흐립골 마을에 있던 옛집, 형의 손을 잡고 바라보던 영덕산이었다. 그동안 고향을 생각하면 북청 이후에 살았던 경기도 광주 학현리와 경성 순동집이 떠오르곤 했는데 이 날은 북청집이 그리웠다.

신흥무관학교 터
이회영 이시영 형제가 전 재산을 바쳐 설립해 무수히 많은 독립군 간부들을 배출한 신흥무관학교 터.

"선배님도 잠을 못 주무시는군요."

지석규가 말했다.

"응, 문득 기억조차 가물가물한 북청 고향집을 생각하고 있었어. 아버지가 전라도에 유배 중이셨지만 할아버지 할머니가 계셨고 어머니는 끈기가 강한 분이었지. 형님도 내게 늘 다정했지."

김광서는 그렇게 말했다. 그러자 고향집과 가족이 더 그리워졌다.

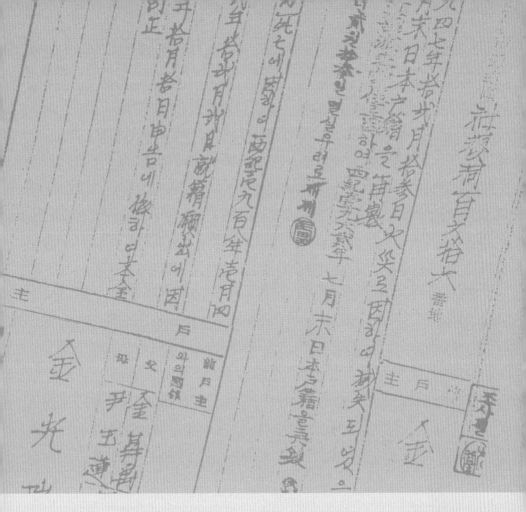

제2장

출생과 성장

함경남도 북청에서 태어나다

김경천은 1888년 6월 5일, 함경남도 북청군 북청읍의 읍성 서문 밖에서 진위대 대원인 김정우(金鼎愚 1857~1908)와 파평윤씨 윤옥련(尹玉蓮)의 차남으로 태어났다.* 출생일은 그의 호적과 육필기록인 「오가세기(吾家世紀)」 내용이 일치한다. 일본 육사 출신 장교들의 친목회지 『사막천』에 1887년생으로 올라 있으나 기록자가 잘못 적은 것으로 보인다.

이름은 평생 동안 여러 개를 가졌다. 황실유학생으로 떠난 일본 유학 초기까지는 영은(英殷), 일본육군중앙유년학교 졸업 직전에는 현충(顯忠)이라는 이름을 썼다. 일본 육사를 졸업하고 1911년 결혼한 뒤부터는 광서(光瑞)로 바꾸었다. 서울 종로구 사직동 166번지에 남아 있는 호적의 이름은 김광서이다. 이 본적은 순동(巡洞)에 주소를 두고 있다가 결혼하면서 사직동 집을 마련하고 그곳으로 옮긴 것이다. 경천(擎天)은 사직동 집 후원의 정자 경천각(擎天閣)에서 따서 지은 항일투쟁시의 가명이다. 한자를 바꿔 경천(敬天)으로 쓰기도 했고 응천(應天)이라는 가명도 썼다.

그리고 모친 이름이 제적등본과 「오가세기」에는 윤옥련으로, 1909년 5월 일본 육군중앙유년학교 재학시 작성한 「신원조서」에는 윤정순(尹貞淳)으로 실려 있다.

김경천의 호적. 서울 사직동 166번지. 뒷장에는 아내와 자녀 출생기록이 실려 있다.

---

*   김광서의 제적등본 ; 김경천, 김병학 정리, 「오가세기(吾家世記)」, 『경천아일록』, 391~394 쪽. 이하 「오가세기」.

출생지를 북청읍성 서문 밖으로 잡는 것은 위의 「오가세기」 기록 때문이다. 한편 북청군 신창읍 출신인 역사 전공 이명영 교수가 북청군민회에 보낸 글 「신창 출신 독립군 장수 김일성 장군」에 실은 '북청 출신 원로들의 증언'에 의하면 김경천의 출생지는 당시 지명 '북청군 해안(海晏) 승평(昇平)'이다. 뒷날 신창읍 승평리가 되었다. 북청군 전 명예군수 김경(金慶) 선생은 어린 시절 들은 기억을 더듬으며 이 교수의 말이 맞다고 말한다.* 그러므로 김경천은 북청읍성의 서문 밖에서 출생해 해안 승평에서 성장한 것으로 유추할 수 있다. 집은 흐립골이란 곳에 있었다.

김경천이 출생했을 때 아버지 김정우는 북청에 없었다. 충성을 다해 상관으로 모셨던 윤웅렬(尹雄烈) 전 남병사(南兵使)와 함께 갑신정변의 실패로 인해 천 리 머나먼 전라도 능주(綾州 현재의 전남 화순군)에 유배 가 있었다. 집안의 살림은 부친인 김규준이 맡아 하고 있었다.**

그 날 김규준은 북청향교에서 시회(詩會)에 참석해 있다가 큰손자 성은(成殷)이가 달려와 제 어미가 아들을 낳았다고 하는 말을 듣고 함께 집으로 갔다. 아비 정우가 5대독자, 성은이 6대독자인데 아들을 하나 더 낳았으니 참 다행이라는 생각이 들었다.

"아기가 너처럼 똑똑하고 몸도 튼튼하면 좋겠구나."

김규준은 그렇게 말하며 걸음을 재촉했다.

"네, 할아버지. 제 동생이 저보다 똑똑하면 더 좋지요."

잰걸음으로 좇아오는 큰손자 성은이 지혜롭게 대답했다. 얼굴에 기쁨이

* 2016년 7월 15일 오전 서울 종로구 관수동에서 인터뷰. 선생은 1932년 신창읍 승평리에 인접한 보청리에서 출생, 북청농업학교를 나와 20세에 월남했다. 이 날 북청의 향토성과 유년 시절에 들은 '백마 탄 김장군'의 전설 등에 대해 구술했다.
** 「오가세기」와 일본 중앙유년학교 시절 「신원조서」에 조부가 김규준(金奎濬)으로 올라 있다.

넘쳐 보였다. 올해 아홉 살, 8년 터울로 아우를 보니 감격이 클 것이었다.

아이들의 아비 정우가 정변에 실패해 귀양 간 것은 네 해 전이었다. 죽었는지 살았는지 남은 식구들은 걱정만 하는데 정우가 작년 여름 유배지를 벗어나 천릿길을 걸어 북청에 와서 야밤에 집으로 숨어들었다. 열흘을 묵고 다시 야밤에 홀연히 떠나갔다. 며느리가 그때 잉태하여 이 날 둘째아들을 낳은 것이었다.

집에 도착하니 아기를 받은 늙은 아내 전 씨(全氏)가 태(胎)를 바가지에 담아 들고 안방을 나오고 있었다.

"어멈이 몸이 약해 걱정했는데 순산했어요. 태를 좋은 데다 묻고 아기 이름을 지어주세요."

"그러겠네."

김규준은 바가지와 괭이를 들고 밖으로 나가 남산(南山) 자락에 태를 묻었다. 갈 때는 서낭당을 피해 걸었지만 올 때는 그 앞으로 왔다.

"천신님, 지신님, 오늘 다시 손자를 얻었습니다. 튼튼히 자라게 보살펴 주소서. 천 리 밖에 귀양 간 아비도 하루속히 돌아오게 해주소서."

그는 합장한 채로 서낭당에 절했다.

그리고 집으로 돌아와 사랑채에 앉았다. 북청향교에 출입하는 선비들이 대개 그런 것처럼 그도 사주를 보고 생애를 예언하는 자평명리학(子平命理學)과 작명학의 필사본 서적을 하나씩 갖고 있었다. 마을에 태어나는 아이들 사주를 보고 작명을 해주기 위해서였다.

아기의 사주를 보니 제 아비와 형보다도 좋았다. 수많은 고비를 넘어 입신양명하고 만인의 존경을 받을 운세였다. 그는 운세 따위를 믿지 않았다. 그러나 이왕이면 다홍치마라고 좋은 운세에 걸맞은 이름을 지어주고 싶었다.

그는 책을 펴들고 앉아 해질녘까지 매달려 사주에 걸맞은 이름을 찾아냈다. 아무렇게나 부르는 아명(兒名)은 영은(英殷), 어른이 되어 갖게 될 관명(冠名)은 집안의 돌림자를 넣어 현충(顯忠)이라고 지었다.

부귀영화도 좋지만 넉넉히 살며 남에게 베풀 줄 아는 현인이 되었으면 하는 희망을 가졌다. 새로 태어난 아기가, 빼앗긴 조국을 되찾아 달라는 민족 전체의 기원을 한 몸에 담고 백마를 타고 만주 벌판과 연해주의 광야를 달리는 투사가 되리라고는 꿈에도 상상하지 못했다.

함경남도 남동부에 위치해 동해를 끼고 있는 북청, 고려 때 여진족으로부터 되찾은 북쪽의 변방으로 '안전한 북방'이라는 염원을 실어 안북(安北)이라 불렸던 곳이다. 전략적으로도 중요해 남병영(南兵營)을 설치해 종2품의 고급 무관인 남도병마절도사(약칭 남병사)가 주재했다.

북청인들은 왕조시대에 소외당했으나 생존력이 강하고 저항심도 컸다. 그 결과로 일어난 것이 김경천이 출생한 1888년의 북청 민란이었다. 북청은 땅이 척박하나 사람들이 억척스럽게 일해 식량을 구하고, 동해에서 명태, 대구, 가재미, 정어리, 민어 등을 잡아 먹고사는 곳이었다.

이곳에도 향반 계급이 있었다. 태조 이성계가 함흥에서 일어섰는데도 함경도 출신은 중용하지 말라는 유훈을 남겨 500년 왕조에서 입신하지 못한 변경인들, 그들은 그래서 강한 기질과 생존력을 갖고 있었다. 일찍이 이성계가 그랬듯이 기회가 오면 신분 상승을 위해 크게 한 번 일어서려는 모험심과 호기를 갖고 있었다. 학문도 만만치 않아 노덕(老德)서원은 대원군의 서원철폐 때도 살아남았고, 북청향교는 학문하는 젊은 선비들이 운집했다.

김경천의 집안은 함경도에서 대대로 살아왔다. 육필기록인 「오가세기」에 김경천은 자신이 '김해김씨'로서 김인찬(金仁贊)의 여러 아들 중 김종남(金從南)의 후예라고 썼다. '김해김씨'는 절반은 맞고 절반은 틀린 것이다.

김인찬은 이지란·이성계와 더불어 결의형제를 하고 이성계의 역성혁명을 도운 최측근 인물이다. 김종남은 태조 이성계가 아들 방원(芳遠)이 일으킨 왕자의 난에 분노하여 함흥에 머물 때 곁을 지켰다. 태종(방원)이 보낸 '함흥차사'들을 처형했고 노년에는 북청으로 가서 은둔하였다. 북청의 경주김씨 가문은 그를 입향조로 보고 있다.

김종남은 신라 경순왕의 17세손이다. 족보학에서 '후김(後金)'이라 부르는데 좁은 의미로는 경주김씨이다. 그러나 함경도 지역의 후김들은 '나는 김해김씨다'하며 살아왔다.

1916년 10월, 김경천이 본관을 시흥(始興)김씨로 고쳤다는 기록이 호적에 있다. 조부, 부친, 형이 사망한 뒤였다. 자신이 '후김'으로서 김해김씨의 한 분파인 경주김씨이며 그 경주김씨의 계파인 시흥김씨임을 인지하고 본관을 바꾼 것으로 보인다. 그것을 아버지와 형이 못하고 죽자 그가 한 것이라 볼 수 있다. 호적의 본관을 바꾸는 일은 엄격하게 따져 합당해야 관청에서 승인했다. 자신이 '후김'의 계파인 시흥김씨라는 그의 설명을 관청이 인정한 결과일 것이다.

김경천 자손들의 회고에 의하면 '김경천의 증조부, 부친, 숙부가 병조판서를 지낸 무인가계였으며 그가 다섯 번째 장군'이었다.* 그러나 뒷받침할 자료가 없다. 김경천의 부친 김정우와 조부 김규준이 실린 족보는 남한에 없다. 김규준은 100석 지기쯤 토지를 갖고 있어서 글줄이나 읽고, 향교에 나

---

* 　김 예브게니 정리 「김경천에 대한 부인과 자녀들의 회고」, 박환, 『대륙으로 간 혁명가들』,

가 시문을 읊은 유림으로 추정된다.

김정우는 야심이 컸다. 실속 없이 서원이나 향교에 출입하기보다는 실질적인 길을 찾으려 했다. 그는 몸이 민첩하고 눈치도 빨랐다. 끈기도 있었다. 1881년 윤웅렬이 남병사로 왔을 때 기회를 잡았다.

윤웅렬은 개화당을 대표하는 무관이었다. 박영효와 김옥균이 주도하는 개화파는 혁명을 꿈꾸었고 군대가 필요했다. 윤웅렬은 남병사로 북청에 부임하자마자 날랜 군사 500명을 뽑아 신식 군대를 양성했다. 그 과정에서 김정우를 발탁했다.

윤웅렬 남병사는 전임자들과 사뭇 달랐다. 병정들을 혹독한 훈련으로 잡아돌렸다. 그러면서 군량을 착복하지 않고 충분히 먹였다.

병기창고에는 고장난 무기들이 많이 쌓여 있었다. 어느 날, 김정우가 그것들을 척척 고쳐냈는데 윤웅렬이 눈여겨보고 가까이 불렀다.

"병장기를 잘 다루는 걸 보니 눈썰미가 좋구나."

신임을 얻은 김정우가 무기와 군량의 보유량, 장차 필요한 수요와 공급량에 대해 척척 계산하는 것을 보고 윤웅렬은 그를 임시장교로 임명했다.

김정우가 충성스럽게 임무를 수행하자 이렇게 말했다.

"나는 밀어주는 사람 없이 내 앞길을 열어나가고 있다. 내 곁에서 배워라."

윤웅렬이 다음해 중앙으로 진출해 별기군* 창설을 주도할 때 김정우는 따라가서 무기 수리 실무를 보았다. 열심히 병서를 읽고 무예도 닦았다. 그리하여 무과시험에도 입격해 이름을 올렸다.** 그러나 시련이 다가왔다. 윤웅

---

* 별기군(別技軍): 1881년에 설치한 신식군대. 윤웅렬이 군사들 중 신체 건강하고 민첩한 자 80명을 뽑아 일본군 교관의 훈련을 받게 했다.
** 『승정원일기』 고종 22년(1885) 5월 26일자 무관 입격자 명단에 그의 이름이 있다.

렬이 임오군란에 휘말려 일본으로 탈출했던 것이다. 김정우는 북청으로 복귀해 장교로 일했다.

윤웅렬은 다음해 귀국했다. 1884년 개화파가 갑신정변을 일으키자 거기 가담해 지난날 자신이 조직한 북청군을 한성으로 이동시켰다. 김정우는 북청군 소속 병졸들을 이끌고 한성으로 진출했고 윤웅렬의 곁을 지켰다. 그리하여 윤웅렬의 절대 신임을 받는 위치에 올랐다.*** 그러나 그것이 독이 되어 결국 갑신정변 실패 후 함께 전라도 능주 유배 길에 오르게 되었다.****

유배 3년이 지났을 때 능주 관장의 감시통제가 약해졌다. 아마 윤웅렬도 그랬겠지만 김정우에게 몸과 정신을 바쳐 모시는 여인이 생겼다. 그녀는 뒷날 기록에 '화순댁'으로 나온다.

어느 날, 윤웅렬은 김정우에게 은밀히 한성에 있는 자신의 집에 다녀오라 명하고는 덧붙였다.

"여기 일은 내가 감당할 테니 너는 한성에서 일을 다 보고 은밀히 북청 너의 집에까지 다녀오너라. 처자식이 죽었는지 살았는지 알아야 할 게 아니냐."

그리하여 김정우는 고향에 왔고 며칠 아내와 잠자리를 가졌다. 그리하여 다음해 8년 터울로 아들 하나를 더 얻게 된 것이었다.

1894년에 '갑오농민혁명'이 일어났다. 윤웅렬은 유배가 풀려 한성으로 돌아갔다. 그러나 별기군 영병관(領兵官) 직책을 갖고 동학군을 토벌하다가 생포되었다. 동학군이 윤웅렬을 총살하려고 하자 김정우는 동학군의 총구를 자신의 가슴으로 막으면서 눈물로써 호소했다.

*** 윤치영 회고록에 김경천의 부 김정우(金正侯로 오기)가 백부 윤웅렬의 전속부관이었다는 기록이 있다(『윤치영의 20세기』, 삼성출판사, 1991, 96쪽).
**** 김경천은 「오가세기」에 아버지의 10년 유배를 기록했다.

"이분은 자나 깨나 백성들의 일, 나라 일만 걱정하는 분입니다. 나라 앞날을 위해 목숨만은 살려주십시오. 죽어야 한다면 저를 쏘십시오."

동학군 지휘자는 총을 내렸다.

"영병관은 참으로 충성스런 부하를 두었구려."

그렇게 구사일생으로 목숨을 건진 윤웅렬이 감격하여 말했다.

"이제부터 너는 내 아들이나 다름없다."

윤웅렬과 김정우가 마치 혈연과도 같은 관계로 맺어지게 된 그때의 일화는 윤웅렬의 아들 윤치호의 일기에 기록되어 있다.

> 그리고 (어머니는) 이춘식과 이병휘 씨의 불성실한 점을, 김정우 씨의 개인적이고 변함없는 충성심을 말씀하셨다. 김정우 씨는 나의 아버님의 좋은 세월이나 어두운 세월에나 변함없이 곁을 지킨 사람이다. 그리고 잔인한 동학군이 아버지를 해치는 정도가 아니라 살해하려고 했을 때, 동학군에게 눈물로 살려 달라고 간청한 사람이다.*

그렇게 상전을 살려내고 자신도 살아남아 고비를 넘었다. 그리고 말을 타고 북청 집에 도착해 부친에게 큰절을 했다.

"유배를 마쳤고 이제 광명이 오는 듯합니다. 곧 관직을 받게 됩니다. 식구들 모두 이사할 준비를 하십시오."

어언 일곱 살이 된 영은은 형 성은과 함께 아버지에게 큰절을 올렸다.

----

* 『윤치호 일기』, 1895년 2월 14일자.(『한국사료총서』, 국사편찬위원회 데이터베이스, 이하 국편 DB). 윤웅렬의 아들 윤치호는 이 날 모친으로부터 지나간 몇 해 동안의 일에 대해 들었다. 그는 미국 유학과 중국 체류를 마치고 전날 귀국했다.

"이놈 봐라, 똘똘하게 생겼네."

김정우는 작은아들을 덥석 안아 올렸다.

윤웅렬은 새로 꾸려진 김홍집의 친일내각에서 경무사(警務使)로 임용되고 김정우를 총순(總巡) 판임관(判任官) 6등으로 임명하였다.**

경무사는 갑오개혁 때 만들어진, 경찰업무와 감옥 업무를 총괄하는 경무청의 우두머리 관직이었다. 오늘날의 경찰청장과 법무부 교정국장을 합한 것과 같은 직위였다. 총순은 순검(巡檢)들을 지휘 감독하는 경무청 간부로서 당시 전국에 40명 정도가 임명되어 있었다. 김정우의 계급은 오늘날 경찰 직급으로 따지면 경감에 해당하는 것으로 볼 수 있다.

1895년 가을, 김정우 총순은 가족을 이끌고 대대로 400년을 살아온 북청을 떠나 경기도 광주군 초월면 학현리로 이사했다.*** 늙은 부모는 북청 집에 남았다. 일가붙이들이 북청 땅에 살았다. 친척 아우가 경기도 안성에 살고 있었으나 김규준은 늙은 아내와 함께 일가붙이들이 많은 북청에 그냥 남기로 했다.

김정우는 경기도 광주에 걱정 없이 먹고살 만한 농장을 하나 마련했다. 거기서 일가족이 오순도순 산 것은 아니었다. 그의 앞길이 더욱 환하게 열려 39세 나이로 관비유학생이 되어 일본으로 가게 된 것이다.**** 더 놀라운 것은 장남 성은까지 데려갈 수 있게 된 것이었다.

** 『대한제국 관원이력서』, 제19책 504항목, 국편 DB.
*** 김경천 일가의 경기도 광주 학현리 이주는 「오가세기」및 김경천의 부 김정우의 일본유학 중 자료에 있다(『慶應義塾 入社帳』27, IV 434, 西澤直子王賢鍾, 「明治期 慶應義塾への 朝鮮留學生」, 『近代日本研究』31號, 2014, 275쪽 재인용). 학현리 주소는 그곳에서 사망한 김경천의 생모 묘지가 동막골에 있었으므로 현재의 동막고개 인근으로 추정된다.
**** 관비유학생 연령제한에 걸려서인지, 혹은 유학 중 자기 뜻으로 그렇게 한 것인지 일본에 있는 자료는 35세로 기록되어 있다(『慶應義塾 入社帳』, 위의 자료).

김정우는 놀라 입을 다물지 못하는 아내에게 말했다.

"우리나라보다 앞서 가는 일본의 총포 탄약 제조기술을 완벽히 배워오겠소. 그리고 성은이에게 맘껏 공부하게 할 거요. 그러면 집안을 일으킬 수 있소."

겨우 아버지와 정이 든 막내아들이 울먹거리자 김정우는 끌어안아 무릎에 앉혔다.

"그래야 우리나라가 일어서고 우리 집안도 일어선다. 너는 엄마 옆에서 열심히 공부해라. 내 어떻게든 너도 유학시킬 거니까."

그 해 11월, 김정우는 윤치성(尹致晟) 등 11명과 더불어 게이오의숙(慶應義塾) 특별교육부 보통과에 입학했다.* 윤치성은 김정우의 옛 상관이자 후견 인인 군부대신 윤웅렬의 조카였다. 나이가 18년 위인데다 숙부의 생명을 지킨 사람이라 김정우에게 깍듯이 존경을 표했다.

김정우는 1년 반이 지난 1897년 봄, 수리(數理)와 측량 관련 특성학교인 준텐모토메고샤(順天求合社) 예비과에 들어가 근대 공업기술의 기초과정을 밟았다. 거기를 졸업하고는 일본 기술교육의 최고단계인 도쿄고등공업학교 기계과에 입학했다.

큰아들 성은은 육군사관학교의 예비학교인 세이조학교**에 들어갔다. 관비유학생인 김형섭(金亨燮)·노백린(盧伯麟)·어담(魚潭)·윤치성 등 20명과 함께였다. 그들 가운데 나이가 가장 어렸다. 윤치성은 김정우가 숙부 윤웅렬의 사람이라 다섯 살 아래인 성은을 아우처럼 여기고 소중히 대했다.

그들은 일본 육사에 11기로 입학했다. 육사는 수업연한이 1년 반이었다.

----

*   1895년 9월 8일, 학부대신 서광범이 외부대신 김윤식에게 보낸 공문 「조회(照會) 제13호」. 김성은은 이름이 없어 다른 예비과정 학교에 다닌 것으로 보인다.

**   세이조학교(成城學校): 사관학교의 예비학교 기능을 했다. 구한말 일본 육사 입학자들은 이 학교를 거쳤다.

성은은 전공 병과를 공병으로 택했다. 고국 군대에 근대적 기술을 가진 공병장교가 없기 때문이었다.

다음해인 1899년 가을, 고국에서 김정우의 아내 윤 씨가 죽었다는 전보가 왔다. 김정우·김성은 부자는 고국으로 가지 못했다.

골목대장 소년시절

김영은 소년은 아버지와 형이 일본으로 유학을 떠난 뒤 광주 학현리 집에서 어머니 윤 씨와 둘이 살았다. 몸이 빠르고 배짱이 두둑해 마을 아이들을 잘 사귀었고 병정놀이에서 대장 노릇을 했다. 그러면서 하루가 멀다 하고 사고를 쳤다. 머리가 깨졌다 하면 김영은 짓이요 장독대가 깨졌다 하면 그것도 김영은이 한 일이었다.

어머니 윤 씨는 약값을 내놓고 장독대 값을 치르면서도 영은의 기를 꺾지 않으려 했다. 그렇게 적당히 놀게 하면서 남편이 떠나기 전 부탁한 대로 독선생을 불러 앉혀 신학문을 가르쳤다.

영은이 열 살 때 윤 씨는 병에 걸려 덜컥 자리에 눕게 되었다. 영은은 개구장이 노릇을 그만두고 어머니 곁을 지켰다. 병세가 악화되어 어느 날은 거의 혼절할 지경에 이르렀다. 영은은 10리 먼 길을 달려 초월면 면소재지에 있다는 의원을 찾아 나섰다. 큰 내가 앞을 막고 있었다. 며칠 전 큰비가 와서 물이 불어 어른들도 건너기 위험한 곳이었다.***

*** 김경천의 집이 있던 학현리는 뒷날 옆 마을과 합해져 학동리가 되었다. 김경천은 어머니 약을 구하려고 급류를 건넌 일을 『경천아일록』에 기록했다. 현재 학동리와 초월읍 소재지와의 사이에 흐르는 곤지암천이 분명하다.

"천지신명님, 엄마가 아픕니다. 무사히 내를 건너 약을 구하게 해 주십시오."

영은은 그렇게 기도하고 내를 건너기 시작했다. 급류에 휩쓸려 떠내려가다가 간신히 둑의 풀뿌리를 잡아 건널 수 있었다.

아들이 구해 온 약을 먹고 어머니는 조금 회복되었다. 그러자 마을사람들의 칭송이 쏟아졌다. 북청에서 온 아이가 무쇠처럼 강해서 골목대장을 하더니 제 엄마를 지켜냈다고.*

어머니 윤 씨가 말했다.

"우리 영은이, 엄마 죽으면 아버지와 형 돌아올 때까지 씩씩하게 살아야 한다."

영은은 눈물을 뚝뚝 흘리며 머리를 끄덕였다.

"그러나 하루도 책을 놓아서는 안 된다. 약속할 수 있느냐?"

"네, 엄마. 매일 책을 읽을게요."

소년은 울먹거렸다.

1899년 가을, 어머니 윤 씨가 세상을 떠났다. 이웃사람들이 관아에 알려 일본으로 전보를 보내게 했고 일본에서 날아온 김정우의 답신 전보를 받았다. 갈 수 없으니 영은이가 상주가 되라는 내용이었다. 안성에 사는 김현익(金顯益)이 일본에서 온 전보를 받고 달려와 장례를 주관했다.** 열한 살 소년 상주 영은은 엄마의 유언을 되새기며 꿋꿋하게 상례를 치렀다. 그 후 작은할머니라고 부르는 할머니가 와서 살림을 지켰다.*** 김정우의 평생 상전인

---

* 『경천아일록』, 46쪽.
** 김현익은 조부모, 부모, 형제 외에 이름이 알려진 김경천의 친척으로 육군중앙유년학교 재학시 작성한 신원조서에 종형으로 실려 있다(이 책 166~167쪽에 수록).
*** 김경천은 '이름에 서(庶)자가 붙은 할머니가 와서' 살림을 했다고 썼는데 할아버지 김규준의

윤웅렬 군부대신은 전속부관을 보내 조의를 표했다. 그리고 광주군수에게 김정우의 어린 아들 영은을 보살펴 달라는 친서를 보냈다.

김영은 소년은 어머니의 상을 치르고 정신적으로 부쩍 성장했다. 불행한 일에 대한 적응력, 고난에 대한 응전력이 커졌다. 죽은 어머니와 한 약속 때문에 책을 읽기는 했지만 사냥꾼의 자식처럼 산속을 뛰어 다녔다. 농장 경영은 아버지 김정우의 고향친구가 와서 맡아서 했다. 수돌 아버지라는 충실한 일꾼이 아내와 함께 집 안팎일을 맡아서 했다.

도쿄에 유학중인 김정우 김성은 부자는 윤 씨의 부고를 전보로 받고 통곡했을 뿐 고국 땅으로 가지 못했다. 김정우는 아직 실습이 끝나지 않았고 김성은은 육사 졸업시험을 앞두고 있었다. 한성까지 가는데 닷새가 걸리고, 왕복 보름을 빠지면 낙제하기 때문이었다.

이 무렵 관비유학생들은 큰 고난을 맞았다. 아관파천 이후 고국에 새로 들어선 친러 내각이 일본 유학 관비유학생들을 친일분자로 간주해 관비 송금을 중단해 버린 것이다. 육사 졸업생들에게 참위 임명장을 보냈지만 봉급은 보내지 않았다.

1900년 7월, 육사 출신 장교들은 도쿄에서 혁명일심회라는 비밀결사를 만들고 쿠데타를 모의하기 시작했다. 이 무렵, 김정우에게 귀국 여비가 왔다. 무기와 총탄 분야의 최고기술자가 된 터라 고국 정부에 목마르게 필요한 인재였다. 그러나 실습기간이 두 달 남아 있었다. 그는 여비 일부를 아들에게 떼어주었다.

둘째부인인지 누구인지 분명치 않다(『경천아일록』, 47쪽).

"네가 먼저 들어가거라. 영은이 때문에 걱정돼서 잠이 안 온다. 그리고 혁명일심회에 속해 움직이는 건 칼 물고 뜀뛰기하는 것처럼 위험한 일이다. 그 사람들과 멀리 거리를 둬라. 내가 10년을 참은 끝에 기회를 잡았듯이 기회는 온다."

갑신정변에 연루된 상전 윤웅렬 남병사 때문에 10년 유배생활을 하고 산전수전 다 겪은 그는 아들에게 그렇게 말했다. 아들 성은은 고국 군대의 참위 계급을 받았지만 겨우 스물한 살이었다.

그리하여 김성은이 먼저 귀국길에 올랐다.* 그는 인천항에 도착하자마자 말을 빌려 타고 곧장 광주군 초월면으로 달렸다. 그가 만난 것은 책 읽는 아우가 아니라 활을 쏘아 잡은 토끼를 들고 산길을 쏜살같이 달려 내려오는 민첩한 소년이었다. 외롭게 지낸 열세 살 아우가 만나는 순간 눈물을 흘릴 것으로 예상했던 터라 김성은 참위는 미소를 지었다.

"많이 컸구나, 영은아. 어머니 묘에 가자."

"엄마 산소는 동막골에 있어요. 나도 말에 태워 줘요, 형."

"그래."

성은의 대답이 떨어지기가 무섭게 영은은 무릎을 굽혔다가 개구리처럼 도약해 말안장 뒤편에 매달렸다.

"몸이 민첩하구나. 활을 좀 보자."

형의 말에 영은은 활을 벗었다. 성은이 받아보니 아버지가 젊어서 사용했던 낡은 것을 시위 일부를 끊어 탄력을 약하게 한 것이었다. 성은은 아우가

---

* 야마구치현(山口縣) 지사 후루사와 시게(古澤滋)가 외무대신에게 보낸 보고, 秘第2−638號, 「韓人 動靜 ニ 通リ 探聞 候條 此段 及 申報候也」, 明治 33年(1900) 8月 15日, 국편 DB. '육사를 나와 제1사단에서 군사실습 중인 요시찰 인물 김성은이 8월 13일 귀국길에 올랐다' 고 보고했다.

구김살 없이 커서 고마웠다.

"씩씩하게 잘 컸구나. 형이 너를 위한 일이라면 뭐든지 하겠다."

"그럼 승마를 가르쳐 줘요."

영은은 그렇게 소리치며 어머니 묘소가 있는 동막고개 방향을 손으로 가리켰다.

김정우는 장남 김성은 참위보다 한 달 늦게 귀국했다. 장남 성은이 아버지에게 한 첫말은 아우에 관한 것이었다.

"기가 죽은 아이가 아니라 놓아기른 망아지처럼 날뛰는, 아주 강인한 아이가 됐습니다."

"다행이구나. 공부는 이제부터 잡아놓고 시키면 되지."

김정우는 안심한 목소리로 말했다.

그는 군부(軍部)로 소속이 바뀌고 기수(技手)라는 직책과 함께 한 등급 승진한 판임관 5등에 임명되었다. 이 무렵, 대한제국 정부는 군대의 무기를 개선했다. 보병 개인화기인 소총, 공용화기인 기관총, 포병대의 야포를 독일, 영국, 미국 등에서 수입했다. 그러나 내국인 전문기술자가 전무했다. 무기제조의 엘리트 엔지니어 과정을 이수하고 돌아온 그의 장래는 탄탄하게 보장되어 있었다.

김정우는 윤웅렬 군부대신 집으로 귀국인사를 갈 때 두 아들을 데리고 갔다. 윤웅렬은 반색하며 맞아들였다.

"평안도 삼화(三和 현재의 평남 용강)에 나가 있던 내 아들 치호(致昊)가 출장으로 한성에 와 있어. 저녁식사 같이 하세. 이참에 서로 인사 나눠야지. 조카 치성이도 불렀네. 자네 부인이 세상 떠난 건 안됐네만 병기 군수분야의 최고권위자가 됐으니 빠르게 승진할 거네."

동학군에게 호소해 자신을 살리게 한 옛 부하에 대한 신의, 아들처럼 대하겠노라고 했던 약속을 지키겠다는 의미였다. 이제 충분한 자격을 갖췄으니 기회가 있을 때마다 승진시키겠다는 뜻도 들어 있었다.

윤웅렬   윤치호
전 군부대신 윤치호와 아들인 외부협판 윤치호. 윤웅렬이 남병사로 있을 때 김경천의 부 김정우를 발탁한 일로 두 집안이 밀접한 관계를 유지했다.

윤치호 삼화부윤(府尹)이 아버지 전갈을 받고 집으로 왔다. 김정우보다 나이가 일곱 살 아래였는데 위상으로 보면 훨씬 윗길이었다. 김정우 김성은 부자와 관비유학생 동기생이자 김성은의 육사 동기생이기도 한 윤치성 참위도 앞서 귀국해 있던 터라 만사 제쳐놓고 달려왔다.

윤치호는 열일곱 살이던 1881년 신사유람단에 끼여 일본으로 갔고 공식적인 첫 일본 유학생이 되었다. 나카무라 마사나오(中村正直)가 세운 도진샤(同人社)에서 일본어를 공부하고 네덜란드 외교관으로부터 영어를 배웠다. 1883년 조미통상수호조약이 체결될 때 고국정부의 통역관이 되었다. 그 후 청국에서 3년을 공부하고 미국으로 건너갔다. 결국 대학까지 졸업했고, 일본어와 청국어와 영어에 능통한 지식인이 되어 1895년 귀국했다. 그 후 독립협회 회장과 『독립신문』 주필을 지냈다.

윤치호는 김정우 김성은 부자와 맞절했다.

"위험한 시절에 아버님을 지켜주셔서 늘 감사한 마음을 갖고 있었습니다. 뵙게 되어 반갑습니다."

윤치호의 말에 김정우는 이렇게 화답했다.

"과찬의 말씀이십니다. 제가 대신(大臣) 각하께 많은 은혜를 입었습니다. 앞으로 잘 이끌어주십시오. 제 아들 성은이도 많이 부족합니다. 잘 가르쳐주십시오."

모두가 저녁상 앞에 앉았다. 윤웅렬 윤치호 부자는 김성은 참위의 근무사정에 대해 관심 있게 물었다. 어린 영은에게도 자상히 대했다.

윤치성 참위가 영은을 옆에 불러 앉히고 물었다.

"네 형은 사관학교에서 과학과 대수(代數)를 잘했다. 넌 뭘 잘하느냐?"

영은은 윤웅렬의 집 벽에 걸어놓은 장총을 바라보며 대답했다.

"달리기와 활쏘기입니다. 산토끼도 많이 잡았습니다."

"오, 그래. 형과는 딴판이구나."

윤치성이 말했다.

며칠 후 김정우는 가솔을 자신의 근무지인 한성으로 데려 왔고 경무청에서 가까운 곳에 집을 마련했다. 제법 큰 기와집, 그리고 집 앞에 텃밭이 있었다.

한성 이주 첫 주소는 김정우의 기록이 담긴 『대한제국 관원이력서』에 '한성(漢城) 서서(西署) 반석방(盤石坊) 구순청계(舊巡廳契) 제33통 8호'로 실려 있다. 김정우가 경무청 총순이었던 것과 관련이 있다. 이곳은 뒷날 순동(巡洞)이 되었다. 오늘의 중앙일보사가 앉아 있는 중구 순화동이다. 이 집에 대한 기록은 김경천이 아버지가 사망한 직후인 1908년 7월 신문광고로 실은 매각 불원 재산목록에도 들어 있다.* 김경천은 유년시절을 북청에서, 소년시절을

---

* 　　　『대한매일신보』, 1908년 07월 24일자 광고. 이 책 160~161 쪽 참조).

광주군 초월면 학현리에서, 그리고 청년시절을 이 순동 집에서 보냈다.

김경천의 아버지 김정우의 세계관은 어떠했을까? 그는 북청에서 조상대대로 무명 향반으로 살다가 개화파인 윤웅렬의 신임을 받아 입신의 기회를 잡고 끝까지 놓치지 않았다. 자신을 인정해 주는 사람에게 몸을 던져 충성하고 신의를 지키는 태도, 세상이 크게 흔들릴 때 과감하게 뛰어들어 앞길을 개척하는 응전력, 그것은 함경도인들이 지향하는 삶의 방법이기도 했다. 그 대표적인 인물이 금점꾼에서 내장원경(內藏院卿)에 오른 이용익(李容翊)이었다. 김정우도 이용익에 미치지는 못하지만 기회를 포착하는 날카로운 눈과 강한 집념을 가져 목적을 달성해 가고 있었다. 나라와 사회 전체가 크게 요동치는 시대에 신분의 수직상승에 성공해 고급관료의 반열에 오르고 부(富)를 쌓을 수 있었다. 명예와 부를 두 아들에게도 이어주기 위해 똑같은 길을 가게 했다. 그러나 뒷날 결국 자신과 두 아들을 시대의 격랑 속으로 끌고 들어가게 되었다.

한성에서 일본학교에 다니다

다섯 해 동안 외롭게 지낸 막내아들 영은에 대한 김정우의 사랑은 각별했다. 막내를 위해서라면 무엇이든지 하려 했다. 모든 응석을 다 받아주었으나 공부에는 엄격했다. 장차 일본 유학을 시킬 작정으로 경성학당(京城學堂)에 입학시키고 한성 아이들에게 뒤쳐질세라 독선생을 붙였다.*

---

*　　김경천은 경성학당에 1900년 입학해 1903년 졸업했다고 썼다.(『경천아일록』 47쪽). 일본 유학시절의 일본 공문서에도 그렇게 실려 있다.

경성학당은 명례방(明禮方), 현재의 서울 명동 중국 대사관 자리에 있던 일본식 기독교계 학교였다. 학생들에게 신학 교육을 시켰지만 일본어를 능숙하게 구사하도록 가르쳤다. 그래서 '일어학교' 또는 '일본학교'로도 불리웠다.

김영은이 학교를 오가는 반석방에서 명례방까지 거리에 구경할 것이 많았다. 함경도 북청과 경기도 광주 초월면에서 자란 시골 소년에게 한성은 굉장했다. 머릿불을 번쩍거리며 전차가 지나가고 노랑머리 서양인들도 있었다. 가끔은 공사관에서 나와 군악대를 앞세우고 거리를 행진하는 서양 나라들의 군대를 볼 수도 이었다.

영은은 성격이 활달해 새로운 친구들을 잘 사귀었다. 백발백중하는 활 솜씨는 또래 소년들 마음을 사로잡았다. 그래서 친구들과 한성 거리를 쏘다녔다. 공부는 게을리할 수 없었다. 아버지와 형이 늘 성적을 확인하고 채근하기 때문이었다.

어느 날, 영은은 머리가 디져서 집에 들어왔다. 형이 묻자 시슴없이 대답했다.

"경성학당 교복 때문에 아이들이 '쪽바리학교'라고 놀렸어요. 다섯 놈과 붙었는데 나도 몇 대 맞았어요. 난 왜 일본학교에 다녀야 하나 생각했어요."

형은 네 마음을 안다는 듯 고개를 끄덕였다.

"일본은 우리나라보다 30년은 앞서 있다. 그래서 너도 일본으로 유학 보낼 거다. 보통 애들보다 30년 앞서게 된다. 출세의 길이 거기 있다."

영은은 이 학교에서 친구 하나를 얻었다. 혁혁한 역관 가문 출신인 현구

(玄窠)였다.* 당대 최고의 역관이자 어문학자인 현은(玄檃)의 아우였다.

"나는 역관의 아들로서 역관 되려고 경성학당에 왔어. 너희들은 장차 왜
말(일본어) 잘하는 놈이 득세할 거라 하여 경성학당에 왔겠지. 나는 달라.
왜놈말 배워서 왜놈들 등에 올라탈 생각이야."

현구는 선언하듯이 말했다.

다른 학우들은 고개를 끄덕였다. 그랬으면 좋겠다는 생각이지 그럴 기대
는 갖지 못하는 표정이었다.

이 무렵 식구가 하나 늘었다. 홀아비인 아버지가 후처를 맞아들여 계모가
생긴 것이다. 계모 이름이 임춘희(林春喜)였는데 보통의 여염집 여자가 아니
라 관비유학생으로 일본에서 공부하고 아버지와 함께 귀국한 사람이었다.**

영은은 이 무렵 말을 타게 해달라고 형에게 매달리고 있었다.

"무엇이든 다 해준다고 약속하셨잖아요?

"아직 어리다. 좀 더 크면 타게 될 게야."

반대하던 형은 아우의 성화를 이기지 못해 조건을 걸었다.

"경성학당 성적 전 과목 갑(甲)을 받으면 가르쳐준다."

영은은 악착같이 공부해 전 과목 갑을 받아냈다.

"잘했다, 아우야. 승마 가르쳐 주마."

---

*　　천령현씨 가문이었다. 현구가 경성학당 출신이라는 기록은 「한국인 망명자 중 일부의 귀국
　　　권유에 대한 하야시 공사(林公使)의 서한」'별지 2'에 있다.(국사편찬위원회, 『한국근대사자
　　　료집성 2』, 2001, 645-646쪽)
**　　계모 임춘희는 김경천 호적에 없다. 도쿄 시절 김정우와 내연관계였을 개연성이 크다. 그
　　　녀는 도쿄 에도마치(江戸町)제지사를 나와 오우지(王子)잠업학교를 졸업했다. 1900년 가을
　　　김정우와 나란히 정부의 환국여비를 받은 기록이 있어 관비유학생 대우를 받았음을 알 수
　　　있다. 1906년 결성된 여자교육회의 양잠소 이사 명단에 '김정우 부인', '임춘희'라는 기록들
　　　이 있다. 일본 중앙유년학교 생도시절 작성한 김경천의 「신원조서」에 계모 임춘희 54세, 전
　　　라도 보성, 무직업, 일본 오우지잠업학교 졸업'이라는 기록이 있다.

반석방 집의 마구간에는 승마용인 몽골산 황부루가 있었다. 일본 육사에서 승마를 배운 김성은은 매주 일요일 기초부터 철저하게 가르쳤다. 자연스런 기승(騎乘)자세, 말과의 의사소통, 보폭과 속도, 방향 바꾸기 등을 제대로 가르쳤다. 영은은 몸이 민첩해서 진척이 빨랐다. 석 달 뒤에는 김성은이 부대에서 군마를 몰고 와 형제가 말을 몰고 거리로 나가기도 했다.

소년기에 형에게 배운 승마는 뒷날 일본 육사에서 병과를 기병으로 잡고 우수한 성적을 올리는 데 영향을 끼쳤고 그것은 탈출 망명 뒤의 독립전쟁에서 큰 이점으로 작용했다.

1902년, 일본에 있는 유길준(兪吉濬)이 반란을 위한 공작금을 마련하려고 밀사를 파견한 것이 발각되어 혁명일심회 멤버들은 속속 투옥되었다. 일부는 사형을 당했고 일부는 종신형을 받았다.*** 김성은은 아버지의 충고를 받아들여 그들을 멀리 했으므로 화를 입지 않았고 경쟁자들이 줄어들어 빠른 승진을 하게 되었다.

영은은 이 해 겨울 경성학당을 졸업하고 한 해 동안 독학을 했다.**** 고등과정의 일본어를 익히는 일이었다.

"아마 또 관비유학생을 파견할 거다. 거기 들어가야 한다. 관비유학생이 없다면 사비생으로라도 보내겠다."

아버지가 말했다.

1904년 러일전쟁이 터졌다. 2월 8일, 한성 시내는 이 날 인천 앞바다에서 벌어진 러·일 군함들의 해전을 두고 술렁거렸다. 러시아 군함이 자폭하는 폭음이 한성까지 들렸던 것이다. 다음 날 영은은 친구들과 함께 일본군의

***　이기동, 『비극의 군인들』, 일조각, 1982, 14~15쪽.
****　「오가세기」. 15세에 경성학당을 졸업, 17세에 일본유학을 갔다고 썼다.

진주를 지켜보았다. 제물포 해전에서 승리한 일본군은 아무런 저항 없이 한성에 진입했던 것이다.

"한성은 이제 일본군 차지가 돼 버렸대. 대궐도 겹겹으로 포위했대."

저자에서 사람들이 하는 말을 듣고 영은은 친구들과 함께 경복궁에 가 보았다. 소문은 사실이었다. 신식 총으로 무장한 일본 군대가 거리를 차단하고 경복궁을 에워싸고 있었다.

영은은 장교에게 천천히 다가갔다.

"아라사(俄羅斯,러시아)를 이겼는데 또 전투를 할 건가요?"

일본군 장교는 능숙한 일본어에 놀라 눈을 꿈벅했다.

"너는 어디서 일본어를 배웠느냐?"

"경성학당이라는 일본 학교를 다녔어요."

"오, 그래? 우리 일본군에 맞설 나라는 없단다. 청나라도 격파하고 아라사도 격파했으니까."

일본군 장교의 말을 등뒤로 하고 영은은 그 곳을 떠났다. 호기심 많은 동무들이 정동(貞洞)에 있는 아라사 공사관 쪽에 가보자고 했다. 거기 가 보니 공사관 외부와 내부를 일본군이 점령하고 있었다.

그때 공사관 문이 열리며 4륜 마차가 나왔다. 수십 명의 일본군 기병대가 둘러쌌다. 짐작에 마차에 탄 누군가를 호위하는 것 같았다.

"마차에는 노랑머리 아라사 사람이 탔는데 왜 일본군 기병대가 호위를 하지?"

한 동무가 말했다.

궁금증을 참지 못한 동무들에게 등을 떠밀려 영은은 공사관 담벽 앞에 서 있는 일본군 보초에게 이유를 물었다.

보초는 엉덩이를 걷어차는 흉내를 하며 말했다.

"아라사 공사를 인천에 끌고 가서 엉덩이를 걷어차 아라사로 쫓아 보낼 거다."

영은은 동무들과 함께 남산 아래 진고개로 갔다. 일본인들이 많이 사는 곳이었다. 거기서는 일본인들이 기쁨에 넘쳐 폭죽을 터뜨리고 있었다.

"자기들이 주인인 것처럼 놀고 있군."

동무의 말에 영은은 고개를 끄덕였다.

그는 해가 질 무렵 동무들과 헤어져 집을 향해 걸어갔다. 그의 집 대문이 멀리 보일 즈음 말발굽 소리가 났다. 길을 비켜서 보니 형이었다. 형 성은은 제1연대 공병중대장을 맡고 있었다.

"내 아우로구나."

형은 말에서 내렸다. 술에 취한 듯 균형을 잡지 못하는 듯해 그가 다가갔으나 형은 혼자 땅 위에 내려섰다. 아우가 말고삐를 대신 잡았고 형제는 천천히 걸었다.

"일본군이 대궐 포위하는 걸 봤어요. 아라사 공사를 인천으로 끌고 가는 거도 봤구요."

영은은 동무들과 구경 다닌 이야기, 그리고 자신이 일본어로 질문했음을 이야기했다.

스물세 살 나이에 정위 계급으로 공병중대장 지위에 오른 형은 황혼으로 물들어가는 하늘을 바라보았다.

"뭘 느꼈느냐?"

"청국과 아라사를 꺾었으니 일본이 우리나라를 마음대로 농단(壟斷)할 거라는 생각이 들었어요."

형은 탄식하듯이 한숨을 쉬었다.

"일본은 우리나라를 자기네 속국(屬國)으로 만들려 할 것이다. 장차 어찌해야 할지 모르겠다."

"군대가 강하면 되지요. 제가 독학하기도 지쳤는데 무관학교로 편입하면 안 될까요? 군인이 제 성격에 맞고 나라를 지키고 싶어서요."

김성은 정위는 천천히 고개를 저었다.

"세상을 풍파 없이 살려면 고급 기술자가 좋다. 아버님 생각도 나와 같다."

영은은 승마에 능숙해졌다. 가슴이 답답할 때면 몽골산 황부루를 몰고 도성(都城)을 벗어나 한강으로 나가 강변을 힘차게 달렸다.

이 무렵에 형이 결혼했다. 배필은 영은과 모친이 함께 살았던 경기도 광주군 초월면 퇴촌리의 안 씨 가문 규수였다.*

그러던 중 일본 유학의 기회가 왔다. 1904년 6월, 대한제국 정부가 황실 내탕금으로 유학생들을 일본에 파견할 계획을 세웠다. 김영은의 부친과 형은 신속하게 대처했다. 칙임관(勅任官)의 아들 손자, 사위, 아우, 조카로 제한하여 모집했으나 지원자가 미달하자 급을 낮춰 각부 부(部) 원(院) 청(廳)의 주임관(奏任官)아들 손자, 사위, 아우, 조카로 확대하여 8월 25일에 지원자 마감이 이루어졌다.**

김영은은 아버지와 형이 육군 참령, 1차 칙임관 범위에는 들지 못했다가 2차 주임관 범위로 낮추면서 추가 지원으로 응시대상이 되었다.

----

* 「오가세기」.
** 당시 황실유학생 파견에 대해서는 이계형의 「1904~1910년 대한제국 관비 일본유학생의 성격변화」(『한국독립운동사연구』 31집 2008.12, 독립기념관)와 박찬승의 「1904년 황실 파견 도일유학생 연구」(『한국근대사연구』제51집, 한국근대사학회, 2009.12) 참조.

추천서를 보내고 며칠 지나자 학부(學部)가 『황성신문』에 응시일자를 공시
했다.

일본 유학할 학생은 9월 5일 음(陰) 7월 26일 상오 10시에 본부(本部 학부)에
서 시험할 터이니 피천(被薦)된 학생은 이일(伊日 그 날)에 내부(來部 학부에 와
서) 응시할 것.

시험과목 신체검사 작문 국한문 교작(交作)

광무 8년 8월 29일 학부.

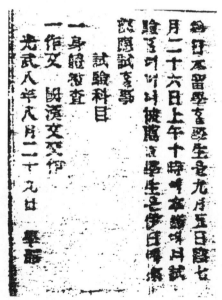

황성신문
황실유학생 시험을 안내한 『황성신문』 1904년 8월
29일자 광고.

제3장

황실특파유학생

황실유학생 선발시험에 합격하다

1904년 9월 5일, 김영은은 전국의 명문가에서 모여든 수많은 응시자들과 함께 선발시험을 치렀다. 그 때 함께 응시했던 최린(崔麟)은 뒷날 이렇게 회고했다.

> 그 때가 갑진년(甲辰年) 내 나이 스물일곱 살 때라. 마침 우리나라에 와 있던 이토 히로부미(伊藤博文)가 돌아가신 고종황제에게 건백(建白)하기를 "한국의 급무가 인재양성에 있는 터인즉 폐하께서 신임하시는 귀족 자제 50인을 선발하야 일본으로 유학을 보내면 일본 정부에서는 그들을 잘 맡아 가르칠 터이라, 그러하면 폐하의 팔다리가 되는 동시에 사회의 중심인물이 된다."고 하였다. 이에 고종께서는 그리 하시기로 작정하시고 학부대신 이재극(李載克)에게 그 선발을 명령하셨는데 그때 선발의 표준은 칙주임관 이상의 아들, 사위, 아우, 조카로서 정하였다. (중략) 희망자는 4,500명이 넘었는데 시험이라 함은 체격검사와 순한문의 논문 제출이었다. 그 제목은 '유학은 반드시 충과 효로 근본을 삼아야 한다'라 한 것을 지금까지 잊혀지지 않는데 나는 다행히 둘째 번으로 합격이 되었다.*

1904년 갑진(甲辰) 7월, 27세에 당시 일·로전쟁이 일본의 승리로 종국을 고하려고 하든 때이었다. 「고종황제」께서 그 때 학부대신 이재극을 부르셔서 양반의 자제 중에서 50명을 선발하여 일본에 유학시키되 그 학비는 내장원(皇室經理機關) 황실 경비 중으로서 지출하라신 측령이 나리셨다. 이에 의하여 학부

---

* 　최린, 「자화상, 파란중첩 오십년간」, 「삼천리」 제2호, 1929년 9월 1일.

에서 「칙주임관」의 「자서제질」 7백여 명을 모집하여 유학필이충효위본(留學必
以忠孝爲本)이라는 순한문 논제로서 시험을 보여 그 중에서 50명을 선발하였
다.*

황제의 칙령에 따라 응시원서를 낸 주임관 이상 관리의 아들, 사위, 아우,
조카가 4,500명에 이르고 그 중 700여 명을 서류전형으로 걸러 한 곳에 모
이게 하여 체력검사와 학과시험을 치른 것이다. 주임관은 오늘날 직급으로
서기관쯤 되는데 당시 정부 규모로 보아 주임관 이상 관리의 자제가 그만큼
몰렸다는 것은 황실유학생 모집에 지배계층 모두가 열광했음을 짐작하게
한다.

김영은처럼 일본어를 공부한 경성학당과 일어학교 출신은 배려하지 않았
다. 오로지 '주임관 이상의 자서제질'로 응시자격을 제한했다. 그런 지배계
층 출신은 일본의 교육을 받더라도 일본의 정한론(征韓論)에 매몰될 위험이
적다는 판단, 당시 일본에 체류 중인 정치 망명객들과의 교류를 염려한 것
으로 보인다. 논술시험 제목을 '유학은 반드시 충과 효로 근본을 삼아야 한
다'고 정한 것은 황제에게 충성을 요구하는 황제의 의도가 짙게 반영된 것
이었다.**

김경천은 뒷날 「맹자」 읽는 것, 작문은 「논어」에 있는 '학이시습지불역낙호
(學而時習之不亦樂呼)'를 풀어쓰는 것이었고 자신은 읽을 수도 없었다고 회고했
다.*** 최린의 회고에 나온 '유학필이충효위본'은 논술형 작문 시험이고, 김경

*   최린, 「자서전」, 「여암문집」 상권, 여암최린선생문집편찬위원회, 1971, 163쪽.
**   이계형, 같은 책, 194쪽.
***   「경천아일록」 47~48쪽.

천이 기록한 「맹자」와 「논어」 풀어쓰기는 국한문 교작이었던 것으로 보인다.

이계형의 연구에 의하면 합격자는 46명이었고 김영은은 추가되어 50명 안에 들었다.**** 추가합격자였던 셈이다.

김영은은 면접시험 때 이재극 학부대신 앞에 섰다. 학부대신은 자신의 앞에 놓인 서류, 관비 유학생 출신인 김정우와 김성은이 아버지와 형으로 기록된 것을 읽었으나 언행을 살펴보려고 물었다.

"다른 애들은 머리를 땋았는데 넌 양복 입고 머리를 잘랐구나. 그만하면 됐지 일본엔 왜 가려고 하는가?"*****

영은은 씩씩하게 대답했다.

"저는 경성학당을 다녀 일본말을 할 줄 알고 일본이 우리나라보다 부강하다는 걸 압니다. 나라를 부강하게 하고 싶어서 갑니다."

대신은 껄껄 웃으며 머리를 끄덕였다. 결국 최종합격자 명단에 이름이 올랐다

김경천은 '아버지와 형이 모두 벼슬자리에 있는 까닭으로 나는 일본 유학생이 된 모양이다. 그러나 국비로 유학을 못가면 사비로라도 가리라'라고 썼다.****** 일본계 학교인 경성학당을 나왔으며 한동안 한문 공부를 멀리했는데 의외의 합격이었다는 의미로 해석할 수 있다. 혹은 불합격해 사비로 얹혀 갔다는 의미로 해석할 수도 있다. 후자로 해석해 일부 연구자들은 김경천이 사비생으로 유학을 떠났다고 기술했다. 지석규(이청천)·홍사익과 함께 대

**** 이계형, 같은 책, 195쪽 각주.
***** 『경천아일록』 49쪽.
******『경천아일록』 48쪽.

한제국 마지막 무관학교 생도로서 일본 육군중앙유년학교와 육사에 다니면서 선배인 김경천을 따랐고 요코하마(橫浜)에서 독립전쟁에 몸 바치자고 그를 따라 결의했던 이응준 장군이(그는 결의를 저버렸다. 뒷날 대한민국 초대 육군참모총장이 되었다) '그는 사비생이었다'고 회고한 것을 그대로 받아들인 듯하다.*

그러나 김경천은 사비생이 아니라 관비생으로 갔다. 비록 추가합격이지만 50명+1이 아니라 50명 명단에 들었고 그가 도쿄 준텐(順天)중학교 재학 중에 육군중앙유년학교 편입학지원서를 내자 대책을 협의하고 추진하며 오고 간 일본 군부의 문서들 중에 관비유학생이라는 기록이 있다.** 다만 육군중앙유년학교는 사비생으로 편입학했다. 일본 군부가 편입학을 허락하는 과정에서 주고받은 문서들 중에 사비생으로 명시한 자료가 있다.*** 또 다른 문건에는 '재학 중 모든 비용은 자기부담으로 하고'라는 구절이 있다.**** 그러니까 그는 황실유학생으로 떠나 국비로 준텐중학교에 다녔으나 교육비가 훨씬 많이 드는 육군중앙유년학교 편입을 자원하면서 사비생이 된 것으로 보아야 한다.

유학생 선발은 학부(學部)에서 맡고, 일본과의 외교적 연락 실무와 파송은 외부(外部, 오늘의 외교부)가 맡아보았다. 외부의 실질적 책임자는 윤치호로 오늘의 차관격인 협판(協辦) 자리에 앉아 있었다. 윤치호가 자신의 부친 윤웅렬과 김영은의 부친 김정우와의 돈독한 관계 때문에 합격자를 바꿔치기

---

* 　　마지막 무관생도들에 관한 이야기는 이원규, 『마지막 무관생도들』(2016, 푸른사상) 참조.
** 　教育摠監部 甲第190號, 「韓国 官費留学生 金英殷 中央幼年学校ヘ 入学 志願ノ 件」, 明治 38年『壹大日記』, 일본 국립공문서관 소장자료.
*** 　陸軍省 第19號, 「韓国私費学生中央幼年学校ヘ入学の件」 『壹大日記』 明治 39年 5月 8日 일본 국립공문서관 소장자료.
**** 教育摠監部, 甲第260號, 明治 36年(1903) 5月 18日. 일본 국립공문서관 소장자료.

했다고 상상할 수 있으나 그랬을 가능성은 거의 없다.

당시에 이런 공문서가 추천부서에서 학부대신에게로 갔다.

> 발신 : 외부대신 이하영
>
> 수신 : 학부대신 이재극 각하
>
> 조복(照覆) 제14호
>
> 이달 9일에 귀 학부에서 보내신 조회를 열어보니 지난번 정부에서 전화로
> 일본 유학생 추천명단을 이달 15일 안으로 받아 취합하라 명하신다 하시어, 그
> 뜻을 받들어 이에 회답을 드리니 살펴보시고 기간 내 천거하시기 바라옵고, 본
> 대신은 천거할 사람이 없고 본부 협판의 추천명단을 아래와 같이 보내니 살펴
> 주시기 바라나이다.
>
> 일본유학생 추천 명단
>
> 윤정구 22세 추천인 윤치호(종손)
>
> 김영조 26세 추천인 윤치호(생질)
>
> 광무 8년 8월 10일 *****

김영은은 아버지와 형이 군부 소속이므로 군부대신 이름으로 추천하여 보
냈을 것이다. 각 행정부서에서 보낸 공문 몇 편이 남아 있는데 추천이 가능
한 관등에 있는 관리들은 추천할 사람이 없는 경우에 '무호(無乎)'라고 이름
옆에 썼다. 위 공문서에 있는 윤치호 추천 윤정구와 김영조는 탈락했다. 선
발은 엄격하게 진행된 것으로 볼 수 있다.

김영은은 군부대신의 추천을 받아 지원해 서류전형에 합격했고, 체력검

***** 국편 DB. 조복(照覆)은 사람이나 단체를 추천하라는 요청에 답한다는 의미이다.

사를 통과한데다 유년기에 조부 김규준과 모친 윤 씨의 엄격한 훈육으로 어느 정도 한문공부를 했고 면접을 통과한 터라 하위 순위로 합격한 것이라 볼 수 있다.

이 유학생들은 대한제국이 보낸 마지막 관비유학생으로서 '황실유학생'이라고 후대에 부르게 되었다. 인천항 출발 직전인 1904년 10월 7일 학부대신이 외부대신 이하영에게 보낸 공문에 실린 50명의 명단에 김영은은 45번째에 들어 있다.* 다른 49명도 대개 뒷날 알려진 이름들이다.

이들 50명의 신분은 양반 가문 출신이 많고 중인 가문 출신도 여럿 있었다.** 당시 대한제국 황실자금이 50명을 감당하기 어려웠던 것 같다. 처음에는 우선 20명만 1차로 보내기로 했으나 나머지 30명의 희망을 중지하기 어려워 50명 전원을 보내기로 했다는 일본 측 기록이 있다.***

그렇게 뽑힌 50명의 엘리트 청년들은 이재극 학부대신과 일본공사관 서기관 하기와라(萩原)의 인솔로 일본으로 건너갔다. 그 중 44명이 도쿄부립제일중학교에 입학했다. 대학이나 전문학교에 입학시키려면 중학과정을 밟아야 가능할 것이므로 부립일중에 '특설 한국위탁생반'을 만들어 넣은 것이었다. 한국근대사 전공 아베 히로시(阿部 洋)의 연구에 의하면 최린·최남선(崔南善) 등 44명은 부립일중으로 가고 나머지 6명은 3개 학교의 정규과정으로 들어갔다. 김영은은 현구, 박용희(朴容喜)와 함께 준텐중학교로 갔다.****

아베 히로시의 자료 '도쿄부립제일중학 특별반 입학생 명단'에는 나이와

---

*   1904년 10월 7일 학부대신 이재극이 외부대신에게 발송한 「조회(照會) 제17호」, 국편 DB.
**   박찬승, 같은 자료, 202-205쪽. 양반가문 16명, 중인가문 7명, 가문 불분명이 19명이었다. 김영은 외 몇 사람은 부친을 알 수 없다고 분류하지 않았다.
***   왕전(往電) 제700호, 1904년 10월 7일 정오 하야시 공사(林公使)가 고무라(小村) 대신에게 보낸 전보, 「한국 유학생 50명 하기와라(萩原) 서기관 동행 도일 건(件)」, 국편 DB.
****   阿部 洋, 「舊韓末の 日本留學(2)」, 『韓』5號, 1974, 東京韓國硏究院, 98쪽.

출신지역, 보호자 이름과 직업이 나와 있다. 물론 김영은은 준텐중학으로 갔으므로 거기 없다. 입학생들의 평균 나이는 만 21세, 가장 어린 입학생이 만 14세, 가장 나이 많은 입학생이 만 25세였다. 그러나 고령자 중에는 응시할 때 나이를 속여 이미 30세에 이른 사람들도 있었고 태반이 결혼한 몸이었다.

기라성 같은 동기생들

황실유학생 선발의 뜻을 이루게 되자 아버지는 영은의 결혼을 서둘렀다. 신랑감이 일본 유학을 눈앞에 둔지라 좋은 혼처가 나왔다. 경기도 고양군 용강면에 사는 덕망 있는 진사인 문화 유씨 유계준(柳桂俊)의 딸 유정화(柳貞和)였다.***** 그녀는 1892년생으로 영은보다 네 살이 적었고 아름답고 품격 있는 소녀였다.

당시 관습과는 달리 약혼식을 했다. 당장 결혼할 형편이 아니라서 어른들이 배려한 것이었다. 1904년 8월 하순, 유학 출발 일주일을 앞둔 날 약혼식이 열렸다. 김영은은 유정화의 얼굴을 보지도 못했다. 흰 망사로 된 가리개로 얼굴을 가리고 있어 윤곽만 볼 수 있었다. 계모 임춘희 여사와 친척여인들이 신부가 참 예쁘다고 하는 말을 믿는 수밖에 없었다.

유 진사는 유학을 가는 사위에게 격이 맞아야 한다며 집에서 언문과 한문을 조금 배운 딸을 곧장 한성의 여학교에 보내기로 했다. 영은은 매일 한 번

***** 호적, 일본 관헌자료, 『경천아일록』맨 끝장에 유정(柳貞)으로 되어 있으나 「오가세기」 및 뒷날 그녀가 유형중인 김경천에게 보낸 편지는 유정화로 되어 있다. 자손들도 유정화로 기억하고 있다. 친정은 고양군 용강면 신정리였다. 현재의 서울 마포구 신정동이다.

씩 말을 타고 한강변을 달려가 늠름한 모습으로 유 진사의 집 앞 큰길을 지
났다. 약혼녀에게 자신의 모습을 보여주고 혹시나 그녀 모습을 볼 수 있을
까 해서였다. 그러나 그녀의 모친이 신부의 세 살 아래 남동생 대진(大鎭)을
데리고 나와 손을 흔들어 줄 뿐 끝내 그녀 얼굴은 볼 수 없었다.

김영은의 부친 김정우는 며느리감에게 피아노를 사주었고, 연주를 할 줄
아는 선교사 부인에게 부탁해 피아노를 가르치게 했다.*

당시 일본도 피아노를 생산하지 못했으므로 서양에서 수입한 것으로 보인
다. 김영은의 아버지 김정우는 부유했다. 당시 그는 군부의 기사(技師)로서
주임관 6등, 오늘의 서기관쯤 되는 위상이었다. 부정으로 축재한 기록은 없
다. 김정우의 재산은 군부 기사의 봉급, 그리고 윤웅렬이 목숨 걸고 자신을
지켜준 그에게 마련해준 것으로 추정된다.

1904년 10월 초하루, 황실유학생 시험 합격자 소집이 있었다. 거기서 김
영은은 경성학당의 동기생인 현구와 후배인 최남선을 만났다. 최남선는 입
학에서 졸업까지 3년을 다니지 않고 몇 달만에 그만뒀지만 김영은이 워낙
거칠게 놀았던 터라 다가와 알은체했다. 영은도 발군의 성적 때문에 최남선
을 기억하고 있었다.

이해 스무 살로 영은보다 세 살이 많고 최남선보다 여섯 살이 많은 현구
는 두 사람의 어깨에 팔을 둘렀다.

"경성학당 선후배들 대부분 자격 없어 지원 못했고, 응시한 사람들도 무

*   「김경천에 대한 부인과 자녀들의 회고」.

수히 떨어져 나가고 우리 셋만 붙었구나."

당시는 한 달만 동학했어도 동문으로 여기는 것이 관례였다.

육군참위 제복을 입은 청년 둘이 현구에게로 걸어 왔다. 현구가 소개했다.

"이 사람은 내 조카인 현태섭(玄台燮) 참위, 나보다 한 살 아래야.** 그리고 이쪽은 태섭이 친구인 이약우(李若雨) 참위야. 둘은 세 해 전 무관학교를 나왔지."

"반갑소이다. 김영은입니다."

동년배로 보여 가볍게 목례를 하고 팔을 내밀자 현태섭·이약우 두 참위는 "반갑소이다"하며 모자챙에 손을 갖다 붙여 거수경례를 하고는 강한 악력으로 그의 손을 잡았다.***

"나는 무관 집안 출신입니다. 내 아버님은 군기창감이시고 형은…."

김영은이 말을 끝내기도 전에 두 참위는 머리를 끄덕였다.

"알고 있소. 김성은 참령님을 모르는 장교는 없소."

현구·현태섭 숙질과 이약우가, 다른 합격자들에게로 가고 영은은 최남선과 나란히 돌계단에 앉았다.

최남선은 중인 가문 출신이지만 갑오개혁 이후 신분차별이 없어져 아버지 최헌규(崔獻圭)는 한약방을 하면서 학부 관상소(觀象所) 기사로서 주임관 5등 신분을 갖고 있었다.**** 관상소란 조선시대 말기에 천문, 지리, 책력, 측후(測

──────────
** 갑비(甲秘) 제150호, 메이지 40년(1907) 12월 11일, 경시총감 아라쿠 카네미치(安樂兼道)가 하야시(林) 외무대신에게 보낸 보고서,「要注意 韓人 來朝ノ件」, 국편 DB. 요시찰인물인 현태섭이 도쿄로 와서 숙부인 현구의 숙소에서 동숙했다고 기록했다.
*** 『구한국 관보』, 광무 7년(1903) 7월 3일자,「육군무관학교 제2회 졸업방」의 우등생 명단과 7월 8일자의 참위 임관 명단에 두 사람 이름이 있다. 그들은 1907년 군대해산시 해임되었다.
**** 『대한제국 관원이력서』, 국편 DB.

候) 등 현재의 기상대와 천문대의 기능을 했던 관청이었다. 최남선은 경성학당 재학 시 천재로 명성이 자자했다.

이런저런 대화를 하고 있는데 집합하라는 명령이 떨어졌다. 장교 정복을 입은 이약우 참위가 학부 과장의 명을 받아 구령을 내려 모두 집합시켰다.

학부의 과장은 출석을 확인하고 주의사항을 일러주었다. 그 과정에서 드러난 것은 최남선이 선발시험의 수석이어서 반장을 맡는다는 것이었다. 2등은 나이가 꽤 많은 사나이였는데 김영은보다 열 살, 최남선보다 열두 살이 많은 최린이었다.

"허허, 합격시켜 준 것만도 고맙지요. 내가 열두 살이 많고 비록 외부의 주사(主事) 신분이지만 반장을 잘 보필해야지요."

최린은 실무를 주관하는 학부 주사와 안면이 있는지 그렇게 말했다.

소집이 끝난 뒤 합격자들은 앞서거니 뒤서거니 밖으로 나와 은행나무 그늘에 앉고 서서 이야기를 나누었다. 학부 주사가 세 번째로 이름을 불러 3위 합격으로 보이는 조용은(趙鏞殷)이라는 김영은 또래 청년이 성균관 출신이라고 자기소개를 했다.

조용은은 최남선과 최린처럼 뒷날 한국근대사에 뚜렷한 자취를 남긴 인물이다. 항일독립투사로서 대한민국임시정부의 외무부장을 지낸 조소앙(趙素昻, 1887-1959)이 바로 조용은이다.

조용은이 최린에게 물었다.

"외부 주사 지낸 분이 유학을 가다니요? 동경 도착하면 곧장 부립중학에 들어갈 텐데 주사님은 여남은 살 어린 일본애들하고 같이 공부해야 할 것 아닙니까?"

최린은 웃으며 고개를 끄덕였다.

"곧 알게 되겠지만 내가 최고령자는 아니네. 한두 살 더 먹은 내 동학(同學)들이 있네. 사실 나는 일본행이 처음이 아닐세. 동경에서 두 해 가까이 머물렀지. 일본 교육이 참으로 매혹적이어서 나이를 잊고 지원했네."

최남선처럼 뒷날 한국 근대사에 큰 굴곡을 남기게 되는 최린, 그는 이미 풍운아의 길을 걷고 있었다. 함경남도 함흥의 중인 집안 출신이었다. 당시 중인들은 봉건사회의 개혁을 갈망하면서 신분상승을 위해 출셋길을 잡으려는 강렬한 욕망을 갖고 있었다. 이해 27세가 된 최린이 살아온 역정도 그러했다.

어려서부터 한문을 익히고 19세에 함경남도 감찰부의 집사(執事)가 되었다. 빠른 출세의 욕망을 이기지 못해 1901년 한성으로 왔다. 한때 활빈당에도 들어갔다. 그리고 일본 육사 출신 장교들이 주축이 된 혁명일심회 사건에 얽혀 생명이 경각에 달린 순간 일본으로 탈출한 이력이 있었다.

최린 외에 함경도 출신으로 유승흠(柳承欽)과 한상우(韓相愚)가 있었다. 최린이 '한두 살 더 먹은 동학이 있다'고 말한 사람들이었다. 둘 다 함흥 출신인데 28세로 동갑이었다. 유승흠은 임진왜란 때의 의병장인 유응수(柳應秀)의 후손으로 소학교 교원을 하다가 유학생 시험에 나이를 속이고 응시했다. 한상우는 한성에도 집이 있었다. 아버지가 정3품 벼슬을 지냈다.

유승흠과 한상우는 함경도 출신이어서 동향 사람들을 챙기는 성향이 강했다. 그들은 김영은을 가까이 불렀다. 한상우는 어깨가 떡 벌어지고 얼굴 윤곽이 네모난 듯해 강인한 인상을 주었다. 유승흠은 몸이 가늘고 손도 여자 손처럼 섬세한 풍모를 가졌다.

조국을 떠나다

1904년 10월 7일 아침, 김영은은 아버지의 명에 따라 황부루를 몰고 약혼녀의 집이 있는 고양군 용강을 향해 달렸다. 유학 출발에 앞서 예비 장인 장모님께 인사를 드리기 위해서였다.

"부디 몸조심하고 학업을 연마하여 훌륭한 신사가 되어 돌아오게."

예비 장인 유계준 진사는 큰절을 받고 말했다.

"명심하겠습니다. 다시 뵈옵는 날까지 옥체 보존하옵소서."

약혼녀 정화가 창호지문 저쪽에 있는 것을 알고 영은은 점잖은 음성으로 말했다.

"유학 잘 다녀오겠소. 부모님 모시고 잘 있기 바라오."

약혼녀가 답했다.

"네, 서방님. 부디 학업을 무사히 마치시고 돌아오소서."

영은은 용기를 내어, 아버지와 형이 시키지 않은 당돌한 일을 했다. 유 진사에게 뜻밖의 청을 한 것이다.

"정화는 제 약혼녀입니다. 허락하신다면 말을 태워 주고 싶습니다."

유 진사가 당황하여 고개를 젓는데 약혼녀가 장지문을 열고나와 아버지 앞에 무릎을 꿇었다.

"아버님, 소녀는 서방님 말을 타고 싶습니다. 허락해 주소서."

보통의 유림 가문이라면 어림도 없을 일인데 유 진사는 개화된 선비였다. 에헴 에헴 헛기침을 하고는 "한 바퀴만 돌고 오게."하며 머리를 끄덕이는 것이었다.

소녀를 등 뒤에 태운 영은은 한강변으로 말을 몰았다. 속도를 내자 소녀는 "아이고, 무서워요."하며 그의 허리에 손깍지를 끼고 찰싹 달라붙었다.

갈대 무성한 둑에서 말에서 내렸다.

"내가 왜 오늘 말을 태워주는지 알아?"

정화는 머리를 끄덕였다.

"서방님은 정화를 잊지 않을 것이니 정화도 잊지 말라는 뜻이지요?"

"그래, 그걸 알면 됐어. 그런데 말 태워 주는 것만으로는 부족하지."

영은은 소녀를 덥석 업었다.

"아이, 내려 주시와요. 사람들이 보면 어쩌시려구요."

주변을 둘러보니 인기척은 없고 놀란 개개비새들이 갈대숲에서 개개비 개개비 소리를 내며 울었다. 갈대숲 너머로는 푸르게 흘러가는 한강 물이 보였다.

소녀는 앙탈하다가 이내 조용해졌다. 아까 말 탈 때처럼 그의 등에 얼굴을 묻었다.

그렇게 한동안 있다가 어린 약혼녀를 안아 올려 다시 말 위에 태웠다. 다시 말이 달리자 정화는 아까보다 더 힘차게 그의 허리를 껴안았다.

다음날인 10월 8일, 김영은은 일본으로 가기 위해 50명의 황실유학생단에 끼여 기차를 타고 인천에 도착했다. 경성학당 동기인 현구와 나란히 걸으면서 현구가 도쿄부립제일중으로 가지 않고 자신처럼 준텐중학교로 간다는 사실을 알고 안도의 한숨을 쉬었다.

유학생단은 줄을 지어 걸어서 인천감리서(監理署)*로 갔다. 임시숙소에 짐을 풀고 휴식에 들어갔다. 최린 · 유승흠처럼 나이 든 학생들이 외출을 신청

---

* 고종 32년(1883) 개항장에 출입국과 통상 사무를 위해 개설한 기관으로 인천 내리(內里 현 중구 내동)에 있었다.

인천감리서 황실유학생들이 하루를 묵은 인천감리서. 인천시역사자료관 제공.

했으나 허가되지 않았다.

성균관 출신 조용은은 키가 큰 청년과 함께 감리서 소나무 언덕에서 항구를 내려다보고 있었다. 그는 조용은과 성균관에서 같이 공부한 김진용(金晉鏞)으로 하상기(河相驥) 인천감리의 사위였다. 장인의 추천을 받은 것이었다.

하상기는 천민 출신으로서 수직적 신분상승을 이룬 사람이라 세인들의 관심이 컸다. 게다가 어린 여성을 후실로 맞아들여 이화학당에 입학시켜 신식교육을 받게 하고 유학을 보낸 터라 사람들의 입에 회자(膾炙)되고 있었다. 후실의 이름은 김란사(金蘭史)였다.*

란사는 기독교 세례명 낸시를 뜻했다. 그녀는 딸을 출산한 뒤 이화학당의 선교사들을 설득해 기혼자는 입학을 불허한다는 교칙을 깨고 입학했다. 이화학당 졸업 후에는 일본으로 유학을 떠났다.

"이보게, 김진용 형. 장모님이신 김란사 여사는 일본에 잘 계시겠지? 도쿄에 도착하면 김 형은 장모님의 각별한 보살핌을 받겠지?"

* 김란사는 하란사(河蘭史)라는 이름으로 더 알려졌다. 미국 유학 때 남편 성을 붙이는 관례를 따랐고 계속 사용했다. 1906년 웨슬리언 대학에서 한인여성 최초로 문학사 학위를 받고 귀국, 이화여전 교수로 일했다. 1919년 고종황제의 밀지를 받고 파리강화회의에 가던 중 중국 베이징에서 급서했다.

조용은의 말에 김진용은 고개를 저었다.

"장모님은 미리견(彌利堅, 미국)으로 건너가 대학교에 다니고 계시네."

김영은은 알은체를 하며 끼어들었다.

"김란사 여사는 내 아버님과 게이오의숙에서 동학했지요. 고리타분한 인습을 깨는 신선한 바람 같은 분이란 말입니다. 실제 풍모도 그렇습니까?"

김진용은 그렇다는 뜻으로 머리를 끄덕였다.

두 사람의 거물이 황실유학생들보다 바로 앞의 기차로 인천에 도착해 감리서에 와 있었다. 내장원경을 지낸 이용익이 일본으로 끌려가는 길이고, 이재극 학부대신은 황실유학생단 인솔단장이었다.

이용익은 함경도 출신이었다. 북관 출신을 차별하는 관례를 뚫고 입신한 인물이었다. 어려서부터 영민했으나 집이 가난해서 보부상이 됐는데 금광을 발견해서 부자가 됐다. 왕후(명성황후)가 장호원에 피신했을 때 수백 리를 단숨에 달려 빠른 연락을 해서 단천부사로 발탁됐으며, 한 때 남병사로 임명 받아 북청에서 변방군대를 지휘했던 적도 있었다. 일본을 싫어하고 러시아에 기울어 있어서 러일전쟁에서 일본이 이기자 일본에 끌려가는 신세가 된 것이었다.

최린이 이용익 압송 사실을 모두에게 말했고 한상우가 덧붙였다.

"이용익 대감이 끌려가시니 장차 이 나라가 어찌 될지…. 우리는 그분에게 고개 숙여야 하오. 우리를 파견하는 경비는 황실 내탕금에서 나오는 거고 그건 그분이 만들어준 거니까요."

다음날인 10월 9일 아침, 경성역을 떠난 경인선 기차는 여느 날과 다르게 1등 칸과 2등 칸이 만원이었다. 황실유학생 가족들이 표를 산 때문이었다. 1등 칸에 탄 승객들 가운데 군기창 소속 김정우 참령과 그의 장남인 육군 공병대장 김성은 참령도 있었다.

"영은이까지 관비유학생이 되니 더 바랄 게 없다. 선진문물을 배워 남보다 한 발 앞서가는 인생을 살기 바랄 뿐이다."

아버지 김 참령이 담배 파이프를 문 채로 혼잣소리처럼 말했다.

김성은 공병대장은 아버지의 파이프에서 실같이 피어오르는 푸른 연기를 바라보았다.

"영은이는 잘할 겁니다. 성격도 활달하고 일본말을 잘하니까요."

기차는 천천히 달렸고 차창으로 벼가 누렇게 익은 들판이 스쳐 지나갔다. 때가 절어 지저분한 무명옷을 입은 여인이 물동이를 이고 지나가는 마을, 맨발로 서서 손을 흔드는 소년의 모습도 스쳐 지나갔다.

김정우 참령이 갑자기 생각 난 것이 있는 듯 차창 밖에 던졌던 시선을 거두고 아들을 바라보았다.

"인천에 도착하면 감리서에 들러 이용익 대감을 잠깐 뵈어야겠다. 너는 모르는 척 비켜 있어라."

아들 김성은 참령이 두 눈을 또렷이 들고 아버지를 바라보았다.

"아버님, 저도 인사 올려야지요. 비록 일본으로 끌려가는 몸이지만 북관의 어른 아니십니까?"

김정우 참령은 생각을 바꿔 머리를 끄덕였다.

"그래, 내 아들이니 마땅히 인사 드려야지."

이용익이 남병사를 지낼 때 그는 진위대원으로 일했다. 이용익은 인천에 압송돼 감리서 감옥에 갇혀 있을 것이었다. 하상기 인천 감리 부부가 게이

오의숙에서 함께 공부한 동학이었다.* 하 감리는 그가 한때 몸담았던 경무청에도 근무했으므로 잠깐의 면회는 가능할 것이었다.

기차는 인천역에 도착했다. 김정우 부자는 마차를 불러 탔다. 여러 해 전 부자가 유학을 떠났고 또 돌아온 곳 인천, 이런저런 이야기를 나누다 보니 마차가 감리서가 보이는 언덕을 오르고 있었다. 초가집들이 양쪽으로 줄줄이 선 언덕길을 올라 감리서에 도착했다.

하상기 감리는 다른 유력한 고관들과 차를 마시다가 김정우를 보고 벌떡 일어섰다. 김정우 부자는 나란히 서서 거수경례를 하고 군모를 벗었다.

"그간 강녕하셨는지요? 미리견에 유학 가신 부인도 평안하신지요?"

"나도 잘 있고 아내도 학업 열심히 하고 있지. 내가 그러잖아도 김 참령이 올 걸로 알았어."

하 감리가 김정우의 어깨를 덥석 끌어안았다.

"작은아들이 관비유학생에 뽑힌 걸 축하하네. 이름이 영은이지? 일본말을 제일 잘해서 일본행 연락선에서 통역을 맡기기로 했네."

"아, 그렇습니까? 감리 대감, 고맙습니다."하고 김정우가 말했다.

"내 사위 녀석도 뽑혀서 가네. 이름이 김진용이네."

"그렇습니까? 축하합니다."

김정우는 하 감리와 복도 쪽으로 걸으며 음성을 죽여 다시 말했다.

"어려운 청인 줄 알지만 이용익 대감을 잠깐 뵙게 해주십시오."

하상기는 잠시 난처한 얼굴을 하다가 고개를 끄덕였다.

김정우 부자는 감리서 부설 감옥에서 창살을 사이에 두고 이용익을 만났

---

* 　「慶應義塾 入社帳」에 김정우는 연번 184번에, 하상기는 196번, 김란사는 197번에 실려 있다 (西澤直子·王賢鍾, 같은 자료).

다.

"대감, 부디 옥체 보존하시어 무사히 돌아오십시오."

이용익은 풀이 죽지 않고 당당했다.

"고맙네, 이렇게 찾아줘서. 내 자네 당부처럼 꼭 살아서 돌아오겠네."

어린 자식이 유학생단에 끼어 배웅하러 왔다고 하자 이용익은 머리를 끄덕였다.

"잘됐군. 나라를 떠받칠 동량이 되길 바라네."

오전 10시, 황실유학생단은 하룻밤을 묵은 인천감리서 건물을 나와 제물포 항구로 행진해 갔다. 현역장교인 현태섭 참위가 하낫 둘 하낫 둘 구령을 붙였고 학도들은 그것에 발 맞춰 걸었다.

떠나기 전 얼굴을 한 번 더 보자고 먼 길을 온 유학생 가족들이 늘어서 있었다. 학부대신의 명령에 따라 유학생들은 전송 나온 부모에게 큰절을 올렸다. 김영은은 아버지와 형을 향해 절했다.*

유학생들은 가족들이 이름을 부르는 외침을 들으며 연락선에 올랐다. 뒤이어 이재극 학부대신이 배에 올랐다. 조선식 가마가 뒤를 따라 실렸다.

최린이 비웃었다.

"저 늙은 영감은 갑오개혁이 단행되고 여러 해 지났는데도 상투를 틀고 갓을 쓰고 있군. 조선식 가마를 일본으로 가져가야 한다고 우긴 모양이지."

일본행 연락선은 기슈마루(義州丸)라는 이름을 가진 최신형의 동제(銅製) 일본 선박이었다. 일본과 인천을 오가는 연락선치고는 작고 빠른 배였다.**

---

*   『경천아일록』, 49쪽.
**   阿部 洋,「舊韓末の 日本留學(2)」. 기슈마루는 1904년 6월에 진수한 800t짜리 신형 선박으로
      평균 시속 28Km로 항해했으며 1950년까지 운항되고 해체되었다.

예정에 없이 가족들에게 승선 작별을 허용했다. 사대부 가문의 점잖은 선비들, 그 부인들이 체면도 잊고 잽싼 달음질로 뛰어 올라왔고 연락선 갑판은 야단법석이 되었다.

김정우 참령은 차남을 보내는 것이 슬픈지 고급 무관답지 않게 눈시울을 붉혔다.

"몸 아프거든 유학생감독부에 가서 떼를 써서 병원에 가야 한다."

형 김성은 참령은 아우의 어깨를 감싸 안았다.

"힘들어도 견뎌라. 너의 의지를 믿는다."

김영은은 다른 유학생들처럼 눈물을 흘리지 않고 두 어깨를 으쓱했다.

"아버님과 형님이 걸으신 길인 걸요. 가서 잘할게요."

현태섭·이약우 참위가 이쪽으로 와서 김정우 김성은 참령 앞에 직립부동의 자세로 서서 경례했다.

"장교 신분은 잊고 열심히 공부해서 나라의 동량이 되어서 돌아오라."

김성은 참령이 답례하며 말했다.

최린·한상우·유승흠 등 함경도 내기들도 찾아와 김 창감에게 정중하게 인사를 했다.

"나이들이 드셨구먼. 나도 서른아홉 살에 동경유학을 가서 중학부터 다녔네. 함경도 출신이라니 더욱 반갑네. 미욱한 우리 아이 잘 부탁하네."

김정우 참령은 그렇게 말하며 세 사람과 악수를 했다. 김성은 참령은 최린과 구면이었다. 반가운 해후를 하며 등을 두드려 격려했다.

"황실유학생으로 가시는 걸 축하하오. 어린 내 아우 잘 부탁하오."

영은도 역시 세 사람 가족에게 가서 인사를 드렸는데 열 살 가까운 자식들도 있었다.

그들 옆에서는 거의 열 명이나 되는 대가족이 전송하고 있었다. 경기도 파주 교하(交河)출신 박용희라는 유학생이었는데 노부모와 아내, 어린 두 아들에다 집안의 서사(書士)며 유모로 보이는 사람까지 와서 대가족이었다. 모두들 입은 입성이 사뭇 고급스러워 대부호의 집안임을 짐작할 수 있었다.

영은은 경성학당 동기생 현구의 가족에게도 인사를 드렸다. 현구의 형이자 현태섭의 아버지는 당대 최고의 역관으로 명성을 떨치고 있는 현은(玄隱)이었다.*

출항시각이 다가오자 가족들에게 하선하라는 선언이 떨어졌다. 기슈마루의 갑판은 울음판이 되어 버렸다. 열댓 살 먹은 아들을 보내는 부모 형제는 나은 편이었다. 스물댓 살, 서른 살 먹은 가장을 보내는 아내와 아이들이 문제였다. 이제 헤어지면 적어도 3년을 만날 수 없기 때문이었다.

어떤 여자 아이는 "아부지, 가지 마."하며 아비 다리를 깍지 껴 끌어안고 눈이 빨개지도록 울었다. 순검들이 달려와 아이들을 떼어내고 가족들을 하선시켰다.

갑판과 부두에서 유학생과 가족 들이 초상난 대갓집처럼 울고불고 하는 중에 쿵쿵쿵쿵 배의 기관이 힘차게 돌기 시작하고 부웅 뿌웅 길게 경적이 울렸다. 발밑이 꿈틀하기에 앞을 보니 부두는 어느 틈에 저만치 멀어져 있었다.

대부분의 유학생들이 그러듯 영은은 갑판에 무릎을 꿇고 부형을 향해 절을 올렸다. 그는 울지 않았다. 앞으로 펼쳐질 일들을 생각하자 두려움은커

---

*   阿部 洋, 같은 책, 199쪽. 현구의 보호자를 현은(玄隱)으로 기록했다. 현은(1860–1934)은 역관 외에 내부 판적국장을 지냈으며 애국계몽운동에 나섰고 국문연구에도 앞장섰다. 합병 후 친일로 변절, 총독부 중추원 참의를 지냈다.(민족문제연구소, 『친일인명사전』3권, 2009, 925쪽)

녕 신바람이 났다.

"새로운 세계, 새로운 삶에 부딪혀보자. 아버지와 형처럼 성공해서 돌아오자."

일본행 연락선 기슈마루는 새로 진수한 배라 깨끗하고 소음이 적었다. 승객은 500명가량이었다. 유학생들 외의 승객들은 공무로 오가는 대한제국과 일본의 관리이거나 군인, 보따리 무역상 들이었다.

선실이 배정됐는데 김영은 옆자리는 함께 준텐중학으로 가는 현구였다. 그 다음이 파주 출신 박용희, 농과 공부하러 가는 김동완(金東完), 실과 공부하러 가는 윤여중(尹呂重)이었다.** 세 사람도 몇 해 전부터 일본유학을 가려고 일본인 독선생을 두고 일본어를 배웠다고 했다.

"우리는 일본어가 능숙해서 곧장 수업을 받을 수 있지만 딴 애들은 그렇지 못해서 석 달 쯤 죽어라 하고 일본어를 공부하게 될 거야."

박용희가 말했다.

청운의 꿈을 안고 떠나는 대한제국의 황실유학생들은 뒷갑판 쪽으로 나갔다. 인천항의 월미도가 시야에서 사라질 때까지 가슴을 눈물로 적시며 서 있었다.

기슈마루는 서해 연안항로를 타고 빠르게 달렸다. 영은이 다른 유학생들과 함께 갑판에 앉아 두고 온 가족에 대한 그리움, 그리고 앞으로 펼쳐질 인생에 대한 기대와 긴장에 잠겨 있을 때 외부 주사가 그를 찾았다.

"학부대신 각하의 통역을 해라."

주사가 학부대신 옆방으로 짐을 옮기라 했으나 영은은 유학 동기생들 속

** 阿部 洋, 같은 책, 98쪽.

에 있고 싶어서 사양했다.

통역하러 온 영은을 보고 이재극 학부대신이 말했다.

"네가 김정우 군기창감의 아들이구나. 배에 있는 동안 나의 통역을 맡아 다오."

기슈마루는 다음날 목포에 기항해서 승객을 태웠다. 유학생들은 상륙이 불허되어서 갑판에 서서 도시를 구경했다. 반나절 만에 다시 떠난 배는 다음날인 10월 12일 부산항으로 들어갔다. 내리고 싣는 승객과 화물이 많아서인지 네 시간 동안 하선이 허가되었다. 유학생들은 줄을 지어 부산 시내를 구경했다.

"여긴 우리나라가 아니라 일본 땅 같아요. 눈에 보이는 건 일본식 점포들, 일본 사람들이고, 귀에 들리는 건 일본말과 게다짝 소리에요."

최남선의 말에 최린이 대답했다.

"부산은 이미 오래 전부터 우리나라 침략을 위한 일본의 발판이었네."

전국에 모인 수재들과 겨뤄 수석과 차석을 차지한 최남선과 최린, 뒷날 기미독립선언에 참여하여 선언문을 기초하고 최고 공로자로서 민족대표 33 인에 들게 되는, 그리고 더 훗날 친일로 변절하게 되는 두 사람은 나이 차도 잊어버리고 친하게 어울렸다.

김영은 함께 준텐중학으로 갈 박용희 현구와 나란히 걸었다.

현구가 뜬금없이 물었다.

"김영은, 너는 왜 일본에 가냐?"

"공부하러 가지. 내 아버지도 형도 어려움을 이기고 앞선 문명을 배워 왔어."

"뭘 배우고 싶은데?"

"나는 형처럼 사관학교 가고 싶은데 아버지와 형은 고급기술자가 되래."

"내가 보기에 넌 군인이 적성에 맞는데 어른들은 반대하시는구나."

"그래."

파주 대지주의 아들 박용희가 입을 열었다.

"우리가 우려하는 대로 일본이 우리나라를 지배하는 날이 오면 일본에 유학한 우리 운명은 어떻게 될까?"

김영은과 현구가 빨리 대답을 못하자 박용희가 자문자답을 했다.

"아마도 세 가지 길을 가겠지. 첫째는 일본을 알고 일본에 저항하는 부류, 둘째는 일본 앞잡이가 돼서 일본인처럼 지배하는 지배계급이겠지. 셋째는 마음속으로는 저항하면서 적당히 타협하고 사는 회색의 부류겠지."

현구가 눈썹을 꿈틀하며 눈을 치떴다.

"박용희 형은 왜 일본에 정복당하는 걸 기정사실처럼 말하오? 패배주의야말로 우리가 경계해야 할 것이오."

바위처럼 떡 버티고 서서 꾸짖듯 말하는 서슬에 나이가 위인 박용희는 잠깐 어깨를 움츠렸으나 번쩍 고개를 들고 현구를 바라보았다.

"그렇게 말하는 당신은 내가 말한 세 부류 중 어디로 갈 거냐고 묻는다면 첫째가 될 거라고 말하겠지."

"물론이지. 난 일본과 싸울 거야."

박용희는 갑자기 쓸쓸한 표정을 지었다.

"그렇겠지. 아마 50명 모두가 그렇게 답하겠지. 그러나 젊은 날의 결심 그대로 생애를 사는 사람은 적어. 우리 앞날은 아무도 몰라. 우리들 50명은 해 뜨면 일하고 해 지면 잠자는 이름 없는 필부로 살진 않을 거야. 민족의 운명에 어떤 영향을 줄 거야."

김영은은 박용희의 예언에서 예리한 통찰력을 발견하고 깨닫는 것이 있었다.

'내가 황실유학생에 낀 것이 나 혼자만의 일이 아니라 이 나라 이 민족의 장래와도 관련 있구나. 아버지가 도쿄고공을 가라고 하신 건 그런 갈등과 풍파에서 비껴나서 살게 하려는 뜻이구나.'

그때 현구가 그의 팔을 잡아당기며 엄숙하게 웃었다.

"김영은, 너는 세 가지 중 뭐냐?"

"나도 첫 번째야."

영은은 갑자기 생각한 문제, 갑자기 받은 질문에 대해 그렇게 대답했다. 막연하지만 꼭 그래야 할 것 같아서였다.

하루 동안의 기항을 마치고 연락선 기슈마루는 10월 12일 오후 4시 30분에 부산항을 떠났다. 황실유학생들은 이틀 전 인천항을 떠날 때처럼 갑판에 서서 멀어지는 조국 산천을 바라보았다.

제4장

일본 유학시절

현해탄의 높은 풍랑

날씨는 맑았으며 바람도 적당히 불었다. 바다는 곧 황혼으로 물들었고 갑판에 있는 유학생들의 옷과 얼굴이 붉게 물들었다. 유학생들이 모국을 떠나는 순간은 평화스러웠다.

이미 일본에 다녀온 바 있는 최린이 한 마디 했다.

"부산에서 대마도까지는 풍랑이 심한데 오늘은 참 신기하군. 마음은 놓지 말게. 바다가 언제 돌변할지 모르니까."

이 날은 음력 9월 4일이었다. 황혼이 잦아들 무렵 누군가가 소리쳤다.

"우현에 대마도가 보인다."

어슴푸레하게 바다 멀리 섬이 보였다.

"저 섬이 쓰시마입니까?"하고 영은은 갑판에 나와 선 중년의 일본인에게 물었다. 일본인은 그렇다고 했다.

그 때 유학생 반장인 최남선이 기슈마루 사관(士官)의 지시를 받아 저녁식사를 하라고 알렸다. 60명을 수용하는 승객 식당이 두 개였는데 유학생들은 그중 한 곳에서 한꺼번에 식사를 했다. 일본 음식 사토이모 니쓰케*였는데 유학생들은 음식이 입에 맞지 않는데도 열심히 먹었다.

식사가 끝날 때쯤 이재극 학부대신이 영은을 불렀다. 학부대신은 선실에서 저녁식사를 하고 있었다. 승객 식당의 식사와는 비교도 안 될 성찬이었다. 영은은 그 자리에서 통역을 했다.

학부대신이 일찌감치 잠자리에 들었기에 영은은 다시 갑판으로 갔다. 가

---

* 　토란과 곤약 등이 들어 있는 일본식 간장조림 음식.

스등이 빛을 뿌리는 아래 유학생들이 여기저기 무더기 무더기로 모여 있었다. 하늘에는 음력 9월 초순의 초승달이 그림같이 박혀 있었다.

갑자기 갑판이 소란해졌다. 일본으로 끌려가는 이용익이 바람을 쐬러 나온 것이었다. 용의주도한 계산과 실천력 때문에 입지전적인 출세를 하여 청년들의 우상이 되었던 인물, 스스로 풍운아의 길을 자초하고 살아온 인물. 이용익은 권총을 찬 두 명의 감시병과 함께 갑판에 나왔다.

"조국 땅은 멀어지고 눈앞에 어두운 바다만 가득 찼네. 아아! 바닷물이 아무리 깊어도 내 가슴을 메운 조국애보다는 깊지 않으리!"

적국으로 끌려가는 정객 이용익은 웅변하는 연설가처럼 소리쳤다. 일반 승객과 유학생 들이 그쪽으로 몰려들었다.

그때 한상우가 묵직한 목소리도 선언했다.

"유학생 동무들, 내장원경 대감님께 고개 숙여 감사의 예의를 표합시다."

유학생들은 이용익을 향해 일제히 고개를 숙였다.

이용익은 가스등 아래 서서 자신에게 경배하는 유학생들을 돌아보았다.

"오오, 황실유학생들이군. 일본은 그대들을 가르쳐 자기들 앞잡이로 만들려고 하겠지. 그렇게 되어선 안 되네. 일본 앞잡이가 되진 말게."

이용익이 더 말하려 했으나 감시하는 일본군 하사에게 등을 떠밀려 선실로 내려갔다.

최린이 돌아서며 한 마디 했다.

"내장원경, 중앙은행 총재, 탁지부(度支部) 대신 등을 지낸 분답게 의연하시군. 나는 이 대감의 절반만이라도 이뤘으면 좋겠네."

조소앙이 최린에게 말했다.

"이용익 대감의 축지법에 관한 이야기들이 진짜일까요?"

"그거 참말이네. 임오군란으로 황후가 여주에 피신해 있을 때 순식간에 달려 소식을 전했다잖은가?"

"그동안 친아라사파로 기울었다가 아라사가 일본에 패하는 바람에 끌려가는 거지요. 일본에 가면 어찌 될까요?"

"친일파로 만들려고 회유는 하겠지만 함부로 대하진 않을 걸세."

최린이 말했다.

얼마 후 갑자기 풍랑이 심하고 배가 요동하기 시작했다. 일본인 선원이 달려와서 모든 승객은 위험하니 선실로 들어가라고 소리쳤다.

선실에 들어간 뒤 풍랑은 더 심해졌다. 유학생들은 3층으로 매달린 침대가 있는 선실에 있었는데 멀미가 심해 모두가 주저앉거나 기둥을 잡고 신음을 했다. 선실 바닥에 임시로 가져다 놓은 양동이에 얼굴을 들이대고 토했다.

영은도 입에서 노란 물이 나올 정도로 위에 든 모든 것을 토하며 함경도 출신 형들에게 소리쳤다.

"시작부터 사람을 잡네. 형들, 일본유학이 이렇게 힘들어요?"

"멀미보다 더 힘든 일이 기다릴 텐데 참아야지."

최린이 눈을 감은 채 소리쳤다.

인솔 실무자인 학부 주사가 와서 영은을 찾았다. 이용익이 복통과 멀미가 심해서 일본인 선의(船醫)의 진찰을 받고 있는데 말이 안 통한다는 것이었다.

영은은 1등 선실로 갔다. 임무 때문인지 이때부터 멀미를 잊었다. 통역을 하여 진료가 끝난 뒤 이용익이 말했다.

"너는 멀미를 안 하는구나!"

기슈마루
김경천 등이 타고 유학 떠난 한일 정기연락선 기슈마루 호.

"조금 전까지 심하게 했는데 각하 통역을 하러 오는 길에 저도 모르게 가라앉았습니다."

"허허, 책임감이 강하구나. 이름이 뭐고 누구 아들인가?"

뒷걸음질로 물러나던 영은은 엎드려 큰절을 올렸다.

"이름은 김영은이옵고 제 아비는 김정우 군기창감이옵니다."

"북청 녀석이구나. 네 아버지와 형은 인천감리서에서 잠깐 만났느니라."

이용익이 더 가까이 오라고 손짓했으므로 영은은 그가 앉은 안락의자 앞에 무릎을 꿇었다. 이용익이 멀미 때문에 얼굴을 찡그린 채로 그의 손을 잡았다.

"잊지 말아라. 황제 폐하는 너희가 일본을 이길 방략을 배워오기를 갈망하고 계시니라."

"명심하겠사옵니다, 각하."

이용익은 테이블 위 바구니에 수북하게 담긴 사과를 가리켰다.

"몇 개 가져가거라."

"고맙습니다, 각하."영은은 사과를 몇 개 집어 들었다.

시대의 풍운아인 이용익이 해 준 말은 평생 잊을 수 없는 기억으로 뇌리에 각인되었다. 영은은 가벼운 전율 같은 몸 떨림을 느끼며 선실 복도를 걸었다.

선실로 가자 멀미를 참으며 박용희가 말했다.

"우리보다 앞섰다는 일본을 배우러 가는데 이렇게 힘들군."

현구가 이를 악물며 응수했다.

"쓰러져 가는 조국을 일으킬 수만 있다면 이런 고통을 백 번 이길 수 있지."

영은이 한상우에게 다가가 사과를 건네주며 말했다.

"희한한 일이에요. 통역하는 순간 임무 때문인지 멀미를 잊었어요. 그런데 여기 오니까 다시 멀미가 나요. 멀미도 마음먹기에 달렸나 봐요."

한상우는 사과를 깨물면서 말했다.

"너의 정신력이 보통이 아니기 때문이지. 그런 정신력이라면 큰일을 할 거다."

일본이 가까워지자 풍랑이 가라앉았다.

연락선 기슈마루는 인천 출항 나흘 만에 바칸(馬關)*에 도착했다. 부두에서 바라본 일본 땅은 헐벗은 붉은 산이 대부분인 고국 땅에 비해 수목이 우거지고 거리 모습이 윤택해 보였다.

----
* 　　시모노세키(下關)의 옛 지명.

"우리보다 30년은 앞서 있군."

박용희가 탄식하듯이 말했다.

낮 3시 45분. 모두가 안도의 한숨을 쉬며 하선하는데 어지러워 땅바닥이 이리저리 흔들리는 듯했다. 옆에서 걷는 최남선을 보니 멀미가 심했는지 횟배 앓는 아이처럼 얼굴이 하얗고 노란 빛깔이었다.

준텐중학교

바칸에서 료칸(旅館)에 들어 저녁을 보내고 다음날 기차를 탔다. 하루 낮과 밤을 달려 다음날 오후 2시 교토(京都)에 도착했고 도쿄 행으로 바꿔 탔다. 영은은 그때마다 학부대신과 이용익 전 내장원경 통역을 하느라 바빴다.

최종 목적지인 도쿄 신바시 역(新橋驛)에 도착한 것은 다음날인 10월 15일 아침 7시 55분, 인천 출발 6일 만이었다.* 군인들이 호송하는 마차가 이용익을 태워 갔고 공사관에서 나온 마차가 학부대신을 실어갔다. 통역 임무에서 벗어나 홀가분해진 영은은 공사관 마차에 꽂힌 태극기를 바라보았다. 내 조국의 깃발, 가슴이 뭉클해지며 북청 집과 광주 학현리의 산야가 떠올랐다.

히비야(日此谷)공원 서편에 있는 도쿄료칸(東京旅館)에서 하루를 쉬며 입학 준비를 했다. 대한유학생감독부에서 나온 직원들이 유학생들의 신원과 건강상태를 점검하며 목욕을 시켰다.

---

*   항해 일정을 포함한 여정은 조용은(조소앙)의 『동유약초(東遊略抄)』와 다케이 하지메(武井一)의 저술『皇室特派留學生』(白帝社, 2005, 東京)에 나와 있다.

다음날 아침, 영은은 준텐중학교 교복을 갈아입고 료칸의 마당으로 나갔다. 도쿄부립제일중학으로 갈 44명이 먼저 행진해 갔다. 영은은 현구·박용희와 더불어 준텐중학교에서 나온 교직원을 따라 움직였다. 그리고 이날 예과 3학년으로 편입했다.

준텐중학교 현재 건물 준텐고등학교 인터넷홈페이지.

김경천의 유학 초기 일본 측 자료를 보면 '준텐중학교 재학'이라는 기록이 여러 곳에 있지만 '세이소쿠(正則)예비학교 재학 중'이라는 기록도 보인다. 그러나 김영은은 준텐중학교로 간 것이 맞다. 일본 측 기록이 여러 곳에 보이는데다 대한제국 측 자료에도 기록이 있기 때문이다.**

준텐중학교는 도쿄의 키타구(北區) 오지혼쵸(王子本町)에 있었다. 교명에 '하늘의 이치에 따라 진리를 탐구한다'는 뜻을 담고 있었다. 경성학당이 일본의 교육과정과 거의 같게 가르친 터라 김영은에게 앞이 캄캄하도록 어려운 교과목은 없었을 것이다.

김영은이 박용희·현구와 같은 학급에서 공부했는지는 알 수 없지만 기숙

***

** 일본 국립공문서관 소장자료 중 陸軍省, 『壹大日記』明治 38年 6月에 「韓国留学生 金英殷 中央幼年学校へ 入学志願の 件」이라는 문서철이 있다. 그 중 '教育摠監部 送達甲第19號(3월 28일)' 는 '목하 준텐중학교 예과 재학 중으로 학칙 위반 여부를 확인 중'이라는 내용이고, '陸軍省 送乙第309號(4월 15일)는 '한국에서 고등소학교에 해당하는 경성학당을 수료했고 목하 세이소쿠예비학교 재학 중' 이라고 기록했다. 위 문서철의 다른 문건들과 대한제국 측 관비유학생 자료에는 준텐중학교 재학 기록만 있다.

사에 들었던 것은 분명하다. 부립일중으로 간 44명이 기숙사로 들어간 것처럼 김영은을 비롯한 준텐중학교의 3인도 학교 기숙사로 들어가 같은 방을 썼을 것으로 보인다. 박용희와 현구의 집안이 당대의 거부(巨富)였으므로 셋이 셋집을 얻었을 수도 있으나 가능성이 적다.

고삐 풀린 망아지같이 활달하게 뛰놀며 성장한 김영은에게 준텐중학교의 생활은 답답한 일상의 연속이었다. 일단은 새로운 환경에 적응하면서 정신없이 공부에 매달려야 했다. 아버지처럼 도쿄고공에 입학하려면 성적이 좋아야 했다. 박용희도, 현구도 그랬다.

어느 일요일, 부립일중의 현태섭이 왔다.

"우린 개인생활이 없어. 새벽 다섯 시에 기상해서 부랴부랴 아침 먹고 학교를 향해 40분을 걸어. 수업 끝나면 다시 기숙사를 향해 걷지. 자유시간은 한 시간이야. 기상 때와 취침 때 점호를 해. 일요일 외엔 외출금지야. 숨 막혀 죽을 지경이지."

현태섭의 말에 의하면 죽어라 고생하는 것은 반장인 최남선이라고 했다.

"나이 든 학생들이 병원 간다고 외출 나가서는 정육점에서 고기를 시키고 술을 잔뜩 마시고 들어와 난리가 났지. 기숙사 복도에 토했으니 기숙사 사감과 교장이 까무러칠 일이지."

헌태섭은 그렇게 말하고 머리를 설레설레 흔들었다.

"규율이 너무 엄격해서 못 견디고 뛰쳐나갈 사람이 있을지도 몰라."

모인 사람들 중 나이가 가장 많은 박용희가 말했다.

"뛰쳐나가면 안 돼. 힘들어도 밤을 밝혀 공부해야지."

박용희는 정말 오로지 공부만 할 작정인 듯 확고한 표정으로 말했다.

현태섭이 갑자기 떠오른 생각이 있는지 영은의 팔을 잡아당겼다.

"장래 희망 조사 때 뭐라고 답했냐?"

영은이 영문을 모른다는 표정을 하자 현태섭이 "너희한테는 아직 안 다녀 갔구나."하고 설명했다. 이틀 전, 주일공사관 직원과 유학생감독부 직원이 함께 부립일중에 찾아와 적응상태를 점검하고 장래희망을 조사했다는 것이 었다. 의학, 법학, 사관, 농학 등 장차 진학할 분야나 대학, 전문학교를 적었 다는 것이었다.

"나는 우리나라 무관학교 나왔지만 다시 일본 사관학교 가고 싶다. 다른 동무들 십여 명도 '사관'이라고 대답했어. 그러면서 우리는 네 이야기를 했 다. 육사에 입학할 가능성이 가장 큰 사람이 너라고 말야."

현태섭의 말에 영은은 고개를 번쩍 들었다.

"그랬어?"

"형이 육사 출신이니까 그렇지. 일본은 그런 걸 중시하잖아. 그러니 준텐 중학에서 교칙 위반하거나 책잡힐 일 하지 마. 순응하는 걸로 보이게 하란 말이다."

"알았어. 그럴게."

김영은은 '절대 반대'라고 할 아버지와 형을 생각하며 머리를 끄덕였다.

바로 그 다음날, 공사관 직원과 유학생감독부 직원이 준텐준학교로 왔다. 그들은 학교 측 설명에 따라 김영은 이름 옆에 '일본어가 능숙해 잘 적응하 고 있음'이라고 쓰고 희망분야를 그에게 물었다.

"육군유년학교 거쳐 사관학교 가고 싶습니다."

영은은 분명하게 대답했다.*

----
* 　「한국인 망명자 중 일부의 귀국 권유에 대한 하야시 공사(林公使)의 서한」(1904년) '별지 2'
　　중 '박 대리공사(박정선[朴正銑]으로 추정)'가 제시한 자료에 있다.(국사편찬위원회, 같은

무관의 길을 선택하다

겨울방학이 다가왔다. 부립일중에서 학교 측의 강력한 통제와 격리에 견디다 못한 서병륜과 이약우가 병에 걸려 자퇴하며 짐을 쌌고, 전체 학생들을 대표해서 야단맞는 것에 지쳐버린 최남선이 부모의 병을 핑계로 자퇴한 소식이 들려왔다.

그리고 1905년 새해가 왔다. 박용희는 고국 땅으로 가고 현구는 조카 현태섭과 일본 전국을 답사하겠다고 했다.

"답답해 미칠 지경이다. 나도 같이 가자."

영은의 말에 현태섭은 고개를 저었다.

"나는 일본을 속속들이 알기 위해 각 지방을 돌 생각이야. 지도 그리고 정보 탐지하고, 우리나라 망명객들과 만날 거야. 넌 사관학교 가려면 얌전히 있어야 해."

홀로 남은 김영은은 학교 연병장에서 열심히 운동을 하고 독서를 하며 시간을 보냈다. 아버지와 형에게 편지를 쓰고 약혼녀 정화에도 안부를 묻는 편지를 썼다.

어느 날, 도쿄 간다 (神田)의 서점에서 나폴레옹의 전기를 13전(錢) 주고 샀다. 나폴레옹은 육군유년학교 출신이었다. 프랑스의 식민지 섬 코르시카에서 태어나 유년학교를 거쳐 사관학교를 나오고 15년 만에 유럽 역사의 판도를 바꾼 불세출의 영웅, 마침내 황제에 자리에 오른 위대한 인간 승리. 그는 그 책을 세 번 독파했다.

책, 같은 자료). 유학생들의 유학 전 출신학교도 일부 실려 있다.

'왜 나는 나폴레옹을 읽고 가슴이 뛸까. 코르시카처럼 작은 나라에서 태어난 때문인가.'

그는 자신이 이 유럽의 영웅에게 빠져든 이유를 발견하였다. 이미 기울어버린 조국의 운명을 되돌려 놓을 수 있는 일이란 군인과 영웅만이 할 수 있는 것이었다. 패망이 눈에 보이는 조국을 구하기 위해서는 무관의 길을 가야 한다고 생각했다. 그것은 오랜 시간 예비해온 결심처럼 단단한 확신으로 굳어졌다.

그 날 일본의 신문들은 러시아군과의 결전에서 일본군이 승리를 거둔 소식을 전하고 있었다. 일본군이 수천 명의 전사자를 내면서 랴오둥(遼東)반도의 뤼순(旅順) 항을 함락시킨 것이었다. '이제 완전한 승리가 눈앞에 보인다. 발틱 함대까지 물리친다면 우리 일본은 러시아의 야심을 잠재우고 조선반도와 만주 일대까지 우리의 역량을 확장해 갈 수 있다.' 그런 기사를 읽으니 조국이 일본에 예속될 것 같은 두려움이 들었다. 그는 일본과 싸우는 군인이 되어야 한다고 생각했다. 황실유학생 동기들 중 상당수가 사관교육을 희망한 것도 그 때문이었다.

방학이 끝날 무렵, 여기저기 흩어졌던 황실유학생 동기생들이 히비야 공원에서 만난다는 연락이 왔다. 방학인데도 해야 할 공부와 여비 때문에 고국으로 돌아가지 못하고 머물고 있던 유학생들은 공원에서 만나 근처의 국수집으로 몰려갔다.

함경도 출신의 의리인지 최린과 유승흠이 김영은을 자기들 앞에 앉혔다. 영은은 육군유년학교로 편입하고 싶다고 말했다.

한상우가 말했다.

"나는 찬성이야. 일본이 장차 우리나라를 지배할 가능성은 점점 더 커지고 있어. 우리가 조국을 지키려면 제대로 교육받은 장교, 특히 일본군을 잘 아는 장교가 있어야 해."

유승흠도 머리를 끄덕였다.

"나도 찬성이야. 나도 너처럼 나이가 어리다면 함께 지원할 텐데, 제기랄 내 나이 28세에 일본 놈들은 대위, 소좌가 됐을 거 아닌가. 네가 이미 알겠지만 장교가 되는 과정이 복잡하지."

영은은 고개를 끄덕였다.

"맞아요. 육군유년학교 예과 3년과 본과 2년을 합해 5년을 보내야 해요. 졸업하면 반 년 동안 현장 부대에 배치돼 실습 근무를 하는데 그걸 대부(隊附)근무라고 불러요. 대부근무 끝내고 육사에 입학해 1년 반 뒤에 졸업하면 다시 반 년 동안 견습사관으로 복무한 뒤 소위로 임관해요. 독일식 장교 양성과정을 본뜬 거래요."

지금까지 묵묵히 듣고 있던 최린이 입을 열었다.

"나도 찬성해. 문제는 일본 육군성(陸軍省)에서 받아 주느냐 하는 거지. 외교적으로 합의해야 가능할 거야. 그리고 지금 영은이가 설명한 걸 들어보니 5년을 해야 유년학교를 졸업하고, 대부 근무 반년과 육사 1년 반, 모두 합해 7년을 기다려야 소위가 되지."

최린은 국수그릇을 들어 후루룩 국물을 마시고 다시 입을 열었다.

"위기에 처한 나라를 구할 사람은 군인밖에 없어. 나라를 지켜낸다면 영웅이 되고 실패하면 죽음이야. 우리 황실유학생 50명이 나라의 희망이라 하지만 똑똑한 군인 하나만도 못하지. 문제는 일본 육사를 나와 일본에 길들여져서 장교가 되면 일본이 안겨주는 꿀 바른 떡을 먹게 된다는 거지. 우리가 영은이 군사교육을 찬성하는 건 나라를 지켜줄 거라는 믿음 때문이지."

영은은 일단 미더운 세 선배가 찬성해줘 힘이
났다.

최린과 유승흠은 최남선과 서병륜·이약우 자퇴
이후 몇 사람이 더 도쿄부립제일중에서 퇴학당한
사실을 알려주었다. 현태섭도 들어 있었다. 현태
섭은 아직도 답사 중이었다. 고국을 떠난 망명 정
객들과 만나기 때문에 지방 관헌들이 서로 전화를
걸고 전보를 치며 골머리를 앓고 있다고 했다.

세 사람의 격려에 고무된 영은은 결심을 단단히
굳혔다. 집으로 편지를 하면 아버지와 형이 반대
할 것이므로 일단 저질러 보자고 결심했다.

김영은의 육군중앙유년학교 지
원 관련 공문서. 일본 육군교
육총감부 작성. 관비유학생
신분, 준텐중학교 재학 사실
을 기록했다. 일본국립공문서
관 소장자료.

겨울방학이 끝나갈 무렵, 육군중앙유년학교에 가 보았다. 유년학교는 도
쿄 시내의 서북부 이치가야다이(市谷臺) 지역에 위치한 육군사관학교와 인접
하여 자리잡고 있었다.* 일반계 학교보다 개학을 빨리 한 터라 생도들의 함
성이 들려 왔다. "부대 차렷! 부대 열중 쉬어!" 아마도 구령 연습을 위해 외
치는 것 같았다.

그가 정문 쪽으로 걸어가는데 일단의 기병생도들이 말을 타고 달려 나왔
다. 야외훈련을 나가는 생도들로 보였다. 그가 고국에 두고 온 몽골산 황부
루와 빼어 닮은 말도 보았고 고삐를 당기고 장딴지로 복대에 압력을 가해
말을 조종하는 일에 미숙한 생도도 볼 수 있었다. 저 생도들의 한복판으로
들어가서 군사기술을 배우자. 그는 그렇게 다시 한 번 다짐했다.

---

*   중앙유년학교와 육사는 우시코메구(牛込區)의 이치가야혼무라쵸(市谷本村町) 42번지에 나
       란히 붙어 있었다. 현재는 신주쿠구(新宿區)이며 일본 방위성이 자리잡고 있다.

개학이 되자마자 중앙유년학교 편입학 신청서를 냈다. 닷새 만에 대한제국공사관에서 출두하라는 연락이 왔다. 학교를 조퇴하고 공사관으로 갔다. 공사관에는 태극과 4괘를 넣은 모국의 국기가 계양되어 있었다.

공사관 서기관은 김영은이 황실유학생단의 일본어 통역을 한 유학생이며 김정우 병기창감의 아들임을 확인한 뒤 조민희(趙民熙) 공사에게 데리고 갔다.

"아버지와 형도 찬성하시는가?"

공사의 물음에 영은은 거짓말로 답했다.

"무관 가문 출신이니 당연히 무관의 길을 가야한다고 저는 생각해 왔고 아버님과 형님도 그리 생각하실 겁니다."

"일본 정부기관 여러 곳을 거쳐야 하는 절차가 있다."

이완용의 처남으로 골수 친일파 중 하나인 조민희 공사는 잠시 말을 끊고 생각에 잠겼다가 다시 입을 열었다.

"나로서는 한성으로 전보를 쳐서 확인할 수밖에 없다. 군기창감께서 직접 요청하면 고려하겠다."

영은은 아버지와 형에게 급히 편지를 써서 편입을 허락해 달라고 호소했다.

허락할 수 없으며 계획대로 준텐중학을 나와 도쿄고공으로 가라는 응답이 전보로 왔다. 영은은 허락 안 하시면 학업을 중단하고 돌아가겠다고 떼를 쓰는 편지를 보냈고 결국 허락을 받아냈다.

보호자인 김정우 군기창감의 전보를 받고 조민희 공사는 일본 육군성에 청원서를 보냈다. 입학허가는 쉽게 내려지지 않았다. 준텐중학교 재학 중 징계나 가벼운 교칙위반이라도 한 일이 없는가, 관비생으로 왔지만 개인적

결정으로 학교를 바꾸니 사비생으로 취급할 것인가, 일본 내 신원 보증인은 누구로 정할 것인가. 그런 문제에 대한 협의를 하고 마침내 방침이 정해졌다.

　　한국학생 김영은의 육군중앙유년학교 입학지원에 대하여 앞서 보낸 제205호와 관련하여 아래와 같이 결정합니다.

　　1. 입교에 상당한 실력이 있는지 검정시험을 실시해 그 학력에 의해 금년 9월 1일 본과 혹은 예과 중 적정학년에 편입시킨다.

　　2. 재학 중 모든 비용은 자기부담으로 하고 처음 시작하는 피복 및 기타 비용은 사전 납부하며, 병기, 침구 및 기구(器具)는 대여한다.

　　3. 재학 중에는 언제나 우리나라 생도와 똑같이 취급하고 제 규정을 준수하게 한다.

　　4. 본방(本邦) 주둔 한국공사관 직원 1명을 신원보증인으로 정해 교육비 납부 기타 생도 신원에 관해 책임지게 한다.

　　5. 복장은 육군대신이 정한 규정에 따른다.

　　6. 중앙유년학교 재학 중 영(英) 불(佛) 독(獨) 로(露) 외국어 선택은 본인 지망에 의해 결정한다.

　　7. 위의 2,3,4항에 관해 신원보증인의 연대서명을 받아 서약서를 작성한다.*

　'재학 중 모든 비용은 자기부담으로 하고'라고 한 것으로 보아 사비생으로 입학했음을 알 수 있다. 당시 유년학교와 육사에 사비생도 있었다.

----
*　　教育摠監部 甲第269號, 「韓国留学生 金英殷 中央幼年学校へ 入学志願の 件」, 明治 38年 5月 17日, 일본 국립공문서관 소장 자료.

5월 하순에 도쿄는 축제 분위기에 뒤덮였다. 도고 헤이하치로(東鄕平八郞) 제독이 이끄는 일본 연합함대가 쓰시마에서 러시아 발틱 함대를 격파하여 마침내 러일전쟁의 마지막 승리를 거둔 것이다. 신문들은 연합함대의 기함 미카사(三笠)의 사진을 대문짝만하게 싣고 이제 일본이 조선반도와 만주 땅을 경영할 수 있게 되었다고 분석했다.

자꾸 시간이 흘러가는데 육군성에서 확실한 대답이 없었다. 최종 결정단계에서 중단되어 있었다. 그렇게 한 학기가 흘러가고 여름방학이 왔다. 형에게서 전보가 왔다. '군사시찰단으로 7월 하순 도쿄에 갈 것이니 기다리라'는 내용이었다. 형이 오면 편입학 문제가 풀릴지도 모른다는 희망이 생겼다.

형제의 마지막 만남

1905년 7월 30일 일요일 오전 교토를 떠난 도쿄행 특급열차 1등실, 특급 승진의 길을 달려온 26세의 김성은 부령은 손수건을 꺼내 이마의 땀을 닦았다. 날씨가 무덥기도 하지만 자신이 중대 임무를 완수해야 할 도쿄 시내로 열차가 들어서자 긴장감이 밀려 왔다. 그는 순백색 영관장교 예복의 윗 단추 두 개를 풀었다.

옆자리에 앉은 이갑 부위가 고개를 돌렸다.

"부령님, 차창을 활짝 열겠습니다."

"좋아."

이갑이 차창을 활짝 열자 칙칙 푹푹 기관차 소리와 석탄 연기 냄새가 밀려 들어왔다.

"곧 아우님을 만나실 테니 기쁘시겠습니다."

이갑의 말에 김성은은 손사래를 쳤다.

"그녀석이 육군유년학교 편입원서를 내버렸어. 아버님 뜻이라고 조민희 공사 각하를 속였어."

김성은은 자기 고민거리가 그것 하나인 것처럼 심각한 어조로 말했다. 이 갑은 대한제국의 위관급 장교들 중 가장 탁월했다. 일본 육사 4년 후배로 3 계급이 낮으나 나이는 두 살이 위였다. 깊이 신뢰하는 후배이지만 자신이 황제 폐하의 밀서를 갖고 있음을 말할 수는 없었다.

일본 출장 명령을 받은 것은 한 달 전이었다. 표훈원(表勳院)의 총재 민병석(閔丙奭)을 단장으로 하는 10명의 일본시찰단에 이름이 들었다. 외부 협찬인 윤치호도 들어 있었다. 시찰단은 일본 정부의 관련 부서를 시찰하는 임무를 갖고 있었다. 무관은 4명이었다. 배종무관장 조동윤(趙東潤)과 그의 전속부관은 해군성 시찰, 김성은과 후배장교 이갑은 육군 각 학교 시찰이었다.*

출장임무는 식은 죽 먹기처럼 쉬운 일이었다. 아우 영은이 저질러 놓은 일을 해결할 수 있으니 참 잘됐다는 생각이 들었다. 그러나 하루 뒤 사정이 달라졌다. 황제의 측근이 은밀히 찾아왔다.

"나라의 명운이 달린 중대 임무를 너에게 준다. 밀서를 육군대신 고다마 겐타로** 대장에게 전하라. 고다마는 이토 히로부미의 정적이다. 이토는 우

----

*   김성은을 포함한 시찰단 관련 문서가 남아 있다. 「표훈원 총재 민명석 등의 일본시찰 여비를 즉시 지급할 것」, 의정부참정대신이 탁지부로 보낸 조회(照會) 제93호, 1905. 7. 14, 국편 DB.

**   고다마 겐타로(兒玉源太郎, 1852-1906) : 혼슈(本州) 조슈번(長州藩)의 무사 가문에서 출생, 러일전쟁 때 총참모장으로서 승리에 기여했다. 타이완(臺灣) 총독, 육군대신, 내무대신 등을 지낸 실력자였으나 뇌일혈로 급사했다.

리 대한제국을 보호국으로 만들어 스스로 통감이 되고 종래는 속국으로 만들려 한다. 고다마는 그게 무리한 일이라며 반대하고 있다. 고다마에게 전할 밀서는 황제 폐하의 어새(御璽)가 찍혔고 '귀하가 한국통감이 되어 오기를 우리는 희망한다'는 내용이다. 아내는 물론 아비에게도 발설하지 말라. 그러면 살아남지 못할 것이다."

김성은은 무릎을 꿇은 채 황제의 밀서가 든 황금색 봉투를 받았다. 정신이 하나도 없었다. 그날부터 혼자 끙끙대야 했다.

열차가 신바시역에 도착했다. 주일공사관과 일본 정부의 영접단이 기다렸다가 시찰단을 맞았고 형의 전보를 받고 온 영은이 저만치 비켜 서 있었다. 환영행사가 끝나고 일행은 역사를 빠져나가 줄줄이 대기하고 있는 사륜마차를 향해 걸었다. 김성은은 아우를 손짓하여 불렀고 쏜살같이 달려온 아우를 역 광장의 땡볕 아래서 끌어안았다.

"이녀석, 의젓해졌구나."

숙소는 데이코쿠(帝國)호텔이었다. 사적인 일이라 별도의 이륜마차를 불러 일행의 행렬을 뒤따라갔다.

"아버님과 내가 반대했는데 왜 무관이 되려 하느냐? 마음을 바꿔라. 내가 취소시켜 주겠다."

성은은 아우의 손을 잡고 물었다.

"황실유학생 동기 중 17명이 희망하는 길입니다. 제가 가능성이 가장 크다고들 합니다. 수십 번 숙고하고 결정한 일입니다. 제가 결정한 길을 가게 해 주세요."

"안 된다."

"기울어 버린 역사의 판도를 바꾸는 건 무관 출신 영웅만이 할 수 있습니다."

"뭣이라고?"

김성은 부령은 두 손을 뻗어 강한 악력으로 아우의 어깨를 움켜잡았다.

아우는 두 눈을 똑바로 들고 대답했다.

"일본에 나라를 빼앗긴다면 일본에 맞서 싸우는 독립투사가 되겠습니다."

"안 돼! 안 돼!"*

김성은은 고개를 여러 번 가로저었다. 그러나 그는 속으로 말하고 있었
다.

'아버님과 내가 못하는 일을 네가 하려 하는구나.'

유학 중인 아우가 있다는 것은 김성은에게 행동을 자유롭게 해주었다. 아
우를 만난다고 시찰단 일정에서 빠져 은밀하게 시간을 냈고 고마다 육군대
신의 단골 점쟁이를 통해 광무(고종)황제의 밀서를 보내는 데 성공했다. '황
제 폐하의 진한을 잘 받았습니다. 감사합니다.'라는 답을 밀서가 아닌 전언
(傳言)으로 받았다.**

일단 밀서 전달 임무를 다했으니 아우 문제를 해결해야 했다. 공사관에서
는 친형이 왔으니 절차를 진행할 것인가, 취소 요청을 할 것인가 결정을 따
르겠다고 했다.

그는 또다시 밤잠을 못자고 고심했다. 우선 아우의 성격이 군대에 맞는가
생각했다. 아홉 살 아래지만 영은은 그보다 모험심이 크고 통이 크고 몸도
민첩했다. 장남인 그보다는 더 많이 아버지를 닮았다. 자신이 일본 유학을

----
*   김경천은 형이 그 해 여름 도쿄에 왔으며 군사교육을 반대했다고 썼다.(『경천아일록』, 51쪽)
**   김성은 부령이 광무황제의 밀서를 고다마에게 보냈다고 믿게 하는 기록이 어담의 회고록에
       있다. 「魚潭少將 回顧錄」, 『明治百年史叢書 302』, 영인본, 1987, 고려서림, 96~99쪽.

마치고 돌아왔을 때, 그는 아우가 한없이 위축되고 소심해졌을 거라고 생각했다. 아버지와 떠난 뒤 낯선 광주에서 성장하고 어머니를 여의었으니 그럴 거라고 여겼다. 그러나 정반대였다. 사냥꾼 자식처럼 산야를 뛰어다녀 눈빛에 거침이 없었다. 독립투쟁에 투신한다는 말도 신중한 판단으로 믿어야 했다. 올해 열여덟 살, 자기 인생을 책임질 나이였다.

김성은 부령은 그런 생각을 갖고 자신의 모교인 육사와, 새롭게 육사 예비과정으로 개교한 육군중앙유년학교를 시찰했다. 그가 다닌 세이죠학교보다는 훨씬 체계가 갖춰져 있었다.

그를 수행하는 이갑 부위가 조심스럽게 입을 열었다.

"부령님, 영은 군이 이 학교로 편입하고 싶어 한다 하셨는데 결정하셨습니까?"

"결정은 못했어."

"일본 도착한 뒤 초췌해지셨어요. 영은 군 때문에 고심이 크시군요."

이갑은 그의 고심이 아우 문제 하나인 것으로 아는 듯했다.

"그렇다네. 그녀석은 나라가 일본에 먹히면 무장투쟁을 하겠대. 아버님은 반대하시지만 허락해야겠네. 독립투쟁을 하겠다는데 어떻게 막나?"

이갑은 정색하고 대답했다.

"잘 생각하셨습니다. 아마도 일본에 강제로 합병당해 노예와 같은 굴레를 쓰고 살 겁니다. 벗어날 길은 무장투쟁밖에 없을 겁니다. 그렇게 되면 저도 무장투쟁의 길로 가겠습니다."

"그렇게 된다면 나도 무장투쟁에 나설 것이네."

김성은은 무거운 목소리로 말했다.

김 부령은 한성에 계신 아버지에게 '아우의 결심이 강하니 허락해 주십시오'하고 전보를 보냈다. 이틀 뒤에 온 답신은 '한 번 더 결심을 확인하고 그렇게 하라'는 것이었다.

닷새째 날인 금요일 저녁, 영은이가 데이코쿠 호텔로 와서 시찰단 일행과 저녁식사를 같이 했다. 윤치호 협판은 어릴 적 자신의 집에서 본 기억을 회상하며 용돈을 주었다. 가장 최근에 일본 육사를 나온 이갑 부위는 조용한 곳으로 데리고 가서 일본의 장교 양성과정과 육사, 그리고 이틀 전에 시찰한 육군중앙유년학교 교육과정에 대한 설명을 해주었다.

다음날인 토요일 오후 김성은은 아우와 함께 도쿄에서 가까운 작은 도시 요코하마로 기차를 타고 떠났다.

"요코하마는 아버님과 내가 자주 간 곳이다. 아버님과 나의 단골 여관과 음식점도 있다. 요코하마는 일본의 첫 개항장이었다. 우리나라 인천과 비슷한 곳이다."

그는 휙휙 차창 밖으로 스쳐가는 일본의 전원을 바라보며 말했다.

"아버님과 형이 자주 가신 집, 저도 가고 싶어요."

영은이 어른스럽게 말했다.

한 시간이 좀 넘어 기차가 요코하마에 도착하자 성은은 마차를 불렀다. 마차를 타고 도착한 곳은 쓰루미 강(鶴見江)이었다.

"이 자리는 아버님이 자주 오신 곳이다. 겨울에 우리나라에서 날아온 두루미들이 머무는 곳이다. 아버님은 고국이 그리울 때는 여기 와서 두루미들을 보셨다."

성은의 말에 영은이 고개를 끄덕였다.

쓰루미 강은 한강처럼 넓진 않지만 갈대가 무성했으며 활처럼 휘어진 하구의 정경이 아름다웠다.

성은은 아우를 요코하마 역 근처의 청국인거리로 데리고 갔다. 거기 아버지의 단골이었던 요릿집이 있었다. 청국인 왕(王)씨의 류텐가쿠(龍天閣)였다. 형제는 거기서 저녁을 먹고 하룻밤을 묵었다.

"결정해야겠다. 꼭 육군유년학교 편입을 해야겠느냐?"

그의 말에 성은은 무릎을 꿇었다.

"네, 허락해주십시오. 일본 육군성에서 쉽게 결정 못할 거라고 합니다. 형님이 도와주십시오."

"그래, 더 이상 막을 수가 없구나."

"고맙습니다, 형님."

영은이 몸을 던지듯 그의 몸을 끌어안았다.

"그래, 알았다."하고 아우의 등을 두드려주고 김 부령은 군복 윗주머니에서 작은 카드 하나를 꺼냈다.

"우리나라 황제 폐하의 군인칙유이다. 군인들에 대한 황제의 신뢰를 담아 충성을 다짐하게 하는 증표와도 같은 것이다. 내 것을 줄 테니 언제나 품고 있어라."

"네." 영은은 엄숙하게 무릎을 꿇고 두 손으로 받았다.

광무 황제의 군인칙유는 광무 4년(1900)에 공포된 것으로 군인들에게 충성을 요구하는 황제의 칙령이 카드에 인쇄되어 있었다. 충절, 예의, 무용(武勇), 신의, 검소, 신중한 언어를 강조하였으며 1882년 공포된 일본 메이지 천황의 군인칙유의 영향을 받은 것이었다.

남은 출장기간에 그는 공사관과 일본 육군성에 가서 편입학 문제를 협의했다. 문제는 대한제국 내장원의 황실유학생 경비로는 부족하니 사비생으로 하야 한다는 것이었다.

"좋습니다, 사비생으로라도 편입시키겠습니다."

김성은은 그런 내용의 각서를 썼다.

"아마 일이 잘 될 것이다. 사비생으로 돈이 많이 들어가니 열심히 해야 한다. 육사로 가는 건 그때 다시 상황을 보자."

그는 귀국열차에 오르기 전 아우의 손을 잡고 말했다.

영은은 힘차게 대답했다.

"열심히 하겠습니다. 그리고 육사까지 간다면 기병과를 택하겠습니다."

"네게 승마를 가르쳤더니 결국 그렇게 되는구나."

김 부령은 문득 아우의 약혼녀를 생각했다.

"네 결혼 말이다. 윤 진사 댁에서는 초조해하고 있다. 네가 일반 대학을 들어간다면 결혼해도 되지만 사관학교에 가면 혼례가 한참 미뤄질 게다."

영은은 확신에 찬 눈으로 형을 바라보았다.

"소위로 임관하는 즉시 결혼하겠습니다. 제가 편지 쓰겠지만 진사 어른께 형님이 직접 전해주십시오."

"그렇게 하마."

형이 안심하는 표정을 하고 말했다.

형제는 플랫폼에서 포옹을 하고 헤어졌다. 이것이 마지막 만남이라는 것을 성은도 영은도 알지 못했다.

제5장

무관의 길

도쿄 육군중앙유년학교

김성은 부령과 시찰단이 각별히 요청한 때문인지 유년학교 편입학 문제는 급물살을 탔다. 영은은 육군성 교육총감부에 출두했고 서약서를 쓰고 검정 시험을 보아 합격했다.

그리고 이 해 9월 예과 2학년에 편입학하라는 통보를 받았다. 아버지 김 정우는 게이오의숙-준텐모토메샤-도쿄고공의 길을 갔고, 형 김성은은 게 이오의숙-세이조학교-육군사관학교 과정을 걸었는데, 김영은은 준텐중학 교-육군중앙유년학교-육군사관학교 과정을 가게 된 것이었다.

1905년 9월 1일, 김영은은 18세의 나이로 도쿄 육군중앙유년학교 예과 2 학년에 편입학했다. 중학교 2학년 과정이니 준텐중학교 예과 3학년을 마친 그로서는 2년을 손해 보는 일이었다. 군사학 관련 훈육과 술과(術科)를 배우 지 않은 때문이었다. 일본인 생도들은 두세 살 아래였다.

1896년 유럽의 제도를 본받아 개편된 이 학교는 귀족적인 교육과정을 갖 고 있었다. 생도들에게 승마와 피아노를 가르쳤으며 국제적인 신사로 만들 기 위해 영어, 독일어, 프랑스어를 익히게 했다. 일본식의 전체주의적인 요 소가 가미되어 있었지만 유럽 선진국을 본받으려는 태도, 특히 아시아를 벗 어나 유럽 문명으로 들어가려는 이른바 탈아입구(脫亞入歐)의 의지를 담은 학교였다.

전국 5개 도시에 입학 정원 50명의 육군유년학교가 더 있었지만 거기서 는 예과 2년만 가르치고 본과 3년은 도쿄의 육군중앙유년학교가 받아 가르 쳤다. 지방유년학교와 동일한 교육과정을 밟는 예과는 정원이 250명이었는 데 '도쿄지방육군유년학교'라고 부르기도 했다. 본과는 모든 지방유년학교

김경천이 재학하던 무렵의 중앙유년학교 본부 일본국립공문서관 소장자료.

출신이 모여 500명이 1개 학년이었다. 3년 과정이므로 모두 합해 2천 명이 넘었다.

육사는 수업연한이 1년 반이므로 장교가 될 생도들의 자질은 유년학교에서 길러지게 마련이었다. 어떤 사람은 육사과정을 '6학년'이라고 불렀다. 장교 육성 과정 6년 중 5년은 유년학교에서 보내고 6년차를 육사에서 보낸다는 뜻이었다.

유년학교 과정의 아침 기상시간은 봄 여름 가을은 5시 30분, 11,12,1,2월 동절기 4개월은 6시였다. 오전 네 시간은 학과수업이었다. 김영은이 편입한 예과 과정은 국어(일본어), 한문, 작문, 외국어, 본방사(本邦史 일본역사), 동양사, 본방지리, 외국지리, 지문(地文, 지구에 관한 학문), 산술, 대수, 기하, 동물, 식물, 생리위생, 도화(圖畵), 피아노 등이었다.*

---

*　　「陸軍地方幼年學校 敎授部課程細目槪表」, 陸軍幼年學校, 『陸軍中央幼年學校 一覽』, 明治 35年(1902), 東京. 중앙유년학교의 예과는 지방유년학교와 교육과정이 같았다.

오후 세 시간은 훈육과 술과(術科)였다. 훈육은 칙유(勅諭)의 독법, 복종의 정칙, 존경 및 칭호, 기거(起居)의 정칙, 군인 군속의 위상, 육해군의 복제(服制) 등이었고 술과는 경례법, 각개교련, 유연체조, 유도, 검술, 마술(馬術), 기계체조 등이었다.**

학교생활은 바빴다. 학과 공부와 생도대 내무생활이 만만치 않았다. 한겨울에도 불을 피우는 일이 없었으며 옷도 얇고 먹는 것도 풍족하지 않았다. 곤하게 잠든 깊은 밤에 비상출동 명령이 내리면 신속히 완전군장을 꾸려 전원 200미터 떨어진 운동장에 집결하는 훈련 등 초인간적인 능력을 발휘해야 하는 것들도 있었다. 그 훈련은 선배들이 시켰다.

"우리는 강인한 체력과 정신력을 갖지 않으면 안 되기 때문이다. 지금 우리의 선배들은 병사들을 이끌고 러시아군과 싸우고 있다. 우리는 그들과 한마음이 되어 지내야 한다."

선배 기수들은 그렇게 강조했다.

일본인 생도들은 좋은 성적을 기록하기 위해 치열한 경쟁을 벌였다. 평생 기록으로 남기 때문이었다.

일본의 사관 양성제도는 사단급 단위부대들의 합작으로 이뤄지고 있었다. 유년학교를 졸업하면 성적에 따라 대부근무 부대를 지정하고, 대부근무가 끝나면 연대장이 근무성적 내신과 함께 추천서명을 하여 사관학교로 보내게 되어 있었다. 일반계 중학교 출신 지망생들은 대부근무부터 시작하는데 근무기간이 두 배로 길었다. 육사에 입학하고 졸업하면 다시 그 부대로 돌아가 견습사관이 되고, 거기서 소위로 임관하게 되어 있었다.

** 「陸軍地方幼年學校 訓育部課程細目槪表」, 위의 책.

유년학교의 생도들은 100:1이 넘는 경쟁을 뚫고 입학한 소년들이었다. 입학하기만 하면 국비로 공부하고, 임관하면 장교로서 상류계급으로 인정받고, 퇴직 후에도 마지막 봉급의 60%을 받는 특권적인 연금이 있었다. 영관이나 장군이 된다면 신분 상승을 확실히 잡을 수 있었다. 그래서 생도들은 체력도 지능도 탁월했다.

김영은이 편입했을 때 청국인 유학생 생도가 하나 있었다. 편입생이 아니라 지난해 신입생으로 입학한 생도였다. 생도대 내무반의 옆자리였는데 눈썹이 짙고 성격이 서글서글한 호인이었다.

"반갑다. 나는 즈리성(直隷省, 현재의 허베이성[河北省]) 톈진(天津)에서 온 장호우완(張厚琬), 1886년생이다. 중유(中幼, 중앙유년학교)에 유학생은 너와 나 둘뿐이다. 같이 잘해 보자."*

영은은 반갑게 악수하고 손가락 끝으로 허공에 이름을 한자로 썼다.

"고맙다. 나는 대한제국에서 온 긴예인, 모국어 발음은 김영은인데 청국어 발음은 모르겠네. 나는 1888년생이니까 너를 형이라고 불러야겠네."

청국인 생도는 껄껄 웃으며 그의 어깨를 툭 쳤다.

"그래, 형으로 생각해 줘."

구대장인 야마구치 시게루(山口茂) 중위는 육사 16기의 고참 중위였는데 청국인 유학생을 이미 지도하고 있어선지 대한제국 출신 편입생인 그에게 특별한 관심도, 차별도 하지 않는 무덤덤한 군인이었다.

"처음에는 이것저것 힘들 것이다. 그저 열심히 해서 따라잡는 수밖에 없

----
*   청국유학생 장호우완이 김영은과 더불어 중앙유년학교와 육사를 다닌 기록이 일본국립공
        문서관 소장자료에 있다. 김영은의 이름은 개명한 김현충(金顯忠)으로 실려 있다.(壹第924
        號,「韓国学生 金顕忠、清国学生 張厚琬 教育ノ件」, 陸軍省『壹大日記』, 明治 42年 5月).

다. 안 되면 일반학교로 돌아가야 한다."

그가 편입 첫날 영은에게 해 준 말은 그 세 마디였다.

청국인 생도 장호우완은 알고 보니 대단한 가문 출신이었다. 조부 장지둥(張之洞)이 청 왕조의 후장(湖廣, 후난성[湖南省]과 장시성[廣西省] 지역) 총독을 지낸 고위인사였고 부친과 숙부도 유력한 자리에 있어 청국 정부가 외교력을 발휘해 군사교육을 받게 유학을 보낸 것이었다.** 장호우완은 신입생으로 입학해 1년이 지났는데도 일본인 동기생들의 따돌림과 선배들 등쌀에 주눅이 들어 있었다.

영은은 일본인 생도들에게 당당하게 말했다.

"너희들, 장교가 될 사람들이 그러면 안 돼. 나와 장호우완은 형세가 고단하다. 신사답게 정정당당히 대해 줘야 장교후보생다운 거다."

그러나 일본인 동급생들은 곁을 주지 않았다. 단 한 사람, 눈이 큰 아베(阿部)라는 생도가 혼자 있을 때 찾아와 미안하다고 말했다.

교관과 생도들은 김영은을 멸시하는 눈으로 바라보았다. '조선 출신이라니. 어디 제대로 하는가 보자.' 하는 표정이었다. 다른 구대에도 소문이 퍼져 교정을 걸어가기만 해도 손가락질을 하거나 호기심에 찬 눈으로 바라보았다.

'이런 때일수록 허세를 부려서라도 만만치 않음을 보여줘야 한다.'

영은은 그런 생각으로 당당하게 어깨를 펴고 지냈다.

큰 고비가 찾아왔다. 선배기수 생도들이 조선인 편입생이 있음을 안 것이었다. 선배라고 해봐야 나이는 그와 같거나 적었다.

**   山田辰雄 編 ,『近代中國人名辭典』, 霞山會, 1995, 인터넷 구글 웹사이트.

"조선인이 중유에 들어오다니!"

그들은 김영은을 괴롭혀 자퇴하게 만들기로 작정하고 덤볐다. 처음으로 김영은에게 한 것은 보행자세가 나쁘고 허리가 꼿꼿하지 않다고 웃통을 벗기고 등 한복판에 세로로 주름이 잡히도록 가슴을 내밀게 한 뒤 등 주름에 연필을 세워 끼운 일이었다.

"가슴은 내밀고 턱과 배를 당기고 시선은 앞을 봐라. 무릎을 붙여라. 차렷 자세에서 두 다리가 붙지 않는 건 용납할 수 없다."

그들은 드럼스틱으로 찌르고 때렸다. 연병장을 다섯 바퀴 뛰게 하는 벌칙도 내렸다. 청소상태와 관물정리도 트집 잡아 기합을 주었다. 흰 장갑을 끼고 침상 바닥을 문질러 먼지가 묻으면 기합이었다. 심지어 내일 다시 신고 나갈 군화는 번쩍번쩍 광이 나야 하고 바닥에 낀 모래알갱이조차 용납하지 않았다.

김영은은 하루에도 몇 번씩 자신의 잘못을 큰소리로 복창하고, 엎드려 팔굽혀펴기 기합을 받았다.

'너희가 그렇게 해 봐라. 쇠가 때리면 단련되듯이 내 심신은 더 단련된다.'

김영은은 이를 악물고 견뎌 나갔다.

마술(馬術)수업 시간이 왔다. 오후는 전체 생도가 술과를 배우는 터라 모두가 연병장이나 야외교장에 나가 있었다. 그의 동급생들은 1학년부터 기본 승마자세를 배워 온 터였다. 마술은 가장 좋아하면서도 가장 두려워하는 술과 과목이었다.

교관이 수업을 시작하면서 말했다.

"조선반도 출신 편입생이 있다고 들었다. 앞으로 나오라."

김영은이 앞으로 나가자 간단한 설명만 하고 말안장에 오르라는 명을 내렸다. 영은은 30필의 말들 중 하필 까다로운 말 쪽으로 다가갔는데 교관은 시작부터 낙마시킬 작정으로 일부러 그냥 놔두었다.

고삐를 잡고 타려는 순간 말은 앞발을 들고 껑충 뛰어오르며 거부했는데 영은은 말의 목덜미와 허리를 어루만져 줘 손쉽게 제어하고 완벽한 자세로 안장에 올랐다.

교관이 물었다.

"승마 경험이 있구나. 몇 년이나 탔느냐?"

"4년입니다."

"연병장을 한 바퀴 돌아 봐라."

교관의 명령이 떨어지자, 김영은은 전력질주로 연병장 한 바퀴 500미터를 달려 강의장 앞으로 돌아왔다.

"승마 자세가 교과서와 같은 모범이다. 누구한테 승마를 배웠느냐?"

교관의 말에 영은은 큰소리로 대답했다.

"형님께 배웠습니다. 형님은 일본 육사 11기 졸업생입니다."

교관은 손뼉을 쳤다.

"그러면 그렇지. 네 실력은 육사 기병과 졸업을 앞둔 생도들과 비슷하다."

그 후 김영은 자주 시범을 보이게 되었다. 일본인 생도들은 일단 자기보다 못한 사람이라고 판단되면 멸시하다가 능력이 높다는 걸 알면 깨끗하게 고개를 숙였다. 그날 이후 동급생들은 그에게 함부로 대하지 않았으며 '마술 조교'라는 별명을 붙여주었다. 선배들의 괴롭힘도 줄어들었다.

'자퇴할지언정 비굴하게 지내지는 말자.'

영은은 그렇게 다짐하며 말 한 마디라도 당당하게 하며 지냈다. 학과는 특출하지 않지만 천성적으로 몸이 민첩하고 광주 학현리 시절 산속을 뛰어

다닌 때문인지 유도, 검도 등 몸을 사용하는 술과는 탁월했다.

'편입한 조선인 생도는 마술조교 노릇을 하고 있고 째째하지 않다. 형은 육사 11기 졸업생이다.'

그런 평판이 돌았다. 일본인 생도들의 태도는 달라졌다. 아마 보이지 않는 손 누군가가 '이제 조선인 편입생을 그만 괴롭히자'라고 한 것 같았다. 생도들은 마음을 열었고 함께 외출도 나갔다.

그는 마음을 연 동기생들에게 당당히 말했다.

"일본 사람들은 조선인이라는 말을 쓰는데 그건 틀린 말이야. 조선은 옛날의 국호이고 지금 우리나라는 대한제국이야. 그러니 나를 '대한인' 또는 '한국인'이라고 불러줘."

동기생들은 고개를 한 번 갸우뚱하고는 선선히 답했다.

"그렇게 해줄게. 우리는 아무래도 좋으니까."

그때부터 가까운 친구들은 그를 '대한인', '한국인'이라고 불렀다.

견디기 어려운 것은 또 있었다. 아침마다 황궁을 향해 80도로 허리 굽혀 절을 하는 궁성요배(遙拜)와 일본 메이지 천황의 군인칙유 낭독을 해야 하는 것이었다. 메이지 15년(1882)에 공포된 이 칙유는 '우리나라 군대는 천황인 짐이 통솔해 하나가 되는 것이다. 짐은 너희를 수족 같은 부하라고 믿고 너희는 짐을 우두머리로 받들어 그 친숙함은 특히 깊노라'라는 다짐과 함께 충절, 예의, 무용(武勇), 신의, 검소를 내세우고 있었다. 형에게서 받아 가슴에 품고 있는 대한제국 광무 황제의 군인 칙유가 그것을 본떴음을 알 수 있었다.

그가 그렇게 유년학교 생활에 적응하고 있을 때 조국의 운명은 서서히 기울어 가고 있었다. 일본은 미국의 포츠머스에서 러시아와 강화회의를 열고 러일전쟁 승전의 대가를 약속 받았다. 대한제국에 대한 일본의 지도 감독권을 인정한다는 내용도 있었다. 일본은 러일전쟁에서 8만 5천명이 전사했지만 그만한 이권을 차지했다.

일본의 육사 예비학교인 유년학교는 전원 강당에 모여 전사자에 대한 묵념을 올렸다. 우리도 장교가 되어 당신들을 따르겠다고 생도 대표가 비장하게 선서했다.

현역 대좌인 교장이 강당 안이 쩌렁쩌렁 울리게 말했다.

"이토 히로부미 후작께서 말씀하셨다. '청나라와 러시아를 이긴 것은 비록 배상금을 충분히 받지 못했다 하더라도 조선반도를 마음대로 요리할 수 있게 되었으므로 배상금보다 더 큰 이득이다.'라고 하셨다. 생도 제군, 우리 장병들의 희생은 결코 헛되지 않을 것이다."

일본인 생도들은 감격에 젖은 얼굴들을 하고 있었으나 김영은은 정신이 번쩍 나며 '나는 너희들과 다르다'라는 생각이 스쳐 갔다. 그는 이를 악물었다.

청국인 생도 장호우안이 침상 위에서 속삭이듯이 말했다.

"태연해져야 한다. 아까 교장이 내 조국 청나라와 싸워 이긴 이야기를 할 때 나는 오른쪽 귀로 들어 왼쪽 귀로 흘려보냈다. 그래야 일신이 편해진다."

옳은 말이구나 생각하며 영은은 고개를 끄덕였다.

며칠 후인 토요일 오전, 예과생도들의 해군성 견학이 있었다. 웅장한 청사 안으로 들어가자 벽에 거대한 전시물이 걸려 있었다. 다가가 보니 '적장 이순신이 사용한 닻'이라는 설명이 붙어 있었다.*

----
* 　해군성 견학은 육군중앙유년학교의 연례행사였다. 김경천의 육사 4년 후배인 김석원의 회고록에 견학기록이 있다(『노병의 한』, 육법사, 1977, 78쪽).

인솔해 간 교관이 말했다.

"제군은 일로전쟁(日露戰爭)의 영웅 도고 헤이하치로* 제독님을 알 것이다. 그분 스승이 이순신 제독이었다."

17세기 조선 장군이 도고 제독의 스승이라니, 일본인 생도들은 고개를 갸우뚱했다. 교관이 계속 말했다.

"도고 제독 각하에게 신문기자가 말했다. '각하의 승전은 영국의 넬슨 제독, 조선의 이순신 제독에 비견될 것이었습니다.' 하고 그러자 각하는 크게 꾸짖었다. '이순신 제독은 나의 스승이다. 감히 나와 비교하지 말라. 그분은 신의 경지에 오른 분이다. 최악의 상황에서 싸워 경이로운 승리를 거둔 분이다. 해전의 신인 이순신 제독을 나와 비교하는 건 신에 대한 모독이다'라고. 생도제군, 교훈을 가슴에 새겨라. 영웅이 나라의 운명을 좌우한다. 이순신이 그랬고 도고 제독도 그러셨다. 조선반도를 정복하고 대륙에 힘을 뻗치고 싶은 우리나라의 천 년 숙원, 그 숙원을 이루어가고 있다. 도고 제독 각하의 영웅적 승전이 결정적인 계기였다."

일본인 생도들이 함성을 올리며 박수를 쳤다. 그러나 김영은은 가슴이 먹먹하여 그냥 서 있었다.

교장의 훈시와 해군성의 이순신 닻은 김영은에게 민족의식을 더 강하게 만들었다.

---

*   도고 헤이하치로(東鄕 平八郎, 1847-1934) : 가고시마현(鹿兒島縣) 출생. 해군장교로 영국
        에 유학했다. 청일전쟁 때 나니아함(浪速艦)을 지휘해 수송선 가오슝호(高陞號)를 격침, 청
        국군 1천 명을 수장시켰다. 러일전쟁 때 연합함대 사령관으로서 쓰시마 해전에서 러시아 발
        틱 함대를 격파, 일본의 영웅이 되었다. 대원수(大元帥)칭호와 백작 작위를 받았다(『Weblio
        事典』, 인터넷 웹사이트 www.weblio.jp).

쓰루미 강의 두루미

12월 초순, 조용은이 유년학교로 면회를 왔다. 면회실 밖에는 실개천을 따라 편백나무들이 늘어서 있었다. 김영은은 조용은과 편백나무 길을 걸었다. 초겨울이라선지 아무도 없었다.

조용은은 얼굴이 딱딱하게 굳어 있었다.

"왜? 무슨 일이 있어?"

영은은 그의 소매를 잡아당겼다.

"넌 여기 갇혀 있어서 신문도 못 보지. 내가 그럴 줄 알고 왔다."

조용은은 뚜릿뚜릿한 눈으로 그를 바라보았다.

"일본이 우리 황제 폐하를 협박해 2차한일협약이라는 걸 맺었어. 말이 협약이지 보호조약이야. 이토 히로부미가 외교권을 빼앗고 통감이 통치하는 보호조약안을 만들어 황제폐하를 협박했어. 결국 조약을 체결했어."

영은은 주먹을 부르쥐었다.

"일본의 속국이 되는 건가?"

"그래, 조약에 대한 거부와 항쟁이 전국 각지에서 일어났어. 시종무관장 민영환, 전 참판 조병세와 홍만식, 주영공사 이한응이 자결했어."

영은은 한숨을 쉬었다.

"나는 그것도 모르고 일본 천황의 군인칙유를 매일 아침 외우면서 살았어."

조용은도 눈물을 흘렸다.

"우리들 부립일중 동기들은 11월 17일 수업 끝나 숙소로 가다가 보호조약을 보도한 호외를 받아 읽었어. 모두 고국이 있는 서쪽 하늘을 향해 엎드려 통곡했어. 다음날 『호치(報知)신문』에 우리 학교 가쓰우라(勝浦) 교장이 조선인은 열등하므로 고등교육이 필요 없다고 말한 기사가 났어."

"불나는 데 기름 끼얹은 격이네."

"그래, 우리는 동맹휴학에 들어갔어. 최린·유승흠·한상우 등 늙은 형들이 앞장섰지. 학교 측은 전원 퇴교시킨다고 맞서고 있지. 우리는 상당수가 부립일중을 떠나게 될 거야."

영은은 머리를 끄덕였다.

"나도 그런 걸 당했다. 청일전쟁, 노일(露日, 러일)전쟁에서 조선반도를 마음대로 요리할 수 있게 된 건 배상금보다 더 큰 이득이라고, 우리 교장이 이토 히로부미의 말을 인용해 말했어. 해군성에 견학 갔는데 이순신 장군 기함의 닻이 전시되어 있었어. 나는 가슴이 뭉클했고 내 의지는 더 강해졌어."

조용은은 주먹으로 뺨에 흐르는 눈물을 닦았다.

"너는 악착같이 육사를 나와 유능한 무관이 되어야 해. 무장세력을 이끌고 저항할 사람이 절실하게 필요해질 거야. 이건 최린 형, 유승흠 형, 한상우 형 등 부립일중 동기생 모두의 생각이야."

조용은은 그렇게 30분쯤 만나고는 어서 가봐야 한다며 그곳을 떠났다. 영은은 이 날 아버지와 형의 안부를 묻는 편지를 집으로 보냈다.

보름 만에 형에게서 답장이 왔다. 그가 모른다고 생각한 듯 보호조약 소식과 함께 이토 히로부미가 초대통감이 될 것이라는 말이 쓰여 있었다. 대한제국 군대의 장교들은 통음(通飮)으로 나날을 보내는데 아버지와 자신은 은인자중하며 지낸다는 내용, 출장 가서 만난 형과 약속한 말을 잊지 말라고 쓰여 있었다.

스스로 자신을 채찍질할 수밖에 없었다. 김영은은 강력한 자기암시를 품고 있었다. 누구에게서 배운 것도, 책에서 본 것도 아니었다. 아침에 눈을 뜨는 순간 마음속으로 큰 소리로 말했다.

'나는 어떤 고통도 이겨낼 것이다. 시련이 닥치면 닥칠수록 나는 더 단단해진다. 지금 내가 겪고 있는 고난은 강철처럼 단단해지기 위한 숙명적인 과정이다.'

회의와 고독감은 때때로 바람처럼 휘감았다. 마음속 갈등도 있었다. 일본을 배우면 배울수록 일본의 벽은 견고하고 높아보였다. 그는 더욱 강력한 자기암시로 그것을 눌러버렸다. 그리하여 아슬아슬하게 고비를 넘어갔고 강철처럼 단단해져 갔다. 그것은 일본인 생도들과는 비교도 할 수 없는 강한 정신력을 갖게 해 주었다. 그것은 활달하고 거침없던 그를 신중한 청년으로 만들었다.

한 해가 가고 1906년이 왔다. 아버지와 형의 관비유학생 동기생인 윤치성 정위가 법부대신 이하영을 수행하여 출장 왔다가 형의 편지를 갖고 찾아왔다.* 형은 조국을 위해 무엇을 할 건가를 늘 생각하라고 말하고 있었다.

윤치성 정위는 영은의 등을 두드려 주며 말했다.

"너의 형 김성은 부령과 우리 동기생들은 비록 일본 육사에서 공부했지만 일본에 대한 거부감이 강하다. 일본이 우리나라를 합병하고 말 거라고 예견하기 때문이다. 너도 항상 조국을 잊지 말고 힘든 일 모두 이겨내라."

"네, 말씀 잊지 않겠습니다."

김영은은 머리를 끄덕였다. 윤 정위가 형의 육사 동기생 누구보다도 민족정신이 강하다는 것을 그는 알고 있었다.

봄이 왔다. 책에만 파고들었던 박용희는 준텐중학교 2학년을 우등으로 마

----

* 　윤치성은 1906년 1월 중순 보빙대사의 수행원으로 도일했다.(『고종실록』47권, 1906년 1월 10일, 국편 DB)

쳐 은시계를 상으로 받고 제일고등학교로 전학했다. 제일고는 도쿄제국대학의 예과나 다름없는 과정이었으므로 최고 엘리트가 된 것이었다.

부립제일중학에서 자퇴한 황실유학생 동기들의 소식이 들려왔다. 4월 신학기가 되자 16명은 반성문을 쓰고 부립제일중학에 재입학했다. 일부는 고국으로 돌아가 버렸고, 그들 중 일부는 일본으로 되돌아와 다른 학교에 편입했다. 유학 시작 한 달 만에 자퇴했던 최남선은 다시 일본으로 와서 와세다(早稻田)전문학교 고등사범부에 다니고 있었다. 최린과 한상우와 유승흠은 고국 황제의 특별 배려로 학비를 내장원으로부터 받게 되어 대학입시 공부에 주력하고 있었다. 최린은 메이지대학에, 한상우와 유승흠은 센슈학교(專修學校)에 편입을 결정해 놓고 있었다.

여름이 왔다. 유년학교의 여름방학은 일반계 학교보다 짧은 두 주일이었다. 영은은 집에 가고 싶었다. 일본의 보호국이 된 조국 땅, 아버지와 형과 할아버지, 그리고 약혼녀가 보고 싶고 어린 시절 뛰놀던 골목길이며, 답답할 때면 말을 타고 달렸던 한강변도 그리웠다. 그는 짧은 시간에라도 귀국하고 싶었지만 아버지와 형은 편지로 오지 말라고 말리고 있었다.

아버님은 부령(副領)으로 진급하셨으나 나라가 일본의 보호국이 된 터라 상심이 매우 크시다. 대한제국은 군인은 물론 모든 지도계층이 신분이 불안해졌다. 그러니 방학에 오려고 하지 말고 거기 있어라. 너의 처가가 될 유진사댁에는 안부 묻고 양해를 구하는 서한을 보내어라.

그런 형의 편지를 받고 집으로 갈 수가 없었다. 다행히도 학교는 체육관과 기숙사와 도서관을 개방해 놓아 학교에 머물 수 있었다. 성적이 나쁜 생도들은 하루 이틀 집에 다녀와 책을 파고들었다.

마침 청국 유학생 장호우안도 고국으로 가지 않았다. 보름간의 방학 중에 기초 체력을 키우기 위해서라고 했다. 김영은은 장호우안과 장거리 달리기와 검도연습을 하며 우정을 쌓았다. 한 바퀴가 500미터인 연병장을 20회 도는 10킬로미터 달리기를 매일 했다. 장차 육사에 가면 체력이 강해야 견딜 수 있다는 생각, 달리기를 하면 자신과 싸울 수 있다는 것이 두 사람이 가진 생각이었다. 그들은 내장이 뜨거워져 목구멍으로 단내가 올라와도 헉헉 숨을 쉬며 달렸다. 그리고 검도 대련도 매일 했다. 그런 가운데 정신력은 물론 체력도 더 강인해졌다.

영은은 가끔은 고국으로 가지 못한 한상우와 유승흠의 자취방에 찾아갔다. 함경도 출신 늙은 대학생들은 반색하며 맞았다.

어느 날, 점심으로 국수를 삶아 먹다가 한상우가 말했다.

"영은이 너 몸이 탄탄해졌다."

"요새 매일 10킬로미터를 달려요. 청국유학생과 함께 달리고 검도를 해요. 달리기라는 게 나 자신하고 싸우는 거잖아요. 처음엔 심장이 찢어지는 듯 고통스럽지요. 그러다가 어느 순간 무아지경처럼 편안해져요. 심폐의 적응이 일어난 거지요. 그러면 얼마든지 달릴 수 있어요."

"이용익 대감의 축지법도 그런 걸까?"

"아마 그럴 거예요." 영은은 웃으며 말했다.

8월초에 다시 학기가 시작되었다. 영은은 훨씬 여유롭게 학교생활에 적응해갔다. 이달 하순, 그는 조용은이 보낸 엽서를 받았다.

잘 지내는가? 그동안 소식 못 전해 미안하네. 돌아오는 9월 2일은 일요일이

네. 오후 1시에 유학생감독부에서 대한유학생회 창립총회를 열기로 했네. 중
앙유년학교는 외출이 자유롭지 않다는 걸 알지만 가능하면 와 주게. 모두들 보
고 싶어하네.

광무(光武) 10년 8월 25일

조용은

서기 1906년이나 메이지 40년이라는 연호를 쓰지 않고 모국의 황제 연호
를 쓴 것을 들여다보며 김영은은 미소를 지었다.

9월 2일, 그는 외출을 나가 고치마치 구에 있는 유학생감독부로 갔다. 대
한유학생회 창립대회에 모인 유학생은 250명이 넘었다. 김영은과 함께 기
슈마루를 타고 왔던 황실유학생도 18명이 있었다. 그들은 분홍색 금장(襟章)
이 달린 육군중앙유년학교 정복을 입은 영은을 얼싸안았다.

"김영은, 제복이 멋있구나."

"아직 유년학교 생도인 걸, 뭐."

김영은은 어깨를 펴고 웃었다.

육군유년학교와 육사의 정복은 가장 늠름하고 잘 생긴 청년으로 보이게
만든 제복이었다. 김영은은 19세로 인생의 가장 싱싱한 나이에 들어서 있었
다. 허리가 꼿꼿했고 걸음걸이도 육군 생도다운 절도가 있었다.

유학생들은 유학생감독부장의 인사말을 듣고 회칙을 통과시켰다. 그리고
조직 인선을 했는데 황실유학생 출신들이 요직을 차지했다. 최린이 부회장,
유승흠과 이창환이 공동총무, 한상우가 평의원, 최남선은 편찬원 자리를 맡
았다. 회원들 일부가 김영은을 평의원에 넣자고 했으나 김영은은 어떤 조직
에도 들어갈 수 없는 교칙을 들어 사양했다.

조국 땅은 점점 위기에 빠져들고 있었으나 그는 그렇게 고비를 넘어 스스로 자신을 이끌어 갈 수 있었다.

이어지는 불행, 형과 아버지의 죽음

어느 날, 영은은 아버지의 속달 편지를 받았다. 급히 봉투를 연 영은은 그 자리에 주저앉아 엉엉 울었다. 편지에는 형 김성은 부령이 갑자기 죽은 소식을 담고 있었다.

> 아침밥을 나와 같이 먹고 평소와 같이 출근했는데 부대에서 퇴근해 집에 오는 길에 쓰러져 죽었다. 네 형의 죽음이 나도 믿어지지 않는다. 인명이 재천이라는데 네 형은 천명을 다하지 못하고 죽었다. 그리고 너는 이제 6대 독자가 되었다. 모든 일에 은인자중하고 지내거라.

막 저녁식사를 했고 자습실에 가서 예습복습을 할 시간이었다. 그러나 영은은 침상에 엎드려 소리 내어 울었다.

"아아, 형님. 이게 웬일입니까?"

생도들이 둘러싸고 웬일이냐고 물었고 그는 "우리 형이 죽었어."하고 울먹거렸다. 구대장이 달려와 한자에 한글로 토를 단 편지를 읽었다.

"위로의 말밖에 아무것도 해줄 수가 없구나. 실컷 울어라."

하고 말하고는 영은의 옆 침상을 쓰며 가장 친하게 지내는 아베에게 곁에 있으라고 했다. *

---

*   김경천은 유년학교 동기생들 중 아부(阿部 아베)와 가장 가까웠다고 썼다.(『경천아일록』,

아베는 눈물을 흘리며 위로했다.

김성은 부령의 사망 원인을 밝혀주는 공적인 기록은 보이지 않는다. 김경천은 『경천아일록』에서 형에 대해 '27세에 졸(卒)하니'라고만 썼고, 1909년 5월 육군중앙유년학교 재학 중 작성한 「신원조서」는 형이 병사한 것으로 실려 있다.

정말 김성은은 병사한 것일까? 대한제국 시기 일본 육사 출신 인물들에 대해 연구하고 『비극의 군인들』을 펴낸 이기동 전 동국대 교수는 김성은이 고종황제의 밀서를 일본 출장 중 일본 군부 실력자에게 전했고 그것이 빌미가 되어 독살당했을 가능성을 제시했다.* 근거는 『어담 소장 회고록』이다.

김성은이 시찰단에 끼여 도쿄에 출장 와서 영은을 만나고 가고 8개월이 지난 1906년 4월, 일본은 러일전쟁 대승을 자축하는 '육군 개선 대관병식(大觀兵式)'을 열었다. 이토 조선통감은 광무황제(고종)에게 강요하여 사절단을 파견하게 했고 김성은의 일본 육사 동기생인 어담**이 거기 끼었다.

관병식 행사가 끝난 뒤 어담은 육사 재학시절 대한제국 출신 생도들을 도와준 우쓰노미야 타로(宇都宮太郎, 186~1922) 육군대좌를 만났다. 우쓰노미야는 그를 데리고 육군대신 고다마 겐타로 대장에게 갔다. 고다마는 군부 최고 실력자로서 문관 출신 이토 히로부미와 암투하고 있었다.

53쪽). 유년학교와 육사 동기생 중 아베는 아베 기쿠이치(阿部菊一)와 아베 미노(阿部三野)가 있었다.(『일본국 관보』 1911년 5월 31일, 육사 졸업자 명부). 둘 중 누구인지 알 수 없다. 기쿠이치는 항공장교가 되고 소좌시절인 1929년 비행기 추락으로 순직했다. 미노는 야전포병 병과를 받아 보병 15연대에 배치되었다.

*   2016년 4월 서울 장충동에서 이기동 교수 인터뷰. 어담의 회고록은 이 책 127쪽 주석 참조.

**   어담(漁潭, 1881~1942) : 경기 광주 출신. 관비유학생으로 도일, 일본 육사 졸업. 무관학교 교관을 지냈다. 1920년 일본군 대좌로 임명, 이후 일제에 협력했다. 1931년 중장 예편, 그 후 지원병과 징병제도 실시에 앞장섰다(민족문제연구소, 같은 책, 3권 488~490쪽).

고마다는 황금색 봉투를 열어 고급 종이로 된 밀서를 내놓으며 감정해 달라 했다. 광무황제의 어새가 찍힌 밀서로서 '귀하가 통감이 되어 오시기를 우리는 간절히 희망한다'는 내용이었다.

어담은 깜짝 놀라서 말했다.

"우리나라 황제 폐하의 진한(辰翰)입니다. 이걸 어떤 경로로 받으셨습니까?"

"지난해 여름, 조선인 고급장교가 나하고 가까운 점쟁이 이노(飯野)를 통해 보냈네. 이걸 받아 당황스러웠네."

고다마는 그렇게 말하고 또 한 편의 서한을 내놓았다. 그 고급장교가 쓴 것으로 이노가 가져가는 서한이 진짜이니 믿어달라는 내용이었다.

"그는 저와 일본 육사 동기생입니다." 어담은 그렇게 말했다.***

서한 끝의 이름과 서명을 보고 말한 것이었다. 전 군부대신 윤웅렬의 총애를 받는 김성은이 밀서를 전달했음을 알았던 것이다.

"이 밀서대로 내가 이토를 밀어내려고 했지만 여의치 않았네. 다 지나간 일이 됐네."

고다마 대장이 중얼거렸다.

이토 히로부미는 한 달 전인 3월 초 조선통감으로 부임해 있었다. 어담은 고종황제의 밀서로 인해 자칫하면 큰일이 나겠구나 하는 생각에 정신이 번쩍 났다.

고다마가 다시 말했다.

"우리가 아라사를 꺾어 조선은 일본 차지가 됐지. 자네 생각은 어떤가?"

어담은 생각을 가다듬어 말했다.

*** 어담은 회고록에서 김성은이라고 이름을 명시하지 않았다. 그러나 그 기간에 일본에 다녀간 어담의 동기생은 김성은뿐이었다.

"일본이 이겼으니 어쩔 수 없다고 생각합니다. 다만 현재의 보호국 관계 이상은 원하지 않습니다."

이토가 앞장서 합병할 것이라는 소문이 돌기 때문에 한 말이었다.

고다마는 큰 소리로 말했다.

"물론이다. 보호국이 다 뭔가? 대한제국을 동등하게 대하는 연방(聯邦) 정도로 해야지. 고쳐야 하네."

어담으로서는 듣던 중 반가운 소리였다. 그는 즉시 핑계를 만들어 다른 시찰단보다 앞서 귀국해 급히 고종황제를 배알하고 보고들은 것을 보고했다.

이토 히로부미와 고다마 대장의 암투는 그 후 고다마가 뇌일혈로 급사하면서 이토의 승리로 끝났다.* 고다마가 구상하던 연방제도 물 건너간 셈이 되었다.

정리를 하자면 일본 군부는 이토 히로부미가 조선통감을 맡는 것에 반대하고 장군 출신을 통감으로 보내려는 입장이었다. 대한제국 황실이 그것을 이용해 유리한 국면으로 이끌기 위한 책략으로 군부의 최고 실력자 고다마에게 보내는 밀서를 김성은을 시켜 전달했다. 그러다 고마다가 급서했고 밀서 사실을 알게 된 이토 히로부미 측이 김성은을 독살했다고 추정할 수 있다. 혹은 반대로 책략을 그르친 것에 대한 책임을 물어 고종황제의 측에서 그렇게 했을 수도 있다.

김영은은 일요일이 다가오자 형과의 추억이 서린 요코하마로 가서 형과 둘이 찾아왔던 기억을 더듬었다. 아버지가 자주 오셨다는 쓰루미 강에도 갔

---

*　　「魚潭少將 回顧錄」, 96−99쪽 ; 이기동, 『비극의 군인들』, 123−137쪽 참조.

다. 강둑에 앉아 강물을 바라보며 다짐했다. 어떻게든지 시련을 이겨 일본 육사를 졸업한 뒤 일본과 싸우리라고.

그는 두루미 몇 마리가 강변에 모여 있는 것을 보고 반가워 벌떡 일어섰다. 고국땅에서 날아온 것이었다. 아버님도 여기 와서 저 새들을 보셨을까. 그때 그는 공중에서 울리는 뚜르르 뚜르르 소리를 듣고 고개를 들었다. 두 마리의 두루미였다. 커다란 날개를 펴 활강하면서 그의 머리 위를 지나 강변으로 내려 앉았다.

그는 독도법 훈련에서 배운 것을 생각해 얼른 손목시계를 들여다보았다. 작은 바늘 시침과 12시 점이 만드는 예각의 2등분 각을 잡아 해에 맞추었다. 그러면 12시점이 남쪽이었다. 그렇게 방위를 잡고 보니 두루미들이 날아온 방향은 고국이 있는 서북 방향이었다.

"아아, 너희는 우리나라에서 왔구나." 하고 그는 두루미들에게 소리쳤다.

1907년이 왔다. 새해 벽두에 도쿄부립일중의 황실유학생 일부가 작은 소동을 일으켰다. 어윤빈·김성목 등 7명이 무관교육을 받겠다고 유학생감독부에 요구했으나 고국 정부의 거부로 좌절된 것이다.

"육사를 졸업해도 군부에 받아줄 자리가 없다는 거야. 군사교육은 학비가 많이 든다는 것도 원인이겠지. 군대에 자리 없으면 사립학교 만들고 교련 가르쳐 인재 키우고 나라의 은혜에 보답하겠다고 애걸해도 소용없었어."

김영은에게 실패한 경위를 설명하면서 어윤빈은 한숨을 쉬었다.**

** 『만세보』 1907년 1월 6일자 및 1월 15일자, 『대한매일신보』동년 1월 9일자에 실려 있다. 자료 중 '육군대학교에 입학할 일'이라는 표현이 있다. 실제 육군대학이 아니라 김영은과 같은 육군유년학교였을 것이다. 이들 황실유학생 7명의 무관교육 희망과 좌절은 이계형 교수 논문에 정리되어 있다.(이계형, 같은 자료, 208쪽).

봄이 됐을 때 도쿄 유학생들에게 또 한 번의 격변이 들이닥쳤다. 와세다대학의 모의국회 사건이었다. 정치와 법학 전공 학생들이 정치 실습을 하는 모의국회 과정에 일본인 학생이 조선 왕을 일본 황족으로 만들자는 의안을 제출했는데 이것은 당시 고등사범부 지리역사과에 다니는 최남선 등에 의해 즉시 한국인유학생회에 알려졌다.

유학생회는 긴급 총회를 소집하고 3월 말일 맹휴에 들어갔다. 영은은 교칙이 엄격한 유년학교 생도라 맹휴에 동참하지 못하고 응원만 했다. 유학생들은 결국 와세다대학 학장으로부터 사과와 함께 해당학생을 퇴학시킨다는 약속을 받아냈다. 그러나 최남선은 그것으로 성에 차지 않아 와세다대학을 자퇴했다.

영은과 함께 경성학당을 다니고 황실유학생 수석합격자로서 유학생 반장을 맡았던 최남선, 그는 부립일중을 중퇴하고 돌아갔다가 다시 도쿄로 와서 공부했다. 그런데 또다시 중퇴한 것이었다.

모의국회 사건에서 단결을 과시했던 유학생회는 국채보상운동에 참여했다. 영은은 1원을 보냈다.*

그렇게 한 해가 가고 1908년 봄이 왔을 때 다시 청천벽력과도 같은 비보가 왔다. 계모가 아버지의 별세 소식을 전보로 알린 것이었다.

구대장이 연민에 가득한 얼굴을 하고 전보를 건네주었다.

"놀랍고 슬픈 소식이 또 왔구나. 네 아버지가 돌아가셨다."

영은은 전보를 읽으며 무너지듯 주저앉았다.

"아아, 아버님!"

----

* 「제4차 결산보고」, 『대한유학생회학보』 제3호, 1907년 5월 25일 발행, 국편 DB. '김영은 1원'으로 실려 있다.

"아버님 명복을 빈다. 교칙에 의하면 내국인 생도는 부모 상(喪)을 당하면 일주일 특별휴가를 받는다. 너는 사비생이고 대한제국 국적자이고 집이 멀다. 학교 당국이 너의 나라 공사관과 협의하고 있다. 아마 집에 가기 어려울 것 같구나."

구대장의 말에 김영은은 그 자리에 서서 말없이 눈물만 흘렸다.

영은은 혼자 숲으로 가서 주저앉아 길게 통곡했다.

아베가 왔다.

"긴예인(김영은), 동급생들이 너의 나라 식으로 빈소를 꾸미기로 했어."

영은이 말이 없자 덩치가 큰 아베가 물기가 밴 큰 눈을 하고 다시 말했다.

"네가 귀족임을 우리는 알고 있어. 승마 실력과 네 몸에 밴 흐트러지지 않는 품위와 자존심 때문이지. 그래서 우리는 너를 연민하면서도 존경해."

"고맙다."

그는 눈물을 주먹으로 훔쳐내며 말했다.

둘이 언덕을 걸어 내려오는데 구대 소속 하사관이 달려왔다.

"긴예인 생도, 특별 귀국명령이다. 빨리 출발 준비하라."

김영은은 부랴부랴 옷을 갈아입었다. 출발하기 위해 생도대를 나서는데 연병장에서 술과 수업을 중단하고 달려온 동급생들이 군모를 벗고 고개 숙여 1분 묵념으로 애도했다.

학교 규칙을 넘는 열흘간의 특별휴가, 김영은은 지금 출발한다고 계모를 수신인으로 전보를 쳤다. 현해탄에 풍랑이 일어 연락선이 안 뜨면 어떡하나 조바심치며 급행열차에 올랐다. 나흘 걸려 한성에 도착했다.

수많은 문상객들을 맞아 상례를 치렀다. 윤응렬 전 군부대신과 아들 윤치호, 조카 윤치성도 왔고 그의 황실유학생 동기생들, 아버지와 형의 관비유학생 동기생들, 형의 일본 육사 선후배들도 왔다. 장례식 날, 군부에서는 1개 소대의 의장병들을 파견해 고인의 운구를 호위했다.

경황이 없었던 이틀 동안의 아버지 장례, 그러나 짐작할 수 있었다. 형이 요절하고 1년 만에 세상을 떠나신 아버지, 문득 형과 아버지의 급서가 자연사가 아니라는 느낌이 다가왔다. 나라의 운명이 엎치락뒤치락하는 판에 어떤 음모가 개입되어 목숨을 잃었을 것이라는 느낌이었다.

그는 윤치성에게 말했다.

"저는 형과 아버님의 죽음을 이해할 수가 없어요."

윤치성은 자기 생각도 같다는 듯 천천히 고개를 끄덕였다.

"내가 조용히 알아보는 중이다."

다시 일본으로 가려고 짐을 꾸리는데 할아버지 김규준이 말했다.

"네가 잘못되면 집안의 대가 끊어진다. 조심하거라."

김정우 군기창감이 갑자기 죽은 경위는 알 수 없다. 당시 신문은 병으로 죽었다는 소식과 함께 장례식을 짧게 보도했다.

> **파병호장(派兵護葬, 병사들을 보내 장례식을 지킴)**
> 전 부령 김정우 씨가 병으로 인해 장서(長逝)하여 지난 14일에 장례를 거행하는데 군부에서 병정 1소대를 파송 호장하였다더라.[*]

'김정우는 업기신고(業己身故, 사망을 뜻함)이옵기 해당 초대장은 반송하오

----

[*]   『황성신문』, 1908년 3월 17일자.

며' 라고 원유회 초청장을 되돌려 보내는 1908년 3월 23일자 대한제국 군부의 공문서가 남아 있다.**

김성은도 그랬지만 김정우는 활발하게 업무를 수행하고 있었으므로 병사(病死)가 아닌 것으로 추정할 뿐이다. 장남 김성은의 죽음을 둘러싼 비밀을 파헤치다가 살해당했을 개연성도 있다.

그렇다면 그는 타고난 집념과 성실성으로 격변의 시대에 기회를 포착하여 무명 향반에서 신분상승을 이룩했으나 결국은 격랑을 이기지 못하고 큰아들과 함께 꺾여버린 불운한 인물이었던 셈이다. 게다가 막내아들도 고집을 꺾지 못해 군사교육을 허락해줘 결국 그마저도 격변의 인생길로 걸어 들어가고 있었다.

아버지의 죽음은 영은을 더할 수 없는 절망으로 몰아넣었지만 일본인 생도들과 더욱 친해지게 만들었다. 생도들은 그를 패망한 왕국의 불운하고 가련한 귀족으로 여겼다. 그는 신중하고 생각이 깊어졌다. 그러나 일본인 생도들의 배려 속에 서클에서 토론을 하고 당구도 치고 주말 외출을 같이했다.

가을에 집안의 비극은 이어졌다. 지난해 형이 세상을 떠났고 지난달에는 아버지가 돌아가셨는데 이번에는 형수가 죽은 것이었다. 형과의 사이에 소생이 없어 홀몸으로 살다가 세상을 떠난 것

派兵護葬 前副領金鼎禹氏가因
病長逝ㅎ야去十四日에葬禮를擧行
ㅎ눈디軍部에셔兵丁一小隊를派送
護葬ㅎ얏다더라

파병호장
1908년 『황성신문』 부고 기사. 김정우 군기창감 장례식에 1개 소대 의전병을 파견해 호송했다고 보도했다.

** 통첩, 군부발 제33호, 군부부관 김기원이 1908년 3월 23일 원유회청첩위원 고원식에게 보낸 문서, 국편 DB.

이었다.* 할아버지 김규준 옹이 보낸 편지에 의하면 형수의 주검은 형 김성은 부령의 곁에 묻혔다. 그리고 할아버지가 북청에서 와서 살림을 관장하고 있다는 말도 있었다.

6월 5일, 만 20세 생일을 맞아 김영은은 이름을 김현충(金顯忠)으로 바꾸었다.** 할아버지가 편지로 그게 좋겠다는 말씀을 보내신 게 큰 이유였다. 할아버지는 성년이 되면 쓰라고 '현충'을 관명(冠名)으로 지어놓으신 바 있었다. 집안에 흉사가 겹치니 어서 이름을 바꾸라고 하셨다.

6월 중순, 고국의 계모에게서 편지가 왔다. 누이동생이 태어났으며 이름을 옥진(玉珍)으로 지었다는 소식을 담고 있었다.*** 아버지가 돌아가셨는데 누이동생이 유복녀로 태어나다니, 김현충은 스무 살 터울의 누이동생 출생이 기쁘기도 하고 걱정스럽기도 했다.

7월 하순, 김현충은 아버지의 유산을 정리하고 고국 신문에 이런 광고를 실었다.

　　본인(本人)이 일본(日本)에 유학(留學)하오므로

　　본인이 일본에 유학하오므로 왼쪽에 공개하는 전답 가옥 산판(山坂) 문권

　　(文券)을 소지하고 일본에 가오니 혹시 방매의 건이 있다 하와도 내외국인은

　　절대로 속지 마시압.

----

* 　　「오가세기」.
** 　　이 책에서도 이하 김현충으로 쓴다. '김영은'으로 실린 마지막 확인자료는 1907년 5월 25일 발행 『대한유학생회보』의 4월 7일 국채보상금 1원을 낸 기록이다. 1909년 5월 작성된 육군 유년학교 학생 「신원조서」부터 '김현충'으로 바뀌었다.
*** 　김경천의 제적등본에 옥진은 1908년 6월 7일 출생으로, 9년 전 사망한 그의 생모 윤옥련의 태생으로 올라 있다. 계모인 임춘희는 1909년 작성 「신원조서」에 만 54세로 실려 있다.(이 책 167쪽 주석 참조). 가임기를 넘어 생모라고 보기 어렵다. 김정우에게는 화순댁이라는 제3의 여성이 있었는데 그녀가 출산했을 가능성이 크다.

영등포 구로리 소재 전답 산판 사가(舍家: 집)

수원 대황교의 논 수용(水舂:물방아) 침

과천 오목평의 논

남대문 밖 순동에 있는 가옥과 채전

서문 밖 채전

광주 초월면 정자동 전답

남대문 밖 순동에 살면서

일본 도쿄에 머물고 있는 군인 고(故) 부령

김정우의 아들 현충(顯忠) 알림****

  여름방학에 귀국했다가 돌아가면서 낸 광고로 보인다. 주소가 아직 '서서 반석방 순동'임을 확인할 수 있다. '서문 밖'이 한성 서대문인지, 수원 서문 인지, 북청 서문인지 알 수 없고 토지들의 지번과 면적이 빠져 있지만 아버 지에게서 상속 받은 재산을 일목요연하게 알 수 있다. 김정우는 상당한 재 산가였다. 청빈한 관리는 아니었던 것 같다.

  기사의 맨 끝 행 밖에 옆으로 누운 '륙(六)'자가 있다. 나열한 재산 6건과 관련 있는 듯하고 활판인쇄 작업 중 어떤 문구에서 활자가 떨어져 나온 것 으로 보인다.

  6건의 재산 중 '수원 대황교 수용(水舂)침'은 '피뢰침이 있는 물방앗간'으 로 해석되고, 오늘날 용인시 수지구 성복동 일대로 추정된다. 1911년 조선 총독부가 조사 작성한 『조선지지자료』경기편을 보면 용인군 수진면(水眞面)

**** 『대한매일신보』, 1908년 7월 24일자. 난해한 국한문혼용체 문장을 풀어씀(저자 주).

성복동(星福洞)의 야명(野名)으로 수용전평(水春前坪;물방아전들), 수용후평(水春後坪;물방아뒤들)이 나온다. 같은 면 신리(新里)에는 보명(洑名)으로 수

본인이 일본에 유학하므로 좌(本人이日本에留學ᄒᆞ오무로左)…

매각불원 광고
상속 받은 재산을 팔지 않겠다고 일본 유학 중에 『대한매일신보』에 올린 광고.

용보(水春洑;물방아보)가 나오는데, '비고란'에는 "보 아래에 공동으로 농사 짓는 사람들이 건축함"이라 되어 있다.*

확인할 수는 없으나 '수용침'은 광교산 계곡을 흘러 내려온 물을 둑으로 막아 만든, 지붕 위에 피뢰침이 있는 물방앗간을 뜻하고, 그의 재산은 이 물방앗간과 그 아래 무논 전부 또는 일부였을 것으로 추정된다. 위의 다른 토지들도 그렇지만 용인 수지는 오늘날 고급 주택가가 앉은 금싸라기 땅이다.

그런데 김현충은 왜 이런 특이한 광고를 실었을까? 두 가지 추측이 가능하다. 첫째는 토지사기꾼들이 인감을 도용해 불법매각을 시도했을 가능성이다. 둘째는 계모인 임춘희 여인 또는 다른 인물이 상속권을 주장하며 매각하려 했을 수도 있다.

이때는 7월 하순, 육군중앙유년학교의 방학기간이었다. 넉 달 전, 김현충은 아버지 장례를 위해 일시 귀국했어도 상속절차를 밟지 못하고 도쿄로 돌

---

* 조선총독부, 『조선지지자료』—경기도편, 경기문화재단, 경인문화사, 2008, 217-218쪽.

아간 것으로 보인다. 『경천아일록』에 기록하지 않았으나 그는 7월에 방학을 맞아 다시 귀국했고 아버지 재산 대부분을 상속해 등기부 원본을 갖고 떠난 것으로 추측된다.

신문광고에 나열한 재산 외에 재산은 더 있었다. 김정우의 남은 유산과 관련한 2년 뒤의 또 다른 신문기사가 눈길을 끈다.

이조이[李召史] 정원(情願)

부령(副領) 김정우 씨 소유 채전이 동대문 밖 등지에 있더니 김 씨 사후에 그 별실(別室) 화순(和順)집이 이 밭을 전(前) 군부대신 윤웅렬 씨에게 위탁하야 금화 4만 원에 방매한 고(故)로 김 씨의 자부(子婦) 이조이[李召史]가 상기 금 액을 추심하려고 윤 씨에게 진정으로 바라는 글을 보냈는데 그 말뜻이 사람들 로 하여금 눈물 흘리게 하겠다더라.**

유추해보면 이렇다. 아버지 김정우 명의의 큰 토지들이 동대문 밖 등 여러 곳에도 있었다. 김현충은 그것들을 아버지의 첩실인 화순댁 몫으로 떼어 놓고 나머지 재산을 상속한 등기문서를 갖고 떠났다. 화순댁이 윤웅렬에게 위탁해 4만 원의 거금을 받고 매각했다. 김정우의 며느리 이 씨는 남편 김성은 부령이 27세에 요절해 재산 상속을 받지 못해 곤궁한 처지에 놓였다. 그래서 윤웅렬에게 그 돈은 내가 받아야 한다는 간곡한 청원서를 보냈는데 그 내용이 곡진하여 사람들이 눈물을 흘릴 정도였다는 것이다. 청원서에는

** 『황성신문』, 1910년 2월 3일자. 난해한 국한문혼용체 문장을 풀어씀(저자 주). '정원(情願)' 은 '진정으로 바람'이라는 뜻이었다. '召史'는 양민의 아내를 가리키던 말로서 당시에 '조이 '라고 읽었다(유창순, 『이조어(李朝語)사전』, 연세대 출판부, 2004).

김성은 부령이 요절한 경위도 실려 있었을 것이다.

김정우에게는 본처 윤씨, 후처 임춘희, 제3의 여인으로 화순댁이라는 첩실이 있었던 것이다. 별실 화순댁은 누구이며 왜 하필 윤웅렬 전 군부대신에게 부탁했을까? 김정우가 윤웅렬과 함께 전라도 능주(현재 지명 화순)에 유배 갔을 때 만난 여인이었을 것이다. 유배가 끝난 때가 1894년이니 길게 이어진 관계였을 것이다. 대한제국 시기에 김경천이 4만 원 상당의 큰 재산을 넘겨주었으므로 그녀가 아마 늦둥이 누이동생 옥진의 생모일 것이다. 며느리를 이 씨라고 했는데 김현충은 「오가세기」에서 형수를 광주군 퇴촌면 출신 안 씨로서 형이 죽은 다음해 세상을 떠났다고 썼다. 이 조이[李召史]는 김성은 부령의 첩실일 가능성이 크다.

김현충은 1910년 강제합병 직전에 벌어진 이 재산 다툼에서 비켜 있었다. 어떻든 이 자료로써 그의 부친이 큰 부자였음을 확인할 수 있다. 그 많은 재산을 물려받은 아들 김현충은 독립운동에 나섬으로써 하나도 지키지 못했다. 결국 그것을 조국독립을 위한 투쟁에 바친 셈이니 이회영 이시영 6형제와 김좌진·여운형에 비견할 만한 노브리스 오블리주라 할 만하다.

유산을 상속 받은 직후인 1908년 가을학기에 김현충은 황실유학생 동기생들과 활발하게 교유했다. 부친상을 당한 것을 알고 많은 동기들이 찾아와 위로해 준데다가 중앙유년학교 생도 생활에 이골이 나서 여유로워진 이유도 있었다.

그러는 가운데 겨울이 왔다. 열흘간의 짧은 방학이 있었으나 그는 고국에 가지 않았다. 아버지와 형도 없고 집에 가 보았자 적막하기 때문이었다.

집이 가난한 일부 유학생들은 여비를 아끼려고 눈을 꾹 감고 도쿄에서 버티고 있었다. 이미 결혼하여 장성해가는 자식이 있는 늙은 형들도 마찬가지였다. 김현충은 열흘 쉬는 동안 한상우의 하숙에서 함께 지냈다. 한상우를 따라서 대한흥학회 모임에 갔다. 황실유학생 동기들이 중심멤버로서 간다(神田) 거리의 대한기독교청년회관에서 야학을 펼치고 있었다.

준텐중학교 학우이자 동숙자였던 현구가 "김 생도님 왔어?"하고 얼싸안으며 김현충을 반겼다.

금년 초까지 일본 땅을 유랑하고 돌아다녔다는 현태섭 참위도 만났다.

"일본 땅을 샅샅이 돌아 봤어. 제기랄, 얻은 결론은 죽었다 깨어나도 우리가 일본을 이기기는 어렵다는 거야. 적어도 30년, 아니 50년은 지나야 일본과 맞설 수 있어. 고국 땅으로 가서 의병대로 들어가고 싶어. 그러면 어느 산골짜기에서 일본군 총탄을 맞고 쓰러져 죽겠지."

현태섭은 그렇게 말하고 한숨을 쉬었다.

"정말 그럴 거야?"

김현충의 말에 현태섭은 고개를 끄덕이다가 다시 내저었다.

"아냐. 눈 꾹 감고 메이지대학에 갈 거야."

황실유학생 동기생들에게 대지주의 아들이어서 여비 걱정 없이 고국으로 간 박용희의 성적이 화제가 되었다. 성적이 우수해서 하늘의 별따기처럼 어렵다는 도쿄제국대학 입학도 가능하리라 했다. 공부만 잘하는 게 아니라 프랑스 작가 쥘 베른의 「해저 2만리」를 발췌 번역한 「해저여행기담(海底旅行奇譚)」 등 역사이야기를 『태극학보』에 연재하고 있었다.

김현충은 최남선의 자퇴 후 소식도 들었다. 인쇄기를 사서 싣고 경성으로 가서 신문관이라는 출판사를 차리고 『소년』이라는 잡지를 창간해 고국 땅 전체에 신문화의 바람을 일으키고 있다는 것이었다.

그날 눈보라를 맞으며 한상우의 숙소로 따라갔는데 한상우가 시를 쓰고 싶다고 했다.

"창을 때리는 눈보라를 보며 시 한 편 짓고 싶은데 어렵네. 너도 한 번 써 봐."

한상우의 권유에 김현충은 옆에 앉아 밤늦도록 끙끙대다가 한시 한편을 썼다.

述懷(술회)

丈夫應取萬古名(장부응취만고명: 장부는 마땅히 만고에 이름을 남겨야 하리)

豈了碌碌伏櫪駒(기료록록복력구: 어찌 하잘것없는 망아지 구유에 기대 생을 마치리오)

風雲未霽雪紛紜(풍운미제설분운: 풍설이 그치지 않고 눈바람 흩날리네)

安得勇士建義旗(안득용사건의기: 어떻게 용사가 되어 의로운 깃발 휘날릴 수 있으리)*

시를 읽은 한상우가 깜짝 놀라는 얼굴을 했다.

"아아, 이런 재능이 있었구나. 번득이는 재기(才氣), 그것도 있지만 고난을 이기려는 정신의 깊이가 느껴진다."

현충은 한상우의 칭찬에 어깨를 으쓱해보였다.

1909년 봄이 왔다. 김현충에게 유년학교의 마지막 학기였다. 저절로 육사 입학 문제가 대두되었다. 일본인 동기생들은 유년학교를 졸업하면 육사

---

*   김경천은 이 시를 좋아하여 뒷날 연해주에서 무장투쟁을 할 때도 떠올리곤 했다. 그래서 육필일기에 두 번 실렸다. 『경천아일록』, 38쪽, 136쪽.

입학 전까지 지방주둔 사단으로 배치되어 대부근무를 하게 되어 있었다. 그러나 청국 국적자인 장호우완과 대한제국 국적자인 김현충은 달랐다. 두 사람의 대부근무 배치와 육사 진학을 위하여 많은 공문서가 청국 및 대한제국 정부와 육군성, 교육총감부, 외무성, 한국주차군사령부 등을 오고 갔다.

그 결과 '청국학생 취급규정'을 만들고 대한제국 국적 김현충에게도 적용하기로 하고 몇 개의 별도규정을 정했다. '복제는 일본인 생도와 동일하게 하되 견장은 복숭앗빛으로 수를 놓아 붙이고 옷깃의 휘장은 좌우 각 1개의 별을 붙이는 것으로 한다. 학생의 경비는 매년 1월 전도금을 한국 정부가 한국주차군 경리부장을 경유해 육사 교장에게 보낸다. 학생의 급여는 일본인 생도에 준하며 월액 3엔으로 한다.' 등이었다.** 일본 정부가 대한제국을 강제합병하려고 온 힘을 다해 밀어붙이고 있었으나 김현충은 아직 외국인 유학생 신분이었다.

김현충은 육사 진학이 결정되자 대부근무와 육사 진학에 필요한 서류 중 하나인 '신원조서' 작성에 응했다.

한국학생 신원조서

메이지(明治) 42년(1909) 5월 중앙유년학교 조(調)

육군중앙유년학교 본과 제3학년 재학 김현충(金顯忠) 21년 11월

한국 경성부(京城府) 귀족

실부(實父) 김정우(金鼎禹) 52세에 사망 일본에 7년 체재하며 도쿄고등공업

학교 졸업 한국 문관 육군 포공(砲工)국장

**   관련 공문서들이 일본 국립공문서관에 있다.(陸軍省 1第924號「淸韓学生教育ノ件」明治 42年
      5月 ; 陸軍省 2第2472號 「淸国,韓国陸軍学生 士官学校ヘ入校ノ件」, 明治 42年 5月 29日)

실모 윤정순(尹貞淳) 39세에 사망

계모 임춘희(林春喜) 54세 전라도 보성(寶城) 무직업 일본 오우지(王子)잠업학교 졸업생

종형 김현익(金顯益) 58세 경기도 전 상서(尙書)

실형 김성은(金成殷) 26세에 병사 메이지(明治) 30년 일본 육군사관학교 졸업생

생(甥) 김정배(金貞培) 32세 경성 재판소 고문

조부 김규준(金奎濬) 68세 함경남도 북청 무직업

척상조부(戚上祖父) 윤웅렬(尹雄烈) 70세 전 군부대신

백부 윤치호(尹致昊) 43세 독 불 영 미 청어 능통 3회 일본에 입국

척상백부(戚上伯父) 류계준(柳桂俊) 51세 경성 실업가*

이 자료는 서류 형태와 필체로 보아 육군중앙유년학교 생도대의 구대장 또는 행정담당 간부가 면담하며 작성했을 가능성이 크다. 호적에 윤옥련으로 실린 모친을 윤정순으로 적었고 갓 태어난 누이동생 옥진이 빠져 있고 약혼녀 유정화의 부친 유계준을 친척상 백부로 적었다. 『경천아일록』에는 6대독자라 했는데 사촌형을 적었다. 신분을 귀족이라 했고 군부대신을 지낸 윤웅렬을 친척 할아버지로, 윤치호를 큰아버지로 기록한 게 특이하다. 선친 김정우는 윤웅렬에게 충성하다 함께 10년 유배를 갔고 죽을 고비를 여러 번 같이 넘겼다. 윤웅렬을 할아버지로, 윤치호를 큰아버지로 부를 정도로 두 집안이 돈독한 관계였다고 해석할 수 있고, 두 사람을 친척으로 기록해 자신의 신원을 육사 입학에 손색없게 한 것이라 추정할 수 있다.

----

* 위 陸軍省 1第924號 공문서에 첨부된 「韓國學生 身元調書」, 明治 42年(1909) 5月.

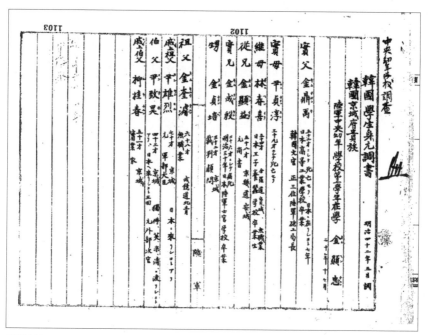

신원조서
육사에 지원하기 위하여 작성한 신원조서로서 김현충의 신상이 자세하게 실려 있다.
일본국립공문서관 소장자료.

1909년 여름, 황실유학생들은 다섯 해 동안의 시련의 고비를 지나 마침내 결실을 맺었다. 몇 사람이 대학을 졸업한 것이다. 34세의 늙은 대학생 한상우는 주오대학 경제학과, 동갑인 유승흠, 32세의 최린은 메이지대학 법과, 그 외 여럿이 학업을 마쳤다. 대한제국이 많은 돈을 들여 명문가의 영재들을 파견한 과정의 결실이기도 했다. 김현충은 유학생회가 주최한 환송연에 참석했다.

며칠 뒤 김현충도 결실을 맺었다. 중앙유년학교를 졸업하고 대부근무를 명받은 것이다. 청국인 장호우완은 포병과를 선택했으나 김현충은 당연히 기병 병과를 선택했고 최고 우등생이 가는 도쿄 주둔 제1사단 제1기병연대 제1중대에 배속되었다. 일본인 생도들 중 유일한 친구였던 아베와도 헤어졌다.

제1기병연대에 배치된 대부근무자는 8명이었다. 김현충이 배속된 중대의 중대장은 씁쓸한 표정을 지었다.

"조센진이 육사에 가려고 대부근무를 한단 말이야?"

왜 하필 우리 중대가 맡아야 하지? 하는 뜻을 담고 있었다.

김현충은 조선인이라 못한다는 말을 듣지 않기 위해 열심히 근무했다. 마구간 청소를 도맡아 했고 장교들의 말발굽에 기름을 바르는 일도 정성스럽게 했다.

44명의 후배들

1909년 9월, 44명이나 되는 고국의 청년들이 한꺼번에 김현충의 모교인 육군중앙유년학교로 편입학해 왔다. 군부를 폐지하고 무관학교를 폐교하게 되자 대한제국 정부가 생도들을 일본으로 위탁해 보낸 것이다. 그것은 표면상 명분이고 사실은 장차 조선 지배에 써먹으려고 일본이 데려온 것이었다.

김현충은 토요일 오후에 시간을 내어 모교로 갔다. 정문 경비소를 거쳐 교정으로 들어갔다. 연병장에서 축구를 하는 생도들이 보였으나 그들이 한국인 생도들이라고는 생각하지 못했다.

생도대에는 '한국학생반'이 별도 구대로 편성되어 있었다. 행정실에는 오구라 유사브로(小倉祐三郎) 대위와 아나미 코레치카(阿南惟幾) 중위가 퇴근을 안 하고 앉아 있었다. 오구라 대위는 초면이고 아나미 중위는 비록 가르치고 배우는 인연은 없었지만 그가 재학할 때도 근무한 장교였다.

김현충은 직립부동의 자세로 서서 경례했다.

"사관후보생 김현충, 대한제국 무관학교에서 온 생도들을 만나러 왔습니다."

대위가 "쉬어"하고 명령하며 손가락을 까딱까딱해 앞으로 오라고 불렀다.

"나는 네가 누군지 알고 있다. 나는 네 형 김성은 부령과 육사 11기 동기생이다. 김 부령의 요절은 참 안 됐다."

김현충은 말없이 가볍게 고개를 끄덕였다.

"여러 해 조선반도에서 근무해서 나는 조선인을 매우 잘 안다. 생도들을 데려 왔는데 실력이 안 되는 걸 때려 몰아 정규과정에 넣으려니 고충이 많다. 모두 살아남도록 가끔 와서 도와주기 바란다. 지금 연병장에서 축구를 하고 있다. 한 시간 주겠다. 빨리 정규과정에 들어가려면 철저히 적응해야 한다고 말해 줘라."

김현충이 연병장에 도착했을 때 마침 축구경기가 끝나고 있었다. 그가 다가가자 생도들은 민첩하게 달려와 대열을 맞춰 섰다. 생도들의 눈은 그의 제복에 붙은 모표와 금장에 집중되고 있었다. 그들과 같은 오얏꽃 모표와 분홍빛 금장, 대한제국 유학생이라는 뜻이었다.

생도들을 대표해 취체생도* 완장을 차고 이응준이라는 명찰을 단 생도가 차렷 구령을 내렸다.

김현충은 모국어로 말했다.

"나는 김현충 사관후보생이다. 일본 온지 5년 됐다. 이 학교를 졸업하고 아카사카 기병연대에서 대부근무 중이다. 후배들이 왔다고 해서 격려차 왔다."

---

*   취체생도(取締生徒): 일본 육사와 유년학교에서 일주일마다 교대로 대표가 되어 지휘력을 익히던 대표생도. '소대장 생도'라고도 불렀다.

김경천 재학 당시의 일본 육사 정문 가와하라 사에히라(河原佐平)의 『육군사관학교 사진첩』(1911)에서 옮김.

몇몇 생도의 눈에 눈물이 핑 돌았다.

"선배님께 경례!"

취체생도 이응준은 역시 모국어로 구령했으며, 경례와 예전을 정한 내무요무령(內務要務令)대로 하지 않았다. 모두에게 차렷 자세를 시켜놓고 대표 경례를 하면 되는데 전체 경례를 시켰다.

김현충은 고국에서 온 후배들을 연병장의 서쪽, 육사의 승마장 울타리와 경계를 이루는 편백나무 숲으로 이동시켰다. 얼마든지 속마음을 털어놓을 수 있는 한적한 곳이었다. 모두가 편한 자세로 둘러앉았다.

"찾아주셔서 고맙습니다. 선배님은 저희에게 얼마나 큰 위안인지 모릅니다."

이응준이 모두를 대표하여 말했다.

"그대들 때문에 나도 위안을 갖네. 그동안 유년학교와 육사에 한국인은 나 하나였으니까."

김현충이 말했다.

"긴 시간을 어떻게 이겨 내셨습니까?"하고 홍사익이라는 생도가 물었다.

"외로움과 싸웠지. 열흘 보름 동안 우리말을 한 마디도 못할 때도 있었다. 시간에다 나를 맡겼어. 바람이 불면 바람에 나를 맡기고, 비가 내리면 비에 맡겼지. 가끔은 채찍으로 나를 때렸지."

김현충은 바지 주머니에서 만년필 크기 손잡이에 가죽 끈이 서너 개 달려 있는 말채찍을 꺼내 짝짝 소리가 나게 허공을 때렸다.

"몸을 때린 게 아니라 이렇게 내 정신을 때렸다. 채찍을 좋아해서 기병 병과를 택했는지도 몰라."

그의 유머에 생도들은 와르르 웃어 친밀감을 표현했다.

생도 하나가 거의 매일 기합 받는 일에 대해, 일본 애들이 욕하는 것에 대해, 일본인 생도들과 같은 식당에서 식사하지 않고 차별받는 것에 대해 말했다.

그는 천천히 고개를 저었다.

"일본인 상급생 놈들이 조센진이라 얕잡아보고 잡아돌리겠지. 상급생이라지만 너희들보다 어릴 거다. 너희들은 무관학교 다니다가 유년학교로 왔으니 3-4년 까먹은 거다. 꾹 참아라. 이 학교에 왔으니 여기 질서에 맞춰갈 수밖에 없지 않은가? 욕하는 어린것들, 한번 걸리면 혼내줘라. 그리고 일본인들은 하나같이 우리를 조센진이라고 부르는데 너희들은 스스로 그렇게 말하지 마라. 우리나라는 대한제국이고 우리는 대한인, 한국인이다. 내 친구들은 나를 간고쿠진(한국인)이라고 부른다."

김현충은 잠시 뭔가를 골똘히 생각하다가 다시 입을 열었다.

"5분 내 비상집합이란 게 있다. 곧 그걸 할 거다. 곤하게 자다가 명령이 떨어지면 전체 생도가 군장 꾸려 연병장까지 죽어라 달려가 집합하는데, 5분이 인간 능력의 한계다. 단합과 정신 집중의 절정이 아니면 이를 수 없다. 그거 하나로 모든 걸 평가할 수 있다. 죽기 살기로 연습해서, 언제고 비상이 걸리면 일본 애들을 깜짝 놀래켜 줘라."

그는 3인 1개조로 나눠 움직이는 분업 훈련을 설명했다. 그리고 생도생활에 겪게 마련인 여러 가지 일에 대처하는 요령을 일러주고 주의할 점을 말해 주었다. 그리고 어루만지는 듯한 시선으로 후배들을 바라보았다.

"서러운 일이 많을 거다. 모든 걸 잊고 교육훈련에 열중하라. 귀 막고 입도 막고 눈도 감고 은인자중하라. 그대들처럼 소중한 것이 우리 조국에 없기 때문이다."

"황실유학생들 중에 왜 선배님 혼자만 유년학교에 편입하셨습니까?"

지석규라는 명찰을 붙인 키큰 후배가 물었다.

"유학 초기 십여 명이 사관이 되는 길을 희망했고, 중학 졸업 때 일곱 명이 지원했지만 좌절됐다. 나는 운이 좋았다."

그는 그렇고 답하고 덧붙였다.

"기죽지 말고 일 년만 버텨라. 일본 애들은 너희들보다 어려 체구도 작고 지능도 그렇다. 술과는 너희가 훨씬 유리하다. 일본은 너희들을 가르쳐 아주 요긴하게 써먹을 계산을 하고 있겠지만 기준에 미달하면 잘라버린다는 걸 명심해라. 끝까지 살아남아라. 살아남아야 뒷날 뭘 하든 할 수 있을 게 아닌가?"*

김현충은 후배 생도들의 표정을 한 번 돌아보고는 미소를 지었다.

"너희에게 일요하숙이 필요하다. 일본에는 지방 토호들이 자기 지역 출신 사관생도들을 위해 주말숙소를 제공하는 전통이 있다. 생도들은 주말 외출 나가 거기서 실컷 낮잠 자고 교관 흉을 보고 호떡을 사다 먹는다. 춘화(春畵)도 돌려본다."

춘화라는 말에 생도들이 눈을 크게 뜨며 웃었다.

"모두 피 뜨거운 나이가 아니냐? 태반은 결혼해서 아내 몸이 그리울 거고. 그러니까 춘화라도 봐야지. 거기선 뭘 해도 된다. 나는 그보다 부러운 게 없었다. 고국 정부가 만들어 줘야지. 공사관이나 유학생감독부에 못참겠다고 끈질기게 요구해라."

유승렬이라는 생도가 손을 번쩍 들고 질문했다.

"유학생회가 있다고 들었습니다. 거기 가입하고 회원들과 교유할 수 있는지요?"

김현충은 머리를 끄덕였다.

"당장은 외출허가를 안 내주니 어렵고, 그게 풀리면 가입해야지. 일반 유학생들은 사고(思考)의 폭이 훨씬 넓다. 단체가 여러 개였는데 대한흥학회로 통합됐다. 5년 전 나하고 황실유학생으로 온 최린(崔麟) 선배가 회장이다. 너희들에게 입회원서 보내라고 하겠다. 유학생회에 여학생들도 있다. 일본에선 사관생도가 인기 최고다. 1백대 1로 뽑은 수재들로서 임관하면 거의 군수급 위상이 되기 때문이다. 유년학교 생도는 아직 좀 그렇고, 사관학교

---

* 　44명 중 육사까지 올라가 소위로 임관한 것은 33명이었다. 이원규, 「마지막 무관생도들」 참조.

올라가 봐라. 일본 처녀들, 사관생도가 한 번 바라보기만 해도 가슴 설렌다더라. 나는 곧 사관생도가 되니 실컷 그걸 누릴 것이다."

생도들은 박수를 치며 환호했다.

김현충은 그렇게 후배들 마음을 풀어 준 뒤 하나하나 악수하며 이름과 출신지를 묻고 다독거렸다. 대위와 약속한 한 시간이 되자 자리에서 일어서면서 명령했다.

"모두 나를 중심으로 모여라. 두 팔을 벌리고 한 덩어리가 되자."

44명의 후배들이 그를 둘러쌌다. 숨소리들이 느껴졌다. 45명이 한 덩어리가 되었을 때 그는 소리쳤다.

"서로 아끼고 뭉쳐라. 한 순간도 조국을 잊지 말아라."

그가 후배들과 헤어져 교문 쪽으로 발길을 돌리는데 취체생도 이응준이 긴요하게 할 말 있다는 표정을 하고 다가왔다. 홍사익 · 지석규 두 생도도 뒤따라왔다.

"말씀드릴 게 있습니다. 이갑 참령님이 제 후견인이십니다. 일개 가출소년인 저를 거두어서 가르치고 무관학교에 넣어주셨습니다. 유학 떠나올 때 꼭 만나 보라 하시면서 선배님 말씀을 하셨습니다."

"아, 이갑 참령님은 을사년(1905)에 내 형님과 동경에 출장 오셨을 때 뵈었다. 나로서는 잊지 못할 분이다. 그리고 홍사익 · 지석규, 너희는 이응준과 의기투합한 친구 같구나."

"그렇습니다, 선배님. 저희를 이끌어주십시오."

홍사익 · 지석규가 고개를 숙이고 마치 연습한 듯이 입을 맞춰 말했다.

"그래, 우리 곧 다시 만나자."

김현충은 이응준 · 홍사익 · 지석규와 악수를 하며 말했다.

육군사관학교로

1909년 12월 1일, 김현충은 대부근무를 끝내고 육군사관학교에 입학했다. 기병장교가 되기 위하여 마술(馬術), 병기학, 지형학, 축성학, 교통학을 배우고, 진중 근무, 검술 등을 익혀야 했다. 그는 마술 실력은 탁월했지만 나머지가 쉽지 않았다. 그리고 기병대의 조전(操典), 교범(敎範), 야외요무령(野外要務令), 내무(內務)와 각종 예식에 필요한 내무서(內務書), 육군 기병예식 등 배우고 익힐 것이 많았다.

눈 코 뜰 새 없이 바쁜 중에서도 그는 유년학교의 한국인 후배들에 대해 관심을 기울였다. 마침 후배들의 일요하숙*이 만들어졌으므로 외출이 허락되는 일요일이면 찾아가 격려했다. 그러는 사이에 시간은 흘러갔다.

일본 땅 한복판에 와서 그가 후배들을 이끌고 있는 동안, 모국 땅에서는 침몰하는 거함처럼 가라앉고 있는 조국의 운명을 붙잡아 일으키기 위해 많은 애국자들이 분투하고 있었다. 나라를 일본에 넘겨주기 위해 마지막 숨통을 조르는 매국노들도 악착같이 매달리고 있었다.

안중근이 이토를 쓰러뜨린 지난 해 가을 이후, 강기동(姜基東)과 연기우(延起羽)는 경기도 포천에서 의병 200명을 이끌고 일본군과 충돌하였고, 정문칠(鄭文七)은 경상도 영해(寧海)에서 교전 중 체포되었다. 일진회(一進會)는 합방성명서를 발표하고 황제에게 상주문(上奏文)을, 통감과 이완용에게 청원서

----
*   일본 육군유년학교와 육사 생도들이 주말외출 나가 쉬던 장소. 지방의 토호들이 자기 고장 출신 생도들을 위해 만들었다. 대한제국 마지막 무관생도들은 주일 공사관이 만들어 주었다.

를, 일본 수상 가쓰라 다로(桂太郎)에게 진정서를 보냈다. 대한협회는 즉각 반대성명을 발표하고, 원각사(圓覺社)에서 규탄대회를 열었다. 이재명은 명동성당 앞에서 이완용을 격살하려다가 실패했다.

1910년 새해에 들어 위기감과 긴장은 더 커졌다. 국내의 의병투쟁은 더 강렬하게 전개되었으며, 이범윤과 홍범도는 러시아 연해주에서 연합의병대를 이끌고 두만강을 건너 국내진공을 감행했다. 3월에 이갑을 비롯한 신민회 애국자들이 독립투쟁을 다짐하며 망명길에 올랐다.

7월에 데라우치 마사다케(寺內正毅)가 통감으로 부임한 뒤 통감부는 더욱 강력한 탄압을 가하기 시작했다. 융희(隆熙)라는 연호마저 없애고 공문에 메이지(明治) 연호 사용을 지시했다. 8월에 들어서는 총리대신 이완용이 통감부를 방문하여 데라우치와 합병조약을 조인했다.

그리고 마침내 8월 29일 합병조약문이 공포되었다. 나라 전체가 통곡에 휩싸이고 매천(梅川) 황현(黃玹)이 「절명시(絶命詩)」 4편을 남기고 자결하고 애국지사들의 자결이 이어졌다.

8월 29일, 그 날은 월요일이었다. 오전 마지막 수업인 4교시에 김현충은 전술학 강의를 듣기 위해 강의실에 앉아 있었다. 강의실에 들어온 현역 소좌인 교수가 수업 시작 경례를 받고 말했다.

"제군, 기쁜 소식이다. 오랜 세월 가져온 숙원이 이룩되었다. 오늘 우리 일본이 대한제국을 합병했다. 조선반도를 발판으로 삼아 대륙에 힘을 뻗치는 건 천 년 숙원이었지만 정한론(征韓論)이 대두되고 불과 30년 만에 꿈을 이루게 되었다. 군대의 힘이다. 청나라와 러시아를 격파하면서 숙원이 이뤄지게 된 것이다."

생도들은 박수를 치며 떠들썩하게 환성을 올렸다. 그러다가 그들은 갑자기 조용해졌는데 김현충이 대한제국 출신임을 깨달은 것이었다.

김현충은 무거운 몽둥이로 뒷머리를 강하게 얻어맞은 느낌이었다. 격전지에서 부상을 입은 병사들이 쓴 수기에 총탄을 맞는 순간 '대들보처럼 무겁고 장대한 몽둥이로 강타당하는 듯했다'고 한 표현이 있었는데 꼭 그런 느낌이었다. 그는 입을 꾹 다물고 교수를 바라보았다. 두 눈에서 강렬하게 뿜어져 나오는 빛 때문에 교수는 무엇인가 더 말하려 하다가 그만두었다.

강의가 끝난 뒤 김현충은 식당으로 가지 않고 학교 뒷산 소나무 숲으로 갔다. 아버지 부음을 들은 날처럼 길게 통곡했다. 동기생들은 아는지 모르는지 아무도 오지 않았다.

점심을 거르고 오후 술과 수업 준비를 위해 생도대로 가자 구대장이 기다리고 있었다.

"네 마음을 이해한다. 그러나 규정을 따라야 한다."

대한제국을 상징하는 오얏꽃 모표와 분홍색 금장을 떼고 일본 것으로 바꿔 달아야 한다는 것이었다. 김현충은 눈물을 흘리며 생도복 상의를 벗었다. 대기 중이던 기간사병이 대한제국의 상징을 손칼로 뜯어냈다.

며칠 뒤 일요일, 취체생도 근무를 하게 되어 그는 외출 나가지 못하고 교내에 있었다. 면회신청이 와서 접견실로 가니 유년학교 후배 지석규가 와 있었다. 그는 지석규와 접견실 밖 벤치에 앉았다.

지석규가 심호흡을 하고 말했다.

"합병 발표에 따라 한국학생반은 해체되었습니다. 선배님도 모두 바꿔 다셨군요. 저희들도 모표와 금장을 일본 걸로 바꿔달았습니다. 어제 토요일 오후 아오야마(靑山) 묘지에 모여 통곡하고 토론했습니다. 즉시 반란을 일으키자, 전원 자결하자, 그런 의견도 있었지만 일본이 가르쳐 주는 군사기술을 톡톡히 배워 언제고 조국이 우리는 부르는 날 일제히 탈출해 독립전쟁에 나서자고 결의했습니다.* 저와 홍사익과 이응준은 구심점이 되기로 따로 결의했습니다. 일단 선배님께 보고하려고 제가 왔습니다. 셋이 같이 안 오고 이응준 대신 제가 온 건 학교와 헌병대의 주목을 피하기 위해서입니다. 어제 아오야마 묘지에 모인 걸 학교 당국이 눈치 챈 듯합니다"

김현충은 언행이 신실해 보이는 지석규의 손을 굳게 잡았다.

"슬기롭게 행동했다. 너와 홍사익과 이응준의 결의도 잘한 일이다."

"우리나라 대한제국이 없어졌으니 우리는 망국민입니다."

"그렇다. 나를 한국인이라고 부르라고 우길 수도 없게 됐다."

그는 잠시 생각을 정리하고 다시 입을 열었다.

"다음주 토요일에 셋이 외박을 나와 요코하마로 가라. 요코하마 기차역 다섯 시다. 이토 히로부미를 격살한 안중근 의사께서는 동지들과 단지(斷指)맹세를 하셨다고 한다. 우리도 그걸 하자."

"넷, 알았습니다." 지석규는 분명하게 대답했다.

---

*　아오야마(靑山)묘지는 일본의 전몰군인들이 묻힌 곳으로 육사와 육군중앙유년학교 동북쪽에 있었다. 한국인 생도들은 거기 묻힌 박유굉(朴裕宏, 한국인 최초 일본육사 졸업, 갑신정변 실패로 앞길 막히자 자살함) 선배를 참배한다는 명분으로 집결장소로 잡았다.

제6장

요코하마의 맹세

후배들에게 희망을 걸다

김현충을 따르겠다고 한 후배들 지석규, 홍사익, 이응준 그들은 누구인가.

지석규는 1888년생으로 김현충과 동갑이었다. 한성 삼청동에서 태어나 그곳에서 성장했다. 아버지는 꼿꼿하고 청렴한 선비였으나 그가 다섯 살 때 세상을 떠나 편모슬하에서 자랐다. 모친은 외아들을 엄격히 가르쳤다. 일곱 살 때 서당에 들어가 3년을 다닌 뒤 집에서 가까운 한성사범학교 부속소학교*에 편입학했다.

1904년, 그러니까 동갑짜리인 김현충이 황실유학생으로 도쿄에 간 그해에 지석규는 배재(培材)학당에 입학했으나 반일행동을 한 일로 중퇴했다. 1907년 생애의 결정적 계기가 생겼다. 대한제국 무관학교가 새로운 생도들을 모집했던 것이다.

무관학교에 들어간 뒤 육군유년학교에서 올라온 홍사익과 친했다. 자신과 마찬가지로 자존심만 남은 한미한 양반 가문 출신이라는 것도 동류의식을 갖게 했다.

한 해가 기울고 1908년 보결시험을 통해 편입생 하나가 들어왔다. 보성(普成)중학에서 온 이응준이었다. 홍사익과 더불어 끌어당겨 단짝이 되고 우정을 쌓았다.

걷잡을 새 없이 기울어가는 나라의 운명은 무관학교에 어두운 그림자를 던졌다. 7월 30일, 통감부가 폐교 조치와 함께 사관양성은 일본 정부에 위

---

* 1894년 왕족과 관리 자제들을 위해 교동왕실학교로 개교한 최초의 초등교육기관. 현재는 교동초등학교이다.

탁한다는 결정을 내린 것이었다.*

일본에 도착해 유년학교에 입학한 뒤 그들의 앞에 마치 우상처럼 나타난 김현충 덕분에 모든 것을 극복했다. 두 달 만에 닥쳐온 안중근의 이토 저격, 그리고 그 다음해의 강제합방의 고비를 이겨나갈 수 있었다. 김현충 선배에게 그는 정중하게 복종했다. '김 선배는 우리의 거울이며 귀감이다' 하고 그는 생각했다.

홍사익은 1889년생으로 경기도 안성 출신이었다. 소학교에 다닐 때는 천재 소년으로 알려졌다. 열여섯 살이던 1904년 9월, 육군유년학교 입학시험에 응시해 합격했다. 2학년이 끝나갈 무렵 교관단이 새롭게 교체되었다. 일본 육사 15기 출신인 보병 병과의 이갑, 기병과인 유동열(柳東說) 등이 부임했다. 홍사익은 그들에게서 신식 군사교육은 물론 세상을 바라보는 폭넓은 식견도 얻을 수 있었다. 두 교관의 의기와 진정한 애국심은 홍사익을 어린 애국자로 만들었다.

1907년 9월 유년학교를 졸업할 무렵 대한제국 무관학교는 입학 정원이 25명으로 줄었다. 입시 경쟁이 심했으나 수석으로 합격했다. 재학 중 그가 가장 좋아한 동기생은 지석규와 편입생 이응준이었다. 지석규는 바위처럼 묵묵하면서도 남을 배려하는 성품이 마음을 끌었다. 이응준은 잘생기고 늘씬한 몸을 갖춘데다 붙임성이 좋아 사람 마음을 휘어잡는 능력을 갖고 있었다. 자신이 갖지 않은 장점, 즉 묵직한 안정감과 탁월한 신언서판(身言書判)을 가진 두 친구를 그는 소중하게 여기면서 우정을 쌓아 갔다.

---

* 　　조선통감부 기밀문건 「憲機(헌기) 제1522호 한국 군부 폐지 건」, 1909년 7월 31일. 국편 DB.

1909년 무관학교가 폐교되고 도쿄의 육군중앙유년학교로 편입한 뒤 홍사익은 두뇌가 명석한 터라 모든 교과목에서 우수한 평가를 받았다. 김현충 생도의 존재는 그를 더 우수한 생도로 만들어 갔다. 교관의 성향에 따른 공부의 요령을 재빨리 받아들였고 교과학습에서 물을 만난 물고기처럼 능력을 발휘했다.

그는 김현충이 이끌어주는 덕분에 일본인 생도들을 앞서는 성적을 거두고, 나아가 뒤쳐져 쩔쩔매는 동기생들과 후배들을 이끌고 높은 산을 넘듯 넘어갈 수 있었다. 김현충에게서는 그와 동기생들, 그리고 한 학년 아래 후배들이 겪는 문제들보다 비교도 안 되게 큰 고비들을 꿋꿋이 이기며 헤쳐 나온 힘, 그것이 엿보였다.

이응준은 1890년생으로 평남 안주 출신이었다. 어려서부터 준수한 용모 때문에 사람들의 주목을 받았다. 1906년 4월, 17세 때 부모님의 돈을 훔쳐 가출했다. 창덕궁 서편 원동(苑洞) 입구에 있던 무관학교 교장인 노백린 정령의 집에 기숙하게 되었다. 준수한 용모 덕이었다. 그 뒤 이갑 참령 집으로 옮겼다. 이 참령 역시 총명한 소년을 가르치고 싶어 데려갔고 독선생을 붙여 공부를 시켰다. 이 참령의 집에는 도산 안창호 · 유동열 · 노백린 · 이동휘 등 애국지사들이 드나들며 밀의를 했다. 그들은 의병을 일으키려고 분투하고 있었다.

이응준은 1906년 가을, 막 개교한 보성중학 입학시험에 합격했다. 두 해 뒤인 1908년 9월, 이갑 참령의 명으로 육군무관학교에 편입학하게 되었다. 보결생으로 들어간 그는 잘생긴 용모와 붙임성 있는 성격과 언변으로 동급생들 마음을 사로잡았다.

그는 특별히 가까워진 두 친구, 홍사익과 지석규에게 정성을 다했다. 이갑 참령을 보면 평생 친구, 평생 동지의 존재가 부모 형제보다 큰 듯했기 때문이었다. 아니, 그런 공리적 계산 때문만이 아니었다. 홍사익에게는 영민함이 있었고 지석규에게는 오만하지 않고 남을 배려하는 넉넉함이 있었다.

이갑 참령과 작은 인연이 있는 김현충 선배가 그들의 앞에 등장한 것은 희망의 봉우리 같은 것이었다. 그는 홍사익·지석규의 요구를 받아들여 셋이 함께 다가가는 데 기꺼이 동의했다.

요코하마에서 피를 섞어 마시며 맹세하다

요코하마는 도쿄에서 기차로 한 시간쯤 걸리는 아름다운 항구 도시였다. 기차역에서 홍사익·지석규·이응준을 만난 김현충은 그들을 요코하마 기차역 근처의 청국인거리 류텐가쿠로 데리고 갔다. 아버지와 형의 단골이었던 곳, 그 역시 여러 번 갔던 요릿집의 주인 왕(王)씨는 실컷 마시고 잘 수 있는 가장 깊은 골방을 주었다.

방에 들어가 그가 상석에 앉았고 세 명의 후배 생도는 무릎을 꿇고 앉았다.

지석규가 갑자기 어깨를 들먹이면서 통곡하기 시작했다.

"일본 놈들한테 전술을 배워 조국으로 돌아가서

홍사익   이응준

김경천은 지석규·홍사익·이응준 등 후배 3인과 요코하마에서 피를 섞어 마시며 뒷날 함께 독립전쟁에 나서자고 결의했다. 중년 이후의 사진들이다.

방패가 되고 싶었는데 나라가 망해버리다니요! 매일 아침 궁성요배를 해야 하다니요."

그러자 홍사익과 이응준이 지석규를 얼싸안고 통곡했다. 김현충은 두 팔을 뻗어 세 명의 후배를 끌어안았다.

"그래, 실컷 울자. 망해 버린 나라가 부끄러우니."

한참을 울고 났을 때 그들은 한 덩어리로 얽혀 있었다.

김현충은 주머니에서 예리한 칼을 꺼냈다. 육사와 유년학교 생도들에게 연필 깎기 용도로 지급된 관물이었다. 그는 비장한 음성으로 말했다.

"그대들은 40여 명 생도들의 주축이다. 조국이 부르는 날 우리는 적국의 군복을 벗어던지고 독립전쟁에 나서기로 오늘 맹세하자. 평생 불변을 다짐한 우정의 약속이나 목숨 걸고 맺은 사랑의 약속이 깨어지듯 모든 맹세는 결심은 약화되기 쉽다. 장차 일본군에 길들여질 것이기 때문이다. 피를 섞어 마시는 맹세를 하자."

세 사람의 생도는 감격한 얼굴로 머리를 끄덕였다.

김현충은 조국 황제의 군인칙유를 상 위에 펴고 그 위에 청주 잔을 놓았다. 먼저 손가락을 칼끝으로 찔러 작은 청주 잔에 4분의 1이 고이게 피를 흘렸다. 그 다음은 나이순으로 지석규, 홍사익, 이응준이 그렇게 했다.

"나는 조국이 부르는 날 독립전쟁에 앞장서 신명을 바칠 것을 맹세합니다."

그런 다음 군인칙유로 감싼 청주 잔의 피를 한 모금 마셨다. 세 사람도 그렇게 했다.

술과 음식이 들어왔다. 김현충은 술병을 집어 들었다.

"양반자세로 앉자. 우리는 목숨 걸고 단지맹세를 한 동지가 아닌가."

지석규·홍사익·이응준은 꿈쩍도 하지 않았다. 유년학교와 육사를 통틀어 3년 선배는 하늘처럼 높은 존재이기 때문이었다.

김현충이 호통을 쳤다.

"명령이다. 즉시 양반자세로 앉아라!"

세 생도는 황급히 고쳐 앉았다.

김현충은 후배들에게 연거푸 술잔을 돌렸다. 거의 인사불성이 되도록 술은 마신 그들은 여관으로 올라가 뒤엉켜서 잤다. 그리고 다음날 아침 찬물에 세수하고 무릎을 맞대고 앉았다.

"우리는 피로써 맹세했다. 동지들을 이끌며 일본놈 누구보다도 우수한 성적으로 졸업하자. 그리고 일신을 조국 독립전쟁에 바치자."

김현충이 장엄한 목소리로 말하자 세 사람이 소리쳤다.

"선배님을 따르겠습니다!"

육사 졸업과 소위 임관, 그리고 결혼

1911년 5월 27일, 김현충은 24세의 나이로 일본 육군사관학교를 졸업하였다.* 천황이 참석한 졸업식, 일본인 생도들은 가족들이 와서 축하했으나 그는 가족이 없었다. 그러나 축하객은 있었다. 의학전문학교를 졸업하고 수련의(修錬醫) 과정을 밟고 있는 황실유학생 동기생 김태진(金台鎭)과 요코하마에서 맹세한 지석규·홍사익·이응준, 그리고 그들의 한 해 후배인 김석원

----

* 『일본국 관보』 메이지 44년(1911) 5월 31일자. 5월 27에 졸업증서를 받은 기병 병과 37명 중 맨 끝에 제1사단 '조선학생 김현충'이라고 기록했다.

(金錫元)이었다. 김태진은 아직 일본 땅에 남아 있는 유일한 황실유학생 동기생이었다.

네 사람에게 축하인사를 받고 있을 때 아베의 가족이 와서 그를 둘러쌌다. 그들의 축하 인사를 받으며 그는 부동

일본 육사 졸업생 배치 관보 육사 23기의 졸업과 견습사관 배치를 명령한 일본국 관보. 김현충(당시 성명)은 최우수 졸업생들이 가는 도쿄 주둔 기병 제1연대에 2명 중 하나로 배속되었다.

자세로 서서 경례를 했다.

"고맙습니다. 이 친구의 도움으로 제가 오늘 졸업장을 받게 되었습니다."

육사 졸업이 곧 장교 임관은 아니었다. 견습사관의 신분으로 반 년 간 현장 근무를 통해 지휘 경험을 쌓아야 했다. 그는 도쿄 중앙유년학교 졸업 직후 대부 근무를 했던 도쿄 주둔 제1사단의 기병 제1연대로 다시 갔다.

견습사관의 임무는 크게 두 가지였다. 병사들의 교육훈련, 그리고 숙직과 일직 등 당직 근무였다. 그는 매일 펼쳐지는 교육훈련 때 미리 나가서 병사들의 집합상태와 건강, 장비, 그리고 군마의 상태를 점검해 놓고 장교들이 나오기를 기다렸다. 야간이나 주말에는 당직 소위나 중위급 장교들이 개인적인 사정이 생기면 대신 맡아서 해 주었다.

일주일간 나라시노(習志野) 훈련장으로 기동연습을 하러 나갔다. 어느 날, 중대장이 화가 났다. 초년병들이 기승 능력이 부족해 포위작전을 어설프게 한 것이었다. 중대장은 벌칙을 내렸다. 말고삐를 놓고 등자쇠에서 발을 빼고 안장에 앉아 최고 속도로 달리는 가장 무서운 벌이었다.

김현충은 모험을 결심했다.

"중대장님, 제대로 지도하지 못한 책임이 제게 있습니다. 저도 같이 하겠습니다."

최고속도로 달리는 말 위에서 말고삐와 등자쇠를 놓은 병사들은 모두 낙마해 잔디밭으로 굴렀고 2명이 부상당했다. 그러나 김현충은 엄청난 질주 상태에서 말고삐를 잡지 않고 말과 혼연일체가 되어 달렸다.

'내가 이 정도 위험을 이겼는데도 차별한다면 너희는 인간도 아니다.'

그는 그런 생각을 하며 당당히 출발선으로 돌아왔다.

기병대의 고참 하사관들이 신참 소위나 견습사관을 야코죽이는 것은 승마 실력이었는데 그들은 모두 혀를 내둘렀다. 하사관들 중에도 그만한 실력은 가진 자는 없었던 것이다. 그 뒤 견습사관 노릇이 한결 편해졌다. 그는 그렇게 조선인의 차별을 이겨냈다.

어느 날, 중대장이 말했다.

"사단장실에서 부르니 어서 가 봐. 전 육군대신이자 초대 조선총독이신 데라우치 마사다케 각하께서 훈련 격려차 오셨다가 너를 보고 싶다고 하신 모양이다."

그는 데라우치가 합병조약을 이끌어낸 통감으로 초대 조선총독 자리에 올랐음을 알고 있었다. 복장을 가다듬고 사단사령부로 갔다. 육군대장 예복을 입은 중후한 모습을 한 장군이 사단장을 거느리고 그를 맞았다.

"기병 견습사관 김현충, 부름 받고 왔습니다."

그는 군화 뒤축을 탁 소리 내어 붙이며 경례했다.

데라우치 초대 조선총독은 천천히 팔을 올려 거수경례로 답했다.

"일본 최고의 기병부대인 제1기병연대에 조선인 견습사관이 있다고 하는데 조선반도의 통치자인 내가 어찌 안 만날 수가 있는가?"

김현충은 대답할 말을 찾지 못해 그냥 직립부동의 자세로 서 있었다.

"애로사항이 없는가?"

"없습니다."

"일본이 조선을 합병했으니 너를 일본군 장교로 임관시킬 것이다. 알겠느냐?"

"넷, 알았습니다."

김현충은 분명하게 대답했다.

'이미 나라가 망한 이상 장래를 희망하자면 사관학교를 졸업한 것만 가지고는 아무것도 아니다. 일본군의 전술을 익히고 실지연구(實地硏究)를 하며 경험을 쌓아야 한다.'

그런 생각이 머리를 스쳐간 때문이었다.

"열심히 근무해라. 조선인 중에도 탁월한 장교가 있다는 걸 증명해라."

데라우치는 김현충 견습사관의 이름을 걸어 전체 부대원이 회식할 수 있는 술과 고기를 기증하고 떠났다. 포식을 한 부대원들이 그를 알아보고 고맙다고 말했으나 그는 역시 할 말이 없었다.

그로부터 한 달여가 지난 10월 하순, 그는 고국의 민족주의자 대규모 검거사건을 보도한 신문을 보았다. 데라우치 총독 암살을 기도한 반역음모 사건의 연루자들을 수백 명 체포했다는 기사였다. 그 중에는 윤치호도 들어 있었다. 이른바 105인 사건이었다.

그는 자신을 불렀던 데라우치 마사다케의 얼굴을 떠올렸다.

'그렇다. 내 조국의 애국지사는 일본에게는 반역자이다. 일본이 우리나라를 지배하는 한 두 민족의 융화는 어렵다. 조국이 나를 필요로 할 때까지 참자.'

그는 이를 악물고 혼자 중얼거렸다.

시간이 빠르게 흘러갔다. 1911년 12월 초, 그는 마침내 어깨에 소위 계급장을 달았다. 할아버지가 이미 지어 놓았던 광서(光瑞)라는 이름으로 개명신청을 했기 때문에 군복 명찰은 김광서가 되었다.* 이름을 또 바꾼 것은 할아버지의 권유가 가장 큰 이유였다. 큰손자인 성은이 아명(兒名)을 갖고 살다가 요절한 까닭에 어서 바꾸라고 성화를 했다.

김광서 소위는 공동숙소에서 떠나 독신장교 숙소로 짐을 옮겼으며 병사 1명이 당번으로 배치되었다. 견습사관 기간에 받던 4원 50전의 월급이 43원으로 뛰어올랐다.

그는 보직을 받기 전 결혼 휴가를 얻어냈다. 1904년 유학을 떠나오고 한 번도 조선에 가지 못한 점, 유학 올 때 약혼하고 결혼을 미뤄왔음을 알고 연대장은 휴가를 주었다.

귀국길에 오르니 감회가 컸다. 17세 소년으로 떠났던 일본 유학, 7년이 지난 지금 그는 많이 변해 있었다. 단 한 사람의 한국인 생도도 없는, 엄격하고 빈틈없는 중앙유년학교와 사관학교 생도생활, 그동안 닥쳐온 망국의 현실과, 형과 아버지의 잇따른 죽음. 그런 세월은 그를 변화시켰다. 그의 얼굴

---

* 　　저자 주 : 이 책에서도 이하 김광서로 한다.

분위기는 고독과 우수를 드러내고 있었고 두 눈은 강인한 정신력을 마치 빛처럼 뿜어내고 있었다.

그는 일곱 해 전 유학 올 때 거쳤던 철도를 거꾸로 타고 이동했다. 그때와 달리 급행열차였다. 도쿄에서 출발해 지난날 바칸에서 이름이 바뀐 시모노세키에 도착하고 관부연락선 쓰시마마루(對馬丸)에 승선했다. 겨울의 현해탄은 7년 전 그가 일본으로 갈 때보다 고요했다.

부산에 입항한 것은 아침 7시였다. 그는 기병사관의 정복을 입고 왼쪽과 오른쪽에 각각 8개의 금빛 단추가 세로로 줄지어 달린 두툼한 모직 외투를 걸치고 있었다. 승객들이 밖으로 나올 때, 위압적인 태도로 조선인들을 검문하던 일본군 헌병 하사관이 차렷 자세로 서서 "충실히 복무합니다!"하고 외치며 경례를 올렸다.

경성의 순동 집에 도착한 그는 대문을 열고 들어갔다. 할아버지와, 계모 임춘희 여인이 나와 맞았다.

"어서오너라, 우리 손주."

나이 70에 이른 할아버지가 그를 얼싸안았다.

계모 임씨도 반색했다.

"그동안 공부하느라 고생했네."

하루를 묵고 부모와 형의 묘소가 있는 경기도 시흥군 북면 구로리 선산을 찾았다.

'아버지, 저 임관하고 돌아왔습니다.'

아버지의 묘, 광주에서 이장해온 어머니의 묘, 형 김성은 부령과 형수의 묘가 거기 있었다.

이틀 뒤 약혼녀의 집을 방문했다. 마방에서 돈을 내고 말을 한 필 빌어 타고 갔다. 양복이나 한복은 말 타기가 불편해서 군복을 입었다. 청기와를 얹고 돌각담을 두른 큰 집, 전보를 받고 기다리고 있던 유정화가 그를 맞았다. 떠날 때 열세 살이던 그녀는 그 새 아름답고 성숙한 여인이 되어 있었다.

그가 편지에 사진과 자작시를 써 보낸 것은 수십 차례, 그녀는 사진은커녕 대여섯 번 답장을 쓴 것이 전부였다. 그것이 진심이 아니었던 듯 반가움의 눈물을 흘리고 있었다. 조용하고 참을성 있는 조선 양가집 규수의 모습 그대로였다.

그는 안으로 들어가 그녀의 부모에게 절했다.

"혼례가 늦어 심려를 끼쳐 송구스럽습니다."

"고맙네, 무사히 유학을 마치게 돼서."

유 진사 내외는 흐뭇해져서 고개를 끄덕였다.

그는 처남 대진이 입회한 자리에서 약혼녀 정화와 마주 앉았다.

"미안해. 나를 기다리느라 고생했지?"

약혼녀는 고개를 저으며 미소를 지었다.

"사진을 여러 번 받아 봤지만 많이 변하셨어요."

"그대도 많이 변했지. 그동안 일곱 해가 흘러갔어."

약혼녀는 천천히 고개를 저었다.

"강렬한 집념 같은 게 보여요."

그가 유학 떠날 때 열한 살이던 처남 유대진은 어엿한 청년이 되어 있었다.

"매형을 다시 뵙게 되어 기쁩니다."

김광서는 처남의 손을 굳게 잡았다.

"자네가 걱정해 준 덕분이지. 우리 이제 형제처럼 지내세."

다음날, 그는 한 가지 중요한 결정을 했다. 사직동 잣골에 좋은 저택이 매물로 나왔다는 것이었다. 사직동 166번지로 대지가 280평이었다. 그 집에 가보니 흡족했다. 솟을대문 큰문을 지나 중문을 통과하면 우유처럼 흰 조약돌이 깔린 중앙통로가 있고, 오른쪽에 말편자처럼 ㄷ자로 생긴 본채가 자리 잡고 있었다.

왼쪽에 앉아 있는 행랑채, 그 건너의 사랑채, 건물들이 들어앉은 곳에서 더 들어가면 드넓은 후원이 펼쳐져 있었다. 감나무와 살구나무, 사과나무들이 서 있고, 팽나무와 은행나무, 주목(朱木)과 잣나무도 있었다. 천연의 샘도 있었다. 정자도 하나 지으면 좋을 만한 장소도 있었다.

대략 계산해보니 아버지가 남긴 순동 집을 팔고 상속받은 토지 일부를 처분하면 매입할 수 있었다. 그는 매입계약서를 쓰고 할아버지에게 인감도장을 맡겼다.

"제가 농토나 산판을 관리하며 살지는 않을 테니까 반반한 집을 가져야겠어요. 할아버지가 토지를 팔아 대금을 지불하고 이사해 주세요."

사흘 뒤 그의 순동 집에 몇 사람의 황실유학생 동기생들이 모였다. 조선은행에서 일하는 한상우, 무역업을 하는 유승흠, 보성고보(寶成高普) 교장인 최린과 그 학교 교사인 유병민(劉秉敏), 중앙학교 교사 강전(姜荃), 총독부의 서기인 박용희, 총독부 농상공부 광무과 기사인 민정기(閔正基), 개업의사인 김태진 등이었다. 많은 동기생들이 관리가 되어 도청과 군청, 그리고 지방 검찰청이나 재판소에 근무하느라 지방에 내려가 있고 경성* 소재 동기생들은 그 정도라고 했다.

---

* 대한제국 수도였던 한성은 강제합병 후 경성(京城)으로 이름이 바뀌었다.

나이 많은 함경도 출신 형들은 오지 않았다. 유승흠은 『실업신문』이라는 경제관련 신문을 발행하다가 더 지속하지 못해 자금을 구하러 고향 함흥에 갔다고 하고, 한상우는 장차 북간도로 이주할 생각으로 그쪽으로 떠났다고 했다.

참석자들 중 최린의 위상이 가장 높았는데 한창 커가고 있는 명문학교의 교장이자 사회적 영향력이 큰 지도자이기 때문이었다. 최린이 건배를 제의했다.

"황실유학생 동기생 중 마지막 귀환자 김광서 소위를 환영하는 축배를 듭시다."

동기생들과 술을 마시며 김광서는 조국의 현실을 파악할 수 있었다. 동기생들이 시국을 개탄하기 때문이었다. 조국은 변하고 있었다. 초대총독 데라우치는 철권통치를 했다. 경성 용산에 조선군사령부 기지를 견고하게 만들어 육군 20사단을 주둔시켰다. 함경북도 나남에 육군 19사단을 주둔시키고 예하부대를 평양과 대구에 파견했으며 해군으로 항구와 바다를 장악했다. 그 외에도 4만 명의 헌병 및 경찰, 2만 여명의 헌병보조원을 전국에 배치하여 조선민족의 목을 죄고 있었다.

조선민족은 강제 합병 두 해 만에 모든 것을 빼앗기고 제압당한 채 신음하고 있었다. 그러면서 나라를 잃은 민족, 정복당한 민족의 운명이 어떤 것인가를 실감하고 있었다. 애국자들은 반일감정을 뚜렷한 공동인식으로 발전시키고 여러 가지 운동 양상으로 확대시킬 방안을 찾기 위해 고심하고 있었다.

가장 반일감정은 강한 사람은 최린이었다.

"두고 봐. 언제든 한꺼번에 들고 일어나 왜놈들을 남해 바다에 처넣고 말 거야."

을사늑약 직후 황실유학생들의 동맹휴학을 주도했던 최린은 그렇게 말하고 모두를 돌아보았다. 다른 사람들도 표정을 보면 최린의 말에 동의하고 있었다.

동기생들을 배웅할 때 골목을 걸어 나가면서 최린이 말했다.

"자네 결심도 여전하겠지?"

항일투쟁에 앞장서겠느냐는 뜻이었다.

"물론이에요."

그는 확신에 차서 말했다.

다음날 김광서는 윤치성의 사무실을 방문했다. 27세로 요절한 그의 형 김성은 부령의 일본 육사 11기 동기생들은 몇 사람이 망명을 떠났고, 대부분 국내에 남아 일본군에 소속되어 구차하게 살아가고 있었다. 윤치성은 군복을 벗고 분원자기주식회사라는 회사를 설립해 사업가로 변신해 있었다.

"늠름한 청년이 됐군. 고맙다, 고마워."

윤치성 사장은 그의 두 손을 잡고 눈물을 글썽거리기까지 했다.

김광서는 105인 사건으로 감옥에 갇힌 윤치호의 안부를 물었다. 오늘 중 윤웅렬 전 대신을 뵈러 가겠다고 했고 윤치성은 동행하겠다고 했다.

이런저런 이야기를 하다가 그는 윤치성 사장 앞으로 바싹 다가앉았다.

"형님과 아버님의 급서에 대해 들으신 게 있습니까?"

윤치성은 천천히 고개를 끄덕였다.

"내가 이리저리 알아보았지만 확실한 증거는 찾지 못했다."

"뭔가 일이 있었군요."

윤치성 사장은 심호흡을 했다.

"우리 황제 폐하께서 일본의 어느 유력한 대신에게 우리나라 통감으로 와 달라는 밀서를 보냈다는 기밀을 들었어. 시기로 보아 김성은 부령이 일본에 간 때였지. 을사조약 다음해 내가 동경 출장 가서 널 만나기 몇 달 전 일이 지."

"그랬군요."

"출장 때 난 그걸 몰랐어. 네가 형하고 며칠 같이 있었으니까 묻는 건데 혹시 밀서나 비밀 임무에 대해 들은 게 있냐?"

김광서는 고개를 저었다.

"들은 게 없고 특별히 기억나는 것도 없어요. 아시는 거 다 말씀해 주세요."

윤치성은 골똘히 생각하다가 입을 열었다.

"김성은 부령이 밀서를 전한 게 맞다면 나는 그걸 받은 거물이 이토 히로 부미의 정적인 고다마 겐타로라고 짐작한다. 그게 새 나가서 이토오가 독살 했을 수도 있지. 일본은 정적 쪽에 첩자를 심는 게 보통이지. 아마 군기창감 님도 아들의 억울한 죽음을 파헤치려 하다가 독살당하셨을 수도 있어."

형과 아버지가 일본인이나 친일세력에 의해 암살당했다면 나는 당장 복수 해야 하지. 그런 생각을 하며 김광서는 눈을 크게 떴다.

윤치성이 여러 번 크게 고개를 저었다.

"짐작일 뿐이다. 형과 아버님은 가셨지만 너는 꿋꿋이 살아야지."

김광서는 한동안 잠자코 있다가 입을 열었다.

"일단은 덮어둘게요. 그러나 저는 일본군 장교로서 살 수는 없습니다. 제 가 일본과 싸워야 할 이유는 더 커졌습니다. 군대 지휘 경험을 샅샅이 습득 할 겁니다. 언젠가는 군복 벗어던지고 나라 찾는 일에 뛰어들 겁니다."

윤치성은 그의 눈을 바라보며 찬찬히 고개를 끄덕였다. 그리고 결혼은 언제 하냐고 물었다. 결혼날짜를 말하자 두둑하게 축의금을 주었다.

두 사람은 함께 택시를 타고 윤웅렬 대신 댁으로 갔다. 윤웅렬 대신은 노쇠한데가 병이 깊어 보료 위에 누워 있었다. 귀가 어두워져 조카 윤치성이 "김정우 전 군기창감의 차남이 일본 육사를 졸업하고 왔습니다."하고 크게 고하자 눈을 떴다.

김광서는 큰절을 올렸다.

"대신 각하, 김정우의 작은아들 인사 올리옵니다."

윤웅렬 전 대신은 그의 손을 잡고 얼굴을 응시했다.

"육군소위로구나. 성은이와 네 아버지는 한을 안고 죽었어."

윤웅렬은 그렇게 말하고 조카 치성을 돌아보았다.

"김정우 아들에게 잘해 줘라."

윤치성이 다시 큰소리로 "젊은 소위가 결혼합니다."하고 소리쳤고, 윤웅렬 전 대신은 집사를 불러 축의금을 주었다.

집으로 가는 길에 서대문감옥으로 윤치호 면회를 갔다. 육군 소위 군복의 위엄은 컸다. 식민지 조선에서 육군소위는 위상이 군수 급이었다. 그는 당당히 면회를 신청했고 간수들은 공손히 접수했다.

윤치호와 철창을 놓고 마주 섰다.

"임관휴가 온 길에 뵈러 왔습니다. 갇힌 몸이시지만 부디 자중자애 하십시오."

"고맙네. 어느 부대 소속인가?

"동경 주둔 기병1연대 소속입니다. 메구로(黑目)연대라고 흔히 부릅니다."

청년시절 미국유학을 끝내고 돌아와 독립협회 회장과 『독립신문』 주필을 지내고 대한자강회를 이끌며 애국계몽 운동을 주도한 당대의 명사 윤치호는 철창 안에서 야윈 얼굴을 끄덕였다.

"장하네. 아버지와 형이 졸지에 그렇게 가셨는데 자네가 육사를 졸업하고 돌아오니 감개가 무량하네."

김광서는 집에 와서 할아버지에게 윤웅렬 대감을 방문한 일, 윤치호 면회를 한 일을 이야기하고 윤치성에게 들은 말을 전했다. 김규준 노인은 깜짝 놀라며 손바닥으로 그의 입을 막았다.

"다시는 그 이야기 입 밖에 내지 마라. 자칫하면 너도 죽는다. 알았느냐?"

김광서는 할아버지에게 입이 막힌 채 머리를 끄덕였다.

김규준 노인은 하염없이 눈물을 흘리다가 광서를 끌어안았다.

"성은이와 네 아비 죽음에 석연찮은 게 있었다. 그러나 다 잊어버리자. 집안의 혈통은 너밖에 없다."

"네."하고 광서는 할아버지의 팔에 안긴 채 대답했다.

이틀 뒤가 결혼식이었다. 김광서는 말을 타고 처가로 갔다. 보통의 사내들처럼 길라잡이가 끄는 대로 조심조심 가는 게 아니라 경쾌한 속도로 말을 몰았다. 이번에는 기병사관 예복이 아니라 옛 무관식 사모관대를 한 차림이었다.

처가 동네 사람들은 신기한 눈으로 바라보며 떠들었다.

"이게 웬일이야? 말 타고 바람처럼 달려간 사람이 누구냐 말야?"

"유진사댁 사위 아닌가? 오래 전에 약혼하고 일본 가서 사관학교를 나왔다는군."

몇 사람의 동기생이 택시를 타고 앞서 도착해 있었다. 혼례는 성대하게 이루어졌고 첫날밤을 지냈다.*

"당신 몸을 얼마나 안고 싶었는지 몰라. 수백 번 오늘을 상상했지."

그는 그렇게 말하며 성숙한 신부의 옷을 벗겼다.

유정화는 떨리는 목소리로 말했다.

"저는 이런 날이 안 오면 어쩌나 수천 번 걱정했어요. 이제 저는 죽어도 좋아요."

그는 아내를 데리고 순동 집으로 와서 남은 사흘을 보냈다. 그동안 열심히 연습해 온 아내의 피아노 연주도 들었다. 그녀의 가는 손가락들은 피아노 건반 위를 맑은 물 위에 은어가 뛰놀듯이 뛰어다녔다.

결혼잔치는 7일간이나 이어졌다.** 김광서는 휴가가 끝나자 아내와 어린 누이를 할아버지 규준 씨에게 맡기고 떠났다. 아내를 데리고 갈 수는 없었다. 소위 봉급으로 간신히 살림을 할 수는 있으나 경성 살림을 정리해야 했다. 순동 집이 정리되면 할아버지와 아내 정화는 사직동 집으로 이사갈 것이었다. 계모 임춘희 여인은 집안에 여주인이 생겼으니 곧 따로 나가겠노라 했다.

도쿄로 귀임한 그가 받은 보직은 기병소대 소대장이었다.

"나는 조선 출신이다. 육군성 명령에 따라 오늘부터 소대를 지휘하게 되었다. 그대들 하나하나를 내 몸처럼 소중하게 여기며 임무를 충실히 수행할 것이다."

---

*　『경천아일록』에 1911년 '기정(既定)한 혼인을 성(成)하여 경성 사직동 166번지에 사저를 정하였다'는 기록이 있다. 호적에는 1914년 3월 24일 혼인신고 기록이 있다.

**　김경천의 막내딸 김지희가 어머니 유정화에게서 들은 말을 회고한 바에 의하면 결혼잔치가 7일간 이어졌다(「나탈리아의 일기」, 김올가 씨 번역 제공. 김지희의 딸 나탈리아는 어머니와 작은외삼촌 김기범, 외사촌, 이종사촌들에게서 김경천 할아버지에 대한 구술을 채록했다. 미출간 자료이다).

그는 그렇게 짧은 말로 부임인사를 했다. 그리고는 소대를 이끌고 연대 연병장을 천천히 돌다가 전속력으로 바꿨다.

'우리가 조선인 소대장의 지휘를 받아야 하는가.'

소대원들은 그런 눈빛을 주고받으며 천천히 말을 몰다가 급히 그의 뒤를 따랐다.

기병대원은 말의 발걸음이나 방향 회전을 잠깐 보기만 해도 기수의 기승 능력을 금방 알게 마련이었다. 김광서는 부하들의 능력을 그것으로 파악했다. 소대장인 그가 기승능력을 보여줄 필요는 없었다. 대부근무와 견습사관 근무를 같은 연대에서 한 때문이기도 했다. 나이 많은 하사관들은 그의 견습사관 시절 일화를 알고 있었다. 하급 병졸들이 기합을 받는데 스스로 같이한다고 나서 등자쇠에 발 올리지 않고 고삐도 놓은 채 전속력으로 달리면서 낙마하지 않았음을.

정말 그는 만만치 않았다. 사흘 만에 대원들 30명의 얼굴과 이름과 출신지를 외워 버렸으며 부하들이 타는 30여 필의 말들을 모두 타 보고 상태를 파악해 버렸다. 그리하여 그는 어렵지 않게 부하들을 장악했다.

제7장

고국으로 돌아오다

두 번째 휴가, 아내와 할아버지를 동반해 도쿄로

1913년이 왔다. 김광서는 장교생활이 익숙해졌다. 소대원들을 아끼고 솔
선수범하며 열심히 근무했다. 부하들은 그에게 순종했으며 상관과 동료장
교 들의 신망도 커졌다. 그가 조선인이라는 것을 모두 잊어 갔다.

결혼 후 1년 4개월 동안 아내와 헤어져 지낸 것을 생각한 중대장이 휴가
를 권했다. 그는 열흘간 휴가를 얻어 관부연락선을 탔다.

경성에 도착해 사직동 집으로 갔다. 아내가 잘 정리해 놓아 오래 살아온
집처럼 편안했다.

황실유학생 동기생들 중 숙질 사이인 현구·현태섭 등 여러 사람들을 만
나고 우정을 되새겼다.

일본으로 돌아갈 때 아내와 함께 할아버지를 모시고 갔다.* 할아버지는
할머니가 이미 돌아가셔서 홀몸인데다가 죽기 전에 일본 구경을 하고 싶어
했다. 사직동 집은 광주 학현리 집과 토지를 관리한 충실한 일꾼인 수돌 아
버지를 불러 올려 맡겼다.

도쿄 아카사카에 얻은 셋집은 작고 아담했다. 아랫집은 집주인인 학교 교
원이 살고, 따로 만들어진 계단으로 올라갈 수 있는 2층을 세로 내 주었는
데 발코니가 있는 작은 마루와 주방과 다다미 방 3개로 되어 있었다. 방 하
나는 할아버지가 썼다.

요코하마에서 맹세를 한 세 사람의 후배들, 홍사익·지석규·이응준이
주말에 가끔 찾아왔다. 세 사람은 중앙유년학교를 졸업하고 육사에 입학해

---

*   김광서가 할아버지를 모시고 도쿄로 간 기록은 「오가세기」에 있다.

있었다. 한두 잔 술을 마시고 담론을 나누었다. 그리고 맹세를 확인하고 다짐했다.

그러던 중 할아버지 규준 씨가 갑자기 쓰러져 돌아가셨다. 뇌출혈이었다. 김광서는 세 후배들의 도움을 받아 도쿄의 산수 좋은 다마가와(玉川) 언덕에 장사 지냈다.

어느 날, 세 후배가 와세다대학 문과에 다니는 친구 하나를 데리고 왔다. 대한제국 무관학교를 같이 다녔으나 일본행을 거부해 헤어졌던 김영섭이었다. 경기도 강화 출신으로 김광서·지석규와 이해 스물다섯 살 동갑이었다. 동기생들이 일본으로 떠난 뒤, 이동휘가 강화에 설립한 보창(普昌)학교 사범과를 마쳤다고 했다. 그리고 황해도에서 교원 노릇을 하다가 도쿄에 유학을 왔고 독실한 기독교 신자인지라 와세다대학을 마치면 신학대학에 가서 목사가 될 생각을 갖고 있다고 했다.

"군인은 적을 죽이는 게 목표이고 목사는 인간 구원이 목표인데 진로를 정반대 쪽으로 바꾸셨군요."

김광서가 그렇게 말하자 김영섭은 웃으며 천천히 고개를 끄덕였다.

"그때 무관학교에서 일본유학 자격평가를 맡았던 일본인 교관이 오구라 유사브로 대위였어요."

"그 사람을 알아요. 후배들이 유년학교에 편입한 직후 찾아갔을 때 만났지요."

"그랬군요. 그자는 내 고향 강화 진위대가 군대해산에 저항하며 봉기했을 때 토벌에 나섰던 지휘관이었지요. 갑곶에서 진위대의 매복에 걸려 대패를 하고는 양민들을 학살했어요. 그자의 인솔을 받아 일본으로 가기가 싫었어요."

김영섭은 그렇게 말하고 정색하며 그를 바라보았다.

"내 목표는 언제나 같습니다. 목사가 된 것도 기독교를 통해 조국을 되찾고 싶어서예요."

김광서는 그의 태도가 마음에 들었다.

27세가 되던 1914년 봄, 김광서는 중위로 진급했으며 도야마(戶山)육군학교에서 반년 동안의 장교직 일반연수를 받게 되었다. 육사 동기생들 중 절반이 함께 입교 명령을 받았다.

김광서 부부는 지바 현 니노미야 촌 타키노이(田喜野井) 77번지에 셋집을 얻어 이사했다. 마을에 니노미야 신사(神社)가 있고 그곳에서 육군학교가 가까웠다. 대나무 숲과 맑은 개천이 흐르는 아름다운 곳이었다. 이곳에서 행복한 시간을 보냈다. 니노미야 마을 사람들은 일본어가 서툰 조선인 새댁 유정화에게 친절했다.

그 무렵, 일본군 전체를 긴장시키는 일이 일어났다. 1차 세계대전이 발발하고, 일영(日英)동맹을 맺고 있던 일본이 독일에 선전포고를 하면서 참전하게 된 것이었다. 연수교육을 받기 위해 육군학교로 온 사람들은 제외되었지만 그의 동기생들 중 일부가 소속 부대를 따라 전투에 참가하게 되었다.

김광서는 그 해 겨울 도야마 육군학교를 떠나 도쿄의 기병연대로 돌아왔다. 육사 26기 후배들이 그 사이 견습사관 근무를 마치고 소위로 임관했다. 요코하마에서 맹세를 했던 세 사람이 찾아왔다.

"선배님이 잘 이끌어주신 덕에 저희들 소위가 됐습니다."

대표로 홍사익이 경례하며 말했다.

"축하하네. 임지는 어딘가?"

그의 말에 이응준이 대답했다.

"홍사익과 저는 선배님과 같은 도쿄 1사단의 보병 1연대와 보병 3연대, 지석규만 10연대입니다."

"10연대는 효고 현(兵庫縣) 시메이지(姬路) 지역에 있지."

"그렇습니다. 멀리 가더라도 자주 편지 드리겠습니다."

그보다 생일이 빠른 동갑으로 이미 딸 하나가 있는 지석규가 군모를 만지작거리며 말했다.

26기생들이 임관하고 27기생들이 육사로 들어가니 후배들의 고난 어린 역정은 끝이 보이고 있었다. 그들이 비교적 자유로운 신분이 되었으므로 김광서는 그들과 만남을 지속했다.

그 무렵, 그는 김영섭과 함께 도쿄 유학생회 모임에 나갔다. 요코하마 맹세의 4인중 지석규가 유학생들과 유대를 갖고 있었는데 지나의 칭다오(靑島)로 출병한 터라 젊은 유학생들 얼굴이라도 익히자고 그가 나간 것이었다.

김영섭이 그를 소개했다.

"여러분에게 내가 귀한 분을 소개하는 영광을 안게 되었습니다. 김광서 기병중위님입니다. 황실유학생 출신으로 준텐중학과 중앙유년학교를 거쳐 육군사관학교를 나왔습니다. 육사 출신 후배 장교들이 존경하며 따르는 분입니다."

김영섭의 과찬에 그는 쑥스러운 표정으로 일어나 거수경례를 하고 입을 열었다.

"8~9년 전쯤 일이지요. 나하고 같이 떠나온 황실유학생 동기생들이 주축이 되어 대한유학생회를 만들었지요. 모두들 공부 마치고 돌아가고 나만 군복 입고 남았습니다. 여러분을 보니 반갑습니다. 우리들이 옛날 그랬던 것처럼 내 조국을 위해 무엇을 할 수 있을까 진지한 담론들을 나누시기 바랍니다."

젊은 대학생들은 환성을 올리며 박수를 쳤다. 그는 자신보다 거의 열 살 아래인 후배들과 어울렸다.

갑장인 김광서와 김영섭보다 나이가 많은 유학생도 있었다. 니혼(日本)대학 정치학과를 다니는 전직 교원 안확(安廓, 1985~1946)이었다. 나잇살이 많은 김광서·김영섭·안확 셋이 함께 앉았는데, 김영섭이 안확의 교육자로서의 풍모를 소개했다.

"안확 형은 강연술이 대단하지. 합방 바로 전 해였네. 섣달 그믐날 경상도 대구에서 청년학생들이 모여 간친회(懇親會)를 열었는데 안확 형이 초대돼 가서 일장연설을 했지. 대한문명이 일본에 뒤질 게 없다는 내용, 거기 모인 수십 명 학생들이 통곡했지. 하도 반응이 커서 그 이야기는『황성신문』에도 실렸어."*

김광서는 안확을 향해 고개를 숙였다.

"대단하십니다. 제가 많이 배우겠습니다."

"천만에요. 적(敵)의 나라에 와서 온갖 시련 이기고 육사를 졸업한 광서 형이 대단하시지요. 나도 사실은 무장투쟁이 희망이었어요. 앞으로 광서 형에게 내가 많이 배우겠습니다."

안확은 김광서에게 살아온 이야기를 해달라고 했다. 김광서는 고향인 함경도 북청과 경기도 광주 학현리의 철없던 유년시절, 그리고 경성학당과 황실유학생에 뽑혀 와서 유년학교와 육사를 다닌 이야기를 들려주었다.

그는 이야기를 끝내면서 군복 바지 주머니에서 만년필 크기의 말채찍을

---

* 『황성신문』, 1909년 1월 27일자.

꺼냈다.

"일본인 생도들은 일요일이면 외출 나가 고향의 유지들이 만들어준 일요 하숙에 모여 낮잠 자며 긴장을 풀었지요. 나는 혼자 숙소에 남아 이 채찍으로 내 다리를 때리고 내 정신을 때리며 나를 다스렸지요. 내 조국을 잊지 말자고."

안확은 그것을 받아들어 "내 조국을 잊지 말자."하며 제 손바닥을 때렸다. 생각보다 아픈지 아얏 소리를 내며 낯을 찡그렸고 엄지손가락이 부풀어 올랐다.

안확은 손가락에 후후 입김을 불며 자기가 살아온 이야기를 했다.

"나는 한양 도성의 서쪽 우대* 출신입니다. 정확히 말하면 인왕산 기슭 중인 마을 태생이고 수하동소학교를 다녔지요. 졸업 후 유길준 선생의 『서유견문』과 양계초(梁啓超, 량치차오)의 『음빙실문집』을 읽고 세상에 대한 눈을 떴어요. 세계열강의 야욕 앞에 나라를 지킬 수 있는 방략이 거기 있었어요. 우리나라 지도자들이 이걸 읽었더라면 나라가 이 꼴이 되지 않았겠지 하는 생각이 들었지요. 그 후 여기저기서 교원노릇을 하다가 일본을 이기기 위해서는 일본을 알아야 한다는 생각으로 유학을 떠나왔지요."

김광서는 의기투합을 느껴 많은 이야기를 나누었다. 안확이 『논어』에 있는 견위치명(見危致命)에 대한 이야기를 했다.

"나는 책상물림에 지나지 않지만 나라가 위태로울 때 목숨을 바쳐야 한다고 생각합니다."

"나도 그래요. 손잡이에 견위치명 네 글자를 안확 형이 써 주시면 좋겠어

---

*   조선 말기 경복궁 서쪽 지역을 일컫던 말. 지금의 서촌 북촌, 인왕산 기슭까지를 포함한다.

요."

김광서가 말하자 안확은 주머니에서 작은 손칼을 꺼내 채찍 손잡이에 네 글자를 새겼다. 그렇게 의기투합하여 김광서는 친구 하나를 얻었다.

그날 윤치호의 아우 치창(致昌)도 만났다. 그보다 열한 살 아래였다. 아버지를 입신시켜준 윤웅렬 전 군부대신의 서자(庶子), 27세에 요절한 형의 육사 동기생 윤치성 사장의 사촌아우인 치창과 악수하며 어르신들의 근황에 대해 물었다. 치창은 아버지 윤웅렬 전 대신이 돌아가셨으며 형 치호가 아직도 감옥에 있다고 말하며 눈물을 흘렸다.

"대신께서 돌아가셨는데 내가 문상을 못해 죄를 지었네. 우리 집안과 자네 집안과의 인연은 친척보다 더 가깝네. 내 힘이 필요하면 언제든지 찾아오게."

김광서는 소속부대 위치와 집주소를 적어주며 치창을 위로했다.

전의회 회장으로 추대되다

다음해인 1915년 봄에 김광서의 아내가 첫딸을 낳았다.

"아기야, 어쩌면 이렇게 예쁠 수가 있니."

그는 아기와 아내를 안아주고 딸 이름을 지리라고 지었다.

그는 장교로서 관록이 붙어가면서 요코하마에서 맹세한 후배들과의 유대는 흔들림 없이 이어 갔다. 동포 유학생들과의 교유도 넓혀갔다. 동년배인 김영섭·안확과 두터운 우정을 쌓았다.

다음해인 봄, 그는 다시 지바 현 나라시노로 갔다. 전에 6개월간 교육받은 육군학교와 가까운 기병학교에 입교해서 한 해 동안 연수를 받게 되었다.

육사의 기병과 동기생들이 거의 모두 같이 입교 명령을 받았다. 대개들 반갑게 포옹하고 악수를 했지만 "자네 혹시 독립운동 하는 건 아니겠지? 내게 총 쏘는 일은 없겠지?" 하고 뼈 있는 농담을 하는 사람도 있었다.

"그렇게 된다면 나는 공중에 헛총을 쏠 거야."

김광서는 뼈 있는 농담과 함께 웃으며 상대의 허리를 껴안았다.

김광서 부부는 두 해 전 살았던 니노미야 촌의 셋집이 마침 비어 있어서 다시 그 집에 들었다. 아내 유정화는 둘째 아기를 임신하고 있었다. 그는 아침 일찍 말을 타고 학교로 출근해서 기병부대의 전술을 익히고 저녁이면 다시 말을 몰고 퇴근해 왔다. 그리고는 딸의 재롱을 보며 피로를 풀었다.

어느 날, 아내가 말했다.

"마을 여인들이 우리 친정 엄마 같아요. 남자 어른들도 잘 대해 주고요. 그래서 일본이 우리나라를 강점했다는 사실을 잊을 때가 있어요."

김광서는 고개를 천천히 끄덕이다가 다시 가로 저었다.

"일본이 우리 조국을 짓밟고 있음을 잊어선 안 돼."

그의 결의는 조금도 풀어지지 않았다. 동기생들의 친절과 니노미야 촌 사람들의 인정 때문에 약해질지도 모르는 일본에 대한 복수심을 칼날처럼 세웠다.

그는 누구보다도 열심히 공부했다. 특히 기병전술에 정신을 집중하고 덤벼들었다. 동서양 역사 속 기병전의 승리와 패배를 분석하고 타산지석의 문제점을 찾아가는 '기병 전사(戰史)'와 '기병 전훈(戰勳)'은 달달 외울 정도였다. 언제고 조국독립을 위해 써먹을 때가 올 것이라는 기대 때문이었다.

관심은 기병 전술에만 국한되지 않았다. 기병장교의 교육과정이지만 전쟁의 중심인 보병전술도 공부했는데 그는 거기에 더 열중했다. 보병전술서도 거의 욀 듯이 읽고 또 읽었다. 장차 독립전쟁에 나서게 된다면 기병대보다는 보병부대 중심으로 꾸릴 것이기 때문이었다.

1917년 봄, 그는 기병병과 심화 교육 수료증을 받으면서 중얼거렸다.

"이제 배울 만한 건 다 배웠다. 보병과 기병 전술 이론에 통달했다."

그는 다시 도쿄로 돌아갔고, 둘째 딸 지혜(智慧)를 낳아 두 아이의 아버지가 되었다. 그 사이 육사 27기 후배들도 임관했고 그 일부가 도쿄 주둔부대에 배치되어 자주 얼굴을 보게 되었다.

그가 도쿄의 기병 1연대로 돌아온 직후 대한제국 마지막 무관생도 출신인 일본 육사 26기, 27기 후배들이 전의회(全誼會)라는 친목회를 만들었다. 그리고 최고 선배인 그를 회장으로 추대했다.

"조선 출신 장교들의 친목과 권익증진을 표방합니다. 그러나 여러분, 우리는 조국을 한 시도 잊어선 안 됩니다." 그는 후배 장교들에게 그렇게 인사했다.

궁극적인 목표는 독립전쟁에 대비하는 것이었다. 그것을 강조하거나 표면에 내세울 수는 없었다. 장차 헌병대가 사찰의 손길을 뻗쳐올 것인데다 동포 장교라고 하여 모두 독립에 대한 의지를 갖고 있지는 않을 것이기 때문이었다.

전의회 회장이 되고 얼마 지나지 않아서 김광서는 패망한 조국의 황제를 뵙게 되었다. 강제합방으로 이왕(李王)이라는 칭호로 격하된 대한제국 융희(순종) 황제가 일본 천황을 알현하러 도쿄에 온 것이었다.

그는 도쿄 부대의 조선인 장교들과 함께 융희 황제가 묵는 시비리큐(芝離宮)*로 불려 갔다. 황제는 감회가 큰 듯했다. 두 눈이 젖어 있었다. 한 사람

* 시바리큐(芝離宮): 도쿄 미나토구(港區) 하마마츠초(浜松町)에 있는 일본 황실의 이궁(離宮).

씩 손을 잡는데 선임자인 그가 처음이었다.

"잘 있었는가?"하는 황제의 말을 들으며 그는 어깨를 꼿꼿이 폈다.

"넷, 잘 있습니다."

30분 남짓 조국의 마지막 황제를 배알하고 밖으로 나왔을 때 젊은 장교들은 숙연해져 있었다.

홍사익이 한숨을 쉬었다.

"사람 손이 아니라 풀솜을 잡는 느낌이었어요. 황제가 그렇게 연약하시니 나라가 망했지, 하는 생각에 가슴이 메어지는 듯 아팠어요."

27기 윤상필 소위가 울먹거리며 입을 열었다.

"우리 황제가 황궁에 들어간 일이 신문에 났어요. 황제는 이척(李拓)이라고 평민식 이름을 대며 엎드렸어요. '성상 폐하, 이척이 좀 더 일찍 방문하여 알현해야 하지만 숙병(宿病)에 시달리는 병약한 몸이어서 전례(典禮)를 수행하지 못할까 우려하여 날을 미루다 보니 지금에 이르렀습니다. 다행히 오늘에야 용안을 지척에서 뵈옵고 오랫동안의 소원을 이루게 됨은 진심으로 기쁜 일이며, 세자 은(垠)이 오래도록 궐하(闕下)에 있어서 항상 폐하의 가르침에 감사드리고 학덕에 정진하니 깊은 감동을 받았습니다.'* 내가 기사를 외우지는 못하지만 그런 내용이었어요."

윤상필의 말을 듣고 젊은 장교들은 눈물을 뚝뚝 흘렸다.

"그럴수록 정신을 차리자. 독립을 되찾는 건 조선 민족 모두의 책무, 특히 우리들 장교들의 책무이다."

김광서는 목멘 음성으로 말했다.

----

*   곤도 시로스케(權藤四郎介), 이언숙 역,『대한제국황실비사』, 이마고, 2007, 200쪽.

탈출망명을 결심, 휴직하고 귀국하다

1918년 봄, 북간도 룽징(龍井, 용정)에서 교사로 일하고 있는 나이 많은 황실유학생 동기 한상우에게서 편지가 왔다. 군대의 검열을 생각해 조심스럽게 쓴 것이었다. 자신은 뜻하는 바가 있어 생애를 던질 각오로 북간도에 와 있다는 것, 하루 빨리 보고 싶다는 내용이었다.

어느 날, 조선 인삼엿장수로 위장한 밀사가 아카사카의 셋집으로 찾아왔다. 안확이 속한 조선국권회복단 멤버였다. 밀사는 안확이 유학생 모임 때 그의 말채찍 손잡이에 칼로 파서 새겨주었던 글자들 '견위치명'을 말함으로써 안확이 보낸 밀사임을 증명했다. 그러고는 안확의 전언을 암송했다.

> 우리 조직에서 동경으로 밀사가 가는 터라 김 중위님에게도 들르게 했습니다. 긴히 알려드릴 말씀이 있어서입니다. 국제정세는 변하고 있습니다. 러시아의 볼셰비키 혁명은 성공을 눈앞에 두고 있고 세계대전도 끝났습니다. 미국 대통령 윌슨이 세계대전 강화회의 원칙으로 제기한 민족자결주의는 우리 민족에게 희망과 용기를 안겨주고 있습니다.
>
> 최린 최남선 두 분이 큰일을 할 겁니다. 파리 강화회의에 밀사를 보내 조선 독립을 호소하고 대규모 봉기를 일으키자고 의견을 모은 걸로 압니다. 이제는 일제의 폭압에 신음하던 민족 전체가 쇠사슬을 끊고 일어설 때입니다. 나는 김형의 속마음을 압니다. 서서히 준비를 하십시오. 때가 무르익어 갑니다.

김광서는 '잘 알았다. 고맙다.'는 답을 보냈다.

그 날부터 명상도 하고 깊은 고뇌에 빠졌다. 밤마다 뒤치락거리며 불면에 빠지자 아내가 말했다.

"그 일 때문에 고민하시는군요. 가족보다는 조국이 우선이지요. 의로운 선택을 하세요."

새벽에 다시 잠든 그는 짧은 꿈을 꾸었다. 어두운 광야에서 울리는 북소리를 듣고 말을 타고 달려가는 꿈이었다. 소리 나는 곳을 찾아가 보니 찬란한 광채가 나는 언덕에 한 장군이 갑옷을 입고 서 있었다. 을지문덕 같기도 하고 이순신 같기도 했다. 그는 장군에게서 북채를 받아들다가 꿈에서 깨었다. 그는 꿈이 하늘의 계시라고 생각했다.

다음날, 김광서는 신병치료와 요양을 위한 휴가를 상신했다. 병원기록이 있는데도 8월이 되어서야 허락이 났다. 그는 요코하마 맹세의 멤버들을 부르기로 결심했다. 전의회 멤버들 전부를 소집할 수는 없었다. 헌병대가 주목하게 되면 좋을 것이 없었다. 요코하마에서 단지맹세를 한 3인의 후배들은 제각기 바빴다. 홍사익은 지속적으로 도쿄 1사단에서 근무하고 있었으며, 지석규는 지나(支那)의 산둥(山東)반도 자오저우만(膠州灣)에 출정해 독일군과의 전투에서 부상당하고 다시 시메이지에 돌아와 근무하고 있었다. 이응준은 멀리 있었다. 러시아 볼셰비키 혁명을 방해하는 국제간섭군 사령부가 있는 연해주 블라디보스토크에 가 있었다.

그가 전보를 치자 홍사익과 지석규는 그의 집으로 즉각 달려왔다.

"마침내 우리의 맹세를 실천할 때가 왔어. 나는 일본군 군복을 벗고 독립전쟁 전선에 나서려 하네."

그의 말을 지석규가 받았다.

"선배님 뒤를 따르겠습니다. 이제 우리가 나설 때가 되었습니다."

홍사익은 신중했다.

"아직 불확실성이 남아 있습니다. 한두 달 지켜보면 결심의 순간이 올 듯

합니다."

사실 그들이 맹세한 대로 독립투쟁의 불길이 일어나 동포들이 그들을 부르는 순간을 더 기다려야 할 것이었다.

"나는 휴직원을 낼 거야. 육군병원 다닌 기록이 있으니 몸이 쇠약하다는 걸 명분으로 삼겠어. 맹세를 잊지 않았다면 내 뒤를 따르게."

그들은 굳센 포옹으로 맹세를 확인하고 헤어졌다.

9월 중순, 그는 아내와 두 딸을 데리고 귀국길에 올랐다. 꼭 필요한 짐은 배편으로 탁송시켰다. 도쿄에서 기차로 시모노세키까지 가서 관부연락선을 탔다. 8년 전 임관 직후 결혼하기 위해 귀국할 때 탔던 노정 그대로였다. 그때는 혼자였으나 이제는 아내와 다섯 살과 두 살 된 딸까지 세 식구가 딸린 몸이었다.

부산에서 탄 경부선 기차에서 건너편 자리에 앉은 신부(神父)를 만났다. 신부는 차장에게 능숙한 조선어로 말하고 있었다.

차장이 딴 곳으로 간 뒤 그가 인사를 건넸다.

"안녕하십니까, 신부님?"

"네, 안녕하세요? 일본군 장교복을 입어서 일본인인 줄 알았습니다. 계급이 무엇입니까?"

"기병 중위입니다. 신부님은 천주교 사제(司祭)이시군요."

"아닙니다. 나는 대한성공회(聖公會)를 대표하는 주교 트롤로프(Mark Napier Trollope)입니다.

주교와 김광서는 악수했다.

"주교님, 뵙게 되어 영광입니다."

주교와 대화를 나누는 중간에도 기차의 통로로 일본 헌병들이 지나갔는데 그때마다 김광서에게 경례를 했다.

트롤로프 주교는 1862년 영국 출생으로 1890년 조선에 선교사로 파견되었고 1911년 주교가 되어 다시 온 사람이었다. 건축 전공자로서 정동의 성공회대성당을 설계 건축한 이력이 있었다.

주교는 공통의 화제로 이끌어가는 화술을 갖고 있었다. 이런저런 이야기를 하다가 허리를 그에게 기울이고 귓속말로 소곤거렸다

"나는 오랫동안 조선에 있었어요. 일본과 조선은 서로 말이 다르고 풍속이 다른데 어떻게 상호융합을 할 수 있을지 처음에 의아했습니다. 결국 지배와 피지배의 관계로 바뀌었지요."

김광서는 주교가 독립운동을 지지하고 있음을 알아차렸다. 주교의 눈에는 진정성이 담겨 있었다.

주교가 다시 말했다.

"조선 땅에서는 말조심해야 해요. 낮말은 쥐가 듣고 밤말은 새가 듣습니다."

김광서는 웃으며 대답했다.

"주교님, 속담에서 쥐와 새가 자리가 바뀌었습니다."

주교는 하하 크게 소리 내어 웃으며 머리를 끄덕였다.

대화 도중 주교의 말에서 윤치호 YMCA 총무 이름이 나왔다. 김광서가 말했다.

"윤치호 선생님과 저는 가까운 사이입니다. 귀국인사를 드리러 갈 겁니다. 그분이 출옥하신 뒤에는 뵙지 못했으니까요."

"그렇군요. 언제 한번 같이 만납시다."

"좋습니다, 주교님."하고 그는 동의했다.

문득 도쿄에서 들은 소문이 생각났다. 윤치호는 1915년 2월 특사로 출옥했는데 『매일신보』와 인터뷰를 하면서 일본과의 동화정책에 협력하겠다는 발언을 했다는 것이었다. 아무튼 그는 윤치호를 일단 만나보고 싶었다.

경성 사직동 집에 도착했다. 집은 이복누이 옥진과 수돌 아버지가 지키고 있었는데 벽돌담에 금간 곳 하나 없고 정갈하게 정리되어 있었다. 후원에는 가을 단풍이 막 시작되고 있었다. 큰딸 지리가 낙엽이 바람을 타고 굴러가는 잔디밭으로 깔깔거리며 뛰어 갔다. 남편의 귀국이 무엇을 의미하는가를 알고 있어서 표정이 무거웠던 아내도 활짝 웃었다.

김광서는 최남선·최린 등 황실유학생 동기들과 김영섭, 그리고 안확에게 도착을 알리는 편지를 썼다. 다음날은 경기도 시흥군 구로리에 있는 선산을 찾아가 부모님과 형의 무덤에 절했다.

돌아가신 할아버지 소유의 토지가 상속되어 그는 더 부유해졌다. 그는 한동안 재산 정리로 바쁘게 지냈다. 상속 토지를 매각해 현금을 비축했고, 사직동 집의 인접필지가 매물로 나와 있어 매입해 두었다. 사직동 집은 280여 평에서 400여 평이 늘어나 700여 평이 되었다. 그는 후원에 팔각 정자를 짓고 경천각이라고 친필휘호를 써서 달았다. 경천은 '하늘을 지탱한다'는 뜻으로 경천욕일(擎天浴日)의 준말, 나라를 위해 공을 세우겠다는 그의 의지를 담은 것이었다.

틈틈이 후원에 손을 댔다. 거의 매일 인부를 불러 일을 시켰다. 연못에는 싱싱한 수초를 심고 잉어를 풀어 놓았다. 연못 위로 긴 돌다리를 놓고 감나무와 살구나무, 사과나무 들을 심었다. 물맛이 좋은 천연의 샘물에는 용금수(湧金水)라고 이름을 붙였다.

아내가 샘물을 떠 마시며 말했다.

"당신이 집을 늘리고 정원에 나무를 심는 걸 보고 경찰이나 헌병대가 안심할 것 같아요. 독립전쟁 전선으로 가지 않을 거라고 믿겠지요."

김광서는 아내와 더불어 팔각 정자에 앉았다.

"내가 망명탈출을 했다고 총독부가 집을 빼앗진 않을 거요. 그리고 당신이 집을 지켜주면 조국을 되찾은 날 돌아와 살아야지."

그는 혼잣소리처럼 말했다.

어느 날, 최린과 유병민을 만나기 위해 혜화동에 있는 보성고보로 갔다. 귀국했다는 편지를 받은 최린이 학교도 구경할 겸 오라는 인편 연락을 보내온 것이었다.

함경도 출신인 이용익이 세운 보성고보는 9년 전 천도교 재단으로 넘어갔는데 최린은 손병희(孫秉熙) 교주의 절대 신임을 받아 교장이 되었다. 그는 도산 안창호의 발의로 조직된 신민회의 멤버이기도 했다. 황실유학생 동기로 도쿄고등사법학교를 나온 유병민도 최린의 요청으로 보성고보에 와 있었다.

교장실로 가자 최린이 두 팔을 벌리며 그를 맞았다. 어언 마흔두 살, 대머리가 훌렁 벗어져 여섯 해 전 결혼하러 귀국해서 만났을 때보다 더 늙어 보였다.

"자네 편지에 몸이 아파 요양 휴가를 냈다고 썼던데 정말 아픈가?"

최린의 말에 김광서는 천천히 고개를 가로저었다.

"위장이 안 좋아요. 내일쯤 김태진 형네 병원에 들러 볼까 해요. 이제 민족을 위해 일할 때가 왔다는 생각이 들어요."

최린은 고개를 끄덕였다.

"유년학교로 편입해갈 때 가졌던 마음이 변하지 않았군. 고맙고 장한 일

일세. 언행을 조심하게. 곳곳에 밀정이 깔려 있네. 요즘 독립운동에 대한 기운이 돌기 시작하고 왜놈들이 바짝 긴장하고 있어."

두 사람은 홀짝홀짝 차를 마셨다.

"동경유학생회는 요새 어떤가? 자네가 이끄는 육사 출신 장교들은 그 쪽하고 교류는 없나?"

"교류가 많지는 않아요. 나는 서너 해 전 김영섭 형과 안확 형이 공부할 때 유학생회 모임에 갔었어요. 도쿄 주둔 부대 배속 장교들은 많지 않아요. 대학생들보다 나이가 많구요."

"민족운동에 있어서 동경유학생들 비중이 매우 크네. 그리고 독립전쟁을 하게 된다면 자네의 후배 장교들이 나서야지."

최린이 말했다.

그때 수업이 끝나는 종소리가 울리고 잠시 후 유병민이 들어왔다.

"반갑구나, 김광서. 기병장교 군복에 관록이 붙어 보이는구나."

"잘 지내셨지요? 참으로 오랜만에 뵙네요."

김광서는 유병민에게도 깍듯이 존칭을 썼다. 나이가 다섯 살이나 많았다. 같이 기슈마루를 타고 간 유학 동기생이지만 세 사람은 42세, 37세, 32세였다.

지나간 추억을 이야기하다가 김광서가 화제를 돌렸다.

"경부선 기차에서 트롤로프 주교를 만났어요. 윤치호 선생을 함께 만나기로 했어요."

최린은 찻잔을 다탁에 내려놓고 유병민을 가리켰다.

"윤치호 선생은 유 선생하고 가깝네."

유병민이 그렇다는 뜻으로 고개를 끄덕였다.

"나는 YMCA에 소속돼 있어."

최린이 다시 입을 열었다.

"윤치호보다는 트롤로프가 더 좋지. 윤치호는 우리가 우상으로 생각했던 그때의 윤치호가 아냐. 독립협회 회장과 『독립신문』 주필을 지낸 애국지사가 아니란 말이야. 감옥에서 날개가 꺾여 버렸어. 현실에 순응하는 냄새를 피우고 있어."

유병민은 그 말에 동의하는 듯한 표정을 하고 말을 하지 않았다.

그렇게 최린과 유병민을 만난 김광서는 학교를 나와 혜화동에서 정동까지 걸었다. 그의 편지를 받은 안확이 경상남도 마산에서 올라오고, 인천에 있는 김영섭도 온다 하여 약속장소로 잡은 곳이 정동교회였다. 사람들 시선에서 떨어진 곳이 좋겠다는 생각으로 잡은 장소였다.

대한제국무관학교에 다니다가 일본 유년학교 편입을 거부하고 주저앉았고, 도쿄에 유학해 와세다대학과 아오야마가쿠인(靑山學院) 신학과를 나온 김영섭은 인천 내리교회 부목사로 일하고 있었다.

김영섭 목사가 말했다.

"도대체 소학교 교원까지 칼을 차고 수업을 하는 법이 어느 세상에 또 있나. 억누르면 터지는 법일세. 요새 아이들 놀이 중 '만세 잡기'라는 게 있네. 아이들 여남은 명이 마당에서 뛰놀다가 그 중 하나가 갑자기 만세를 부르지. 그러면 술래 두 사람이 그애를 붙잡으러 뛰어가는데 딴 아이들이 여기서 만세, 저기서 만세, 그렇게 흔드는 술래잡기일세."

김광서는 목사의 화이트 컬러가 잘 어울리는 친구를 바라보았다.

"장차 그런 독립만세 운동이 일어날 걸 예비하는 조짐이라는 건가?"

"그렇네."

"사실은 나도 그걸 예감하며 귀국했네."

"의병휴가가 끝나면 다시 복귀하지 않으려나?"

"그건 잘 모르겠네. 아직 때가 아니라면 복귀해야겠지. 그리고 참, 내일 윤치호 선생을 만날 거야."

"그분이 YMCA를 맡고 있으니까 종파를 떠나서 협력하고 의논하고 그러네. 자네는 집안끼리 가까웠으니까 만나야지. 윤 선생은 아직 때가 아니라고 말씀하실 거네. 105인 사건으로 갇혔을 때 총독부에 협조한다고 각서를 썼다는 말이 돌고 있네.

"나도 들어서 그렇게 짐작하고 있네."

최린에게서 들은 말을 생각하며 김광서는 그렇게 말했다.

약속된 정오가 됐으나 안확은 오지 않았다. 김영섭이 심각한 표정을 했다.

"안확 형이 약속을 어기다니 별일이네. 경찰에 끌려갔거나 쫓기고 있음이 분명해. 경상도 쪽에서 우국지사들이 비밀조직을 만들었다는데 안확 형이 거기 들어간 듯해. 내가 알고 있는 바이니 곳곳에 밀정을 깔아놓은 왜놈들이 알아차렸을 수도 있어."

"그렇게 감시가 심한가?"

"그래."하며 김영섭은 한숨을 쉬었다.

"안확 형이 관계하는 비밀조직에 대해 내가 아는 걸 말하지 않겠네. 이 땅에서는 친구의 일이라도 깊이 알려고 하지 않는 게 좋아. 경찰에 끌려가 죽음보다 더 고통스러운 고문을 당하면 친구의 비밀을 털어놓게 마련이니까. 안확 형이 체포되지 않았다면 만나게 될 걸세. 자네가 돌아온 건 알 테니까 연락해 올 걸세."

김광서는 알겠다는 뜻으로 고개를 끄덕였다.

윤치호와 윤치창 형제

다음날인 9월 18일 오전, 김광서는 트롤로프 주교와 YMCA 총무인 윤치호를 만나기 위해 숭례문 건너편에 있는 패밀리호텔 커피숍으로 갔다.* 윤치호에게는 찾아뵙고 인사드려야 하나 트롤로프 주교을 알게 된 터라 같이 뵙겠다는 짧은 편지를 인편으로 보낸 터였다.

그가 군복 차림으로 실내로 들어가자 고급 실크 양복에 중절모를 쓴 윤치호가 손짓을 했다. 감옥 접견실 쇠창살 사이로 본 인상과는 사뭇 다르게 얼굴이 좋아 보였다.

김광서는 다가가서 거수경례를 했다.

"그간 안녕하셨습니까? 질병 치료 휴직 허가를 얻어 돌아왔습니다."

"반갑네. 지난번 면회 와 준 것 잊지 않고 있네. 질병 휴직이라니, 어디 아픈가?"

윤치호는 그의 손을 잡고 말했다.

"위장이 좋지 않습니다."

"내 나라에 와서 내 나라 음식 먹으면 나아지겠지. 트롤로프 주교는 강원도 갔다가 차가 고장 나서 못 온다고 전보를 보냈어. 그냥 자네가 보고 싶어서 나왔어. 김영섭 군을 가끔 만나는지라 자네 소식을 듣긴 했지. 내 아우 치창이에게 잘해 준 것도 고맙네. 그애를 잘 이끌어 주게. 몸도 튼실하지 못하고 마음도 약해."

"치창 군은 잘하고 있습니다. 당부하신 말씀은 잊지 않겠습니다."

---

* 　윤치호는 트롤로프 주교와 김광서를 만나기로 했으나 주교는 오지 못했다고 썼다(『윤치호일기』 1918년 9월 18일).

윤치호는 이것저것 국내사정을 말하다가 이런 이야기를 했다.

"사람은 어떤 일에 사로잡히면 그것만 생각하지 세상사를 냉철하게 바라보지 못하는 위험에 빠지기 쉽지. 지금 이 나라의 열혈적인 지도자들은 국제정세를 낭만적으로 바라보고 있네."

김광서는 군복 입은 어깨를 꼿꼿이 폈다. 자신이 도쿄에서 소문으로 들은 말, 최린과 김영섭이 해준 말이 사실인 듯해 실망이 스쳐갔다. 그는 정색을 하고 물었다.

"선생님은 독립운동을 반대하십니까?"

윤치호는 복잡한 심경을 담은 듯한 얼굴을 하고 그를 바라보았다.

"아직 때가 아니라는 거야. 미국을 비롯한 열강은 우리를 돕지 않을 거야. 자본주의 열강은 일본 편을 들겠지."

그때 양복을 입고 중절모를 쓴 40대 초반의 사내가 두 사람이 앉은 테이블 쪽으로 걸어와 윤치호에게 정중하게 인사를 했다.

"안녕하십니까. 그냥 들렀다가 선생님 계신 모습이 보여 인사드리려고 왔습니다.

그러면서 김광서를 훑어보는데 눈빛이 날카로운 인상이었다.

"잠깐 앉아 커피라도 들고 가시오."

윤치호는 사내가 김광서에게 관심을 갖는 것을 알고 다시 입을 열었다.

"인사들 해요. 이쪽은 작고하신 김정우 군기창감님의 아드님인 김광서 중위, 이쪽은 종로경찰서 신승희(申勝熙) 형사요."

신승희는 이해 서른아홉 살로 함흥 출생이었다. 종로경찰서 고등계에서 형사로 일하며 민족주의자들을 사찰하고 있었다.

형사는 목례를 하며 악수를 청했다.

"조선인 장교는 처음 만납니다. 병과는 무엇이고 어느 부대에 계신가요?"

형사가 깍듯이 경어를 썼으므로 그는 예의를 갖춰 대답했다.

"기병입니다. 도쿄 주둔 제1기병연대에 있습니다."

"중위님 고향은 어디신가요?"

"함경남도 북청입니다."

형사는 반색하며 다시 그의 손을 잡아 흔들었다.

"반갑습니다. 나는 함흥입니다."

윤치호가, 김광서가 황실유학생으로 파견된 인원 중 유일하게 육사에 간촉망 받는 장교이며, 자신이 외부협판으로 있을 때 그들을 파견하는 실무를 맡았으며, 집안끼리 인연으로 가까운 사이라고 설명했다.

신승희 형사는 마치 이웃이나 학교 후배인 것처럼 "예, 예."하며 들었다. 그리고는 다음에 기회가 오면 육군사관학교 이야기를 해달라고 김광서에게 말하고 자리에서 일어섰다. 형사가 예의를 지켰지만 김광서는 기분이 좋지 않았다.

패밀리호텔을 나온 그는 윤치성을 찾아갔다. 김영섭 목사가 해준 말이 있기도 했지만 죽은 형의 친구로서 유일하게 가까운 사이였다.

윤치성은 찾아온 것을 몹시 기뻐했다. 아내는 잘 있으냐, 아이들을 몇이나 낳았느냐 묻고는 휴직의 원인이 된 위장병을 걱정해 주었다. 그리고 자신의 후배이기도 한 육사 26기생들과 27기생들의 면면을 알고 싶어했다.

"우리 무관학교 출신 생도들 말이야. 몇 명이나 임관했나?"

"일본 땅으로 건너간 건 44명, 그 중 33명이 임관했습니다. 전의회라는 조직을 만들었고 제가 회장이 됐습니다."

윤치성은 머리를 끄덕였다.

"네가 후배들의 정신적 지주 노릇을 하니 맘이 든든하군."

김광서는 윤치성 사장에게 자신의 속내를 드러낼까 망설였다. 그는 목소리를 죽여 말했다.

"후배들을 결속시켜야 언제고 떨쳐 일어날 수 있다고 판단했습니다. 그리고 때가 무르익은 듯해 제가 앞장서 들어왔습니다.

"그랬군. 조심하고 조심하게."

윤치성은 깊은 눈으로 바라보며 말했다.

김광서가 그렇게 고국에서 한 달을 보냈을 때, 다시 일본에 다녀올 일이 생겼다. 화물선에 실어 탁송한 짐이 잘못되어 도쿄를 떠나지 못하고 있는데다가 소속부대인 기병연대에서 신체검사를 다시 하라고 명령한 때문이었다.

일본으로의 출발을 하루 앞둔 10월 20일, 그는 부산까지 가는 기차표를 사러 시내에 나갔다가 보성학교에 들러 최린과 유병민을 잠깐 만났다.

"내가 유학생들과의 유대를 이어놓으라 부탁한 거 잊지 마."

최린이 말했다.

"그럴게요."

김광서는 문득 생각이 나서 윤치호 선생과 윤치성 사장을 만났다는 말과 함께 신승희 형사에 대해 물었다.

최린은 벌레 씹은 사람처럼 얼굴을 찌푸렸다.

"그자는 악명 높은 고등계 형사야. 애국지사들 동정을 귀신같이 꿰뚫어보지. 윤치호 선생의 동태를 살피다가 자네가 보이니까 다가간 거야. 혹은 자네에 대한 감시를 이미 시작했는지도 몰라. 그자 밑에 정보원이 스무 명이나 있어."

김광서는 정신이 번쩍 나는 기분이었다.

"조심해야겠군요."

"그자의 직속상관이 미와(三輪) 경부(警部)인데 양의 탈을 쓴 늑대야. 글쎄 월남(月南) 이상재(李商在) 선생을 아버지라고 부르고 조선말에 능통하지."

"알았어요. 조심할게요."

그는 최린에게 말했다.

최린이 문득 생각난 것이 있는 듯 그의 팔을 잡아당겼다.

"자네 대한광복단, 그리고 김좌진을 아는가?"

"아, 유학생회에서 들었어요. 충청도 홍성 출신으로 가노(家奴)를 해방하고 학교를 세워 애국계몽을 한다고 들었지요."

"그래, 독립운동 하다가 감옥에 몇 번 들어갔지. 지금은 만주 땅으로 망명했지. 몇 해 전 일이네. 김좌진이 여러 번 윤치성 선생 댁으로 찾아가 회동했네. 일본 육사를 나온 노백린·이갑·유동열 선생 등과 군사지식이나 무장투쟁의 전략 등에 대해 묻고 공부했다 하네. 자네도 알겠지만 노백린·이갑·유동열 선생은 망명 떠났고 윤치성 선생만 남아 있네. 의병장 왕산(旺山) 허위(許蔿) 대감이 이조판서 시절에 장승원(張承遠)을 관찰사로 임명하자 장승원이 돈 보따리를 안겨드렸네. 이 돈 필요 없네. 뒷날 나라를 위해 쓸 때가 올 것이네. 그때 내놓으시게, 했네. 그 뒤 왕산은 13도통합의병대 총사령으로서 한성 진공을 감행하다가 실패해 옥사하셨네. 왕산의 참모 중 판사를 지낸 박상진(朴尙鎭)이 있었네. 대한광복단을 이끌었는데 김좌진이 부단장이었네. 박상진은 장승원을 찾아가 우리 스승님께 드리려 했던 돈을 군자금으로 쓰게 달라고 요청했네. 거부하자 육혈포를 쏴서 처형해버렸네. 김좌진·윤치성·박상진은 이렇게 저렇게 연결돼 있네. 한 가지 유념할 게 있네.

윤치성 선생도 박상진의 장승원 처형 사건으로 인해 일경에 끌려갈 뻔했는데 지난날 일본군 장교였다는 사실 때문에 불문에 붙였다는 소문이 있네."

최린의 이야기를 다 듣고 김광서는 머릿속을 정리하며 천천히 고개를 끄덕였다.

"윤치성 선생은 내 형님과 둘도 없는 사이였는데 그러셨군요."

"어떻든 윤치성 선생과 의논하면 자네가 할 일을 알게 될 거네."

최린이 말했다.

그 날 해질 무렵, 갑자기 손님이 그의 사직동 집을 방문했다. 윤치호였다. 사랑채로 안내했으나 윤치호는 가을 단풍이 아름다운 경천원을 걷기를 원했다.

"김영섭 군한테 들었네. 동경 다녀온다는 게 사실인가?"

윤치호의 말에 그는 "그렇습니다."하고 답하며 경치 좋은 후원 쪽으로 안내했다. 윤치호는 경천원의 풍광이 아름답다고 칭송을 한 뒤 본론을 말했다.

"부탁이 있어서 왔네. 내 아우 치창이가 도쿄대학병원에 입원했어. 글쎄 포도막염(葡萄膜炎)이라는 눈병에 걸렸대. 내가 여기 의사들한테 물어보니까 병균 감염이 아니라 영양실조로 생긴 병이래. 자네가 돈을 좀 전해주게."

"말씀대로 하겠습니다."

그는 패밀리호텔에서 독립운동에 대한 논쟁을 하다가 만 일을 생각하고 다시 그 이야기를 꺼내고 싶었으나 그 마음을 접었다. 윤치성을 만날 것이라는 이야기도 할 수가 없었다. 아우 일로 부탁하러 온 사람이기 때문이었다.*

----

* 윤치호는 이복아우 치창의 눈병과 관련하여 김광서에게 부탁한 일과, 김광서의 출국과 귀국에 대해 기록했다(『윤치호 일기』, 1918년 12월 9일)

김광서는 윤치성을 만나지 못하고 다시 일본행 여정에 올랐다. 경성 도착 한 달 만이었다. 사흘 걸려 도쿄에 도착해 윤치창에게 돈을 전했다. 윤치창은 병 때문에 얼굴이 해쓱했다.

"병원비 전해주셔서 고맙습니다. 미국 유학 가려고 무리하게 공부했더니 이상한 병에 걸렸습니다. 경성 가시거든 형님께 사정을 잘 설명해 주십시오."

윤치창이 말했다. 병상 머리에 두꺼운 책이 놓여 있었다.

"이 사람, 눈의 건강을 잃은 사람이 책을 읽으면 어쩌려는가. 그냥 안대를 하고 참도록 하게."

김광서는 그렇게 말하고 이런 저런 이야기를 더 나누다가 일어섰다.

그는 일주일쯤 도쿄에 더 머물면서 신체검사를 해서 다시 장기 휴가를 확정하고 짐을 경성으로 보내는 일을 해결했다. 그리고 지난날에 신세졌거나 깊이 교유한 사람들을 만났다. 그들 가운데는 유년학교와 사관학교의 동기생 아베도 들어 있었다.

"설마 퇴역하려는 건 아니겠지? 고생해서 임관했는데 겨우 중위에서 끝낸다면 억울하잖아? 빨리 건강 회복하게."

아베가 말했다.

"고맙다. 죽을 때까지 널 잊지 못할 거다."

그의 말에 물색 모르는 아베 중위는 고개를 끄덕였다.

"내가 친형보다도 좋아했던 동기생, 나도 당신을 잊지 못할 거야. 어디서 근무하건 자주 못 만나더라도 우정을 잊지 말자."

김광서는 아베에게 더 이상 말할 수가 없었다.

초급장교들은 가난했지만 아베 중위는 화족 출신의 부자였다. 김광서를 신주쿠(新宿)의 술집으로 데려가 밤이 새도록 마셨다. 그리고 몸값이 비싼 여자를 사서 그의 방에 넣어 주었다. 김광서는 자신을 가장 좋아했던 일본인 동기생과 속마음을 털어놓지 못한 채 그렇게 작별했다.

그에게는 남은 일이 또 있었다. 육사 후배들을 만나는 일이었다. 다시 일본에 가기로 결정한 날 지석규에게 편지를 보냈는데 도쿄에 도착하니 셋집에 답장이 와 있었다. 전의회 모임을 그가 오는 것에 맞춰서 열기로 했다는 것이었다.

후배들 중 도쿄 제1사단 소속은 26기인 홍사익, 시베리아에 출정 중인 이응준, 그리고 27기인 윤상필이었다. 나머지 23명은 일본열도 각지에 흩어져 근무하고 있어서 많이 못 올 것이라고 생각했는데 모인 사람이 15명이나 되었다.

홍사익의 구령에 따라 후배장교들은 김광서에게 일제 경례를 했다. 답례를 하면서 김광서는 감회에 젖었다. 다시는 전의회 모임에 못 올 것 같은 예감 때문이었다. 그는 후배들이 일본에 막 도착했던 9년 전을 떠올렸다. 후배들 전체를 모아놓고 경례를 받던 순간들이 기억의 골짜기 깊은 곳에서 일어나고 있었다.

그는 약간은 비애에 찬 목소리로 말했다.

"늠름한 모습을 한 여러분을 보니 반갑습니다. 나는 장기요양을 허락받아 고국에 갔다가 며칠 전 도쿄에 왔고 모레 다시 돌아갑니다. 조국은 새로운 희망으로 꿈틀거리고 있습니다. 나는 말을 타고 광야를 달리는 꿈, 어두운 광야 한가운데서 북을 치는 꿈을 자주 꿉니다. 만약 몸이 회복되지 않아 군복을 벗어야 한다면 나는 북쟁이가 되어야 할 것 같습니다."

그는 그렇게 말했다. 말하는 도중 갑자기 가장 중요한 것은 감춰야 한다는 생각이 들어서였다. 만약 이 날의 모임에 관해 헌병대가 조사한다면 한 마디도 틀리지 않게 기록될 것이기 때문이었다. 후배들 중에 밀고자는 없겠지만 그렇게 해야 자신도 지키고 후배들도 지키게 된다는 것을 알고 있었다.

전의회 모임이 끝난 뒤 그가 묵는 료칸으로 지석규와 홍사익이 따라왔다. 그는 두 사람에게 말했다.

"경성에서는 민족지도자들이 일제 봉기할 계획을 세우고 있네. 나는 결심이 확고하게 굳어졌네. 자네들도 주변 정리를 하게."

지석규가 신중한 표정을 하고 입을 열었다.

"십 년 동안 각오하고 예비해 온 일입니다."

김광서가 다시 경성에 도착한 것은 초겨울 추위가 을씨년하게 거리를 휩쓸는 12월 7일이었다. 그는 윤치호에게 전화를 걸어 치창에게 돈을 전하고 문병한 일을 보고했다.

윤치호가 전화기 저쪽에서 말했다.

"고맙네. 내일 내가 저녁을 살 테니 여섯 시에 여화원으로 와. 세브란스병원 피부학과장 오긍선(吳兢善) 박사, 그 사람이 자네를 보고 싶다 해서 동석시킬 거네."

다음날 김광서는 중국요리집 여화원으로 가서 윤치호와 오긍선을 만났다. 오긍선은 40대 초반이었다. 윤치호처럼 서양 유학의 행운을 잡은 인물로 미국에서 의과대학을 졸업하고 세브란스의학전문학교 교수로 일하고 있었다. 김광서에게 세브란스병원 내과에 말해놓을 테니 찾아오라고 하는 등 호의를 보였다. 애국심은 강하나 독립투쟁의 의지는 약해 보였다.*

----

*   오광선은 뒷날 세브란스의전 교장을 지냈다. 윤치호처럼 친일의 길로 돌아서 국민총력조선연맹, 흥아보국단 등의 간부로 일했고 광복 후 반민특위에 기소되었다. 1963년에 사망했다.

제8장

3·1 만세의 중심에서

기미년을 경성에서

1919년 새해 첫날 아침을 김광서는 사직동 잣골 집에서 맞았다. 아내는 떡국을 끓였다. 부부는 일본에서 생활하며 양력 설날을 기념하는 것도 익숙해져 있었다.

"새해를 축하해요. 건강하시고 소원 성취하세요."

아내의 덕담을 듣고 그는 그녀의 손을 잡았다.

"당신도 소원성취하기 빌어요."

그는 그렇게 말하고 창가로 다가갔다. 눈부신 햇살이 쏟아져 들어오고 있었다.

"새해가 희망이 가득 담긴 서광을 비추며 다가왔어. 세계 약소민족과 피압박 민족에게 비상한 자극과 희망을 안겨주며 시작되었어. 미국 윌슨대통령의 '민족자결에 대한 선언' 때문이야."

그는 혼잣소리처럼 말했고 아내는 고개를 끄떡였다.

"저도 알고 있어요."

18개월 전 볼셰비키 혁명이 성공하면서 희망은 잉태되어 있었다. 신생 소련의 레닌 정부는 '평화에 관한 법령'과 '러시아 인민의 권리선언'을 통해 약소민족의 강제병합을 무효화하고, 러시아 영토 안의 모든 민족에 대해 러시아로부터 분리되어 독립정부를 가질 수 있다는 자결권을 인정한 바 있었다.

미국 대통령의 발언도 매우 매혹적이고 희망적인 것이었다. 파리강화회의*의 전후(戰後)처리 원칙이 된 윌슨 대통령의 14개 조항 중 제5항은 이러

----
* 　파리강화회의 : 1차대전 종료 후 전쟁에 대한 책임과 유럽의 영토조정, 향후의 평화 유지를 위한 조치 등을 협의하기 위해 1919-1921년 프랑스 파리에서 열린 일련의 회의.

했다.

　　식민지의 주권을 결정하는 데에는 주민의 이익이 관계정부의 정당한 요구와
　동등하게 중요시되어야 한다는 원칙에 입각하여 식민지적 요구를 조정하여야
　한다.

　민족 지도자들은 세계대전 종결을 계기로 하여 일체의 불합리한 과거는
모두 재조정될 것으로 믿었다. 그들은 국내와 국외에서 동시 다발적으로 활
발히 움직이기 시작했다. 세계대전 승전국들의 모임인 파리강화회의에 민
족대표를 보내 세계열강을 향해 조선이 강제 합병되었으니 독립시켜 달라
고 호소하려는 것이었다.

　미국에서는 이승만(李承晚)과 안창호를, 중국 상하이(上海)에서는 신한청년
단의 김규식(金奎植)을 보내려 하고 있었고, 러시아 연해주에서도 대한국민
회가 대표를 파견하기로 결정했다. 경성에서도 누군가를 파견하기 위해 활
발한 비밀회동을 하고 있었다. 경성의 비밀회동 중심에는 최린과 최남선이
들어 있었다.

　1월 5일 오전, 김광서가 사직동 집에서 책을 읽고 있는데 조선군사령부
소속 하사관이 찾아왔다.

　"조선군사령관 각하께서 내일 오후 두 시 중위님을 만나고 싶다고 하셨습
니다. 20분 전까지 조선군사령부 사령관 전속부관실로 오십시오."*

　조선군사령관은 우쓰노미야 타로 육군대장으로 이 해 60세였다. 김광서

---

* 우쓰노미야의 일기, 1919년 1월 6일, 『陸軍大將 宇都宮太郎 日記 3』, 岩波書店, 2007, 東京,
　198쪽. 휴가 중인 기병중위 김광서를 불러 조선인 장교들에 대해 물었다고 기록했다.

의 형 김성은의 요절에 대한 열쇠를 갖고 있는 자였다. 어담이 1906년 4월, 러일전쟁 기념 '육군 개선 대관병식 참관단'으로 도쿄에 갔을 때 어담을 육군대신 고다마 겐타로 대장에게 데리고 간 장교였다. 김광서는 그걸 알지 못했다.

그는 다음날 용산에 있는 조선군사령부로 갔다. 오후 2시 정각이 되자 전속부관이 사령관실로 안내했다. 그가 꼿꼿이 서서 경례하자 사령관은 부드러운 미소를 지으며 우단을 씌운 안락의자를 가리켰다.

"여기 앉아서 차 마시며 이야기하자."

김광서는 사령관이 먼저 앉기를 기다렸다가 안락의자에 앉았다.

"부친 김정우 부령, 육사 11기 출신 형 김성은 부령, 그렇게 세상을 떠나다니 안됐다. 중위, 그대도 몸이 안 좋아 휴직 중이니 각별히 건강에 유의하라."

"고맙습니다, 사령관님."

"그대를 유년학교와 육사에 넣기 위해 육군성이 참으로 많은 노력을 했지. 무관학교 재학 중에 도쿄유년학교로 간 후배들은 어떤가? 몇 명인가?"

"26기가 13명, 27기가 20명, 모두 33명이 임관했습니다."

사령관은 결혼했느냐, 아이는 몇이냐, 휴직이라 봉급을 절반 받아도 살 만한가, 위장병은 어떠냐 하고 자상하게 물었다. 민간병원에서 치료가 안 되면 경성 위수병원에 지시할 테니 그곳으로 가라는 말도 했다.

사령부를 나오면서 김광서는 우쓰노미야 사령관이 좋은 인성을 가진 사람이라고 생각했다. 그러다가 냉정해졌다. 그는 우리 민족을 지배하러 온 일본군 총수일 뿐이다. 그렇게 생각하자 기회가 온다면 자신은 조선의 아들로서 우쓰노미야를 저격할 것이라고 결의를 굳혔다.

1월 13일, 김광서는 최린을 만나 함께 저녁을 들었다. 두 사람은 새해에 갑자기 밝은 빛으로 다가온 희망에 대해 이야기했다. 애국지사들의 조용한 움직임과 봉기의 가능성에 대한 이야기도 했다.

"자네는 군인 신분이니 이번에는 발을 들여놓지 말게. 우리는 일본의 군법이 민간법보다 세 배는 무겁다는 걸 아네."

최린의 말에 김광서는 고개를 끄덕였다.

"그럴게요. 민족봉기를 크게 일으키세요."

"언제고 자네가 필요할 때가 올 거야. 무장투쟁을 해야 하는 날이 올 거야. 그때까지 은인자중하게."

최린은 그렇게 말하고 비밀회동에 참석하기 위해 총총히 일어섰다.

다음날인 1월 14일, 김광서는 YMCA의 고문격인 월남 이상재 선생과 윤치호를 만나 식사를 같이하는 기회를 가졌다. 이상재 선생이 그를 만나고 싶어 해서 만들어진 자리였다.*

"선생님, 뵙게 되어 영광입니다. 앞으로 많이 가르쳐 주십시오."

김광서는 군복을 입은 채로 엎드려 큰절을 했는데 선생은 맞절을 하고나서 그의 등을 손으로 어루만졌다.

"그대는 민족의 보물이야. 그대와 같이 황실유학생으로 떠난 청년들, 대부분 총독부에 협조하며 살고 있고 최린과 최남선 정도가 민족의 운명을 껴안고 분투하고 있지. 그대도 몸은 일본군에 있지만 조국을 우선 생각해주기 바라네."

"명심하겠습니다."

---

* 『윤치호 일기』, 1919년 1월 14일.

그는 선생 앞에 고개를 숙였다. 문득 아버지처럼 의지하고 싶은 마음이 들었다.

이상재는 이 해 고희가 된, 그리고 민초들의 중망을 받는 원로 지도자였다. YMCA는 일본의 무단통치 아래서 거의 유일한 민간단체로 남아 있었는데 그 중심에 그가 기둥처럼 서 있었다. 그가 청년학생층에게 끼치는 영향은 매우 컸다.

식사가 끝나갈 무렵에 이상재 선생이 파리강화회의 문제를 꺼냈다.

"윤 선생, 당신에게 파리강화회의에 가 달라는 요청을 할 거라는 말들이 있던데 요청이 오면 어찌할 거요? 4개 국어에 능통하고 서양 사람들 생각을 잘 아는 윤 선생이야말로 최고 적임자라고들 생각하는 모양이오."

윤치호는 머리를 설레설레 흔들었다.

"아직 요청이 없었습니다. 저는 거절할 겁니다. 일본이 패전국이라면 승전국들이 관심을 가질지 모르지만 일본은 어엿한 승전국입니다. 윌슨 대통령의 민족자결주의도 어림도 없는 소리입니다. 미국이 일본과 한 패인데 그걸 깨뜨리고 전쟁까지 불사하며 우리 조선을 도울 리가 없지요."

민족이 위기에 처한 시대를 헤쳐 나오며 고결하고 의기 높은 행동을 하여 중망을 받고 있는 이상재 선생은 길게 한숨을 쉬었다.

"논리적으로는 윤 선생 말이 옳을 수도 있지만 많은 지도자들이 그렇게 지푸라기라도 붙잡고 싶어 하는데 딱 잘라 거절하기는 어려울 거요. 어떻게 해야 민족이 왜놈들의 쇠사슬을 끊고 나갈 수 있을지 참으로 걱정이외다."

이상재 선생은 윤치호의 생각이 완강한 걸 알기 때문인지 더 말하지 않았다.

점심식사를 하고 밖으로 나오자 윤치호 총무는 종교(琮橋)교회에 일이 있다고 했고 그 쪽으로 걸어갔다. 종교교회는 도림동에 있었다. 남감리회파 계열의 교회로 1900년 윤치호가 주도하여 세운 것이었다.

이상재 선생이 YMCA 회관에 들르려고 했으므로 김광서는 선생과 함께 종로통을 걸었다. 겨울 날씨치고는 포근해서 걷기에 좋았다.

3명의 일본군 기병이 평보로 말을 몰아 순찰하고 있었는데 김광서를 발견하고는 힘찬 구령과 함께 거수경례를 했다. 그들은 그의 외투 깃에 달린 기병 병과표시를 바라보고 있었다. 김광서는 육사 출신답게 민첩하고 멋있는 동작으로 답례했다.

이상재 선생이 발걸음을 옮기면서 말했다.

"오늘 민족이 처한 상황을 놓고 볼 때 무관은 칼과 같네. 칼은 조국을 구할 수도 있고 조국을 찌를 수도 있지."

"저는 의로운 칼이 될 겁니다."

"중위, 신흥무관학교라고 들어 봤는가?"

이상재 선생의 말에 그는 고개를 저었다.

"처음 듣습니다."

이상재 선생은 길 건너편 종각을 바라보았다. 넓은 종로통은 한겨울이라선지 대낮인데도 인적이 드물었다.

"거기 무관 출신 애국자들이 모여 있네."

선생은 더 말하지 않았다.

그는 선생과 헤어져 윤치성을 찾아갔다. 윤치성은 도자기회사 사장은 그만두었고 무관 출신으로서 강제합병으로 일자리를 잃은 사람들의 뒤를 챙겨주느라 바쁜 듯했다. 몇 사람의 방문객이 나가자 김광서는 곧장 윤치성에게 물었다.

"사장님이 독립운동 해 오신 거 압니다. 대한광복단, 김좌진과 관계있다는 걸 들었습니다. 신흥무관학교에 대해서도 들었습니다. 거기로 가려 합니다."

윤치성은 한동안 찬찬히 그를 바라보다가 입을 열었다.

"내가 용기가 없어 가지 못하는 신흥무관학교, 네가 그런 결심을 했구나."

김광서는 윤치성 쪽으로 몸을 기울이고 귓속말을 했다.

"그런 단체들과 연결된 국내 비밀조직이 있지 않겠습니까?"

윤치성도 그처럼 몸을 기울였다.

"서간도에서 군자금 모집책이 이따금 경성으로 들어온다고 한다."

"찾아 연결해 주십시오."

"미안하다, 영은아."하고 윤치성은 그의 어릴 적 이름으로 부르며 눈이 뚜릿뚜릿해졌다.

"내가 그 길을 못 가는데 너한테 가라고 할 수는 없어. 너의 형 김성은 부령을 비롯한 우리 육사 11기들, 15기 후배들, 거의 모두가 너와 같은 생각을 가졌지만 결행하지 못했어. 망명을 선택하는 순간부터 가시밭길을 걸어야 하기 때문이야. 나 하나 문제가 아니야. 나를 던지느냐 참느냐 선택은 자기 운명은 물론 자식의 운명, 아내의 운명, 부모의 운명까지 바꾸게 되지. 수십 번 각오하고서도 마지막 결단을 내리지 못하지. 자기를 버리는 건 아무나 할 수 있는 게 아냐. 그래서 그런 분들을 사람들은 지사(志士)라고 불러."

"그래도 11기 중에서는 노백린 선배님이, 15기 중에서는 이갑 선배님이 그 길을 선택하셨습니다."

김광서가 그렇게 말했으나 윤치성은 눈을 질끈 감은 채 고개를 내저었다. 한참을 기다렸으나 그대로 미동도 하지 않았다.

"오늘은 이만 물러가겠습니다."

김광서는 윤치성의 방을 나왔다. 야속한 생각은 들지 않았다. 집안끼리 인연이 깊고, 요절한 옛 친구이자 동기생인 김성은의 아우이므로 고난의 길로 보낼 수 없다는 충정 때문일 것이라고 짐작했다. 혹은 그 길을 선택하지 못한 자기 자신에 대한 탄식 때문일 것이라 생각했다.

거리를 걷는데 반대편에서 누군가가 다가오며 반색을 했다. 신승희 형사였다. 문득 이 고등계 형사가 윤치성을 사찰하고 있구나 하는 느낌이 스쳐 갔다.

"듕위님, 어제가 소한(小寒)인데 날씨가 봄날가티 포근합메다."

상대가 미소를 지으며 함경도 사투리로 말했으므로 그도 그렇게 대답했다.

"그렇습둥."

혹시 이야기를 하자고 소매를 붙잡을지 모른다고 생각했으나 고등계 형사는 그냥 손을 흔들고 걸어갔다.

고종황제의 붕어

그로부터 며칠이 지난 1월 21일, 종로 거리를 걷고 있는데 광무황제가 매우 위독하다는 『매일신보』호외가 뿌려졌다. 그는 호외를 읽고 최린과 유병민을 만나러 보성고보로 갔다.

최린 교장의 책상 위에도 호외가 놓여 있었다.

"이미 폐하께서 새벽에 승하하셨다는 소문이 돌고 있어. 왕세자와 나시모토 마사코(梨本宮方子) 공주의 결혼 날이 나흘 남은 터라 숨기는 것 같아."

최린은 그렇게 말하고 한 마디를 덧붙였다.

"자네는 감상이 어때?"

"폐하는 불운한 제왕이셨어요. 메이지 천황처럼 국가 융성기를 만났으면 얼마나 좋을까 하는 마음, 일본처럼 제국주의 열강의 갈고리를 벗어나는 경륜을 발휘했으면 얼마나 좋을까 하는 아쉬움이 남아요."

"나도 마찬가지일세."

최린은 그렇게 대답하더니 언뜻 생각나는 게 있는 듯 안락의자에 그와 나란히 앉은 유병민을 바라보았다.

"유 선생이 어제 매일신보 기자에게 들었다는 이야기 말이오. 이 친구에게 해 주세요."

유병민이 들고 있던 찻잔을 내려놓았다.

"김 중위, 자네도 우리들 유학동기인 조용은이 중국 상해로 망명해서 독립투쟁을 하고 있음을 알고 있겠지. 가명은 조소앙이야. 열흘 전 만주 땅 길림(吉林 지린)에서 중국과 연해주 망명투사들이 '대한독립선언서'를 발표했는데 조용은의 이름이 있어. 독립선언서가 기막힌 명문이고 그걸 조용은이 기초했대."

"아, 그랬군요. 용은이가 기어이 하고 있군요."

김광서는 조용은이 그런 장한 일을 했다는 것에 감격하여 가슴이 뛰었다. 자신이 탈출하여 만주로 간다면 만날 수 있겠구나 하는 생각도 들었다. 그러나 그는 최린과 유병민에게 속내를 보이지 않았다. 일본 밀정의 감시가 워낙 심해 '독립'이라는 말은 아내에게도 비밀로 해야 한다고 생각하고 있었다.

황제가 승하하고 며칠이 지나자 이상한 소문들이 돌았다. 하나는 황제가 독살당했다는 것이었다. 소문은 상당히 구체적이었다. 또 하나는 황제의 장례식인 인산(因山)날에 경성의 모든 학생들이 들고일어날 것이라는 소문이었다.

며칠 뒤 늦은 오후에 김광서가 종로통에서 고장난 회중시계를 고치고 시계수리점을 나오는데 삼베로 만든 상복을 입은 사람들이 덕수궁 쪽으로 걸어갔다.

"나라가 망했더라도 황제 폐하 누우신 곳 멀리서라도 절을 하고 가야지."

말소리를 들으니 지방에서 올라온 유림들 같았다.

그가 그들의 뒷모습을 물끄러미 바라보는데 한 소년이 다가와 작은 광고 전단을 내밀었다. 자양환(滋養丸)이라는 강장제를 선전하는 것이었다. 고개를 저으며 필요 없다고 거절하는데 소년은 "자세히 뒷면을 살펴 읽어 보셔요"하며 전단을 그의 군복 주머니에 찔러 넣고 골목 안으로 사라졌다.

느낌이 이상하여 쪽지를 꺼내 들여다보았다. '인간의 행복은 금전이 아니로다 신체 강건이 제일 행복 수십 년래의 경험을 가진 유일한 대보(大補) 강장제' 그런 광고 문구들을 읽어 가는데 광고 문구 위 공백에 연필로 쓴 글자들이 깨알처럼 박혀 있었다.

　　형의 말채찍에 엄지손가락이 부푼 다섯 해 전 첫 만남이 생각납니다. 사복
　입고 내일 오후 5시 피맛골 걸으실 것. 안내자는 왼손에 단장 오른손에 신문을
　들고 있음. 접선 암호는 겨울소나무. 안전암호는 소나무에 앉은 백로 두 마리
　입니다.

안확의 밀서였다. 휴대용 말채찍 이야기를 신표(信標)처럼 쓴 것이었다. 그는 글자들이 적힌 전단지의 윗부분을 찢어내 씹어 먹었다.

다음날 해질 무렵, 그는 사복 차림을 한 채로 종로통을 조금 걸어 피맛골로 갔다. 두터운 외투를 입은 차림으로 일부러 한가한 표정을 하고 걸었다.

그 때 왼손에 단장을 짚고 오른손에 신문을 돌돌 말아 쥔 30대 초반의 남자가 그의 어깨를 스치고 앞질러 걸어갔다.

단장 짚은 사내는 잠깐 고개를 돌려 부드러운 목소리로 말했다.

"난동(暖冬)이에요. 겨울은 역시 추워야 겨울답지요. 소나무는 아무리 추워도 푸르른 상록수지요. 우리 인간에게 절개가 왜 소중한가를 말해 주는 나무 아닙니까."

암호였다. 안전하다는 암호를 보내야 했다.

"나는 백로 두 마리 쯤 앉은 남산 소나무가 좋습니다."

그는 그렇게 말했다.

"중위님, 멀리서 천천히 저를 따라 걸으십시오."

단장 든 남자는 빠르게 말하고 다시 발걸음을 떼어 놓았다. 한참을 가더니 어두운 옆 골목으로 꺾어지고 이내 어느 집 쪽문으로 들어갔다. 뒤따라 들어간 그에게 사내는 반대쪽 들창문을 가리켰다.

"여차하면 이 문을 걷어차고 탈출하세요."

그렇게 말하고는 방문을 가리켰다.

김광서가 방문을 열자 침침한 방 안에서 안확이 두 팔을 벌리며 맞아들였다. 그의 곁에는 털배자를 입고 두껍게 누빈 무명바지에 행전을 친 사내가 서 있었다.

"김 형, 미안하오. 나는 쫓기는 몸이라 이 방법을 썼소이다."

"잘 하셨소이다."

김광서가 말했다.

안확은 자신이 경상도에서 조직된 조선국권회복단 지부장이라 경찰에 쫓기고 있으며 광무황제를 국외로 탈출시키려다 승하하는 바람에 실패했다고 털어놓았다. 그리고 자신이 관여한 다른 조직이 광무황제의 밀명을 받은 이화학당의 김란사 교수를 파리강화회의에 보내기 위해 출국시켰다고 털어놓았다.

"우리는 김 형이 신흥무관학교에 대해 알려고 하고 서간도 조직과 손을 잡으려 한다는 정보를 손에 넣었지요. 그래서 내가 나선 거외다."

안확은 그 정보가 이상재 선생 쪽에서 보낸 건지, 윤치성 사장 쪽에서 보낸 건지 말하지 않았다.

"사실이외다. 신흥무관학교와 서간도 독립운동 조직과 연결된 국내조직을 알고 싶소이다."

"그럴 줄 알고 서간도에서 온 밀사를 불렀소이다."

안확은 그렇게 말하고 자기 옆에 앉은 털배자 입은 사내를 소개했다.

사내는 엎드려 절을 했다.

"저는 강대치입니다. 뵙게 되어 큰 광영입니다."

"김광서입니다."

김광서도 그렇게 엎드리며 맞절을 했는데 강대치라는 사람의 허리춤에 권총이 보였다.

강대치는 품속에서 서간도 지역 독립투쟁의 최고지도자인 일송 김동삼의 신임장을 내놓았다. '강대치 동지를 군자금 모집과 신흥학교 생도 초모를 위해 파견함'이라는 문구와 함께 수결(手決)과 장인(掌印)이 찍혀 있었다.

강대치는 만주의 독립운동 진영에 대해 말하기 시작했다.

"국내 의병투쟁이 좌절되고 강제합방이 되자 민족지도자들 사이에 독립전쟁론과 해외기지론이 대두된 건 중위님도 아실 겁니다. 국경 가까이 독립전쟁 기지를 만들고 군대를 조직해 국내로 진공해 일본군을 몰아내는 것이었습니다. 결국 만주 땅에서 시작하게 됐지요.

남만주는 국내에서 투쟁하던 신민회가 옮겨가 조직한 부민단이 중심이었습니다. 그게 발전해 한족회(韓族會)가 됐고, 한족회가 독립전쟁을 펼칠 결의로 만든 조직이 군정서(軍政署)입니다. 그밖에 향약계와 농무계와 포수단 등이 뭉친 대한독립단, 각지 청년단 연합조직인 대한청년단연합회, 임시정부 산하로 편성된 광복군 총영, 편강렬 선생이 이끄는 의성단, 최지풍 선생이 이끄는 천마대 등도 있습니다.

북만주는 간민회(墾民會)에서 발전한 대한국민회가 있고, 대종교 계통의 중광단(重光團), 홍범도 장군이 지휘하는 대한독립군, 최진동 동지가 이끄는 군무도독부, 간도관리사를 지낸 이범윤 대감이 이끄는 대한광복단, 한말 의병 출신 투사들이 조직한 의군부 등이 활동하고 있습니다.

남만주 쪽은 신흥무관학교라는 사관 양성기구가 있고, 북만주 쪽은 연해주에서 무기조달이 쉬워 장비면에서 우위에 있습니다. 양쪽 지도자들은 통합하여 국내 진공을 하는 것을 비원으로 안고 있습니다. 중위님을 필요로 하는 곳은 남만주 서간도의 한족회와 군정서입니다."

강대치는 여기까지 말하고 다시 무릎을 꿇었다.

"중위님, 서간도 신흥무관학교로 가 주십시오. 이몸은 무명 투사일 뿐이지만 이 자리에서 목숨을 내놓을 수 있습니다. 지나(支那, 중국) 측 눈치를 보느라 무관학교라는 명칭을 못 쓰지만 신흥학교는 무관학교입니다. 일본의 정규 육사를 나오신 중위님이 가서 애국심으로 피가 끓는 청년 생도들을 가르치신다면 무장항쟁은 새로운 전기를 맞을 겁니다. 생도들은 호랑이 새끼가 되어 서간도와 북간도와 연해주의 무장단체로 퍼져 나갈 거고 장차 독립투쟁의 주축이 될 겁니다."

강대치 밀사의 간곡한 요청을 들으며 김광서는 등줄기에 감격의 전율이 훑어내리는 것을 느꼈다. 그는 강대치의 손을 잡아 편히 앉게 했다.

"나도 내가 갈 곳이 거기라고 생각합니다. 몇 사람의 육사 후배들이 나를 따를겁니다. 다만 한 가지 부탁이 있습니다. 북간도 용정에 한상우라는 분이 있습니다. 나하고 황실유학생 동기생이신데 그분 근황이 궁금합니다. 대성중학에서 아이들을 가르친다고 들었습니다만."

그의 말을 듣고 강대치는 눈을 크게 떴다.

"만나 뵌 적은 없지만 그분은 신뢰받는 지도자입니다. 북간도 조선인의 중심조직인 간도국민회 간사를 맡고 계십니다. 아마 그분도 중위님에게 일단 서간도로 가라 하실 겁니다."

강대치 밀사는 망명길에 오를 경우 어떤 암호를 쓰고 어떤 조직의 도움을 받아야 하는가를 알려주고 방을 나갔다.

김광서는 안확과 술 한 잔으로 회포를 풀며 밀린 이야기를 나누고 피맛골을 나왔다.

그날 밤 그는 몸을 뒤척이며 잠들지 못했다. 마침내 때가 왔다. 이제 어떻게 할 것인가. 그가 찬바람을 좀 쏘이려고 가만히 몸을 일으키는데 아내 정화가 따라 일어섰다.

"고심을 하시는군요. 차를 타 드릴까요?"

그는 천천히 고개를 젓고 옆방으로 가서 나란히 누워 잠든 두 딸을 들여다보았다. 아이들이 깰까봐 마루에만 전등을 켜고 아이들 방은 켜지 않았다. 내가 떠나면 처자식은 어찌될 것인가. 그는 아이들 이불을 잘 덮어주고 마루로 나왔다.

1월 하순이 되자 상황은 급박하게 돌아갔다. 유병민이 만나자고 해서 보성학교로 찾아가니 마침 최남선이 교장실에 와 있었다. 그리하여 김광서·최린·최남선·유병민, 이렇게 네 유학 동기들이 한 자리에 앉았다.

최남선은 자신이 오전에 윤치호를 만났는데 파리 강화회의에 가 달라는 요청을 거부했다고 분개했다.

"일제에 회유당한 게 분명해요."

최남선이 분통을 터뜨리자 최린이 성급하게 방안을 서성거렸다.

"우리가 젊은 날에 존경했던 윤치호는 죽었어. 지금은 타협하고 눈치 보는 회색인으로 살아가고 있어."

김광서는 이상재 선생과 함께 회동한 날 윤치호에게 들은 이야기를 여기서 꺼내야 하나 망설였다. 자신도 최린이나 최남선처럼 분개하지만 남의 말을 그가 없는 자리에서 꺼내는 일이 올바르지 않다는 생각 때문이었다.

그들은 곧 윤치호에 대한 비난은 끝내고 황실유학생 동기들 이야기를 했다. 김광서가 궁금해하자 세 사람의 동기들이 아는 대로 들려주었다. 동기생들은 대개 일제와 타협하며 공직에 앉아 있었다. 임대규·전영식·곽한탁·박용희·원훈상 등은 군청 서기로 출발해 빠르게 승진하고 있었다. 원훈상은 이미 경상남도 사천군수가 되어 있었다. 재판소 서기로 출발한 사람들도 있었다. 박유병과 윤태진은 이미 판사로 승진해 있었다. 교육자로는 최린 교장과, 중앙학교 교사인 강전, 유병민이 있었다. 박이병은 사업을 하고 있고 김진용과 홍창식은 사회운동을 하고 있었다. 유승흠은 총독부에 기용되어 함경남도 도참사(道參事)를 했는데 이즈음은 인천에서 사업을 하고, 한상우는 여전히 북간도에 있다고 했다.

최남선이 한숨을 쉬며 말했다.

"황실유학생 동기회를 만들 생각을 해 봤지만 동기생들이 거지반 일본 앞잡이가 돼 있어 관뒀지. 광무 황제 폐하께서 우리를 뽑아 보낸 건 왜놈 앞잡이가 되라는 게 아니었는데 결국 그렇게 돼버렸어."

최린이 덩달아 한숨을 쉬었다.

"그러게 말일세. 을사조약을 거부하며 전원 자퇴한 그때의 그 의기는 어디로 갔는지…."

그 날 김광서는 최린·최남선과 저녁 식사를 같이하지는 못했다. 최린이 누구에게선가 걸려 온 전화를 받아 통화를 한 뒤 사정이 변했던 것이다.

"김 중위, 와세다대학 송계백(宋繼白)을 아나?"

최린의 물음에 김광서가 대답했다.

"만난 적은 없지만 유학생 대표들 중 하나지요.."

"그 사람이 동경유학생 대표로 경성에 밀파됐는데 경찰에 쫓기고 있다네."

최린이 중절모를 쓰면서 말했다.

"자네가 신뢰하는 후배 장교가 누군가?"

"하나를 고른다면 지석규 중위이지요."

"지 중위 가족 중에 일본에 다녀올 사람이 있나?"

"부모 안 계시고 형제도 없고, 부인은 일본에 살다가 돌아온지 얼마 안 되요. 임신 중일 겁니다."

"지 중위의 집 약도를 그려 주게. 이유는 묻지 말게."

최린과 최남선은 "묻지 마라", "미안하다"라는 말을 연신 하면서 그를 남겨두고 어디론가 급히 달려갔다. 김광서는 유병민과 함께 저녁식사를 했다.

나중에 안 일이지만 두 최 씨는 손병희·권동진(權東鎭)·오세창(吳世昌) 등과 함께 만세운동과 민족의 봉기를 위한 비밀모임에 참석하러 갔고, 그 모임은 지석규 중위의 부인을 유학생회에 밀사로 보내는 일을 결정했다.

기생 현계옥

인천항에서 무역업을 하는 유승흠이 속달우편을 통해 연락해 왔다. 2월 8일 토요일 경성에 갈 것이니 저녁식사를 같이하자는 내용이었다. 만날 장소는 경성 최고의 요릿집 명월관(明月館)이었다. 본래 장춘루(長春樓)였던 이 최고급 요정은 지난해 황토현(黃土峴)*에 있던 명월관이 불탄 뒤 그 간판으로 바꿔 달고 황토현 시절의 명성을 이어가고 있었다.

약속된 시간에 인력거를 타고 가니 40대 중반의 나이에 이른 유승흠이 반백의 머리를 흩날리며 입구에 서 있었다. 두 사람은 굳은 악수를 하고 그동안의 안부와 자식들 이야기를 나누며 예약된 방으로 들어갔다. 밀실이었다.

"형은 계속 인천에서 사업을 할 건가요?"

김광서의 물음에 유승흠은 천천히 외투를 벗으며 입을 열었다.

"무역업으로 돈도 좀 모았으니 사립학교를 지어 운영하고 싶어."

"도참사를 관둔 건 잘하신 일이에요. 열심히 번 돈은 독립투사들에게 보내야지요. 형은 독립운동을 할 거라고 생각했어요."

"교육사업으로 민족교육을 하는 것도 소극적인 독립운동이지. 너무 몰아대지 말게."

유승흠은 갑자기 목소리를 낮춰 다시 말했다.

"너무 티 나게 하지 말어. 다칠까봐 하는 말이야. 일본에 충성하는 것처럼 보여야 헌병 경찰이 안심할 거 아닌가?"

그렇구나, 하는 생각에 김광서는 머리를 끄덕였다. 경성에 돌아온 뒤의

---

* 현재의 세종로에 붙였던 지명으로 지금 동아일보사 자리이다.

며칠을 돌아보면 충분히 그럴 만했다.

유승흠이 다시 입을 열었다.

"내가 경성 제일의 기생 현계옥(玄桂玉)을 불렀어. 장안의 내로라하는 한량들이 수만금을 준다 해도 넘어가지 않는 기생, 심지어 의친왕 이강 공까지도 좋아한다는 명기(名技)일세. 곧 나타날 거야."

종업원들이 잘 차려진 술상을 들여온 직후 푸른 보자기에 가야금을 싸서 안은 젊은 여인이 들어왔다. 키가 늘씬했다.

"모시게 되어 기쁩니다. 계옥입니다."

여인은 두 손으로 바닥을 짚고 한쪽 무릎을 세운 채 허리와 고개를 숙여 절을 했다. 그러고 나서 유승흠을 향해 부드러운 미소를 지어보였는데 두 눈에 총기가 서리고 입술이 촉촉이 젖어 있었다. 키가 크고 이목구비가 수려한 미인, 뺨에는 은은하게 복숭앗빛이 돌고 목이 길었다. 그리고 세상의 남자라면 안아보고 싶을 정도로 고혹적인 몸매를 갖고 있었다. 천박하지 않고 청순하여 기방(妓房)에 나오기에 아까운 인상이었다.

"오늘 주빈은 내가 아니라 동경에서 육군사관학교 기병과를 나온 김 중위네. 잘 모셔 주게."

"잘 알았습니다."

계옥은 한 쪽 무릎을 세우고 무릎 위에 두 손을 얹은 채 공손히 말하고 김광서를 바라보았다.

"저는 가야금과 장구 치기에 약간의 재주가 있사옵니다. 특별히 좋아하시는 곡을 말씀해 주시면 준비하겠습니다."

그러면서 그녀는 앉은걸음으로 그의 곁으로 좀 더 가깝게 다가왔는데 한 포기의 꽃이 움직이는 것 같았다. 머리에 은비녀를 꽂고 손에도 은가락지를 끼었는데 그것이 품격을 더 돋보이게 했다.

"나는 타지에서 오래 살아 이런 자리에 온 경험이 없네. 그대가 하고 싶은 걸 해 주게."

김광서는 이런 자리에 경험이 없었지만 마음이 편안했다.

"그럼 사설시조부터 한 곡 올리겠습니다."

계옥은 가야금 줄을 가다듬더니 숨을 한 번 고르고 시조 창을 하기 시작했다.

> 나모도 바윗돌도 없는 산에서 매에게 쫓기는 까투리 마음과
>
> 대천 바다 한가운데서 일천 석 실은 배에 노도 잃고 닻도 잃고 용총도 끊어
>
> 지고 돛대도 꺾어지고 키도 빠지고, 바람 불어 물결 치고 안개 뒤섞여 잦아진
>
> 날에, 갈 길은 천리 만리 남았는데 사면이 검어 어둑하고 저물어 천지 적막하
>
> 고 까치놀 떴는데 수적(水賊) 만난 도사공의 마음과
>
> 엊그제 임 여윈 내 마음이야 어디에 비교하리오.

지난 15년 군가만을 듣고 부르며 살아온 그에게, 모국어보다는 일본말에 익숙해져 살아온 그에게, 그것은 놀라운 감동이었다. 청아한 목소리는 강약과 완급을 타고 넘었으며 그것을 따라가고 혹은 앞서가는 가야금 탄주 또한 일품이었다. 그녀는 노랫말에 들어 있는 감정을 자기 것으로 이입시켜 연출을 하는 탁월한 능력이 있어 보였다. 그녀는 사랑하는 임과 이별한 여인의 슬픔을 얼굴과 몸에 담고 있었다.

그녀는 시조창을 한 곡 더 했다. 황진이의 시조 '동짓날 기나긴 밤을'이었다. 그것들 부를 때는 오지 않는 임을 기다리는 기녀의 애끓는 마음을 드러냈다. 그런 다음 술상 앞으로 다가와 주전자를 잡고 김광서를 바라보았다.

"술 한 잔 올리겠습니다."

김광서는 그녀가 부어 주는 술을 받아 마셨다.

기생 앞에서 자유롭게 대화할 수는 없었다. 헌병 경찰이나 밀정이 그녀에게 접근할 것이었다. 그동안 걸어온 인생길을 이야기했다. 그러다가 술을 몇 잔 마시고 현계옥의 장고춤을 보고 「춘향가」 중 '쑥대머리'를 들었다. 아아, 우리 조국에 이렇게 애타는 노래가 있었구나. 김광서는 숨도 쉬지 않고 들었다.

명월관을 나온 것은 세 시간이 약간 지난 뒤였다. 유승흠은 계옥에게 4시간의 화대를 지불하고 인력거 값을 얹어주었다. 화대는 첫 한 시간은 1원 50전, 그 후부터는 시간당 1원 20전이라고 했다. 유승흠이 준 것은 6원이었다. 기생을 자기 집으로 불러 연회를 열 수도 있다고 했다.

토끼털로 만든 배자를 걸치고 입구까지 따라 나온 현계옥은 택시에 오르는 두 사람에게 공손히 고개를 숙였다.

"불러 주셔서 고맙습니다. 혹시 소홀하고 부족한 게 있었으면 용서하십시오. 다시 뵐 수 있으면 더 잘 모시겠습니다."

그리고 특별히 김광서를 향해 한 번 고개를 숙였는데 김광서는 목례로 답했다.

유승흠이 한 마디 했다.

"김 중위가 부르면 오겠는가?"

"가겠습니다."

현계옥이 조신한 태도로 다시 절을 하며 말했고 유승흠은 껄껄 웃었다.

"내 이미 짐작하고 있었네. 자네가 이 중위를 맘에 들어 한다는 걸."

두 사람은 택시를 타고 사직동 김광서의 집으로 달렸다. 집에 도착하자 그들은 경천원을 한 바퀴 돌고 사랑채에 다시 술상을 놓고 앉았다. 유승흠이 현계옥에 대한 이야기를 했다.

"경상도 달성 출신으로 대구에서 기적(妓籍)에 이름을 올렸다네. 애달픈 사랑의 아픔에 빠져 경성으로 왔다고 하네. 상대는 현정건(玄鼎健)이라는 인텔리겐치아인데 우리들 황실유학생단 동기 현석건의 아우야."

김광서는 먼 기억 속에 묻힌 것을 끄집어냈다.

"그렇군요. 현석건 현정건의 아버지는 현영운(玄暎運) 대감이지요. 그분은 내 아버님의 전임자로 군기창감을 지냈어요."

"계옥은 현정건을 대구에서 만나 정인(情人)이 됐는데 기생을 작파하고 사랑을 따르려 했으나 동성동본이라 애면글면하고 말았다는군. 그 뒤 정인을 찾아 경성으로 와서 남도기생조합에 이름을 올렸는데 정인인 현정건은 그만 중국으로 가 버렸다는군. 확실히는 모르지만 독립운동을 하는 모양이라."

김광서는 그렇게 말하고 참으로 좋은 인상을 가졌던 기생 현계옥의 모습, 그리고 그녀가 애절하게 부른 창을 잠시 생각했다.

유승흠은 인천으로 가지 않고 김광서의 집에서 자기로 했다. 두 사람은 사랑채에 같이 누웠다. 김광서가 그렇게 한 것은 세월이 워낙 수상해서 언제 다시 만날지 기약할 수 없다는 생각이 들어서였다. 유승흠도 같은 생각인 듯 그에게 안채의 가족에게 가라고 말하지 않았다.

잠자리에 눕기 전 유승흠이 말했다.

"나는 자네가 불원간 무슨 일을 벌이리라는 걸 눈치 챘네. 우리는 십 년이 넘은 친구가 아닌가. 나는 왜병을 막아 큰 공을 세운 조상님만큼 용기가 없지만 눈치 하나는 빠르네."

김광서는 눈을 크게 떴다.

"네, 알아요. 나는 헌병 경찰들 헷갈리게 현계옥하고 연애나 할까요?"

유승흠은 외투를 찾더니 거기서 누런 봉투를 꺼냈다.

"많지 않은 돈이네만 필요할 테니 받으시게. 망명탈출에 써도 좋고 주색잡기에 써도 좋네."

"고맙습니다."

김광서는 고개를 끄덕이며 봉투를 받았다.

도쿄에서 들려온 2·8 독립선언 소식

다음날 아침, 김광서는 경인선 기차를 타는 유승흠을 배웅하러 함께 경성역으로 나갔다. 경찰과 헌병, 사복형사와 정보원으로 보이는 자들이 눈을 빛내며 행인들의 행색을 살피고 있었는데 헌병 둘이 김광서를 보자 경례를 했다. 헌병들은 그가 물러가라는 말을 할 때까지 부동자세로 말뚝처럼 서 있었다. 장교가 역에 나왔으므로 명령을 수행하고 편의를 제공하겠다는 뜻 같았다.

"나는 선배님 배웅 나왔네. 그대들은 가도 좋네."

그의 말을 듣고 헌병들을 그 곳을 떠났다.

유승흠은 경인선 열차를 타고 떠났다.

그로부터 사흘이 지나서 그는 최린과 유병민을 만나러 중앙학교로 갔다. 최린 교장은 며칠 전 유승흠과의 술자리가 어땠느냐 묻고 몇 가지 사소한 소식을 전하더니 표정이 심각해졌다.

"무슨 일이 있어요?"하고 김광서가 물었다.

최린은 상기된 얼굴을 하고 그의 곁으로 바삭 다가앉았다.

"신문이 보도관제를 해서 캄캄하게 몰랐지만 엊그제 2월 8일 도쿄에서 유학생들이 일본을 발칵 뒤집어놓았어. 밀서가 왔는데 나도 읽고 유병민 선생도 읽었어."

유병민이 말을 받아 눈을 지그시 감고 머릿속에 저장한 것을 쏟아냈다.

"2월 8일 도쿄에 폭설 내렸는데 오전 열시 유학생회 대표들은 독립선언문을 각국 공사관, 조선총독부, 각 신문사, 잡지사, 학자 들에게 우송했어. 오후 두 시, 조선인 유학생 거의 전원 육백여 명이 YMCA 회관에 모여들어 조선청년독립단 발족을 선언하고 전체 회원들은 통곡하며 독립선언서를 낭독하고 대한독립만세를 외치며 시위에 돌입했어. 원천봉쇄하려는 경찰과 책상 걸상 집어던지며 격렬하게 충돌했어. 격렬하게 저항하다가 육십여 명이 체포됐어."

김광서는 온몸에 전율이 일어나는 것을 느끼며 물었다.

"선언서 내용은요?"

유병민이 대답했다.

"합방이 한국 인민의 뜻에 반하는 것이므로 일본은 한국을 독립시킬 것, 미국과 영국은 일본의 한국 합병을 솔선 승인한 죄가 있으므로 속죄의 의무를 질 것, 이에 응하지 않을 때는 우리 민족이 생존을 위해 자유행동을 취해 독립을 달성할 것임, 그런 내용이야. 소설가 이광수가 기초를 했대."

김광서는 뛰는 가슴을 억누르며 최린을 바라보았다.

"지석규 중위의 부인이 비밀임무를 완수했군요."

최린이 고개를 끄덕였다.

"그래, 지 중위 부인이 큰일을 했지."

김광서는 주먹을 불끈 쥐었다.

"아, 이제 국내에서도 뭔가 일어나겠네요. 무장투쟁에 나설 기회가 왔으면 좋겠어요."

최린은 불이 활활 타는 듯한 눈을 하고 그를 바라보았다.

"내가 민족의 가슴에 확 불을 질러버릴 거야. 너한테 모든 건 다 말할 수는 없지만 우린 일어날 거야. 그리고 네가 말을 안 해도 나는 알고 있어. 네가 긴 시간 동안 후배들을 이끌며 무언가 도모해 왔다는 걸 말이야."

김광서는 최린의 불타는 눈빛을 받으며 고개를 끄덕였다.

최린이 유병민과 함께 그의 손을 움켜잡았다.

"너의 계획에 대해 말하지 마. 우리는 다시 만나지 못할지도 몰라. 나는 거사 직전까지 잠복할 것이고 거사 뒤엔 아마 체포당할 테니까. 잊지 마. 우리가 기슈마루를 타고 가며 했던 결의를 말이야."

"한 순간도 잊은 적이 없어요."

김광서는 확고한 신념을 담은 목소리로 말했다.

그 날 이후 그는 최린을 만날 수 없었다.

3·1 만세 시위대 속에서

20일 뒤인 3월 1일은 고종황제의 인산을 이틀 앞둔 날이었다. 한낮에 그는 사복 차림으로 사직동 집을 나와 종로의 YMCA 회관을 향해 걸었다. 날씨가 매우 맑았다. 야주현(夜珠峴)*에 이르니 총독부에서 무슨 낌새를 챘는지 헌병 순사가 탄 순찰차가 쏜살같이 달려갔다. 회관에 도착해 윤치호 총

---

*　　서울 새문안와 당피동 사이에 있던 고개(현재의 새문안 교회 위치)이며 '야주개'라고도 불렀다.

무의 방으로 갔다.

"어서 오게. 거리 분위기는 어떤가?"

윤치호가 초조한 얼굴로 물었다.

"뭔가 심상치 않습니다."

"오늘 파고다공원에서 뭔가 일어날 거야. 일어나면 희생만 치르고 말 텐데 걱정이야."

"희생을 치르더라도 일어나야 합니다. 정복당한 지 십 년인데 이제 들고 일어나야 하지 않습니까?"

그는 약간 목소리를 높여서 말했다.

윤치호는 완강하게 고개를 저었다.

"조건이 성숙할 때까지 기다려야 해."

"우리는 더 기다릴 수 없습니다."

그는 자리에서 벌떡 일어서며 말했다. 그리고는 휙 몸을 돌려 윤치호의 방을 나왔다. 이상재 선생이 오셨나 두리번거리다가 로비의 벽에 붙은 신문들을 읽기 시작했다.

시계를 보니 2시가 되어 가고 있었다. 만세운동에 대한 기대감 때문에 배가 고프지 않았다. 문득 아까 언쟁을 하고 무례하게 방을 나온 것을 생각해 윤치호 총무 방으로 다시 갔다.

"아까는 죄송했습니다. 차나 한 잔 하러 같이 나가시지요."

불편한 표정을 짓고 있던 윤치호는 "그러세."하며 천천히 고개를 끄덕였다.

그때 급히 브레이크를 밟는 자동차 소리가 났다. 창밖을 내다보니 헌병 순사 들이 건물을 포위하고 몇 사람이 올라오는 소리가 들렸다.

종로 만세 시위 시작 종로에서 막 만세시위가 시작된 순간. 김경천도 뛰어들었다.

경찰 간부가 윤치호 총무의 방으로 왔다.

"경무국장님 명령으로 회관을 수색합니다. 협조해 주십시오."

윤치호는 한숨을 쉬었다.

"마음대로 하시오."

청년회관 안에 있던 사람들은 모두 한 방으로 갇혔고 김광서도 포함되었다.

그의 신분증을 확인한 헌병 하사관이 날카롭게 쏘아보며 물었다.

"중위님은 왜 여기 계십니까?"

"시국이 궁금해서 왔네. 민중이 동요한다면 참말로 걱정이 아닌가?"

그렇게 말하지 않으면 연행될 것이었다.

"그렇지요. 어서 댁으로 돌아가십시오."

헌병의 말을 듣고 그는 회관을 나왔다. 무심히 시계를 보았다. 2시 30분이었다. 그 순간 "대한독립 만세!"의 함성이 들려왔다. 파고다 공원은 200m 쯤 떨어져 있는데 함성은 바로 앞에서 터져 나오듯이 우렁차고 컸다.

1개 연대 3천 명이 '천황폐하 만세' 하고 외치는 함성을 들은 적이 있었는데 그것보다 더 컸다.

잠시 후 태극기를 든 청년 군중이 종로통을 가득 메우고 밀물처럼 밀려갔다. 그는 몸에 전율이 일었다. 어찌할 수 없는 힘에 이끌려 군중 속으로 들어가 목이 메어 만세를 불렀다.

"대한독립만세! 우리 조국 만세!"

그는 격앙된 채로 눈물을 흘렸다. 종로 전체가 들끓는 듯하고 만세 시위 군중은 종로에서 경운궁 앞을 거쳐 진고개의 일본인 거주지역으로 몰려갔다. 남학생뿐만 아니라 여학생들도 허다했다.

일단의 헌병대와 경찰이 시위대로 파고들어 곤봉으로 닥치는 대로 구타하며 연행하기 시작했다.

"조선 민족에게 자유와 독립을 달라!"

"동포여! 각성하라! 죽을 때까지 싸우자!"

여학생들이 이마에 피를 흘리는 채로 끌려가며 소리치고 있었다.

"어서 구출합시다!"

그는 자신의 신분을 잊고 크게 외쳤다. 수백 명의 청년학생들이 뒤 따랐다. 그는 여학생들을 헌병에게서 빼앗아 냈다. 그러고는 청년학생들과 함께 여학생들을 에워싸고 달렸다.

"용감한 여학생들이군. 어느 학교인가?"

그는 머리를 곤봉으로 맞아 피가 흐르는 이마를 치맛단을 찢어 칭칭 동여매는 여학생에게 물었다.

여학생은 자기 가슴의 배지를 가리켰다.

"진명여학교입니다."

덕수궁 삼일만세 종로에서 시작된 만세시위대가 덕수궁 앞에 진출한 광경. 김경천도 들어 있었다.

진고개는 일본 헌병 경찰이 견고하게 방어하고 있었다. 여차하면 총을 쏠 기세였다. 거대한 용처럼 꿈틀거리는 시위대는 머리를 돌려 동대문 쪽으로 달려가기 시작했다.

성공회 성당 앞에서 어떤 여학생은 머리를 풀어헤치고 나온 차림이었다. 동대문 앞 부인병원 앞으로 밀려간 청년들이 만세를 부르니 간호원들이 울면서 달려 나와 만세를 부르며 호응했다.*

"대한독립만세!" 함성이 세상을 흔들듯이 울려 퍼졌다.

그의 몸은 만세함성의 일부가 되었다. 그는 목멘 소리로 크게 외쳤다.

....

* 　　김경천은 이 날 윤치호와의 만남과 경찰의 **YMCA**회관 수색, 자신이 만세시위에 뛰어든 정황을 상세하게 회고하여 썼다(『경천아일록』, 62-63쪽).

"대한독립만세! 나는 독립운동 할 거야! 탈출해서 독립전쟁 할 거야!"

시위대의 모든 사람들이 그렇듯 그는 목이 쉬었다.

해질 때까지 청년학생들 속에 끼여 만세시위를 한 그는 시위대가 수백 명의 경찰과 군인 들의 포위 속에 강제 해산당할 때 신속하게 골목으로 숨어들었다. 연행되어가면 군인의 몸이라 군사재판을 받을 것이기 때문이었다.

윤치호는 YMCA 회관에 그대로 남아 있었다. 그는 그 날의 일을 일기에 적었다.

> 학생들과 시민들이 만세를 외치며 종로 광장 쪽으로 달려가는 모습이 창문을 통해 눈에 들어왔다. 그들은 모자와 손수건을 흔들었다. 이 순진한 젊은이들이 애국심이라는 미명 하에 불을 보듯 뻔한 위험 속으로 달려드는 모습을 보면서 눈물이 핑 돌았다⋯. 곧바로 군인, 기마경찰, 형사, 헌병이 거리를 가득 메웠다⋯. 시내 전체가 흥분의 도가니였다. 33인이 서명한 독립선언서는 매우 부실해 보였다.**

윤치호가 주의 깊게 보았다면 방금 자신과 헤어진 김광서가 대열에 들어 있는 것을 발견할 수 있었을 것이다. 그는 3월 7일 일본어 신문 『경성일보』와 기자 회견을 통해 담화문을 발표했다.

> 강자와 서로 화합하고 서로 아껴 가는 데에는 약자가 항상 순종해야만 강자

** 『윤치호 일기』, 1919년 3월 1일.

경천아일록 3월 1일 육필일기 『경천아일록』에 기록한 만세 시위 참가.

에게 애호심을 불러일으키게 해서 평화의 기틀이 마련되는 것입니다마는, 만
약 약자가 강자에 대해서 무턱대고 대든다면 강자의 노여움을 사서 결국 약자
자신을 괴롭히는 일이 됩니다. 그런 뜻에서도 조선은 내지에 대해서 그저 덮어
놓고 불온한 언동을 부리는 것은 이로운 일이 못됩니다.

아버지끼리 가까운 사이였던 윤치호와 김광서, 만세 시위를 바라보는 시
각과 행동은 사뭇 달랐고 그것이 그들의 일생을 결정했다.

김광서가 지친 몸을 이끌고 사직동 집으로 가자 친구들이 하나둘 모여 들
었다. 인천에서 김영섭이 달려오고 김진용과 유병민도 왔다. 김진용은 인
천감리를 지낸 하상기의 사위였는데 유학에서 돌아와 민족운동에 열중하고
있었다. 유병민은 YMCA 활동을 하고 있었다.

"자네들 모두 만나고 싶었는데 와 줘서 고맙네." 그는 쉰 목소리로 말했
다.

그들은 황실유학생 동기인 최남선이 기초했다는 독립선언문을 눈물을 흘
리며 읽었다. 그리고 김광서를 향해 말했다.

"김 중위, 칼을 빼시오. 칼을 뺄 때요."

그는 눈을 지그시 감은 채 중얼거렸다.

"그럴 생각입니다."*

그들이 앉아있는 사랑채 밖으로 후원에 정원수들 식재작업을 한 일꾼들이 솟을 대문을 나가는 것이 보였다.

"내가 이 집 후원에 나무를 심고 정자를 세운 건 일본을 안심시키려는 의도였어요. 방탕하게 놀았던 것도 그 때문이구요. 오늘 만세 시위대 속에 들어간 뒤 결심은 더욱 확고해졌어요. 하늘을 흔드는 함성과 함께 도도하게 밀려가는 시위대, 그 순간을 평생 잊지 못할 겁니다. 운명 같은 겁니다. 나의 탈출 망명은 함께 만세 부르고 달려간 시위대의 명령, 민족의 명령입니다."

그는 비장한 표정으로 말했다.

다음 날, 그는 홍사익·지석규·이응준에게 암호전보를 치고 토지를 매물로 내놓아 처분하기 시작했다. 그는 세 후배가 오면 신흥무관학교를 찾아 서간도로 망명할 계획을 세우기 시작했다.

경성에서는 만세시위가 간헐적으로 일어나고 있었고 지방 도시들로 요원의 불길처럼 퍼져나가고 있었다. 그동안 볼 만한 한글 일간지라고는 『매일신보』 하나에 일본어 신문 『경성일보』뿐이었지만 『조선일보』와 『시사신문』이 막 창간되어 있었다. 그러나 보도관제를 해버려 만세운동 소식이나 파리강화회의에의 독립청원 결과는 알려지지 않았다. 파라강화회의 외신은 감감했지만 만세운동 소문은 신문 보도처럼 빠르게 들려오고 있었다.

---

*   『경천아일록』, 63쪽.

어느 날, 그는 김영섭으로부터 놀라운 소식을 들었다. 김영섭과 대한제국 무관학교 동기생으로 일본에 실려 갔던 조철호 이야기였다. 일본 육사를 졸업하고 견습사관을 거부해 퇴역당하고 돌아와 오산학교에서 교편을 잡고 있었는데 폭탄 제조법 등 군사기밀을 갖고 국내를 탈출해 만주로 가려다가 체포당했다는 것이었다.

"아, 내가 우물우물하는 사이에 생각지도 않던 후배가 앞섰구나."

그는 탄식하듯이 중얼거렸다.*

---

*   조철호의 투쟁은 조찬석의 「관산 조철호에 관한 연구」, 인천교육대학 『교육논총』, (1982년 3월)과 이원규의 『마지막 무관생도들』참조.

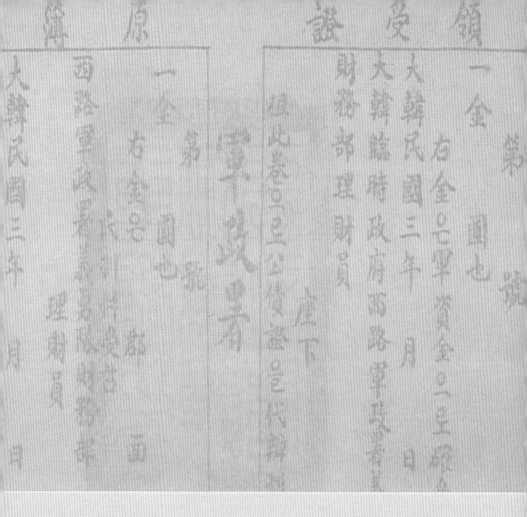

제9장

망명을 준비하다

의친왕과의 만남

김광서는 개업의사로서 종로에서 중앙의원을 운영하고 있는 유학 동기생 김태진을 찾아가 위장병 진료를 받았다. 김태진은 그보다 다섯 살이 위였다. 을사늑약으로 전원 자퇴한 뒤 서약서를 쓰고 복학하여 도쿄부립일중학을 마쳤다. 그 뒤 도쿄의학전문학교에 다니면서 태극학회 회원으로서 활동했지만 무난하고 적응을 잘하는 사람이었다.

"위산이 많이 나와서 위 내벽이 조금 헐었네. 자극적인 음식을 피하고 작은 일에 너무 신경을 쓰지 말게."

김태진은 약을 직접 지어 주며 다시 말했다.

"최린·유승흠 형과, 최남선, 유병민만 자네 친구가 아니잖은가? 박용희, 지성연, 민정기, 박이병, 강전 등이 같이들 모이는데 내일이나 모레 우리가 자리를 한번 마련하겠네. 자네를 위해 하는 말이네."

유승흠의 말처럼 티를 내지 말고 그렇게 해서 일본의 감시망을 벗어나라는 뜻이었다.

"고마워요. 시간과 장소를 미리 알려 줘요."

김광서는 약봉지를 받아들며 그렇게 말했다.

이틀 뒤 그가 전보로 받아든 약속 장소와 시간은 이 날 저녁 5시 명월관이었다. 그는 사복차림을 하고 시간에 맞춰 명월관으로 갔다.

그와 함께 준텐중학교로 갔고, 황실유학생 동기들 중 유일하게 도쿄제대를 나와 경성전수학교 교유(敎諭)로 있는 박용희, 총독부 보건위생직 간부로 있는 지성연, 중앙시험소 기사 노릇을 하는 민정기, 재무서의 과장 자리에 있는 박이병, 중앙학교 교사를 하는 강전이 앞서거니 뒤서거니 도착했다.

그들은 기관의 중간급 간부를 하고 있었다. 꽤 관록이 붙어 있었고 타성에도 물들어 있는 듯했다. 적당히 순응하며 독립의 필요성도 강조하는 소극적 애국의 성향을 가진 사람들이었다.

10년 만에 만나는 사람들도 있었지만 그들은 김광서를 육친처럼 반갑게 대했다. 유일하게 육사를 나온 그를 특별하게 여겼다.

그들의 방에서 술시중을 든 사람은 평안도 출신 기생이었다. 기생의 노래와 춤을 곁들여서 술을 마시고, 도쿄에서 유학생들이 일으킨 독립선언에도 관심을 보이며 이야기를 나누었다. 조국을 생각하는 충정이 있기는 했으나 독립에는 때를 기다려야 한다는 생각으로 대개 기울어 있었다.

"김 중위는 말이 없군. 군대의 장교라 역시 말을 함부로 하지 않는 모양이지?"

어떤 친구가 그렇게 말했을 때 그는 머리를 끄덕였다.

"사람은 누구나 세상을 자기 안경으로만 보는 거지. 자네들이 그래."

유학 동기들은 알 듯 말 듯 하다는 표정을 지어보였다.

그때 갑자기 옆방에서 힘찬 노래 소리가 들려왔다. 문이 닫혀 있고 벽이 두꺼웠지만 옛날 대한제국 시대의 군가 같기도 한 노래는 선명하게 들렸다.

무쇠 골격 돌 근육 대한 남아야
애국의 정신을 분발하여라
다달았네 다달았네 우리나라에
소년의 활동시대 다달았네.*

* 이난향, 「남기고 싶은 이야기」, 『중앙일보』, 1971년 12월 30일자.

시중을 들던 기생이 잠깐 밖에 나갔다가 돌아왔는데 "쉿!" 소리를 하고 조용히 입을 열었다.

"옆방에 의친왕 전하께서 와 계십니다. 전하께서 대취하셔서 부르는 노래입니다."

그의 일행 중 하나가 빈정거렸다.

"나라를 빼앗긴 왕족 주제에 대취해 고성방가를 하다니."

일행 중 또 다른 사람이 의친왕 이강 공(公)에 대한 일화를 들려주었다. 공은 주색을 가까이 하고 명월관에도 잘 나타나지만 일본과 친일파에 대한 적개심이 매우 크다는 것이었다. 6연발 권총을 품고 다니는데 어떤 때는 그걸 꺼내 들고 당장 쏠듯이 위협하기도 한다는 것이었다.

"한 번은 성북동에 있는 별장 성락원(城樂苑)으로 대한제국 시대의 구신(舊臣)들을 불러 연회를 했대. 술에 취해서 권총을 꺼내들고 '우리 아버지를 팔아먹은 놈들이 여기 있구나'하고 호통 치니 모두 엎드려 벌벌 떨었다고 하네."**

재미삼아 이야기하는 친구의 말이 끝나자 김광서는 소변을 보려고 방을 나섰다. 그 때 그는 옆방 문이 열리며 마흔이 조금 넘은, 고급 양복을 입은 신사가 현계옥의 안내를 받으며 나오는 것을 보았다. 의친왕이라고 판단하는 순간 그는 거수경례를 했다.

"그대는 누군가?"

이강 공이 물었다. 무슨 일에 상심한 듯 눈빛이 슬퍼 보였다.

"일본군 제1기병연대 소속 김광서 중위입니다."

** 앞의 자료.

"나하고 같이 소변을 보고 잠깐 내 방으로 가세."

"알겠습니다, 전하."

그 때 바로 옆방에서 일본식 헌터 모자를 쓴 사람이 문을 열고 나왔는데 감시하는 일본인이라는 느낌이 들었다.

김광서는 이강 공의 뒤를 따라 걷고 그의 뒤로 사내가 걸었다. 사내가 그의 귓가에 얼굴을 들이대며 능숙한 조선어로 속삭였다.

"김광서 중위, 반갑소이다. 나는 종로경찰서 고등계 주임 미와 경부(警部)입니다.* 오늘은 이강 공을 근접경호하고 있소이다. 오늘 처음 만나지만 나는 중위를 잘 압니다."

김광서는 "그렇습니까?"하고 말하며 고개를 끄덕였다. 미와는 나이가 그보다 대여섯 살 더 들어보였는데 말투나 표정이 영락없이 조선인이었다. '양의 탈을 쓴 늑대'라고 한 최린의 말이 떠올랐다.

"나도 경부님 말씀을 들었습니다."

김광서는 천연스럽게 말했다.

"나도 기병대 출신입니다. 10년 전 조선 땅에 군복 입고 왔는데 곧바로 퇴역하고 경찰복으로 바꿔 입었지요."

"그렇습니까? 어느 연대 소속이었지요?"

"나고야(名古屋) 기병 3연대에 입대했다가 17연대로 옮긴 직후 조선으로 왔지요. 김 중위에 대해서는 많은 이야기를 듣고 있소이다. 제국의 육군 장

---

*   미와 와사부로(三輪和三郎 1884-1968): 아이치현(愛知縣) 출생. 나고야(名古屋)중학을 졸업하고 3기병연대에 입대했다. 1905년 조선군 17기병연대에 배속되고 1908년 경찰로 변신했다. 종로경찰서 고등계 주임으로서 많은 민족운동가를 사찰, 체포해 악명을 떨쳤다. 뒷날 원산경찰서장을 지내고 패전으로 귀국했다(국편 DB). 경부는 일본 경찰 계급으로 오늘 한국의 경정에 해당된다.

교 신분이니까 행동도 말씀도 본분에 맞게 해 주실 걸로 기대합니다."

밀정들을 통해 많은 보고를 받고 있다는 의미였다. 김광서가 딱히 대답할 말이 없어 고개를 끄덕였다. 그 새 의친왕이 변소로 들어갔고 사기로 만든 소변기 앞에 서서 바지 단추를 열며 소리쳤다.

"중위, 어서 내 곁으로 오라."

그는 "넷, 전하!"하고 외치며 들어가 이강 공과 나란히 서서 소변을 보았다. 그리고 방으로 따라 갔다.

김광서는 그가 광무황제의 여러 아들 중 하나이며 융희황제(순종)의 이복 아우라는 것, 강제합병 뒤에 다른 왕족들과 함께 일제의 감시를 받으며 살고 있다는 것 정도만 알고 있었다.

이강은 이해 43세였다. 청일전쟁 직후 보빙대사(報聘大使)로 일본에 갔으며, 그 후 영국·독일·러시아 등을 여행하고 미국에 유학했다. 을사늑약이 체결된 뒤 귀국하여 육군 부장(副將)과 대한제국 적십자사 총재 등을 지냈다. 강제합병 뒤에는 특별히 하는 일 없이 경찰의 감시를 받으며 살고 있었다.

김광서는 이강 공과 마주 앉았다. 수행원들은 아마 밖에 기다리고, 근접 경호하는 미와 경부도 옆방에 있고, 기생 현계옥만 데리고 마신 듯했다.

공이 술잔을 권했다.

"언제 일본 유학을 떠났느냐?"

그는 무릎을 꿇은 채로 술잔을 받았다. 계옥이 술을 부어 주었다.

"광무 8년에 50명의 마지막 황실유학생들과 같이 일본으로 가서 중앙유년학교를 거쳐 육사를 나왔습니다."

"편히 앉아라."하고 이강 공이 말했고 그는 책상다리를 하고 앉았다.

"이 집에 같이 온 사람들은 누군가?"

"황실유학생 동기들입니다."

이강 공의 얼굴 위로 잠깐 어두운 그림자가 스쳐 갔다. 그러더니 문득 생각난 것이 있는 듯 고개를 들었다.

"내 아우를 만난 적이 있느냐? 내 아우보다 몇 년 선배가 되느냐?"

김광서는 영친왕 이은을 가리키는 것이라고 생각했다.

"재작년 동경에서 융희황제 폐하는 뵈었습니다. 영친왕 전하는 아직 뵙지 못했습니다. 제가 육사 23기이고 전하께서 29기이시니까 유년학교와 육사를 제가 여섯 해 먼저 다닌 셈입니다."

"일본은 내 아우를 끌고 가서 일본 군인을 만들더니 작년에는 내 아들을 끌고 갔어. 또 유년학교와 사관학교에 넣겠지. 둘째도 끌고 가서 그렇게 할 거야.*"

의친왕 이강 공은 마치 혼잣소리로 중얼거렸다. 그러고는 계옥에게 창과 장고춤을 시켰다.

공이 직접 자신의 술잔을 건네주었으므로 김광서는 두 손으로 받았다.

"언제 조용히 얘기하고 싶다. 내가 사동궁(寺洞宮)**으로 부르면 오겠는가?"

눈을 들어 바라보니 공은 두 눈이 활활 불타고 있었다.

김광서는 또렷이 대답했다.

"언제든지 부르시면 가겠습니다."

그는 곧 유학 동기들이 있는 방으로 갔다.

---

*　　의친왕의 아들 이건(李鍵. 1909~1991)은 1918년, 이우(李鍝. 1912~1945)는 1922년 인질로 일본에 갔고 육군유년학교, 육사를 나와 일본군 장교가 되었다. 이건은 일본 왕족과 결혼, 패전 후 일본에 귀화했고, 이우는 히로시마에서 원폭으로 사망했다.

**　　사동궁은 경복궁 별관으로 조계사 건너편에 있었고 의친왕 이강이 살았다.

성락원에서의 결의

3월 중순, 지석규 중위가 부산에 내렸으며 다음날 경성에 도착한다는 전보를 보내 왔다. 김광서는 기차 도착 시간에 맞춰 경성역으로 나갔다. 군복 차림이었다. 종로 새문안에서 택시를 타는데 문득 전신주 뒤에서 누군가 나타났다가 사라지는 것을 보고 그는 미행자가 있음을 알아 차렸다.

빠른 계산이 머리를 스쳐 갔다.

'미와가 역시 나를 감시하는구나. 감시한다면 지 중위가 보낸 전보도 보았겠지. 지 중위도 도착과 동시에 감시가 붙을 거야. 조심하고 또 조심해야지.'

경성역 출찰구 앞에는 경부선 기차의 도착을 기다리는 환영객들이 서 있는데 그 가운데는 정복을 입은 헌병과 순사, 사복형사 또는 정보원으로 보이는 자들이 섞여 있었다.

얼마 후, 기차가 도착했고 승객들에 섞여 지석규 중위가 걸어 나왔다. 군복을 입은 김광서를 발견하자마자 부동자세로 서며 경례를 했고 그는 답례를 했다.

택시를 타고 삼청동 지석규의 집으로 갔다. 도착해 대문을 잠그자마자 지석규는 말소리를 쏟아 놓았다.

"간신히 몸을 뺐어요. 도쿄에서 2·8독립선언이 있고 3월 1일 경성에서 만세시위가 벌어진 뒤 헌병대 감시가 심했어요. 저도 김 선배님처럼 냅다 술을 마셔 몸을 축내고 몸 아프다고 병가를 냈지요. 이응준과 홍사익도 곧 올 겁니다."

김광서는 천군만마를 얻은 듯 가슴이 뿌듯했다.

"지 중위, 마침내 우리가 절치부심 기다려 온 때가 왔어. 그런데 감시가 심해. 이응준과 홍사익이 올 때까지 언행을 조심하며 지내세."

그는 그렇게 말하고 지석규에게 현실감을 얻게 해 주기 위해 경성의 상황과 자신이 몇 달 동안 겪은 일들을 들려주었다. 지석규의 동기생인 조철호가 탈출하다가 체포당한 이야기도 했고, 특히 이상재 선생에게서 들은 신흥무관학교 이야기와 거기서 밀파된 요원과 접촉한 사실, 신승희 형사와 미와 경부를 만난 일을 말했다.

꼭 한 시간 만에 지석규의 집을 나와 인력거를 타고 사직동 집으로 돌아갔는데 그의 집 앞에서 그는 미행자가 있는가 뒤를 돌아보았다. 골목은 텅 비어 있었다. 문득 눈빛이 예리하던 신승희 형사, 이웃집 형님처럼 인상이 좋았던 미와 경부가 떠올랐다. 그는 천천히 대문을 열었다.

며칠 뒤, 의친왕 이강 공이 김광서를 성북동에 있는 별궁 성락원으로 불렀다. 그는 편지를 가져온 사람에게 지석규를 동반해도 괜찮으신가 물었고 좋다는 대답이 다시 왔다. 약속시간에 맞춰 보내준 승용차를 타고 두 사람이 성락원으로 가니 이미 현계옥이 다른 택시로 막 도착하고 있었다.*

이강 공이 문 앞에 나와 두 팔을 벌리고 두 장교를 맞았다.

"어서들 오시게."

이강 공은 천천히 걸으며 전원(前苑)과 후원, 그리고 구조물들을 구경시켜 주었다. 김광서의 집 경천원은 비교도 할 수 없는 절승이었고 건물들도 품격이 높았다.

---

* 성락원은 의친왕의 별궁으로 성북동 2–22번지에 있으며 사적 378호로 지정되었다. 의친왕이 김광서·지석규와 회동하고 현계옥을 부른 사실은 이용상(李容相)의 증언으로 이해경(李海瓊)의 『나의 아버지 의친왕』(도서출판 眞, 1997) 247쪽에 실려 있다.

성락원 본원(本苑)에 있는 영벽지(影壁池)라는 연못 앞에 의친왕이 발을 멈추고 섰다. 진달래가 핀 절벽의 모습이 한 폭의 그림처럼 연못 위에 비쳐 보였다.

"사람 마음을 저렇게 거울처럼 비쳐 볼 수 있다면 얼마나 좋겠는가. 하지만 그렇다면 독립운동을 꿈꾸는 애국자들은 왜놈들한테 미리 다 붙잡혀 가겠지."

이강 공이 혼잣소리처럼 중얼거렸다.

김광서는 그것이 두 사람의 마음속을 알고 싶다고 하는 뜻임을 알아차렸으나 대답할 말이 없어 그냥 묵묵히 서 있었다. 이강 공을 처음 만나는 지석규도 묵묵했다.

이강 공은 김광서를 정면으로 바라보며 다시 입을 열었다.

"자네는 만세운동의 추이에 대해 어떻게 생각하는가?"

김광서는 심호흡을 했다.

"일본의 노예로 살아온 지 10년, 나라 없는 백성의 고통과 슬픔이 어떤 건가를 혹독하게 경험했지요. 만세 시위는 33인 지도자들이 선언으로 시작하고 청년학생들이 행동으로 나섰지만 지금은 전 민족이 하나로 뭉쳐 나서고 있습니다."

지석규도 한 마디 했다.

"이제 강물처럼 도도하게 흘러가는 물결을 일본도 막을 수는 없습니다."

"그렇지. 그렇게 돼야 하지. 프랑스 혁명도 그랬고 러시아 혁명도 그랬어. 나는 자네들이 소속됐던 유학생단의 역할이 지금 필요하다고 보네."

김광서와 지석규는 이강 공의 말에 선뜻 호응하지 못했는데 그것은 황실 유학생 그룹이나 무관학교에서 편입해 간 육사 출신 장교들이 항쟁에 적극

나설 것이라는 확신을 갖지 못해서였다.

이강 공이 다시 입을 열었다.

"나라가 망하기 전, 5년 간격을 두고 유학생들이 일본으로 떠났지. 하나는 김광서 중위가 낀 황실유학생단 50명, 하나는 지석규 중위가 낀 무관학교 생도들 40여 명이었지. 나는 보호조약을 맺던 을사년 여름에 일본에 있었어. 황실유학생들이 동맹휴학을 일으킨 걸 멀리서 바라봤어. 그 사람들 대개는 어떻게든 다시 학교에 들어가 공부를 끝냈고 고국으로 돌아왔다 하더군. 김중위가 마지막 귀환자인가?"

"조선 땅으로 배속된 게 아니고 도쿄 주둔부대 소속이지만 그런 셈입니다. "

김광서는 뚫어져라 하고 응시하는 이강 공을 향해 말했다. 이강 공의 눈은 우연히 명월관에서 조우하던 순간과 달랐다. 이번에는 이글이글 불타고 있었다.

이강 공은 지석규를 향해 몸을 돌렸다.

"기유년(1909년)에 그대를 포함하여 무관학교 생도들이 떠날 때 나는 지금처럼 감시 받으며 고국 땅에 있었지. 내 나라 사관생도들을 적국으로 보내는 건 황실로서는 굴욕이었어. 그 청년들이 다 임관해서 일본군 부대에 배치되어 있겠지."

지석규 중위는 어깨를 꼿꼿이 폈다.

"그렇습니다."

이강 공은 고개를 끄덕였다.

"황실유학생 출신과 마지막 무관생도들, 일본이 준 꿀 바른 떡을 먹으며 순응하고 있겠지. 그러나 만주로 탈출하려다가 체포된 조철호라는 오산학교 교사가 마지막 무관생도인 걸 나는 알고 있네."

이강 공이 발을 떼어 놓았고 두 중위와 기생 현계옥은 그림자처럼 따라갔다. 숲 쪽에서 뻐꾹뻐꾹 꺼껑꺼껑 뻐꾸기와 장끼가 울어댔다.

이 강 공이 발걸음을 멈춘 곳은 연못을 앞에 두고 앉은 높다란 누각이었는데 장송(長松)이 지붕을 뚫고 올라간 형상이었다. 계단을 올라가니 널따란 마루에 이미 저녁식사를 겸한 술상이 차려져 있었다.

장방형의 교자상을 두고 김광서와 지석규는 이강 공과 마주보며 앉았다. 그리고 교자상 좁은 면 한 쪽에 조금 떨어져서 현계옥이 앉았다. 김광서가 명월관에서 처음 볼 때처럼 한 쪽 무릎을 세우고 그 위에 두 손을 얹은 자세였다.

의친왕은 현계옥에게 시조 '철령 높은 곳에'를 부르라고 명령했다.

계옥은 가야금을 앞에 놓고 병창을 부르기 시작했다.

창이 끝나자 이강 공은 계옥을 시키지 않고 술을 담은 호리병을 직접 잡았다.

"그대들은 정희량(鄭希良)을 아는가?"

느닷없는 물음에 김광서와 지석규는 입을 맞춰 대답했다.

"모릅니다, 전하."

이강 공은 껄껄 웃었다.

"젊은 날에 일본으로 갔으니 조선 한량들이 다 아는 기인(奇人)을 모르겠지."

그렇게 말하고는 계옥을 바라보았다.

"네가 말해 줘라."

계옥은 교자상에 무릎을 붙일 듯 다가앉았다.

"전하께서 안주 없이 급히 마셔 빨리 취하자고 하신 말씀입니다. 그렇게 마시는 걸 '정희량 모주 마시듯 한다'고 한량들은 말합니다. 정희량은 연산 군 때 예문관 대교(待敎)가 되었으나 직언을 해서 귀양을 갔고 기인으로 숨 어 살았습니다. 빨리 취하는 방법으로 술을 마셨습니다. 혼자 몰두한 학문 의 경지가 드높았고, 도(道)와 선(仙), 단(丹) 등의 정신수련 분야에 이름을 남 겼습니다."

두 눈을 또렷이 들고 또랑또랑한 음성으로 말하는 품이 기생이 아닌 듯했 다. 술자리에서 귀동냥으로 주워들은 걸 전하는 정도가 아니었다.

"전하의 말씀대로 빨리 취하겠습니다."

김광서는 각오했다는 표정을 하고 이강 공을 바라보았다. 문득 자신을 부 른 것이 흉부를 털어놓고 뭔가 말하고 싶어 하기 때문이라는 것을 짐작해온 터였다.

이강 공은 미소를 지었고 현계옥이 급히 세 사람의 술잔에 독한 소주를 부었다. 패망한 나라의 왕자와 두 일본군 중위는 잔을 부딪쳐 건배하고 경 쟁하듯 들이켰다. 연속으로 그렇게 여러 번 했다. 정희량식 음주였다. 술에 금방 취했다.

이강 공이 술잔을 잡은 채로 계옥을 바라보았다.

"가야금 병창을 불러다오."

계옥이 가야금을 탄주하며 노래했다. 이강 공은 병창을 듣기 위해 시킨 게 아니었다. 가까운 곳에 숨어 있을지 모르는 정탐꾼을 방해하기 위한 것 인 듯했다.

"사람들은 황실이 힘없이 나라를 일본에 바쳤다고 생각하지. 솔직하게 말 해 봐."

김광서는 솔직하게 말해야 한다고 생각했다.

"그렇습니다, 전하. 일본을 배워 와서 일본을 극복하려고 무관교육을 받는 중에 조국의 군대도 조국마저도 없어져 버렸습니다. 황실이 원망스러웠습니다."

"나는 황족인 게 부끄러워. 망국의 억울함과 부끄러움을 잊으려고 술을 마시지만 잊을 수가 없어. 잠이 안 와. 새벽까지 잘 수가 없어."

이강 공의 눈에는 슬픔과 절망만 담겨 있지 않았다. 그 너머에 간곡한 갈망이 들어 있었다.

김광서는 이강 공의 진정성을 확인했다고 판단하면서 수첩을 꺼내 속 갈피에서 광무황제의 군인칙유를 뽑아냈다.

"전하, 이게 뭔지 아시겠습니까?"

"아아, 그건 내 아버님이 내리신 칙유 아닌가!"

"그렇습니다. 저는 후배인 지석규·홍사익·이응준과 더불어 칙유를 받들어 맹세했습니다."

지석규도 칙유를 꺼냈다.

"조국 독립을 단 하루도 잊은 적이 없습니다. 독립전쟁을 하려고 병가를 얻어 나왔습니다. 두 동지가 더 오면 동시에 탈출해 만주로 갈 결심입니다."

패망한 나라의 왕자인 이강 공의 눈이 섬광처럼 빛을 발했다.

"내 예감이 맞았군."

김광서는 이강 공의 눈을 바라보며 말했다.

"전하, 군자금을 주십시오."

의친왕 이강은 고개를 끄덕였다.

"알았네. 나도 탈출할 생각이네. 황실에서 누군가가 독립전선에 나가서 싸우다가 죽어야 할 것 아닌가?"

이강 공은 눈물을 철철 흘리며 두 중위의 손을 굳게 잡았다.

"우리 동지가 되세. 꼭 독립전쟁 일선에서 다시 만나세."

그때 현계옥의 가야금 병창은 자진모리로 넘어가고 있었다.

이강 공이 말했다.

"계옥은 사나이들보다 큰 지사(志士)이네. 독립운동 하는 정인이 온 걸 미와 경부가 냄새 맡았네. 경찰 수십 명을 이끌고 쳐들어왔는데 태연하게 모친 이불 속에 숨겼네. 정인이 엊그제 서대문 감옥에서 나왔네. 곧 둘이 만주로 탈출할 것이네."

김광서는 술이 확 깨는 기분이었다. 현계옥이 열심히 가야금 탄주를 해주는 동안 그는 이강 공의 귀에 얼굴을 가까이 대고 경술년 강제합병 직후 아오야마 묘지의 결의, 그리고 그와 지석규·홍사익·이응준이 단지맹세를 한 경위를 이야기했다.

이강 공은 눈이 휘둥그레져서 두 사람을 바라보았다.

"내 이보다 감격적인 게 없네."

두 중위는 자리에서 일어서기 전 이강 공과 은밀하게 연락할 경우를 대비해 암호를 정했다. 접근 암호는 '기인 정희량', 확인 암호는 '밤뻐꾸기'였다. 그때 밤 뻐꾸기가 울고 있기 때문이었다.

이강 공은 회동을 끝내며 그들의 손을 모아 잡았다.

"천군만마를 얻은 거 같네. 그러나 조심들 하게. 나처럼 일부러 방탕한 척하면서 지내는 것도 한 방법이네. 필요하면 계옥을 이용하게. 내 할아버님은 관심을 끌지 않으려고 파락호 행세까지 하셨네. 탈출해 독립운동 전선에서 만나세."

이강 공이 말하는 할아버지는 대원군 이하응(李昰應)이었다.

"알았습니다, 전하."

지석규와 김광서는 의친왕이 내준 승용차를 타고 성북동을 떠났다.*김광서의 집에 도착해 후원에 있는 경천각에서 술을 깨기 위해 차를 마셨다.

김광서가 자신의 결심을 말했다.

"의친왕이 현계옥과 오늘밤 같이 지낼 거고, 나는 그 후에 놀아날 거야."

지석규가 동의했다.

"정말 그러신다면 헌병 경찰이 안심하겠지요."

김광서는 후후 소리를 내며 웃었다.

"헌병대가 나를 '돌아온 탕자'로 여기게 하려면 난잡해져야지. 현계옥은 현정건의 애인이야. 둘이 동성동본이지. 현정건은 현영운 장군의 아들인데 독립투사라네. 나도 달라고 했지만 계옥도 의친왕에게서 현정건의 군자금을 받으려 하는 듯하네. 쉽지 않을 거야. 황실 자금은 총독부가 장악하고 있으니까."

사흘 뒤, 김광서는 명월관에서 박용희와 저녁식사를 했다. 지난번 황실유학생 동기생들이 만났을 때 반색하며 자신이 따로 한잔 사겠다고 하더니 약속을 잡았다. 경기도 파주 교하의 땅을 거의 모두 소유한 갑부라 혹시 군자금을 얻을 수 있을까 마음속을 떠보겠다는 생각을 했다. 약속시간에 가보니 현계옥이 와 있었다.

"중위님을 다시 뵙게 되어 기쁩니다."

현계옥은 다소곳이 고개를 숙이며 말했다. 말할 때 두 뺨에 보조개가 파

---

* 의친왕과 김광서가 같은 시기에 현계옥을 가까이한 기록은 의친왕의 딸이 쓴 전기에 있다 (이해경, 같은 책, 247쪽).

이고 허리를 꼬는 태도와 몸매가 매혹적이라 김광서는 잠시 그녀에게 빠졌다. 그때 김용희가 도착했다.

두 동기생은 일본 술 사케를 마셨다. 준텐중학교 시절을 회고하며 회포를 풀었다. 사케 몇 순배가 돌아간 뒤 김용희가 현계옥의 손을 잡고 말했다.

"계옥이 자네는 천하절색이지. 키가 크지만 생김새가 매초롬하지. 입술과 두 눈은 촉촉하게 젖어 있고 뺨에 도화살이 발그롬하고, 앉거나 서거나 감기는 듯한 매혹이 있지. 그래서 뭇 사내들을 자석처럼 끌어당기지."

"호호, 고맙사옵니다."

"그런데 난 잠자리 상대로는 작은 듯하면서도 오목조목 예쁘고 암팡진 여자가 좋아. 왜냐하면 아내가 자네처럼 키가 크단 말야. 사내들은 누구나 자기 아내와 다른 자태를 가진 여자를 안고 싶어 하게 마련이지."

박용희는 그렇게 말하더니 고개를 김광서에게 돌렸다.

"내 친구 김 중위를 잘 모시게."

"알겠사옵니다."하며 계옥이 김광서에게 다가앉으며 술을 권했다.

이것저것 이야기를 나누다가 만세운동 이야기가 나왔다. 김광서는 슬쩍 이야기를 돌렸다.

"자네는 더 부자가 됐겠군. 조금만 헐어서 민족을 위한 일에 쓸 수는 없나?"

김용희는 껄껄 웃었다.

"낮 말은 새가 듣고 밤 말은 쥐가 듣네. 저 미닫이문 밑에 쥐가 있다면 독립운동 하자는 말로 듣겠네."

계옥이 방문을 조금 열어 보고 말했다.

"쥐는 없사옵니다."

그 말은 엿듣는 자가 없다는 말이기도 하고 그녀 자신이 목숨 걸고 비밀을 지킨다는 뜻이기도 했다.

박용희는 술에 취해 얼굴이 붉어졌으나 정신까지 취하지는 않은 듯했다.

"영은아."하고 옛날 이름으로 김광서를 부르고는 그의 귀에 얼굴을 들이댔다.

"나는 배짱 없어서 그러지 못해. 경찰에 끌려가 고무몽둥이로 얻어맞으면 5분도 못 견디고 불어버릴 걸."

김광서도 박용희의 귀에 대고 말했다.

"그게 재산을 지키는 길이겠지. 당신 가까운 친구 김성수가 그러는 것처럼 소극적으로라도 하시게."*

술자리를 끝내고 두 사람은 변소에 함께 갔다. 나란히 서서 소변을 볼 때 김광서가 말했다.

"나는 탕자처럼 놀 거야. 그래야 헌병 경찰을 안심시키지."

"괜찮은 방법이야."

박용희는 주변을 살피고는 두툼한 돈 봉투를 김광서의 주머니에 넣어 주었다. 그리고 성대를 안 울리고 입술과 혀만 마찰해서 속삭이듯이 말했다.

"돈은 그런데 쓰게. 군자금은 못줘도 그건 줘야지. 조심하고 또 조심하게. 우리 둘이 만난 거 내일 아침 미와 경부에게 보고될 것이네."

그날 밤, 김광서는 현계옥이 대기시킨 택시를 타고 그녀의 집으로 갔다. 그리고 그녀를 안았다.

격정의 시간이 지난 뒤 그녀가 말했다.

---

*   김성수(金性洙, 1891~1955)는 이 무렵 중앙학교를 인수하고 경성방직주식회사를 설립했으며 『동아일보』를 막 창간했다.

"제가 오늘밤 중위님을 모셨기에 중위님도 박용희 선생님도 안전하실 것입니다 오늘밤을 잊지 않겠습니다. 독립운동 전선에서 다시 만나기를 고대하겠습니다."

김광서는 알겠다는 뜻으로 고개를 끄덕였다.

그로부터 일주일 뒤, 그녀가 행방불명되었다는 소식을 들었다. 경성 시내 한량들 사이에 소문이 파다하다고 했다.

소문을 전한 친구는 덧붙여 말했다.

"고관대작 한 사람을 유혹해 4천 엔을 챙겨서 탈출했다는군. 장안 제일의 기생인 현계옥의 몸을 탐했던 그자는 돈만 날리고 닭 쫓던 개처럼 멍청하게 하늘만 바라본다는군. 그런데 계옥이 독립운동을 하는 현정건의 정인이라 경찰이 눈에 불을 켜고 찾는데 둘 다 흔적조차 없다는군."*

김광서는 소문을 전한 친구에게 조용히 말했다.

"계옥이 그 돈으로 독립운동을 한다면 더 가치 있는 일 아닌가."

그는 거액을 내놓았다는 사람이 이강 공일까, 박용희일까 생각했다. 박용희라면 속는 척하며 군자금을 준 것이라고 생각했다. 그리고 현계옥과 현정건이 무사히 탈출해 독립운동 전선에 서고 자신도 그렇게 하여 재회할 수 있기를 기원했다.**

----

* 「붉은 戀愛의 主人公들」, 『삼천리』, 1931년 7월호. 이 무렵 현계옥과 의친왕 이강, 김광서와의 염문이 소문으로 퍼져 있었는데 이 글은 4천 엔을 준 사람을 M이라는 이니셜로 기록했다. 제3의 남성으로 추정된다.
** 현계옥은 만주 펑텐(奉天)을 거쳐 베이징으로 갔고 현정건은 군자금 확보를 위해 남았다가 몇 달 뒤 탈출해 합류했다(「육년간 소식 없는 현계옥 내력 4」, 『동아일보』, 1925년 11월 5일자).

치밀한 망명 준비

3월 말, 이응준이 도쿄에서 경성으로 왔다. 요코하마 청국인거리에서 단지맹세를 한 네 사람 중 홍사익을 제외한 셋이 일단 병영을 벗어난 것이었다. 이응준은 아우가 만세운동으로 감옥에 갇혀 있었고, 함경남도 덕원으로 부모님을 만나러 가야 하고, 예비 장인 이갑 참령이 사망한 뒤 고향인 평안도 숙천(肅川)에 와 머물고 있는 참령의 외동딸이자 약혼녀인 이정희를 만나러 가야 하므로 정신없이 바빴다.

김광서와도 인연이 있는 이갑은 강제합병을 눈앞에 두고 망명해 독립투쟁을 하다가 러시아 연해주에서 죽었다. 죽기 전 육사 생도인 이응준에게 무남독녀와 결혼하라는 유지를 남겼고 이응준은 받아들였다. 가출소년을 키워 유학시켜준 이갑의 딸과 아내를 부양할 의무도 생겼다.

응준의 만나는 순간 김광서는 깜짝 놀랐다. 남자들도 반하게 만드는 잘생긴 미남형의 얼굴이 까맣게 병색이 짙고 야위어 있었다. 일본군은 러시아의 볼셰비키 혁명을 방해할 목적으로 연해주에 대규모 병력을 출병했고 이응준은 파병되었다가 심한 위장병에 걸려 후송된 터였다.

"활동사진 배우처럼 잘생긴 얼굴이 반쪽이 됐구나."

김광서에 이어 지석규도 한 마디 했다.

"김 선배님과 나는 가짜 위장병인데 넌 진짜 환자네."

김광서의 말에 이응준은 길게 한숨을 쉬었다.

"연해주에 더 있었으면 미쳐버리거나 몸이 다 망가졌을 거야."

김광서는 이날 저녁 이응준을 자신이 집에 재우기로 했다. 김광서의 아내가 이응준을 위해 쌀죽을 끓였고 그들은 사랑채에 모여 앉았다. 함께 모인 것은 2년만이었다.

맹세를 한 또 한 사람 홍사익을 도쿄에서 만나고 왔고, 러시아 연해주 사정이 궁금한 터라 이응준의 말부터 들어야 했다.

이응준은 홍사익 이야기부터 했다.

"홍사익은 못 옵니다. 사단장이 육군대학 입학후보자로 추천했답니다. 이번에는 어렵고 언제고 독립전쟁 전선으로 가겠다고 했습니다."

육군대학은 장군 진급을 바라볼 수 있는 출세의 지름길이었다. 조선인은 아직 아무도 입학하지 못했다.

"그래도 그렇지. 어떻게 무명지 피 흘린 맹세를 외면해?"

지석규는 실망한 표정으로 말했지만 김광서는 머리를 끄덕였다.

"강요할 순 없지. 망명 탈출이냐 아니냐는 운명을 결정하는 중대한 일이니까."

김광서 아내가 저녁상을 들여왔고 세 사람은 천천히 음식을 들었다. 이응준이 보고하듯이 연해주 파병 이야기를 했다.

"지난해 8월에 러시아 연해주 해삼위(블라디보스토크)로 전속되어 가서 사령관 고급부관인 아마노(天野) 대좌의 보좌관 보직을 받았지요. 대민관계 업무가 소관이었는데 부분적으로는 러시아인 중국인 한국인에 관한 첩보수집도 포함되어 있었어요. 해삼위는 함경도 해안에서 배를 타면 하루 만에 갈 수 있어 일찍부터 한인 유민들이 밀려들었고, 국운이 기운 뒤에는 독립투사들이 활동 근거지로 삼아 모여 들었다고 하더군요. 그래서 이리저리 기밀자료를 구해 내용을 머릿속에 저장했지요.

연해주에서는 이범윤·이상설·유인석 선생 등이 항일조직을 만들어 활동했습니다. 1917년 러시아가 볼셰비키 혁명의 소용돌이 속으로 빠져들자 최재형(崔才亨)·최봉준·문창범·이동휘 등이 고려족중앙총회를 조직해 이끌고 있었어요. 특히 신한촌이라는 마을은 조선인들의 근거지로서 일본총영사관과 군 정보원들이 촉각을 곤두세워 감시하고 있었어요. 나한테 알려주지 않았지만 독립운동 고위 지도자들 중에 일본에 협조하는 첩자도 있는 듯했어요. 아주 안 좋은 것도 있었어요. 파벌이에요. 평안도 출신은 서파, 함경도 출신은 북파, 경성과 경기도, 충청도 출신은 경파라 하는데 대립이 심했어요. 일부러 밀고하지 않겠지만 파벌 경쟁 때문에 밀정들에게 정보를 알려주는 일도 있었어요.

신한촌에는 안중근 의사의 친동생인 안정근(安定根) 선생이 살고 있었어요. 안정근 선생은 이갑 참령님이 북만주 무렵에서 요양할 때 그의 집에 머물렀던 터라 반색을 했어요. 이 참령님 묘소가 니콜스크 우수리스크에 있다는 걸 알려줬어요. 그래서 어느 날 기차를 타고 니콜스크 우수리스크로 갔어요. 뜻밖의 방문에 부인께서 깜짝 놀라며 반겼어요. 그러나 내 약혼녀 정희는 공부를 계속하러 경성으로 간 뒤였어요.

나는 한인들이 많은 지역에서 대민업무와 첩보업무를 맡는 게 죽도록 싫었어요. 탈출해서 독립운동 진영으로 갈까 생각도 해봤지만 가능성이 없어 보였어요. 그리고 진영에 숨어 있는 첩자들, 민간인 속에 숨어 있는 밀정들을 피할 자신이 없었어요. 애국지사들은 까맣게 모르지만 비밀회의를 하건 누가 어디로 어떤 임무를 갖고 이동하건 샅샅이 첩보가 들어오는 판이니 탈출하면 실패할 가능성이 90프로가 넘었어요. 결국 마음에 갈등만 쌓이고 몸에 이상이 왔어요. 위가 헐어버렸어요. 악성위궤양, 결국 거의 매일 군병원을 들락거렸지요. 그리하여 1월 말 히로시마 위수(衛戍)병원으로 가라는 명령을 받아냈지요.

히로시마 병원으로 가서는 곧장 귀국길에 오를 수가 없었어요. 마음이 급했지만 담당 군의관은 뭘 눈치챘는지 조선 땅에서의 요양을 허락하지 않았어요. 그러다가 마침내 허락이 떨어졌어요. 그래서 경성으로 왔어요."

이응준의 이야기를 다 듣고 지석규가 입을 열었다.

"맘고생이 심했군. 약혼녀 정희 씨는 어떻게 지내? 우선 정희 씨와 모친을 만나고 다음 일을 도모해야 할 거 아닌가?"

이응준은 고개를 끄덕였다.

"오늘 경성에 도착해서는 정희를 찾아갔어. 하지만 정희는 진명여학교 3·1 만세에 앞장섰고, 유치장에 갇혔다가 석방되어 고향인 평안도 숙천으로 떠났대. 나는 정희를 만나 결혼식을 올린 뒤에 망명탈출을 했으면 해. 어차피 만주로 갈 거니까 도중에 합류해도 좋고."

이응준의 이야기를 듣고 김광서는 머리를 끄덕였다.

상대가 다른 사람이라면 그게 회피책이라고 생각할 수도 있었다. 그러나 이응준은 호랑이처럼 호탕하고 걸출한 무관인 이갑 참령이 거두어 가르쳤고, 중병에 걸려 누워 자신이 못다 한 독립투쟁을 하라고 사위로 점찍은 인물이었다.

이응준은 그의 집에서 하룻밤을 묵고 평양으로 갔다. 김광서와 지석규는 주변 정리에 바빴다.

김광서는 긴장한 채 주변을 경계했다. 일본 헌병과 밀정들이 미행하며 동태를 관찰하고 있기 때문이었다. 무슨 냄새를 맡은 듯했다. 그래서 그는 일부러 방탕한 생활을 하기 시작했다. 낮에는 한량들과 당구를 치고 저녁에는 매일 술을 마셨다.

어느 날, 중국에서 온 김약수를 만났다. 본명은 김두전인데 경남 동래 출신으로 휘문의숙과 경성공업학교에서 공부하고 중국으로 가서 난징(南京)의 진링(金綾)대학을 다녔다고 했다.

경상도 출신은 무뚝뚝하다는 선입견을 갖고 있었는데 눈치가 빠르고 영리해 보였다. 그리고 조국독립을 위해 한 몸을 바칠 열정을 갖고 있었다.

김약수는 눈을 빛내며 말했다.

"사관학교 나온 분은 조국독립에 금덩어리처럼 소중한 존재지요. 독립운동은 결국 무장투쟁으로 갈 수밖에 없으니까요."

김약수는 특별히 하는 일이 없어서인지 시간만 나면 그림자처럼 따라 다니려 했다. 어느 날 본명 대신 약수라는 호를 가명으로 갖게 된 경위를 말했다.

"물과 같이 살겠다는 뜻을 담았어요. 김원봉(金元鳳)·이명건(李明鍵)과 만주에서 의기투합했을 때 이명건이 지었어요. 경상도 칠곡 출신인데 두뇌가 비상한 천재에요. 나보다 아홉 살 아래지요. 밀양 출신 김원봉은 비상한 지배력을 가진 녀석으로 일곱 살 아래지요. 함께 독립투쟁하자고 만주로 갔고 결국 난징에 가서 공부했지요. 김원봉은 산과 같다는 뜻으로 약산(若山), 저는 물과 같다는 뜻으로 약수(若水), 이명건은 별과 같다고 약성(若星)으로 하려 했는데 별 성(星)이 사주와 안 맞아 같은 여(如) 넣어서 여성(如星)으로 했지요."

김두전은 경성 새문안에 사는 김정현이라는 친구를 데리고 올 때도 있었는데 둘이 경성공업의 동창이라고 했다. 두 후배는 김광서를 숭배하듯 따라 다니며 심부름 따위를 기꺼이 맡아서 했다. 김광서는 지석규와 이응준, 그리고 인천의 김영섭에게 연락할 일이 있을 때, 또는 가명으로 편지를 보낼 때 두 사람을 이용했다. 탈출할 때 갖고 갈 군자금을 마련하기 위해 조용히 토지를 처분하는 일도 그들을 시켰다.

4월 4일, 그는 이상재 선생이 체포당했다는 소식을 김영섭으로부터 들었다. 소식을 전하면서 김영섭 목사가 말했다.

"고희의 나이에 이른 분이 혹독한 고문이라도 받으면 어쩌나."

김광서는 선생과 나눈 대화들을 생각하며 눈을 지그시 감았다.

"그러게 말일세. 왜놈 경찰은 붙잡혀 들어갔다 하면 사회적 지위 고하를 막론하고 닥치는 대로 고문을 한다는데 걱정이야."

김영섭은 좌우를 살피고 나서 조용히 입을 열었다.

"붙잡혀간 사람들 입에서 자네 이름이 나올까 봐 걱정이네. 고등계 형사놈들은 잔혹하기 짝이 없어서 고춧가루를 탄 물고문은 보통이고, 잠을 안 재우고 돌아가면서 심문을 하고 벽에 세워 놓고 게다짝으로 정강이를 때린대. 삼사 일 한숨도 못 자면 정신이 혼미해져서 의지의 끈을 놓아버리고 자신도 모르게 불게 마련이래. 이상재 선생이 신흥학교 이야기를 하고 자네를 접촉하게 한 것, 조철호 소위가 아오야마 묘지에서 맹세한 걸 불면 당장 촉수가 뻗쳐 올 거야."

김광서도 목소리를 낮춰 말했다.

"조철호나 이상재 선생이나 그걸 발설하지 않을 걸세. 나는 이미 감시당하고 있네. 그래서 일부러 방탕한 척하면서 지낼 생각이네. 자네는 내 본심을 알아주게."

"그 방법에 동의는 못하지만 이해는 하겠네."

"그런데 이상한 일이야. 그 신승희란 자가 통 보이지 않아서 나는 더 불안해. 그리고 갈수록 위험이 커지는데 평양으로 간 이응준은 왜 오지 않는지…."

김광서는 그렇게 말하고 길게 한숨을 쉬었다.

그 후에도 그는 명월관과 여화원을 비롯해 경성의 유명한 요릿집과 술집을 드나들었으며 도박도 했다. 거의 매일 밤 술에 취해 비틀거리며 인력거를 불렀다.

"나는 말 달리며 총을 쏘는 기병장교란 말이야. 몸이 나으면 귀대해야지. 전쟁이 나면 질풍같이 전장 속을 달려야지."

그렇게 혀 꼬부라진 소리를 하며 인력거에 오르면 헌병들이 부축해 태우곤 했다.

"일본군 장교님이 왜 이러십니까. 체통을 차리셔야지."

집에 들어가면 그는 아내와 두 딸을 안고 말없이 눈물을 흘렸다. 그의 속내를 아는 아내 정화는 그냥 눈물을 삼켰다. 그녀는 셋째 아기를 가져 만삭에 가까워지고 있었다.

"아기를 갖지 말아야 했어, 내가 탈출하면 두 아이 키우는 일도 어려울 텐데."

그의 말에 아내는 고개를 저었다.

"아니에요. 아들을 낳아야지요. 그래야 당신 뒤를 잇지요."

부부는 끌어안고 눈물을 흘렸다.

4월 중순에 들어 만세시위는 잦아들었다. 무참한 탄압 때문이기도 했지만 도대체 독립을 세계열강에 호소해 봤자 소용없다는 낭패감 때문이었다. 파리강화회의는 독일과 오스트리아 등 연합국과 맞섰던 나라들을 약화시키는 결과로 끝을 맺었다. 연합국인 미국, 영국, 일본에 예속된 약소국들의 간절한 희망은 무시되었다.

민족지도자들은 탄식했다.

"육당 최남선이 쓴 독립선언서에 이런 말이 있었지. '아아, 신천지가 안전에 전개되도다. 위력의 시대가 가고 도의의 시대가 오도다.' 그건 순진한 착각이었어."

"그래. 이제 남은 건 무장투쟁뿐이야."

그런 말을 들으며 김광서는 지석규와 함께 신흥무관학교로의 탈출을 다짐했다.

4월 18일 아침, 김광서는 김영섭이 인천에서 인편으로 보낸 편지를 받았다. 이날 저녁 지석규와 이응준를 불러 회동하자는 것이었다. 이응준은 약혼녀를 만나고 이틀 전 경성으로 돌아와 있었다. 대한제국 무관학교의 마지막 생도 45명 중 혼자 일본행을 거부했던 김영섭, 그는 김광서의 친구이자 지석규, 이응준의 친구이기도 했다. 김광서는 심부름꾼을 보내 지석규와, 평양에서 돌아온 이응준에게 알렸다.

오후 6시, 세 장교가 김광서의 집에 모였다. 김영섭은 약속시간이 훌쩍 지나도 도착하지 않았다.

김광서는 시계를 들여다보며 말했다.

"약속을 칼같이 지키는 사람인데 이상하군. 김영섭 형은 인천 내리교회 부목사야. 미국에서 유학 초청장이 와서 곧 떠날 거야."

김영섭은 두 시간이나 지나서 도착했다. 이응준, 지석규와 반가운 포옹을 하고는 이내 표정이 심각해졌다.

"어제 오늘 교회 연락선(連絡線)을 통해 비상연락이 돌고 있어. 수원에서 온 놀라운 소식이야. 일본군이 참으로 천인공노할 대학살을 저질렀어."

세 중위는 어서 말하라는 뜻으로 머리를 끄덕였다.

"조선 땅에 우리말 신문이라고는 총독부 기관지 구실이나 하는 『매일신

보』하나 있어. 이런 일은 보도 안 해. 수원 제암리 교회에서 사흘 전 대학살
이 일어났어. 일본군이 만세 부른 마을 사람들을 교회에 가두고 불을 질렀
어. 살겠다고 뛰어나오는 사람들을 사냥하듯이 쏴죽이고, 아기엄마가 아기
만은 살려 달라고 아기를 내밀었는데 총검으로 아기를 찌르고, 아기엄마는
군도로 목을 쳤어. 30명 이상 죽은 모양인데 당신들과 계급이 같은 중위가
지휘했어."

세 중위는 놀라 한동안 입을 열지 못했다. 한참 만에 지석규가 비탄에 찬
표정으로 소리쳤다.

"천벌을 받을 놈들! 어서 더 말해 주게."

"수원의 화성과 발안은 염전과 곡창지대인데 풍년에도 수탈이 심해서 죽
어라 일해도 한 끼도 못 먹어 만세시위가 심했대. 경찰주재소, 면사무소, 우
편소를 파괴하고, 시위대에 군도를 휘두르는 순사 두 놈을 타살했는데 경찰
힘으로 안 되니까 군대가 보복하러 나간 거지."

김광서가 주먹을 부르쥐며 말했다.

"조선군사령관 우쓰노미야 대장이 진압명령을 내린 거지. 제암리 학살은
우리의 탈출 의무를 더 분명하게 만들었어."

세 장교는 슬픔과 분노를 술로 달랬다. 김영섭은 신분이 목사라서 술을
마시지는 않았다.

애당초 이날 회동의 목적은 탈출계획의 확정이었다. 그러나 군자금 걱정
만 했다. 김광서가 접촉하는 서간도 독립운동 조직이, 그들이 압록강을 건
너자마자 안전하게 호송할 준비를 아직 갖추지 못한 때문이었다. 만주지역
은 군벌 군대와, 닥치는 대로 빼앗는 마적들, 그리고 요동지역에 주둔하는
일본군 등으로 어지러운 상황이었다. 조선인들이 많이 살지만 무수히 많은

일본 밀정들이 숨어 있었다.

그들은 하나하나 따져 탈출계획을 점검했다. 떠나야 할 때였다.

김광서가 마음을 다잡자는 뜻으로 정색하고 말했다.

"다시 한 번 탈출을 맹세하고 결심을 굳히세. 지석규, 이응준, 나와 함께 탈출할 건가?" 지석규는 "네, 저는 갑니다."하고 큰소리로 대답했다.

이응준은 그냥 고개를 끄덕였다. 김광서는 그런 이응준이 미덥지 않았다.＊

5월 22일, 그는 유병민으로부터 놀라운 소식을 들었다. 신승희가 종로경찰서 유치장에서 자살했다는 소식이었다.

"아니, 고등계 형사가 왜 유치장에서 자살해요?"

김광서는 의아한 표정을 하자 유병민이 차근차근 설명했다.

"만세 시위 일어나기 사흘 전인 2월 26일, 천도교 소속 인쇄소인 보성사(普成社)에서 독립선언문을 인쇄하는데 신승희가 냄새를 맡고 들어왔대. 인쇄된 선언문 한 장을 들고는 말없이 나가 버렸대. 보성사 사장 이종일(李鍾一) 선생이 긴급히 손병희 선생에게 알렸지. 손병희 선생은 그를 은밀히 만나 5천 엔을 내놓으며 민족을 위해 며칠만 눈 감아 달라고 간청했대. 그 다음 이야기는 분명치가 않아. 돈을 받았다는 말도 있고 안 받았다는 말도 있어. 만세운동 지도부는 3월 3일 황제폐하의 인산 날로 잡았던 거사 계획을 초하루로 앞당겼대. 신승희는 신의주에 독립단이 잠입한 정보가 있다고 출장을 떠났고 이 달 14일 밤에 돌아와 경성역에 내렸는데 기다리고 있던 헌병들이 체포했대. 심문 중에 모든 게 드러나자 준비했던 극약을 먹고 자살

＊   김광서는 이때 지석규는 본의로 응낙했으나 이응준은 마지못하여 대답했다고 회고했다(『경천아일록』 64쪽).

했대."**

그 이야기를 다음날 지석규와 이응준에게 들려주자 두 사람은 주먹을 불끈 쥐었다.

"고등계 형사도 조국을 위해 목숨을 던지는데 우리도 해야지요."

이 무렵, 김광서의 가까운 동지 안확이 상하이로 탈출했다. 그 후 경찰과 헌병의 감시는 노골화되었다. 망명탈출 계획을 눈치 채기라도 한 듯 대놓고 감시하기 시작했다. 경시총감부 사찰요원이 이틀에 한 번 사직동 집에 와서 확인하고 갔다.

어느 날 김광서는 스스로 말을 타고 남산 기슭에 있는 경시총감부로 찾아 갔다. 그를 사찰한 책임자인 장교는 자리를 비웠고 하사관이 그를 맞았다.

"나를 사찰하는 것 같아 내 발로 찾아왔네."

나이 지긋한 하사관은 딱딱하게 굳은 얼굴을 하고 입을 열었다.

"이제 내지에 있는 부대로 귀임하셔야지요. 시국이 혼란스러우니까 중위 님을 살필 수밖에 없습니다."

김광서는 일본 측을 안심시키기 위해 더욱 방탕한 생활을 해 나갔다. 그러면서 은밀하게 탈출을 준비했다.

마침내 목숨을 걸고 탈출을 결행한 것은 1919년 6월 6일, 31회 생일 다음 날이었다. 가장 아끼는 지석규 중위와 함께 경의선 기차를 타고 신의주까지 가고, 국경열차를 타고 압록강 철교를 건너 안둥까지 갔다. 그리고 보름을 걸어 쌴위안바오를 거쳐 하니허에 있는 신흥무관학교에 도착했다.

** 『매일신보』 1919년 5월 22일자; 『신한민보』 1919년 6월 24일자.

제10장

서간도에서의 투쟁

신흥무관학교에서 애국청년들을 가르치다

신흥무관학교 교관으로서 본격적인 업무를 시작하자 김광서와 지석규는 몸이 하나인 것이 아쉬울 정도로 바빴다. 하니허에 있는 본교, 구샨즈에 있는 분교 양쪽 모두 생도들이 기다리고 있었던 것이다. 그나마 군마가 한 필 있어 다행이었다. 김광서는 말을 타고 오가며 양쪽 생도들을 가르쳤다. 그렇게 한 달이 금방 흘러갔다.

어느 날 저녁, 김동삼 선생과 교관들이 모여 저녁식사를 하는 자리에서 신팔균이 말했다.

"김광서 동지와 지석규 동지가 탈출해오고 우리 무관학교가 제대로 돌아가니 왜놈들이 첩자나 자객을 파견할 겁니다. 그래서 가명을 썼으면 합니다."

김동삼 선생이 좋은 생각이라며 고개를 끄덕였다.

"신 동지부터 바꿀 이름을 말해보시오."

신팔균은 생각해 둔 것이 있는 듯 즉시 대답했다.

"동녘 동(東)에 하늘 천(天)입니다. 해가 뜨는 동쪽 하늘이 좋으니까요."

"신동천, 참 좋군. 김광서 동지는 뭐가 좋겠소?"

김동삼 선생이 물었다.

전혀 생각해 본 적이 없었지만 김광서는 갑자기 하나가 떠올라 신팔균처럼 즉시 대답했다.

"저도 하늘 천입니다. 저의 집 후원 정자 이름이 경천각입니다."

김동삼 선생이 박수를 쳤다.

"경천욕일의 준말, 나라를 위해 공을 세우겠다는 뜻이지. 김경천도 괜찮군."

지석규가 입을 열었다.

"저도 하늘 천을 쓰겠습니다. 언제나 푸른 하늘이 좋아서 청천(靑天)입니다. 저는 성(姓)이 희성이라 그것도 바꿔 이청천으로 하려 합니다."

세 사람의 호이자 가명은 순식간에 지어졌다. 뒷날 사

신팔균
구한말 무관가문, 무관학교 출신으로 김경천과 신흥무관학교 교관을 했다. '남만 삼천' 중 한 분이다.

이범석
원난강무학교를 졸업하고 와서 신팔균·김경천·이청천과 더불어 신흥무관학교 교관을 했다.

람들은 이들 세 독립투사를 '남만 삼천(南滿 三天)'이라고 불렀다.

며칠 뒤, 김경천(김광서)과 이청천(지석규)은 슬픈 소식을 들었다.* 그들이 압록강을 건넌 뒤 신흥무관학교까지 호위책임을 맡았던 이시영 동지가 갑자기 죽은 것이었다. 두 사람은 오후 1시 경 쌴위안바오의 한족회가 보내온 급보를 받자마자 배낭을 꾸렸다. 나란히 말을 타고 달려 쌴위안바오로 가서 밤새 동지의 주검을 지키고 다음날 장례식에 참석했다.

8월에 들어 안타까운 일이 일어났다. 김경천·이청천·신팔균과 나이 많은 선배 교관들과의 갈등이었다. 중년 이상의 교관들 중에는 김경천의 부친 고 김정우 부령과 관계가 깊었던 사람, 이청천의 가문 어른들과 가까운 분들도 있었다. 생도들마저도 신·구 두 패로 갈라져 갈등을 일으켰다.

----
* 저자 주 : 이하 김광서를 김경천으로, 지석규를 이청천으로 쓴다.

그때 중국의 정규 군관학교를 나온 젊은 투사 이범석(李範奭)이 찾아와 교관단에 합류했다. 이범석은 서울 출신으로 이천(伊川) 군수 이문하(李文夏)의 7대 독자였다. 경성제일고보 3학년 때 한강에 나갔다가 여운형**을 우연히 만나 대화를 나누었다. 그것이 민족적 각성을 갖게 해 다음해 중국으로 망명했다. 열다섯 살이었지만 결혼한 몸이었다. 상하이(上海)의 조선인 독립운동가들은 그의 영리함을 주목해 윈난성(雲南省)의 고원 쿤밍(昆明)에 있는 3년 과정의 윈난강무학교로 보냈고, 그는 거기서 유수한 중국 군벌의 자제들을 제치고 기병과를 수석으로 졸업했다.

"애국청년들이 신흥무관학교에 몰려들고 김광서 선배, 지석규 선배가 일본군을 탈출해 교관단에 합류했다고 들었어요. 밀려드는 생도들을 가르치지 못해 쩔쩔맨다는 소식도 들었어요. 그런데 어찌 제가 중국군 장교로 앉아 있습니까. 상하이에서 쟁쟁한 선생님들의 권유도 있었구요.***"

약관 20세의 젊은 장교는 그렇게 말했다.

김경천을 포함한 '남만 삼천' 교관들은 후배인 이범석을 매우 소중하게 여겼다. 지난날의 대한제국 무관 출신, 일본의 장교 출신, 여기에 중국 정규무관학교 출신이 있으니 금상첨화라는 생각에서였다.

이범석이 오면서 중심이 청년 교관 쪽으로 기울고 갈등은 해소되었다. 국사, 법규, 중국어, 일본어 등 일반학은 고참 교관들이 맡고, 군사학은 젊은 교관들이 맡게 되었다.

**　　여운형(呂運亨): 1886년 경기도 양평 출생. 남경 진링대학에 유학했다. 임시정부 의정원의 원을 지냈으며 1920년 고려공산당에 가입, 이듬해 모스크바 피압박민족대회에 참석했다. 1944년 조선건국동맹을 조직하고 광복 후 건국준비위원회와 인민공화국을 만들었으나 좌절되고 암살당했다.

***　　박성수,「이범석」,『광복의 역사인물』, 연합뉴스, 1999, 211쪽.

신흥무관학교의 사정은 아주 나빴다. 우선 총이 없어서 목총으로 대신하였다. 그러니 사격훈련은 생각할 수도 없었고 학과 공부도 등사판으로 밀어낸 갱지 유인물을 교과서 대신 사용하였다. 게다가 급식은 매우 형편없었다.

> 중국인들이 김장밭에 내버린 것을 주워온 얼어빠진 무와 맨 소금으로 끓인 국이 유일한 부식이고, 성하지도 못한 녹거리의 좁쌀, 영양학자의 안광으로 본다면 사람의 영양식으로는 고사하고 동물의 영양학적 사료도 안 되리라는 것을 누구나 수긍하지 않을 수 없었을 것이다.
> 이런 것을 먹으며 학과와 술과(術科)를 합해 16시간을 매일 훈련했고 거기다가 정신교육과 내무교육에 치중했다.
> 그때 교원들의 의식주는 대급 간부들은 생도들과 같이 생활을 하였으나 교관이 먹는 것만은 바깥의 민가에 부탁해 밥을 먹었는데 역시 조밥이었다. 서로 군정서에서 식대를 직접 밥해 주는 촌가에 지불했는데 1인당 한 달 3원꼴이었다.*

젊은 신임교관 세 사람은 학교 정문을 나가 식사를 위탁한 민가에 가서 저녁을 먹었다. 가장 뱃구레가 큰 이범석은 조밥 세 공기를 게 눈 감추듯 먹어치웠다. 아쉬운 듯 밥공기를 들여다보며 말했다.

"저는 열 그릇 먹어야 속을 채울 겁니다. 배가 고파서 구령을 할 수가 없어요. 하지만 생도들이 먹는 것보다는 나으니까…. 생도들 급식은 정말 형편없지 않습니까. 그래서 물을 마셔 빈속을 채우고 힘을 냅니다. 두 분 선배

---

* 이범석,『철기 이범석 자서전』, 외길사, 1991, 150~151쪽.

님도 이렇게 굶주려 본 적이 없지요?"

끝의 한 마디는 물기에 젖었다.

이청천이 한숨을 쉬었다.

"나는 없네. 아버지가 일찍 돌아가셔 집안이 가난하긴 했지만 굶주리지는 않았지."

김경천은 부친이 군기창감이라는 높은 관직에 있었던 것을 이범석도 아는 지라 그냥 고개만 끄덕였다. 정말 그랬다. 이렇게 형편없는 음식을 먹으리라고는 상상하지 못했다. 굶주리는 생활은 상상도 하지 못했다. 신흥무관학교가 이회영·이시영 6형제의 재산 40만원으로 지어졌으며 둔전을 갖고 있다고 해서, 그리고 서간도 동포사회가 오래 전에 공동체를 만들어 왔기 때문에 동포들의 지원으로 그럭저럭 잘 돌아가고 있으려니 생각했는데 그게 아니었다.

학교를 운영할 군자금은 이미 떨어졌고 얼마나 더 버틸지 알 수 없었다. 그때 단비가 오듯 반가운 돈이 왔다. 배천택(裵天澤)이 국내에서 모금한 군자금을 품고 도착한 것이었다.

배천택은 누구인가. 10년 전 신민회 계열의 비밀결사인 대동청년단 조직에 참여했고 강제 합병 뒤에는 서간도로 망명하여 부민단에서 활동한 지사였다.

"모두 합해 6만 엔쯤 되는데 5만 엔은 어떤 사람이 '삼천' 교관님들을 지목하며 내놓은 겁니다."

한족회와 군정서를 이끌며 서간도 지역 독립운동 세력의 중추 노릇을 하고 있던 김동삼 선생은 눈을 크게 뜨고 물었다.

"그게 누구요?"

"경상북도 관찰사를 지낸 장승원의 아들 장길상(張吉相)입니다."

김동삼 선생은 "음" 하고 신음을 내며 눈을 감았다.

"장승원 아들 돈이라도 받아야지. 일말의 양심이 있어서 내놓은 것이니."

군정서의 다른 간부들도 그냥 머리를 끄덕였다.

장승원이 군자금을 내놓지 않아 박상진을 비롯한 광복단원의 총을 맞고 죽은 것은 이미 알려진 사실이었다. 장승원은 길상, 직상(稷相), 택상(澤相) 등 세 아들을 두었는데, 3남인 택상은 영국 유학을 가고 장남과 차남이 일본인들과 합작해 대구은행을 설립하고 물려받은 부를 끊임없이 키워가고 있었다. 그런데 그 집안의 장남이 독립운동 단체에 거금을 보내온 것이었다.

"아비가 내놓을 돈을 아들이 대신 내놓은 거지요. 이건 허위 선생이 주신 거나 마찬가지입니다."

신팔균이 말했다.

배천택은 김경천과 이청천에게 조용히 말했다.

"저는 두 분 중위님 탈출 소식을 듣고 혹시 서간도로 돌아가면 뵐 수 있을 듯해 두 분 가족 소식을 탐문했습니다."

김경천과 이청천은 동시에 "그랬어요?"하며 그에게 다가앉았다.

"두 분 부인들께서 종로경찰서에 보름쯤 갇혀 고생하셨는데 고문은 당하지 않으셨다 합니다. 제가 탐문할 당시 댁에서 자녀들과 함께 무사히 계셨습니다."

"아, 고맙소이다."

김경천이 안도의 한숨을 쉬자 이청천도 이제 안심이라는 듯 머리를 끄덕였다. 경찰에서 시달림을 당한 것이 안타깝지만 어미닭처럼 자식들을 품고 잘 있다니 안심이었다.

서로군정서 지휘부는 배천택이 가져온 군자금을 기탁자의 뜻에 따라 '삼천 교관' 즉 신팔균 · 김경천 · 이청천이 공동으로 관리하기로 했다. 생도들이 졸업하면 총을 한 자루씩 안겨주고 그들을 이끌고 압록강을 건너 국내진공을 하는 것이 그들의 꿈이었다. 그러나 그들은 알고 있었다. 생도들을 먹이고 입히는데 들어가 버릴 것임을. 신흥무관학교의 사정은 그렇게 열악했다.

그날 밤, 남만 삼천은 함께 고량주를 마셨다.

김경천은 7대 독자로서 15세 어린 나이에 망명을 결행한 수재 이범석에게 이야기를 시켰다. 이범석은 선배들이 주는 술잔을 덥석덥석 받아먹는데 영 취하지 않았다. 꼿꼿이 어깨를 펴고 앉아서 이야기했다.

"경성고보 3학년 때 만난 여운형 선생의 말씀이 저를 독립운동으로 이끌었지만 그건 표면적인 이유입니다. 정신 내면에 고여 있는 기억이 저를 그렇게 이끌었다고 보는 게 옳을 겁니다."

"그 유년의 기억이 뭔가?"하고 김경천과 이청천은 이범석의 앞으로 다가앉았다.

"소학교 시절에 본 의병을 잊지 못합니다. 제가 살았던 이천에는 헌병 1개 소대가 있고 헌병보조원도 십여 명 있었지요. 보조원은 군대해산 전 장교나 하사관을 하던 자들인데 긴 칼을 차고 거들먹거렸어요. 어느 날 그놈들이 수비대 뒤를 따라 이상한 모습의 30~40대 장년들을 끌고 들어왔습니다. 손바닥을 마주 붙여 철사로 꿰어서 잡아끄는데 손에서 피가 흐르고 총에 맞았는지 입고 있는 베옷을 적시며 피가 물줄기처럼 흘렀어요. 머리를 얻어맞아 얼굴을 전혀 알아볼 수 없을 정도로 피가 맺혀 있었습니다. 그러나 늠름한 기상과 위엄이 감돌았습니다. 어른들이 '저게 의병대장 강 아무개다. 저건 이 아무개다' 하며 수군대는 소리를 들었던 기억이 납니다. 헌병보조원들에게 돌을 던지고 싶었습니다. 제가 독립운동 전선으로 나온 것도 그것 때문일지도 모릅니다.*"

김경천은 이범석의 술잔에 술을 채워 주었다.

"우리를 핍박하는 헌병대도 문제지만 동포 보조원이 더 큰 문제라고 보는 군."

이범석은 고개를 끄덕였다.

"물론입니다. 왜놈에게 부역하는 자들이 우리의 독립투쟁에 큰 장애가 될 거라고 봅니다."

제자들, 독립전쟁 전선으로 달려가다

9월에 들어 신흥학교라는 이름에서 신흥무관학교로 바꾼 뒤의 첫 졸업생, 그러니까 김경천·이청천·이범석 등 젊은 교관들이 키운 졸업생들이 배출되었다. 그들을 6기생이라고 불렀다. 졸업생들은 독립군 부대를 찾아가거나 학교가 지정한 지역에 가서 교사 노릇을 하게 되어 있었다.

졸업장을 받아든 제자들이 모두 정렬하여 경례를 하며 감사의 뜻을 표할 때 그는 큰 소리로 외쳤다.

"자랑스런 제자들아, 어서 가서 독립전쟁에 앞장서라!"

흡족하게 가르쳐 내보내긴 했는데 다음 기수는 어떻게 해야 할지, 교관들

----

* 이범석, 앞의 책, 46~47쪽.

은 생도들을 뽑아 가르칠 군자금 마련에 골똘해야 했다. 게다가 새로운 변수가 생겼다. 만주와 러시아 연해주 등 여러 곳에서 그들을 목마르게 부르고 있었다. 독립투쟁의 지평이 몇 배로 넓어져서 무장투쟁 지휘자가 필요했다. 수백 명의 신흥무관학교 졸업생들이 퍼져 나가 초급간부가 되었지만 지휘관이 없었다.

'삼천' 중 하나인 신팔균이 제안했다.

"이렇게 합시다. 우리 셋 중 하나는 학교에 남되 서간도를 맡고 , 하나는 북간도를 돌며 동포들의 지원을 얻고, 다른 한 사람은 연해주로 가서 무기구입 루트를 개척합시다. 그리고 내년 3월 1일을 기하여 국경지대인 자성(慈城), 후창(厚昌), 또는 혜산진(惠山鎭) 중 국경지역의 어느 한 곳을 점령해서 치고 내려가기로 합시다."

"그럽시다."

김경천과 이청천이 동의했다. 긴 시간 숙의를 거듭한 끝에 신팔균이 북간도를 맡고 김경천은 러시아 연해주까지 가서 무기구입 루트를 알아보되 현지에서 독립군부대를 조직하기로 했다. 이청천은 학교에 남아서 계속 생도들을 가르치며 서간도를 맡기로 했다.

김경천은 경성을 탈출한 뒤 줄곧 행동을 같이 해온 이청천과 헤어졌다.

"연해주에 가면 이동휘 장군을 만나고 싶네. 내 고향 함경도 사람들도 많을 거야. 지 동지, 몸조심하게. 그리고 내년 3월 1일을 기하여 국내 진공을 하기로 한 우리 목표를 잊지 마세."

그는 이청천의 어깨를 끌어안고 등을 두드렸다.

"네, 꼭 임무를 완수합시다."

이청천이 길게 심호흡을 하며 말했다.

서간도와 북간도와 연해주, 세 곳 모두 독립전쟁을 위한 해외기지로 지목된 곳이었다. 세 사람 중 가장 역량이 큰 김경천이 연해주를 선택한 이유는 무엇일까? 당시로서는 그 곳이 투쟁하기에 가장 유리했다. 특히 김경천의 출신지인 함경도 출신 유민들이 개척한 땅이고, 막 공산주의 혁명에 성공한 소련 지도자 레닌이 한인 독립운동가들에 매우 우호적이었다.*

그러나 이 선택은 그의 운명을 뒤바꿔 놓았다. 김경천을 비롯한 연해주의 한인독립투사들은 레닌의 간곡한 희망을 그대로 받아들여 혁명군인 적군(赤軍)과 손잡고 일본군, 차르 황제파인 백군과 싸웠다. 그러나 결과적으로 레닌의 후임자인 스탈린에 의해 반역으로 내몰리는 배신을 당했던 것이다. 김경천의 연해주 선택은 가장 불운한 것이 되고 말았다. 결과론이지만 그가 북간도를 선택했다면 그의 생애는 크게 달라졌을 것이다.

만주를 횡단해 연해주로 향하다

김경천과 신팔균은 싼위안바오의 한족회 본부에 들러 서로군정서를 이끌어가는 이상용(李相容)선생과 김동삼 선생을 만나고 북동쪽으로 이동했다. 판시얀현(盤石縣)과 차오양현(朝陽縣)을 거치며 걸었다. 가는 길에는 콩과 옥수수가 알맞게 익어 가고 있었다. 그것을 삶아먹거나 산야에 지천으로 많은 머루, 다래, 오미자를 따먹으며 갔다. 하늘은 높고 푸르렀으며 머리 위로는 기러기 떼가 날아갔다.

김경천은 즉흥시를 지었다.

----

* 　　이 책 320쪽 반병률 교수의 논문 인용 참조.

날아 오네, 날아 오네, 저 기러기 떼

점점 오네, 점점 오네, 나를 보고서

저들은 자기의 고향산천을

잊지 않고 찾아오나

아아, 이몸은 점점 멀리 가네, 멀리 멀리.**

십여 일만에 중간 기착지로 잡았던 지린(吉林)에 도착했다. 박찬익(朴贊翊)이 몇 사람의 독립투사들과 함께 두 사람을 맞아주었다.

"중위 신분으로 일본군을 탈출하신 김경천 동지와 인사들 나누시지요."

그들과 구면인 신팔균이 그렇게 소개하자 박찬익과 동포 지도자들은 한꺼번에 다가와 그를 끌어안았다.

"동지가 자랑스럽습니다."

"고맙습니다. 며칠 머물다 러시아로 가려 합니다. 그때까지 신세 좀 지겠습니다."

김경천의 말에 박찬익과 지도자들은 걱정 말라는 뜻으로 머리를 끄덕였다.

두 사람은 독립운동 기관인 군정사(軍政司)에 짐을 풀었다.

그곳에서 그는 며칠 전 북간도 룽징에서 온 한 밀사가 전해 온 한상우의 전언을 들었다.

'신흥무관학교를 졸업하고 배치되어 온 청년을 통해 자네가 훌륭한 군사 교육을 한 걸 듣고 반갑고 고마웠네. 곧 독립전쟁 전선에서 만나세.'

** 『경천아일록』, 80쪽.

밀사가 곧 북간도로 돌아간다 하므로 김광서는 무사 건강을 축원하는 말을 전해달라 했다.

김광서를 담당한 박찬익은 36세로 신민회원으로 활동했고 상하이에서 동제사(同濟社)* 조직에 참여하고 지난해에는 이 곳 지린에서 무오독립선언서** 에 서명한 인물이었다. 거의 모든 항일운동 조직과 유대를 갖고 있었다. 그의 힘으로 상하이 임시정부와 만주·연해주 항일운동 조직이 연결되고 있었다.***

만주어로 '쑹화강변'이라는 뜻을 가진 지린은 지린성의 성도(省都)로서 만주의 중심지 역할을 해온 곳이었다. 민족의 영산 백두산에서 발원하여 만주 땅을 적시고 흐른다는 쑹화강(松花江)이 시가지 가운데를 관통해 흐르고 고성(古城)도 운치가 있어 도시 전체의 풍광이 아름다웠다.

두 사람은 여기서 며칠 쉬며 쑹화강과, 『삼국지』의 영웅 관운장(關雲長)을 모신 묘(廟), 러시아 군 포대(砲臺) 따위도 구경했다. 재미 항일투사인 박용만 (朴容萬)도 만났다. 대한민국임시정부 외무총장으로 임명됐으나 이승만과의 노선 대립 때문에 부임을 하지 않고 있었다. 연해주 블라디보스토크를 거쳐 왔으며 곧 북경으로 가서 북경 주재 미국대사를 만날 참이라고 했다.

박용만은 김경천의 손을 잡고 무척 반가워했다.

"내가 신문보도 보고 동지를 꼭 보고 싶었는데 이렇게 만나는구려. 정말 고맙소."

....
*   1912년 7월 중국 상하이에서 조직된 최초의 한인 독립운동 단체. 이사장에 신규식, 중견간
       부에 박은식·김규식·신채호·홍명희·조소앙, 그리고 회원 3백여 명이 있었다.
**   1918년 음력 11월, 만주와 러시아에 망명한 인사들이 참여한 대한독립선언서. 무오년에 선
       포했다 하여 그렇게 부른다. 조소앙이 기초했고 김동삼·신규식·정재관·여준·박은식·이시
       영·이동녕·신채호·김좌진·박찬익 등 39명이 서명하였다.
***   남파 박찬익 전기 간행위원회, 『남파 박찬익 전기』, 1989, 을유문화사, 160쪽.

그러면서 지린성 안의 제일 좋은 요릿집에서 점심을 샀다. 미국에서 온 박용만과 지린에서 활동하는 박찬익과 그 동지들은 김경천이 황실유학생으로 일본으로 떠난 시절부터 중앙유년학교와 육사의 교육, 임관 후의 일본군 장교 생활에 대해 궁금해했다. 이야기가 끝도 없이 이어졌다.

지린에 머문 지 엿새, 그는 거기까지 동행해온 신팔균과 헤어져야 했다. 신팔균은 북간도에서 일해야 했으며 그는 아직 먼 길이 남아 있기 때문이었다. 그리고 그의 임무는 더 커져 있었다. 그가 서간도 항일조직을 대표하여 무기 구입루트를 찾으러 가는 것을 알고 북간도 조직인 군정사에서도 알선을 요청한 것이었다.

김경천은 창춘(長春)행 기차에 올랐다.

저녁 8시 경에 창춘에 내리니 온통 일본군 세상이었다. 음식점에서 잠시 쉰 뒤 역으로 나갔다. 역사 안에 일본군 헌병 장교와 하사관이 여럿 보이는데, 그는 선수를 치는 게 낫겠다고 생각해 그들에게 다가갔다. 그리고는 유창한 일본어로 물었다.

"이보시오, 하사관. 하얼빈 행 기차표를 어디서 사야 하오?"

완벽한 혼슈(本州) 지방 말을 쓰는 그에게 헌병 하사관은 친절하게 말했다.

"저를 따라 오십시오."

그는 기차에 오르자마자 변소에서 옷을 갈아입었다. 걸친 옷이 싼위안바오에서부터 지린을 거치며 줄곧 입고 온 것이기 때문이었다.

하얼빈역에 내려서는 안중근 의사가 이토를 격살한 자리에서 짧은 묵념을 했다.

'안 의사님, 빼앗긴 조국을 찾으려고 일본 군대를 탈출했습니다. 천상에서 저를 지켜봐 주십시오.'

역사(驛舍) 안으로 들어가니 러시아 정교회가 세운 예수의 흉상이 기념비처럼 자리잡고 있었다. 환전소에서 일본 돈을 러시아 화폐로 바꾸었다. 1엔 : 30루블, 러일전쟁 이후 휴지처럼 가치가 떨어진 러시아 루블화를 주머니에 불룩하게 넣고 역 광장으로 나갔다. 광장에는 누더기를 걸친 만주인들이 우글우글했다. 그리고 일본군, 러시아군, 중국군 모습들이 보였다.

청요릿집에 들러 배를 채운 뒤 거리로 나갔다. 여진말로 '그물 말리는 곳'을 뜻한다는 하얼빈, 그는 러시아 풍 건물들이 즐비해 이국정취를 느끼게 하는 도시의 거리를 걸었다. 백두산에서 발원해 지린을 거친 쑹화강이 여기까지 뻗어와 유유히 흐르고 있었다. 천천히 저자로 가서 러시아식 방한복인 루바슈카*와 가죽장화와 비상식량으로 먹을 러시아식 흘레브 빵, 육포, 소시지 따위를 샀다. 언제 어디서 쫓기는 신세가 될지 모르기 때문이었다.

다시 역으로 가서 국경열차를 탔다. 그는 신실해 보이는 동포 청년을 사귀어 먹을 것을 내놓으며 통역 겸 안내를 부탁했다. 기차는 무링허(穆陵河)라는 강의 다리를 건너고 수이펀허(綏芬河)라는 강의 교량도 건넜다. 그리고 우수리 강 철교 앞에 기차는 멈춰 섰다. 군복에 권총을 차고 채찍을 든 러시아 관리들이 올라왔다.

"베스 뜨비디에 끼타예츠 까끄 바로나(까마귀같이 더러운 중국놈들)!"

관리가 중얼거린 말을 동포 청년이 통역해 주었다.

러시아 국경 관리는 러시아인과 조선인은 그냥 두고 중국인들에게 다가가 여행권을 내놓으라고 소리치며 채찍을 휘둘러 그들을 차 밖으로 몰아냈다.

'다행히도 우리 조선인은 짐승 취급은 당하지 않고 사는군.'

----

*   루바슈카: 러시아의 전통의상. 직선으로 재단한 통옷이며 허리를 굵은 벨트로 묶어 입는다.

그는 안도의 한숨을 쉬며 창 밖으로 눈을 돌려 국경선 구실을 하는 우수리 강을 바라보았다. 잠시 후 기차는 몇 번 길게 경적을 울리고 증기 뿜는 소리를 요란하게 내면서 움직이기 시작해 우수리 강 철교를 건넜다. 중러 국경을 넘어 러시아 연해주로 들어간 것이었다. 그의 목적지는 니콜스크 우스리스크였다.

연해주는 어떤 땅인가. 옛날에는 고구려 유민들이 세운 발해 왕국의 영역이었다. 지리적으로는 서쪽에 우수리 강(한자식 지명 우수리장[烏蘇里江])과 아무르 강(한자식 지명 헤이룽장[黑龍江])을 끼고 중국 국경과 이어져 있다. 남쪽은 두만강을 경계로 한반도로 이어져 있고, 동쪽은 바다이다. '연해주'는 한인과 중국인 들이 부르는 지명이고 러시아 지명은 프리모르스키 크라이, 바다에 연접한 땅이라는 뜻을 갖고 있다. 연해주 북쪽은 아무르 주(한자식 지명 흑룡주 黑龍州)라고 부르는 동시베리아 지역이다.

19세기 중반까지 황무지였던 이곳에 한인 유민이 처음 이주한 것은 1863년이었다. 1874년의 관북지방의 대흉작으로 급격히 늘어났다. 1910년 강제 합방 직후 다시 증가해 1919년 초겨울 김경천이 우수리 강 국경을 건넜을 때 연해주와 아무르 주의 한인 인구는 15만 명에 이르러 있었다. 지리적으로 가까운 함경도 출신이 대다수를 차지했다. 이곳에서 본격적인 무장투쟁을 시작하려는 함경남도 북청 출신 김경천에게 매우 유리한 조건이었다.

한인 유민들의 정착 초기, 차르 황제가 파견한 총독이 통치했다. 황무지를 개척하기 위해 인내심 강하고 염가의 노동력을 가진 한인을 이용하려는 정책을 썼다. 먹고 살 곳을 찾아 남부여대하여 찾아간 한인들에게 임시 주거지를 만들어주고 일용할 양식과 농기구, 생활필수품 등을 나눠주었다. 그리고 넉넉한 땅을 내주고 지조(地租)를 20년간 면제했다.

한인 유민들은 자진해서 러시아에 귀화하고 러시아 정교로 종교를 바꾸었다. 러시아 국적을 가지면 더 많은 특혜가 따라왔다. 귀화자는 원호민(原戶民), 비귀화자는 여호민(餘戶民)이라고 불렀다.

초기 한인 유민들이 뿌리를 내리며 공동체를 만들어 간 곳은 5개 지역이었다. 첫째는 두만강 국경에 닿은 포시에트였다. 그 중심지는 얀치혜였으며 한인들의 지명은 연추(延秋)였다. 둘째는 거기서 동북쪽으로 300킬로미터 떨어진 항구도시인 블라디보스토크로 한인들이 부른 지명은 해삼위(海蔘威)였다. 셋째는 블라디보스토크 북쪽 150킬로미터, 우수리 강을 끼고 발달한 도시 니콜스크 우수리스크였다. 한인들이 부른 지명은 소왕영(蘇王營)이고 발해시대 지명은 소성(蘇城)이었다. 발해시대의 성과 중국인들이 쌓은 성이 있어서 쌍성자(雙城子)라고도 불렀는데 시베리아 횡단열차와 중국에서 오는 철도가 교차하는 교통의 요지였다. 넷째는 블라디보스토크에서 동쪽으로 170킬로미터 뻗어간 산악지역으로 동해에 닿아 있었다. 중심지는 스찬이었으며 한인들이 부르는 지명은 수청(水淸)이었다.* 다섯째는 니콜스크 우수리스크에서 남서쪽으로 중국 국경에 이르는 수이푼이었는데 수이푼 강(현재의 러시아 지명 라즈돌리노에 강, 중국명 수이펀하[綏芬河수분하])을 따라 취락이 형성되었다. 수이푼스크라고도 불렀으며 한인들이 사용한 지명은 추풍(秋風)이었다. 19세기 후반에 이주해 와 자리잡은 원호민들이 많았다.

한인들은 더 북쪽으로 올라갔다. 북부의 아무르 주와, 극동 시베리아의 거점도시 하바롭스크까지 삶의 뿌리를 내렸다. 그들은 '노야(老爺)'라는 이름

---

* 현재의 지명은 빨치산스크이다.

의 마을 자치제도를 만들었다. 촌장을 뽑아 한인의 단결과 권익을 도모하게 했다. 정확하게 말하면 노야는 촌장을 뜻하기도 하고 자치기구를 뜻하기도 했다. 군(郡) 단위 자치기구도 있었는데 그것을 '도노야(都老爺)'라고 했다.

1904~1905년 러일전쟁 이후 러시아와 일본은 각자의 이익을 협상을 통해 조정하여 공존을 추구하였다. 1907년, 1912년, 1916년의 4차례에 걸쳐 일련의 협약을 체결하여, 양국은 한반도, 남북만주, 몽골, 중국 등 동아시아에서 각자의 특수이해 지역을 상호 인정하는 데 합의하고 적대관계로부터 점차 실질적인 동맹관계로 발전시켰다. 그런 가운데 러시아는 일본의 조선반도 통치를 승인해야 했다. 1905년 을사늑약, 1910년에는 한일합방이 그런 가운데 이루어졌다.**

한인들의 민족운동을 제정러시아 당국이 국제적 상황에 따라 죄고 풀어주고 했지만 한인 지도자들은 연해주를 해외독립투쟁 근거지로 선호했다. 모국을 떠난 애국지사들의 발길이 연해주로 집중되기 시작했다. 간도관리사 직책을 가졌던 이범윤(李範允), 대한제국의 참찬(參贊)이었던 이상설(李相卨), 대한제국 군대의 참령이었던 이동휘가 왔다. 그들은 1910년 강제합방 소식을 듣고는 성명회(聲鳴會)라는 강력한 반일 조직을 만들었다. 그러나 성명회는 일본의 요구를 받은 러시아가 이상설 등을 체포 투옥함으로써 붕괴되었다.

이상설은 이르쿠츠크 감옥에서 나와 이동휘와 더불어 권업회(勸業會)를 만들었다. 항일투쟁과 경제 자립을 목표로 한 조직이었다. 한인들은 이 단체를 중심으로 응집되었다.

** 반병률, 「일제강점기 러시아(소련)의 대(對) 한인정책과 한인들의 소련인식」, 한양대 러시아 유라시아 연구사업단 데이터베이스(www.euris.or.kr).

민초들의 삶은 서간도나 북간도보다 나았다. 원호민이라 불리는 초기 유민들이 러시아 국적을 얻어 토지를 소유하고 있었다. 경술년 한일합방 후에 망명한 애국지사들을 끌어안았다. 지난날 고국 땅에서 천대 받은 농투산이 출신이었지만 그들은 돈이 있었고 조국 독립의 열망도 컸다. 그 바탕 위에서 1908년 이범윤과, 최재형 등이 의병대를 만들었고 최재형과 안중근의 지휘로 국내진입작전을 전개했다.

연해주의 한인 독립투사들은 이갑, 이상설 등 거물지도자들 중심으로 뭉쳐 있었다. 평안도 출신의 서파(西派), 함경도 출신인 북파(北派), 경기도와 충청도 출신이 모인 경파(京派)로 분파되어 있었다. 때로는 갈등도 겪고 논쟁도 했으나 조국독립이라는 공동의 목표 앞에서 결속했다.

1917년 2월 러시아에 제2차 혁명이 일어나 로마노프 왕조가 무너졌다. 러시아 전체는 황제파인 백군(白軍)과 혁명군인 적군(赤軍)의 전투로 인해 파란만장한 소용돌이 속으로 빠져들었고 한인들이 사는 연해주도 격심한 내전 상태가 되었다.

10월 혁명으로 정권을 잡은 직후 레닌 정부는 '평화에 관한 법령'을 공포했다. '러시아 내의 모든 민족에 대하여 민족적 종교적 온갖 특권과 제한을 철폐하고 러시아로부터 분리 독립정부를 가질 수 있게 한다'는 내용도 있었다.

한인 사회는 희망에 부풀었다. 1918년 6월 이동휘·박진순(朴鎭淳)·박애(朴愛. 마다베이) 등이 하바롭스크에서 한인사회당을 결성했다. 이동휘는 독립전쟁의 승리를 위해서는 볼셰비키 파의 협조를 받아야 한다고 생각했다. 연해주 원호민 출신으로 모스크바 대학 정치학과를 나온 박진순과, 극동지역 볼셰비키 투사들과 교유해온 박애가 의기투합해 그를 도왔다. 뒷날 우두머리인 이동휘가 대한민국임시정부 총리로 지명되어 중국 상하이로 이동하고 일부 간부들이 그를 따라 간 터라 '상하이파 공산당'이라 부르게 되었다.

한인들이 감당해야 할 것은 혁명뿐만이 아니었다. 1차 세계대전 승전연합국인 미국·영국·프랑스·일본이 국제간섭군이라는 이름으로 출병한 것이었다. 일본군은 혁명을 간섭하고 방해하는 목적 외에, 연해주와 아무르주를 손에 넣고 사할린과 알류산 열도, 캄차카 반도까지 장악하려는 속셈을 갖고 있었다. 그래서 일본군은 블라디보스토크 부근에만 3만 명에 이르렀으며 아무르 강을 타고 동시베리아의 중심도시 치타 서쪽까지 진출했다. 김경천과 요코하마에서 언제고 조국이 부르면 일본군을 탈출해 독립군지휘관이 되자고 맹세를 한 세 사람의 후배들 중 하나인 이응준이 출병하여 파견되었던 곳이 이 블라디보스토크 사령부였다.

일본군이 차르 황제파인 백군과 한 패가 되니 연해주 한인들은 적군 쪽에 섰다. 한인 파르티잔 부대를 조직했고 러시아 콜차크 파 백군과 전투를 벌였다. 아무르 지역과 극동 시베리아 지역은 혁명군인 적군과 한인들의 세력이 강했지만 남부인 블라디보스토크와 니콜스크 우수리스크, 그리고 서쪽의 수이푼과 동쪽의 스찬은 일본군과 백군이 우세했다. 연해주 전체가 일본군 세상이었다. 당연히 한인 독립운동 세력은 곳곳에서 타격을 받거나 위축되었다.

한인사회당을 이끌던 이동휘는 동포 공동체들이 있는 산악지역인 스찬으로 가서 잠복했으며, 1919년 고국에서 3·1만세운동이 일어나자 블라디보스토크에서 한인사회당 대표자회의를 열고 박진순과 박애 등을 코민테른에 특사로 파견했다.

이 무렵 소비에트 정부를 이끌고 있던 레닌은 한인의 독립투쟁에 대해 깊은 관심을 보였다. 반병률 교수는 이렇게 기술했다.

　　레닌은 러시아 혁명과 시베리아 내전 기간에 백위파와 간섭외국군과의 전쟁
에서 한인민족운동세력을 적극적인 제휴대상으로 상정했다. 이러한 식민지 반
식민지 혁명노선에 입각한 레닌의 한인포용정책과 관련하여 러시아 10월 혁
명 초기 친볼셰비키 세력은 한인사회당 등 일부 세력에 자나지 않았다. (중략)
1919년 6월말에 종결된 파리강회회의에 기대를 걸었던 한인들, 특히 청년학생
들이 미국 등 서구열강에 실망하고 대거 소비에트 정부에로 기울어졌다.

　　소비에트 정부가 처음으로 한국 국민에게 공식적인 메시지를 보낸 것은 3·1
운동 후인 1919년 7월 26일자로 된 「한국혁명조직 국민회와 모든 한국민들에
게」이다. (중략) 과거한인들의 항일투쟁 경험을 통하여 이제는 소비에트러시
아만이 한국혁명가들의 유일한 피난처임을 강조함으로써 소비에트러시아와
한국독립운동 세력과의 연대투쟁을 강조한 것이다. 그러나 소비에트 정부 책
임자들의 관심은 러시아 영토 내에서 전개되고 있는 백위파 및 일본침략군과
의 무력대결에 있었고 한국혁명 전체에 대한 관심은 2차적이었다. *

　이런 상황에서 모스크바로 간 한인사회당 특사들은 레닌 정부로부터 거액
의 활동자금 등 전폭적인 지원을 약속 받았고, 이동휘는 상하이에서 결성된
대한민국임시정부의 초대 국무총리로 임명되어 상하이로 떠나갔다. 한편,
김철훈(金哲勳), 오하묵(吳夏默) 등 원호민 출신 볼셰비키 투사들은 이르쿠츠
크에서 전로(全露)한인공산당을 조직했다. 그들은 자기들이 유일 공산당 조
직이라고 주장하며, 시베리아의 중심도시 옴스크에서 박진순 등 특사들에

---

*　　위의 자료.

게서 레닌정부로부터 받은 선전 자금을 빼앗았다. 장차 두 개의 공산당 조직이 대립해 내홍을 겪을 조짐이었다. 그들은 이동휘 중심의 '상하이파 공산당'과 양립하며 대결했기 때문에 구별하기 위해 '이르쿠츠크파 공산당'으로 불리워졌다.

한인들은 무장조직을 만들어 일본군 및 일본군과 한 편인 적군을 상대로 맞서고 있었다. 첫 조직은 1918년에 조직된 한인적위대였다. 100명 정도의 규모로서 하바롭스크 방위전투와 이만(Iman 伊滿) 전투에 참전하였다. 이만은 블라디보스토크에서 북쪽으로 500킬로미터 떨어진 도시로서 러시아 지명은 달네레첸스크였다. 유동열이 지휘한 이만 전투에서는 대원 100여 명 가운데 30여 명이 전사하였다.

다반 군대도 있었다. 하바롭스크 근방 한인 원호촌인 다반촌(알렉산드르 미하일로브카)에서 조직되었다. 일본군이 진주해 한인 학교를 불태우고 한인청년들을 잡아 악행을 가하자 최니콜라이가 조직했다. 20명의 대원으로 일본군과 적군 80명을 섬멸하였다.

이만에도 무장부대가 있었다. 1919년 11월 이만시 근처의 깔린스키구역에서 황하일을 대장으로 하여 조직했다. 1920년 말 서간도에서 이동해온 군비단 군대를 제2이만군대, 황하일부대를 제1이만군대라 부르기도 했다. 120명으로 1개 중대를 구성하였고, 이만에 주둔하며 훈련하였다. 이만부대는 적군총사령관 불차코프(Bulchakov)의 지휘에 들어갔다. 하바롭스크를 점령한 일본군과 1개월 반 동안 전투하였다.

김경천이 도착할 때까지의 연해주 한인의 역사와 전황은 대략 그러했다.

제11장

러시아 연해주에서의 투쟁

연해주의 독립투사들

니콜스크 우수리스크 역에서 기차를 내린 김경천은 잠시 그대로 서 있었다. 기차에서 사귄 동포 청년이 그에게 어디로 갈 것이냐고 물었다. 음식은 나눠 주었지만 밀정을 경계해 별로 대화를 나누지 않은 탓에 이름도 모르고 있었다.

"이곳에 살다가 돌아가신 이갑 선생님 댁을 찾아갑니다."

그렇게 말한 것은 이 참령은 죽었지만 그 이웃에 애국지사들이 살고 있을 것이라는 기대 때문이었다. 이응준이 블라디보스토크 일본군사령부에 근무할 때 찾아간 이야기를 하던 중에 이갑 참령의 집 이웃에 안중근 의사의 아우 안공근 등 애국지사들이 산다고 말한 것도 기억났다.

동포 청년은 천천히 고개를 끄덕였다.

당시 **니콜스크우수리스크역** 김경천이 독립투쟁을 위하여 연해주에 첫발을 내디딘 니콜스크 우스리스크역. 박환, 『러시아지역 한인의 삶과 기억의 공간』(민속원 2013)에서 옮김.

"삯 마차를 타십시오." 하고는 조선인이 모는 마차를 불러주었다.

우수리 강에 연한 도시 니콜스크 우수리스크는 40년 전 함경도의 대기근으로 유민행렬이 이어질 때 일찌감치 한인 집거촌을 이루었으며 국운이 기울자 홍범도·이상설·이동휘·이동녕 등 많은 우국지사들이 찾아와 근거지로 잡았던 곳이었다. 구한말 군대의 중심인물이었으며, 김경천의 후배 이응준의 후견인이었던 이갑이 망명해 독립운동을 하던 중 중병에 걸려 생명을 다한 곳이기도 했다.

이곳에서 서쪽, 그러니까 중국 측 국경까지 이어진 지역은 토질이 비옥하고 수이푼 강이 관통해 흘러 벼농사 짓기에 좋았다. 그래서 한인들이 많이 살고 있었다. 물론 귀화자보다는 비귀화자가 더 많았다.* 그들은 니콜스크 우수리스크라는 러시아 지명보다는 소왕영이라고 하는 한자식 지명을 사용했다.

이갑 참령이 살던 집에 가 보니 이 참령과는 전혀 연고가 없는 동포 가족이 살고 있었다. 그는 발길을 돌려 기차역에서 가까운 거리의 노메르 여사(旅舍)에 숙소를 정했다.

김경천은 우선 연해주 한인의 역사와 현지 상황을 파악했다. 서간도와 북만주를 관통해 이곳까지 온 그는 얀치혜와 니콜스크 우수리스크가 국외 항일투쟁의 본산으로 가장 적절하다고 판단했다. 특히 니콜스크 우수리스크는 동포들이 많이 사는 수이푼이 가깝고, 기차를 타면 블라디보스토크로 두 시간 만에 갈 수 있으며 최근에 상하이 임시정부가 군사조직을 만들려는 움

　　이 무렵 니콜스크 우수리스크 일대의 한인 인구는 27,000명으로 귀화자 6,444명, 비귀화자 21,794명이었고, 연해주 중심도시 블라디보스토크는 9,000명이었다(김준엽·김창순,「한국 공산주의 운동사 1」, 청계연구소, 1987, 46쪽).

직임이 있던 곳이었다.

그는 일본 육사 출신이며 신흥무관학교에서 교관을 지낸 인물이었으므로 소문은 금방 퍼졌다. 지도자들이 찾아와서 감격한 얼굴을 하고 말했다.

"정규 사관학교를 나온 분이 망명하다니, 우리는 김 동지 같은 분이 필요합니다."

그는 신흥무관학교에 대한 지원과 무기구입 지원을 간절하게 호소했다.

"서간도와 북간도의 독립군에게 무기를 보내주십시오. 사기도 높고 훈련도 잘됐는데 무기가 없습니다."

연해주 지도자들은 그와 생각이 같고도 달랐다. 그들은 한결같이 김경천을 설득하고 나섰다.

"무장투쟁을 하기 좋은 곳은 연해주예요. 무관학교도 여기 다시 세우는 게 나을 것이오. 김 동지 같은 사람이 머물 곳은 바로 여기외다. 여기서 군대를 일으켜 한번 해봅시다."

김경천은 연해주 사정을 더 알아보기 위해 여관에 묵으면서 동포 지도자들 속으로 들어갔다. 그들이 말한 대로 제반 사정은 만주보다 훨씬 좋았다.

그러나 그의 기대는 실망으로 바뀌었다. 조건이 좋아 많은 독립투사들이 모여 있었는데 그들이 파당을 만들어 대립하기 때문이었다.

'조선이라는 나라가 망한 게 바로 당파싸움 때문이었는데 여기서도 그러다니.'

그는 실망한 채로 그냥 중립을 지켰다.**

**   김경천은 서울파(경성과 경기 충청 출신), 북도파(함경도 출신), 서도파(평안도 출신), 왕당파(근왕주의자들)의 파쟁을 개탄하고 '서울파는 간교하고 영리하며 서도파는 냉정하고 북도파는 우직하다'고 기록했다(『경천아일록』, 85쪽).

그러는 사이에 가을이 가고 겨울이 혹독한 추위를 몰고 왔다. 그는 대부분의 시간을 니콜스크 우수리스크에서 보냈다. 급변하는 외부상황 때문이었다. 러시아 혁명 세력은 콜차크 백위파 정권을 무너뜨리고 이르쿠츠크를 장악했으며 곧 니콜스크 우수리스크와 블라디보스토크까지 점령할 기세였다.

고국의 소식을 들을 때도 있었는데 지난 해 11월에 의친왕 이강이 감시를 뚫고 탈출해 신의주까지 갔으나 발각되어 경성으로 끌려갔다는 것도 있었다.

어느 날, 반가운 소식이 왔다. 국내와 국외의 무관 출신 독립투사들이 무장조직을 만들기 위한 발기 모임을 블라디보스토크에서 여니 참석해 달라는 기밀문건을 받은 것이다. 발송자는 대한민국임시정부 동로(東路)사령관 이용(李鏞)이었다. 이용은 애국열사 이준 선생의 아들이었고 이동휘 임시정부 국무총리의 명령으로 소집하는 것이라는 설명이 간단하게 붙어 있었다. 무관 출신들이 결속한다면 얼마나 좋을까 하는 기대감으로 그는 기차를 타고 블라디보스토크로 떠났다.

연해주의 동쪽과 남쪽은 바다이다. 한반도와 가까운 남쪽에는 거대한 도끼에 찍힌 것 같은 만(灣)이 자리잡고 있는데 이것이 표트르대제 만이다. 여기 있는 항구가 블라디보스토크이다. 러시아 말로는 '동방의 지배자'라는 뜻인데 한인 유민들은 해삼위라고 불렀다.

기차는 두 시간만에 블라디보스토크에 도착했다. 시베리아 횡단열차의 시발점이기도 한 블라디보스토크 역은 바다 가까운 곳에 있었다. 간밤에 눈이 내리더니 온 세상이 눈이었다. 김경천이 역사 밖으로 나왔을 때 러시아식 방한모 샤크파를 쓴 30대 중반의 동양인이 그를 향해 걸어왔다.

"이용 동지이심둥? 내레 김경천입메다."하고 그가 손을 내밀어 악수를 청하며 말했다. 함경도 사투리로 말한 것은 이용이 같은 북청 출신임을 알기 때문이었다.

상대는 두 팔을 크게 들어 포옹했다.

"반갑습메다, 김동지."

동향인들끼리의 친근감 때문이었다.

이용을 수행해 온 동포 청년이 말 썰매를 끌고 왔다. 그걸 타고 가면서 이용이 입을 열었다.

"조심해야 합메다. 이곳 해삼위는 왜놈의 개 노릇을 하는 동포 밀정놈들이 많습메다."

이용은 사방을 휘 한 번 돌아보고는 그의 얼굴을 바라보았다.

"내레 무자년(戊子年. 1888년) 생입메다. 아마 김동지보다 한두 살 위겠지요?"

김경천은 웃으며 머리를 저었다.

"내레 무자생이고 생일은 양력 유월입메다."

이용은 놀라는 시늉을 했다.

"그렇습둥? 내레 팔월입메다."

그렇게 말하면서 불쑥 손을 내밀어 악수를 청했는데 동향인이자 동갑을 망명지에서 만난 반가움 때문일 것이었다. 김경천은 미소를 지으며 이용의 손을 잡았다.

눈썰매는 요령소리를 내며 밋밋한 언덕길을 오르기 시작했다.

"잠시 후에 일본영사관 앞을 지나게 됩니다. 그냥 태연하면 됩니다."

이용의 말에 그는 고개를 끄덕였다. 이미 일장기가 게양된 건물이 보이기 시작했던 것이다. 건물 지붕과 길바닥이 온통 백설로 덮인 때문인지 일장기의 붉은 빛은 선홍으로 생생하게 보였는데 십여 명의 병사들이 경무장을 하고 서 있었다. 썰매는 그 앞을 천천히 지나갔다.

"나는 10년 전에 이 도시에 처음 왔습니다. 김 동지는 그때 어디 계셨는지요?"

이용이 물었다.

"일본 육사 기병과에 다니고 있었지요."

"나보다 무관교육이 훨씬 선배이시군요. 나는 그 해 아버님 유해를 찾으려고 이곳 해삼위로 왔어요. 아버님과 화란의 해아(海亞, 헤이그) 만국평화회의에 갔었던 이위종 선생이 계시다는 소문 듣고 온 거지요. 선생은 만날 수 없었어요. 그래서 청국으로 가서 절강성(浙江省, 저장성) 항주(杭州, 항조우)에 있는 무관학교에 입학했지요."

김경천은 오랜만에 의기투합한 동지를 만난 듯해서 이용이 초면인데도 마음이 넉넉해졌다. 그것은 지난 두 달 동안 매우 답답하게 지낸 터인데다가 동향 출신의 갑장인 이용이 친화감을 갖고 대해주기 때문이었다.

"10년 전 나는 후배들을 이끌고 있었지요. 삼청동 무관학교 생도들 40여 명이 학교가 폐교되자 동경유년학교로 전학 왔지요. 내가 3년 선배로서 이끌어야 했어요. 다음해 강제합방 소식에 후배들은 통곡하며 결의했어요. 일본이 거저 시켜주는 무관 교육을 받고 조국이 우리를 부를 때 독립전쟁에 투신하자고 말이에요. 나는 후배들을 결속시켜 우리 조국의 독립전쟁에 집중시키는 걸 생의 목표로 잡았어요."

놀라운 듯 눈을 빛내며 듣고 있던 이용이 그의 소매를 잡아당겼다.

"그랬군요. 지난여름 김 동지는 이청천이라는 육사 후배와 함께 탈출해 세상을 놀라게 했지요. 그런데 이응준은 왜 탈출 안했지요?"

"이 동지가 이응준을 아시는군요. 이곳에 파견됐을 때 만나셨나요?"

"여러 번 만났습니다. 이갑 선생의 사윗감이라 해서 주목받았지요. 위장병이 심해서 일본으로 후송됐다고 들었습니다."

"내가 이청천과 더불어 탈출하기 전 여러 번 만났습니다."

김경천은 이응준이 함께 탈출하기로 단지맹세를 한 사실을 말하지 않았다.

이용이 시가지 북쪽을 가리켰다.

"저쪽에 일본군사령부, 정확히 말하면 국제간섭군사령부가 있습니다. 일본군이 7할을 차지하니까 왜놈 일본이 사령관을 맡고 있지요."

"이응준 말고도 조선인 후배들도 여럿이 파병돼 왔습니다. 40여 명 중 임관한 사람은 33명입니다."

"군인구락부, 이번 모임이 잘 되면 그 33명을 결집하려 손을 써야겠지요. 그러려면 김 동지의 힘이 필요합니다."

"정말 그런 때가 오기를 바랍니다."

김경천은 정색하고 말했다. 그가 꿈꾸어온 필생의 소망이기 때문이었다.

두 사람은 대화를 중단했는데 그것은 말을 탄 일단의 일본군 기병들이 거리를 순찰하며 지나가기 때문이었다. 반년 전까지 그가 입었던 기병 병과의 군복, 언뜻 반가운 마음이 일었으나 그는 무심한 듯한 표정을 하고 바라보았다.

눈썰매는 한인들의 집거촌인 신한촌에 도착했다. '이즈바'라는 이름을 가진 러시아식 통나무집이 즐비했다. 한인들의 시장도 있고 한민(韓民)학교라는 소학교와 중학교 연합과정의 학교도 있었다. 회의를 열 장소는 이 한민학교였다.

김경천은 이용이 세 들어 살고 있는 집에 묵었다. 이웃에 의병투쟁으로 혁혁한 기록을 쌓은 엄인섭(嚴仁燮, 1875~1936)의 집이 있었다. 엄인섭은 음식을 가득 차려 놓고 김경천을 초대했다. 그보다 열 서너 살은 위였는데 눈물까지 글썽거리며 그를 반겼다.

"내레 김 동지가 일본군으로 탈출해 신흥무관학교로 간 거르 듣고서리 얼마나 감격했는지 아오? 김 동지는 우리 조선 민족의 횃불과도 같습메."

엄인섭은 함경도 사투리를 쓰며 말했다.

이미 명성을 들은 바 있으므로 김경천은 그에게 무릎 꿇고 존경심을 표했다.

"선생님의 존함은 신흥무관학교 교관시절, 서로군정서의 여러 선배님들로부터 들은 바 있습니다. 초대해주셔서 고맙습니다."

엄인섭은 함경북도 경흥 출신으로 연해주 한인 공동사회의 대표적 인물인 최재형 노야의 외척 조카뻘이었다. 최재형이 그랬던 것처럼 유년기에 고향을 떠나 연해주로 왔다. 1900년 러시아군이 만주를 침공할 때 통역으로 종군하고 훈장을 받았다. 1907년 안중근과 의형제를 맺고 의병대 360명을 꾸려 두만강을 건너 국내 진공을 감행했다. 신아산(新牙山)전투에서 일본군 100여 명을 사살하는 전공을 세웠다.

그러나 그는 1910년 강제합병 이후 일제의 밀정으로 변절해 있었다. 연해주 한인공동체 전체가 까맣게 속고 있었다. 그가 마음만 먹으면 김경천을 일본군에 팔아넘길 수 있었다.

군인구락부의 동지들

폭설이 내린데다가 시베리아의 사정이 혼란스러워서 러시아 극동지역 북부의 발기인들은 군인구락부 창립회의에 태반이 오지 않았다. 항일무장 세력의 중심축을 이루고 있는 만주의 서로군정서와 북로군정서 쪽 움직임은 불확실했다. 게다가 무장투쟁의 거물 두 사람, 이동휘 장군과 유동열 장군이 오지 않았다. 이동휘 장군은 서신과 함께 자신을 대리할 밀사를 보냈다. 일본 육사 출신 유동열 장군은 가까운 하얼빈에 있다는데 오지 않았다. 무슨 불만이 있는 듯했다.* 게다가 얀치혜에 있는 최재형도 도착하지 않았다. 두만강 국경 얀치혜에서 오는 길은 기차가 없다. 그래서 눈썰매를 타고 온다고 했다.

이용은 최재형을 애타게 기다렸다. 혹한의 눈길을 노인이 썰매를 타고 오는지라 걱정되기 때문이었다.

이용과 엄인섭과 더불어 차를 마시는데 이용이 최재형 노야에 대해 이야기했다.

"엄인섭 동지가 옆에 계시지만 지금 연해주 조선인의 정신적 지주는 최재형 노야(老爺)이시지요. 지금 상하이 대한민국 임시정부의 재무총장이기도 하니까 민족 전체의 지주라고 보아야겠지요. 원호민이시고 하니까 러시아 관헌들하고 좋은 관계를 가져왔구요. 그분이 연추(延秋, 얀치혜)읍장을 지내시기도 했지만 우리는 최고로 존경하는 분이라 '노야'라고 부릅니다. 그분은 올해 예순 살이지요. 연해주에 많은 한인 지도자가 있지만 그 양반은 연해

---

* 『경천아일록』, 85쪽.

주가 낳은 으뜸 한인이지요. 아버지는 고국 땅에서 노비였대요. "

엄인섭이 그 뒷이야기를 하고 싶어 하는 표정을 지었으므로 이용은 어서 말씀하시라는 뜻으로 두 팔을 벌려 내밀었다. 엄인섭이 말했다.

"노야님의 아버지가 굶주림을 참을 수 없어서 식솔들을 데리고 연해주로 왔지요. 노야님 아홉 살 때였어요. 아버지는 먹고 사는 일에 바빠서 어린 아들을 돌볼 새가 없었지요. 그분은 배가 고파 열한 살에 가출했어요. 포시에트 항구에 정박한 기선에 몰래 올라탔지요. 출항한 뒤 발견되고 선장의 총애를 받아 6년간 세계를 돌며 경험을 넓혔고, 그 후 러일전쟁에서 통역으로 일하고, 군납업으로 거부가 됐지요. 그분은 재산을 모두 항일투쟁에 바쳤어요. 최재형 노야의 근거지인 연추는 두만강에서 가깝지요. 러시아인들은 얀치혜라고 부릅니다. 1908년 최 노야께서 군대를 꾸려 안중근 동지와 나에게 고국진공을 감행하게 한 곳도 연추였어요. 안중근과 나는 이미 의형제를 맺은 사이였어요. 그때 국내진공을 하고 돌아와 안중근과 내가 동지들과 더불어 단지맹세를 한 곳도 거기였어요.* 일본군이 출병해 지금은 웅크리고 있지만 최재형 노야님은 다시 일어날 겁니다. 물론 이용 동지, 김경천 동지, 그리고 나 모두 손잡고 일어서야지요."

엄인섭의 말이 끝나자 이용이 입을 열었다.

"노야께서는 김경천 중위가 오신 걸 알면 무척 좋아하실 겁니다."

"저도 뵙기를 갈망합니다 신흥무관학교 때부터 그분 존함을 들었어요."

이틀 뒤, 전보를 받은 엄인섭이 이용과 김경천에게 최재형 노야가 오후 도착할 것이라며 영접하러 나가자고 했다.

---

*   이정은, 「최재형의 생애와 독립운동」, 『한국독립운동사연구 제10집』, 독립기념관 한국독립운동사연구소, 1996, 313쪽.

이용이 손사랫짓을 했다.

"김중위는 안 됩니다. 일본군이 함부로 한인들을 체포하진 못하지만 김중위는 탈주한 장교니까 악착같이 잡으러 덤빌 겁니다. 눈밭에서 쫓기면 피할 수가 없어요"

김경천은 고개를 끄덕였다. 어쩌면 자신이 연해주 도착한 사실을 일본군 정보부서에서 파악하고 있을지도 모른다는 생각 때문이었다.

최재형 노야는 예정대로 도착했다 앞서

김규면
김경천과 창해청년단을 꾸리고 무장투쟁을 함께한 동지였다. 국사편찬위 DB.

와 있는 무관 출신 지도자들을 한 사람 한 사람 손을 잡고 격려와 다짐의 말을 했다. 김경천을 대하는 태도는 각별했다.

"오, 김경천 중위! 신흥무관학교 소식을 들으며 만나고 싶었는데 오늘 대하는 구려. 우리 조국광복을 위해 힘을 합합시다."

그렇게 말하며 어깨를 끌어안고 등을 두드렸다.

최재형 노야는 엄인섭의 집에서 하루를 묵으며 김경천에게서 서로군정서와 신흥무관학교 사정을 자세히 물었다. 그리고 자신이 생각하는 독립운동의 3단계 방략을 이야기했다.

"1단계는 독립선언서 발표와 태극기 게양, 가두시위 등으로 평화적 시위를 하는 것이고 2단계는 국내외의 모든 무장세력의 투쟁과 국내진공 감행, 3단계는 운동은 외교적인 노력이오. 서구열강이 일본에 간섭케 하고 파리

강화회의 파견대표가 진정서를 강화회의에 제출하는 것이었소.* 3·1만세운동으로 1단계는 했고 3단계는 파리강화회의에 상정조차 하지 못했소. 남은 건 무장투쟁이오. 벌써 전부터 나는 1만 명의 병력은 있어야 고국 진공을 할 수 있다고 생각하오. 서간도 3천 명, 북간도 3천 명, 연해주 4천 명이 목표요. 그러나 러시아 내전 상황 안에서 1백 명, 2백 명 부대도 쉽지 않소. 군인 구락부는 그 1만 명의 근간을 만들려는 것이오."

"알겠습니다. 그런 날이 빨리 오도록 저도 노력하겠습니다."

김경천은 최재형 노야에게 다짐하듯이 말했다.

그렇게 하루를 쉬면서 유동열 장군 등 무관 출신 지사들이 도착하지 않아 회의 개최가 늦어짐을 걱정하다가 늦을 몸을 일으켰다.

"내가 하바롭스크로 가서 장교 출신 몇 사람을 더 데려 오겠소."

하고는 기차역으로 나가 시베리아 철도를 타고 북행길에 올랐다.

김경천은 김규면(金圭冕)을 만났다. 김규면은 이해 마흔 살로 함경북도 경흥 출신이었다. 한성의 배재학당을 다니고 신민회에 가입해 애국운동을 했다. 강제합방 후 만주를 거쳐 연해주로 와서 1918년 이동휘 등과 함께 한인사회당을 만들었다. 무관 출신은 아니지만 상하이의 임시정부 총리로 가 있는 이동휘의 측근이어서 큰 역할을 해줄 사람이었다.

"김 중위, 지금 연해주는 러시아 혁명군인 적군, 차르 황제파인 백군, 일본군과 미군 프랑스군 등 국제간섭군이 주둔하는 통에 복잡한 정황에 있소이다. 그런 사정을 빨리 파악하기 바랍메다."

김규면의 말에 김경천은 공손히 대답했다.

*   반병률,「노령에서의 3·1운동」,『한민족독립운동사－3·1운동』국사편찬위원회, 1988, 470~471쪽.

"고맙습니다. 기대에 어긋나지 않게 열심히 하겠습니다."

그때 두툼한 여우 털 루바슈카를 입은 기골이 큰 사나이가 도착했다.

"동지들, 늦게 도착해 미안하되다."하고 호탕하게 웃으며 지도자들과 한쪽 뺨을 비비고 포옹하는 러시아식 인사를 했다.

김규면이 김경천의 손을 잡은 채 그에게로 갔다.

"채영 동지, 일본 육사 출신으로 신흥무관학교 교관을 하다가 오신 김경천 동지와 인사하시오."

"오, 나도 들었습니다. 잘 오셨습니다, 김경천 동지."

채영은 커다란 팔로 그를 끌어안고는 덥수룩한 수염을 뺨에 비벼댔다.

채영(蔡英)은 한성 출생이며 힘이 장사였다. 중국 군관학교를 나왔으며 수이푼에서 혈성단(血誠團)을 이끌고 있었다.**

"채 동지 같은 분이 있으니 일본군과 싸워볼 만하다 생각합니다."

김경천의 말에 채영은 껄껄 웃었다.

"한창걸(韓昌傑)이도 있소이다. 왜놈 군대에 잡혀 있으니 아쉽지요. 군인 중의 참 군인이지요. 왜놈이 혹독하게 고문한다는데 몸 다치지 말아야지요."

한창걸에 대해 이용이 차근차근 설명해주었다.

한창걸은 1892년 니콜스크 우수리스크의 빈농가정에서 태어났다. 키에프 군사학교를 다니고 준위로 임관, 시베리아에서 복무했다. 1918년 퇴역해서 연해주로 돌아왔다. 시베리아 내전이 확대되자 자위대를 조직해 백군과 싸

** 채영(蔡永, 1882~1926) : 한성 출생. 대한국민회 조직에 앞장섰으며 러시아 연해주에서 혈성단 간부로 투쟁하고 고려혁명군사관학교 교관으로 일했다. 1923년 상하이 국민대표회의에 참가한 뒤 연해주로 돌아갔고 중국 국경지역에서 자객에게 피살되었다(국가보훈처, 『독립유공자공훈록』).

웠고 연전연승했다. 지난해(1919년) 여름 체포되어 일본군에 넘겨졌다.*

최재형
연해주 한인공동체의 중심인
물이었다.

참석하러 모인 지도자들 중에는 청년장교들도 있었다. 김경천은 그 중 신용걸(申龍傑)을 주목했다.

"우리는 지금 위험합니다. 대선배님들이 못오시면 우리끼리 해야 합니다. 러시아 백군, 적군, 일본군 들에 부대끼면서 군대를 조직하려면 현재 우리가 있는 그대로 장점을 살려야 합니다. 저는 당장 회의를 열 것을 건의합니다."

청년장교가 그렇게 말하는데 논리가 정연하고 얼굴에 확신이 드러났다. 그런가 하면 선배 지도자들에 대해 예의를 지키는 모습이 엿보였다.

김경천은 그를 칭찬했다.

"신용걸 동지의 결단성과 과감성은 모범이 될 만합니다. 군인에게는 그게 생명입니다."

그는 그렇게 말하고 신용걸에게 좀 더 기다려 보자고 했다.

하바롭스크로 간 최재형 노야에게서 장소를 비밀리에 바꾸라는 제안이 암호전보로 왔다. 유동열 장군 등 만주지역에 있는 지도자들을 배려한 것이었다.

신한촌에 모인 지도자들은 동의했다. 군인구락부를 블라디보스토크에서 열려고 한다는 사실을 일본군 정보당국이 눈치챈 듯했던 것이다. 그래서 비

* 『민족문화대백과사전』 웹사이트.

기차역의 한인들 블라디보스토크 역에서 기차를 기다리는 한인들. 박환, 『러시아지역 한인의 삶과 기억의 공간』.

밀리에 장소를 북만주 모다오시(磨刀石)로 바꿨다. 최재형 노야가 동반할 동시베리아 지역의 대표들도 그곳으로 가기로 연락이 되었다.

군사지도자들은 은밀히 중국 국경열차를 탔다. 김경천에게 젊은 동지 신용걸이 호위로 따라붙었다. 우수리 강을 건너 북만주로 가는 기차 안, 두터운 모직으로 만든 루바슈카에 러시아식 방한모 샤크파를 쓴 김경천의 옆자리에 신용걸이 앉아 있었다. 신용걸이 지나치게 긴장한 듯하여 그걸 풀어주려고 말을 건넸다.

"신 동지, 친형제가 여행하는 것처럼 하게."

"네, 알겠습니다.

신용걸이 고개를 숙이며 말했다.

"신 동지는 올해 몇 살이신가?"

"스물여섯 살입니다."

말하는 내용과 태도를 보면 학식도 있고 인간됨
도 신실해보여 출생환경과 지금까지 투쟁한 경로
를 물어보았다.

"평안남도 안주 출생입니다. 평양 숭실학교에
다니다가 3·1 만세운동에 뛰어들었습니다. 많은
친구들이 체포됐고 저는 네 차례나 아슬아슬하게
피했습니다. 결국 갈 곳이 독립전쟁 진영밖에 없

이용
이준 열사의 아들이다. 김경천
은 군인구락부 일로 북청 출신
인 이용을 만났다.

었습니다. 압록강을 건너 남만주로 가서 독립군 부대에 입대했습니다. 그러
다가 연해주로 왔습니다."*

신용걸과 이런 저런 이야기를 더 나누었는데 사람됨이 마음에 들었다. 언
제고 독립군 부대를 꾸리게 되면 가까이 두고 전술을 가르쳐 참모로 쓰고
싶었다.

하얼빈에서 가까운 북만주 모다오시에 도착했다. 김경천은 여기서 일본
육사 대선배인 유동열 장군을 만났다. 거물 지도자인 유동열 장군은 그의
일본군 탈출을 감격적인 언어로 칭찬했다.

군사 지도자들은 비밀리에 발기인회를 열었다. 상하이 임정에서 온 밀사
가 이동휘 총리가 육필로 쓴 명령서와 호소문을 겸한 서한을 낭독하고 20여
명의 무관 출신 애국지사들이 선언문에 서명하는 발기인 모임을 가졌다. 그

----

*   신용걸 관련자료는 황욱의 육필수기 「조선인민의 전설적 영웅 홍범도 장군을 추억하면서」에
      있다(국편DB). 신용걸은 1894년 평남 안주 출생으로 숭실학교 재학 중 1919년 3·1운동에
      앞장섰고 그 후 남만주 신민단 부대에 입대했다.

리고 무장투쟁으로 조국을 되찾자는 맹세를 하고 헤어졌다.

이제 가장 가까운 동지가 된 이용은 선언문을 품고 중국 내의 무장세력을 찾아 떠나게 되었다.

"우리 꼭 다시 만나 조국 독립을 위해 싸웁시다."

거의 한 달 동안 행동을 같이 했던 이용은 그와 깊은 포옹을 하고 떠나갔다.

김경천은 다시 니콜스크 우수리스크로 돌아왔다. 여관 생활을 청산하고 스와노포스카야 거리에 있는 러시아인의 집에 셋방을 얻었다. 서오성(徐五星)이라는 동지와 함께 기거했다.

곧 1919년 세밑이 지나갔고 그는 일본군 탈출 후 첫 새해, 33세가 되는 1920년의 새해 아침을 그 집에서 맞았다.

"새해를 맞는 감회가 어떻습니까?"

서오성이 후끈후끈 열이 나는 페치카에서 주전자를 내려 차를 타 주면서 물었다.

"나는 일본군을 탈출하면 금방 독립전쟁 전선에 설 수 있을 걸로 알았어요. 독립운동가들이 모두 한 마음으로 묶여 있을 걸로 알았어요."

김경천은 차를 마시며 한숨을 쉬었다.

고독한 지도자

1920년 새해에도 시베리아와 연해주의 상황은 엎치락뒤치락 변해갔다. 1월 하순 김경천이 머무는 니콜스크 우수리스크에서는 백위파 병사들이 반란을 일으켜 혁명군 쪽에 섰고 블라디보스토크에서도 대규모 봉기가 일어

나 도시와 항구를 점령했다. 연해주 일대 판도는 볼셰비키 혁명세력의 수중
에 들어갔다.

그러자 시베리아 국제간섭군으로 출병한 미국·영국·프랑스 군대는 철
수를 결정했다. 그러나 일본군은 사소한 명분을 내세워 계속 주둔했다. 한
인지도자들 사이에는 볼셰비키와 제휴하자는 목소리가 더 커졌다.

'미 영 불 3국 군대가 철수하면 어찌될 것인가. 일본군만 남으면 우리가
공격해야 한다. 어서 독립군 무장세력을 조직해야 한다.'

김경천은 매일 아침 그렇게 마음속으로 다짐하다가 1월 말, 니콜스크 우
수리스크를 떠나 중국 국경 쪽 한인지역 수이푼의 만석동(萬石洞)으로 갔다.
비교적 부유한 한인촌에서 군대를 꾸리고는 단기 교육을 맡아달라는 요청
이 온 것이었다.

청년들에게 기초 군사훈련을 시키면서 두 달을 보냈다. 그곳의 원호민 유
지들은 그에게 지휘권을 주려고 하지 않았다. 먹고 살기에 넉넉해진 마을을
지키는 자위수단으로 청년들을 무장시킨 것으로 만족하려 했다. 그가 대원
들을 이끌고 일본군을 먼저 공격하면 보복당할까 두려운 것이었다.

그런 가운데 3·1 만세 1주년이 왔다. 만석동의 소학교에서 열린 기념식,
많은 동포유지들이 조국독립을 부르짖으며 연설을 했다. 기념식이 끝난 뒤
유지들에게 '내게 군대와 지휘권을 주십시오'하고 호소했지만 허락은 얻지
못했다. 러시아 내전이 볼셰비키 세력의 적군의 승리로 굳어지는데다 국제
간섭군이 철수하니 상황을 지켜보자는 것이었다.

3월 12일, 니항사건이 터졌다. 러시아 혁명군 부대 적군과 박(朴)일리아가

일본군 행진 일본군은 러시아 혁명을 방해하려고 국제간섭군 17만 명을 연해주에 파병했다. 박환, 『러시아지역 한인의 삶과 기억의 공간』.

이끄는 한인 부대가 아무르 강 하구에 위치한 니항(泥港)* 항구에 주둔하던 일본군과 민간인을 전멸시키는 사태가 일어났다. 사태가 급박하게 돌아가고 있었다. 우선 예상되는 것은 일본군의 보복이었다. 특히 한인들을 무차별 학살할 것이라고 예상할 수 있었다. 동시베리아와 연해주에 출병한 일본군 병력은 11개 사단 17만 명에 달했다.

3월 18일, 김경천은 러시아 공산당원이자 대한국민의회** 군사부장을 맡

---

*   블라디보스토크에서 900km 북쪽, 사할린 섬과 위도(緯度)가 비슷한 아무르 강 하구에 위치한 도시로 러시아어 지명은 니콜라예프스크였다.
**   1917년에 조직한 단체.

고 있는 김하석*의 전보를 받고 수이푼을 떠나 니콜스크 우수리스크로 갔다.

"일촉즉발의 위기입니다. 왜놈들과 맞서 싸워야지요. 외수청(바깥 스찬) 치모우에서 러시아 공산당 적군 산하에 우리 동포 부대를 조직한다 합니다. 김 동지를 천거했으니 가서 청년들에게 군사교육을 시켜주십시오."

김하석은 그보다 네 살 위로 함경북도 성진 출신이었는데 눈빛이 날카롭고 예민한 감각을 가진 사람이었다.

"수청이라면 지난 1월 석방된 한창걸 동지의 근거지 아닙니까?"

김경천이 말했다.

한창걸은 지난 1월에 적군이 블라디보스토크를 점령했을 때 석방되어 나왔다고 했다.

"왜놈들에게 잡혀 있을 때 혹독한 고문을 당해 몸이 성치 않은 모양입니다. 몸이 회복되면 일어날 겁니다. 성격이 대범해 김 동지를 도울 겁니다. 외수청은 유격전을 하기에 최적의 지형입니다."

외수청이란 스찬의 바깥 지역을 한인들이 부르는 지명이었다. 블라디보스토크에서 동쪽으로 깊이 뻗어간 곳으로 한인 유민들이 개척한 비옥한 농토가 있는 지역이었다. 김경천은 공산당원이 될 생각은 없었지만 적군의 지원을 받는 한인부대라면 제대로 조직되어야 한다고 생각했다.

스찬으로 가는 길에 블라디보스토크 신한촌에 들렀고 또다른 저명한 지도자 정재관(鄭在寬)과 장기영(張基永)을 만나 의기투합했다.

----

* 　　김하석(金河錫, 1886-?) : 경술국치 후 망명, 북간도에서 광성(光成)학교와 동림(東林)무관학교를 세웠다. 그 후 함북 청진에 머물다가 3·1만세 후 연해주로 가서 대한국민회의 군무부장이 되었다. 이후 이르쿠츠크파 고려공산당의 핵심 지략가가 되었다.(강만길·성대경,『사회주의운동인명사전』, 창작과비평사, 1996, 144-145쪽 외)

정재관은 이해 40세로 1902년 미국으로 건너가 샌프란시스코에 살면서 신한민보사 주필을 맡았었으며 1908년 대한제국의 미국인 고문 D．스티븐스가 일본의 한국 지배를 예찬하자 찾아가 구타하였다. 그 뒤 재미한인국민회를 조직하고 원동(遠東)위원이 되어 연해주로 온 사람이었다. 이상설·이동휘·한형권(韓馨權) 등과 함께 권업회를 조직하고 그 안에 대한광복군정부를 만들기도 한 인물이었다.

장기영은 김하석의 가까운 고려공산당 동지였다. 평안도 출신으로 신민회에 가입해 평양 대성학교 설립에 참여하고 교원로 일하다가 북간도로 망명했다. 김하석과 소규모 무관학교를 세우고 청년들을 가르쳤다. 그 후 연해주로 와서 블라디보스토크에서『한인신보』기자로 일했다.

연해주 동포사회를 잘 아는 정재관과 장기영은 스찬의 치모우에서 독립운동 조직을 만들고 군대도 만들 수 있다는 전망을 갖고 있었다. 그 곳은 산세가 험준하고 숲이 울창하고, 한인 동포들이 많이 정착해 살고 있었다. 지난날 대한국민회 시베리아 지방총회와 철혈단이 자리잡았고 러시아 혁명 기간에도 한창걸이 이끄는 파르티잔의 근거지가 되었던 곳이었다. 그래서 유격전을 전개하기에 좋은 조건을 가진 곳이었다.

김경천은 정재관·장기영 두 사람과 함께 기차를 타고 스찬의 삼림지대를 통과해 치모우로 갔다. 동포 지도자들을 만나 연합총회를 열었다.

"나는 싸우고 싶습니다. 일본이 가르쳐준 전술로써 일본군을 공격하고 싶습니다."

그의 인사말에 지도자들은 박수를 쳤다. 그리고 수십 정의 소총을 내놓았다.

청년 입대자가 한두 명씩 모여들었다. 더 기다릴 것 없이 그들에게 소총

조작법부터 가르쳤다.

정재관·장기영 두 사람이 일본 육사 출신으로 신흥무관학교 교관을 지낸 사람이 왔다고 비밀연락망을 통해 알리자 입대자가 늘어났다. 한창걸이 자신의 추종자들에게 김경천 부대를 찾아가라고 권했다는 말도 들렸다. 그리고 러시아 백군에 징집되었던 한인 병사들도 탈출해 왔다.

"아, 이제 뭔가 일을 하는 것 같습니다."

그는 뒷바라지를 해 주는 정재관에게 말했다.

그 무렵 일본군 1개 연대가 스찬으로 이동해와 치모우에 주둔하기 시작했다.

"오히려 잘됐다. 이 삼림지대라면 일본군을 상대로 공격하기에 유리하다."

김경천은 100명 남짓한 대원들을 이끌고 산속을 달리며 신속히 기동하고 공격과 수비를 하는 훈련을 시켰다. 새봄이 오고 있었다. 시베리아의 동토(凍土)를 뚫고 새 움이 트기 시작했다. 그는 훈련의 폭을 더 넓혀갔다.

그러나 김경천이 조직한 한인 유격대에 관한 정보는 일본군에 들어갔다. 어느 날 적군(赤軍)사령부에서 통고가 왔다. 장기영이 러시아어 공문서를 읽으며 말했다.

"우리 대원 중 원호민(러시아 국적자)만 남기고 조선 국적자는 귀가시키라는 명령입니다. 일본군사령부의 요구를 혁명군인 적군 사령관이 받아들인 거지요. 귀가시키지 않으면 전면전을 벌이겠다는 협박을 한 거겠지요."

조선을 합병했으므로 조선인들에 대한 권리를 일본이 갖고 있다는 의미였다.

"아, 이럴 수가 있나!"

김경천은은 맥이 탁 떨어져 주저앉았다. 모두가 나라 없는 탓이었다. 서간도에서 신흥무관학교 교관을 할 때도 일본 요구에 못이겨 만주 군벌 정부가 제약을 했는데 같은 일이 벌어지고 있는 것이었다.

두 달 동안 훈련을 받아 이제 척척 총을 다룰 줄 알게 된 대원들이 눈물을 흘리며 그에게 마지막 경례를 올렸다.

"대장님! 언제든지 부르시면 달려오겠습니다."

"그래, 꼭 다시 소집하마."

김경천도 눈물을 흘리며 답례했다.

남은 원호민 대원은 1/3이었다. 대부분 학교 교원들이었다. 러시아 국적자여서인지 우선 혁명군을 도와야 한다고 생각하는 사람들이 많았다. 행동보다는 이론으로 무장한 사람들, 전투에서 무작정 돌격하는 용기는 부족한 사람들이었다.

"이 사람들을 가르치면서 때를 기다립시다."

정재관의 말에 김경천은 머리를 끄덕이며 동의했다.

"그래야지요. 나중에 큰 역할을 해줄 사람들이니까요."

그러나 얼마 후 큰 사건이 터졌다. 3월에 니항에서 크게 깨진 일본군이 대대적인 보복공격을 시작한 것이었다.

4월 4일 새벽, 김경천은 치모우에 있는 숙소에서 정재관·장기영·박군화(朴君化) 등 동료들과 더불어 곤히 자고 있었다. 탕 탕 탕 연거푸 울리는 총성에 눈을 뜨고 벌떡 일어났다.

"일본군 기습이에요!"

그는 소리치며 가슴에 차고 있던 권총을 뽑아들었다. 멀리서 들리는 콩볶듯 울리는 총성과 포성, 일본군이 러시아 적군을 향해 총공격을 감행하는 느낌이 들었다. 탁 탁 소리를 내며 그들이 있는 초가집 흙벽에 총탄이 꽂히는 소리, 그리고 피용 하고 허공을 찢으며 날아가는 소리가 났다.

"일본군이 대규모 공격을 하고 있소. 나를 따르세요."

포위당할지 모른다는 생각에 그는 들창문을 발로 걷어차 열었다. 곧장 숲으로 연결되기 때문이었다. 마을 민가 이곳저곳에 분산돼 있는 30여 명의 대원들이 들으라고 외쳤다.

"동지들, 각자 포위망을 피하라! 뒷산 너머 1킬로미터 지점에서 만나자!"

정재관·장기영·박군화가 숨이 가빠 헉헉대며 따라왔다. 여명이 밝아오고 있었다. 일단 총탄이 안 날아오는 지점까지 가서 김경천은 목청을 다해 부하대원들에게 소리쳤다.

"동지들, 나는 여기 있다! 이쪽으로 오라!"

포위망을 치고 있을 적에게 위치를 알려주는 위험한 일이었다. 그러나 대원들을 구해야 했다. 고맙게도 10여 명이 찾아왔다.

"셋은 죽고 둘은 적군에 투항했습니다." 대원들이 말했다.

그들을 구출하려 했으나 불가능했다. 상황을 판단해보니 아슬아슬하게 포위망을 벗어난 것이었다.

대원들을 이끌고 산을 넘었다. 새벽녘 민가를 발견해 아침식사를 하며 한숨 돌리고 더 안전한 곳을 찾아 안쪽스찬(內水靑 내수청, 스찬의 안쪽 지역을 지칭하던 지명)에 있는 다우지미(大烏吉密)의 포수동(抱水洞)으로 갔다.

장기영이 블라디보스토크와 니콜스크 우수리스크 쪽 사정을 알아보려고 가까운 기차역으로 나갔다가 슬픈 소식을 가져왔다. 짐작대로 니항 사건에 대한 보복으로 벌이는 일본군의 총공격 작전이었다. 국제간섭군 사령부 소속 일본군은 여러 개 사단을 출동시켜 혁명군 편인 블라디보스토크의 원동공화국 산하기관들을 기습해 요원들을 살해하고 조선인 중심지 신한촌을 습격해 닥치는 대로 학살했다. 니콜스크 우수리스크, 하바롭스크, 포시에트의 얀치혜 등 조선인 기관과 마을도 습격했다. 니콜스크 우수리스크에서는 연해주 한인공동체의 중심인물인 최재형을 생포해 역 광장에서 처형했다.

일본군은 김경천이 있는 안쪽스찬(내수청)에서도 작전을 시작했다. 한인 독립투사들을 체포하고 무장세력을 박살내기 위한 작전이었다.

"내가 언제고 일본군을 공격하고 말 거야."

김경천은 그렇게 다짐하면서 대원들을 이끌고 삼림 속 밀영으로 숨어들었다. 문득 고국 땅에 있는 아내와 딸들이 그리워졌다.

김경천이 탈출한 직후, 아내 유정화는 딸들과 함께 종로경찰서에 끌려가 심문을 받았다. 고등계 형사들은 교활하게도 김경천이 만주 군벌에 포로로 붙잡혀 있다고 말했다. 딸들은 곧 풀려났으나 그의 아내는 보름 동안 갇혀 심문을 받았다.

몸이 야윈 채로 경찰에서 풀려난 아내는 남동생 대진을 불러 말했다.

"네가 서간도 신흥무관학교에 다녀오너라. 매형 붙잡혀 있다는데 아무래도 아닌 것 같다. 안부를 확인하고, 만나게 되면 왜놈 등쌀에 견디기 어려우니 식구들이 모두 가서 합류하게 해달라고 해라."

남동생 대진은 20일 만에 돌아왔다.

"매형은 아라사 땅으로 떠나셨어요. 함께 망명한 이청천 중위님이 서로군정서 총사령으로 계셔서 반겨주셨어요. 독립운동 조직 간에 오고간 통신이 있답니다. 매형이 아라사 땅 연해주에서 혁혁하게 싸우고 계시다 합니다."

누나 유정화는 머리를 끄덕였다.

"됐다. 연해주로 연락해 보자. 그 쪽으로 가는 길을 알아봐야겠다."

생활고가 닥쳐왔다. 수중에 돈이 없으니 쪼들릴 수밖에 없었다. 경찰의 협박과 감시가 심해 가까운 사람들은 돕지도 못했다.

가족들의 사정을 안 윤치호는 이렇게 기록했다.

> 김 목사의 말에 따르면 김광서 군이 자기 가족의 생계에 대해 아무런 대책도 세우지 않은 채 몇 달 전 북쪽으로 떠났다고 한다. 그래서 그의 아내와 세 아이들이 대단히 궁핍한 생활을 하고 있다고 한다. 많은 선동가들이 몇 달만 있으면 조선의 독립이 실현될 거라고 믿고 있는 것처럼, 김 대위도 그렇게 생각했던 걸까? 만약 그렇다면, 그는 세계사를 잘 모르는 사람에 틀림없다.*

---

* 『윤치호 일기』, 1920년 1월 22일. 내용 중 '김 목사'는 김경천의 친구 김영섭이다.

НИКОЛАЕВКА

제12장

백마 탄 김장군

마적떼를 토벌하고 군정을 펴다

연해주 주둔 일본군은 조선인들을 한바탕 학살한 뒤에 국제적 비난에 부딪히자 방법을 바꾸었다. 만주의 마적 두목 카오샨(靠山)*을 불러들여 돈과 무기를 주고 앞장세웠다. 마적들은 살 판이 난 듯이 한인 마을을 분탕질하기 시작했다. 닥치는 대로 빼앗고 불을 질렀으며 여자를 겁탈했다.

그런 최악의 상황은 기병장교 출신인 김경천의 존재 가치를 갑자기 크게 만드는 조건이 되었다. 젊은 입대자들이 찾아왔던 것이다.

"원수를 갚게 해주십시오. 우리 집에 불을 질러 부모님이 돌아가셨습니다."

"누이를 겁탈하고 죽였습니다. 마적과 왜놈들을 쏴죽이고 싶습니다."

몇 달 동안 은인자중하고 있던 그는 어깨를 펴고 일어섰다.

"그래, 나와 함께 원수를 갚자."

치모우에서 소집해 총공격에서 살아남아, 김경천에게 철저히 훈련 받아온 대원들이 초급간부가 되었다. 그가 유격대를 묶는다는 것을 알고 총 가진 사람들이 앞을 다투어 모여들었다. 심지어 구식총인 화승총과 석궁을 가진 사람들도 모였다. 그러나 신식총은 몇 정 되지 않았다.

김경천은 지난해 망명 직후 서간도에서 마적들의 횡포를 경험한 터였다. 마적의 본래 명칭은 홍호자이며 어떤 경위로 만주 땅을 휩쓸게 됐는가를 부하들에게 설명했다. 그놈들의 전략도, 약점이 무엇이니 알고 있었으므로 치

---

*   지린성(吉林省) 옌지현(延吉縣) 스런거우(石人溝) 출신 한족(漢族)으로 본명은 순후아팅(孫花亭). 동북군벌인 장쭤린과 의형제였으며 만주지역에서 대규모 마적단을 이끌다가 일본에 협조하여 내몽고의 독립운동을 간섭했다. 한인 부락을 괴롭히고 러시아 연해주까지 진출하였다.

밀하게 대책을 세웠다. 5월 18일, 카오샨 파 마적 380명이 다우지미 북쪽 산에 도착했다. 미리 호를 파고 매복했던 김경천 부대는 일제사격을 가했다. 마적들은 시체 수십 구를 남기고 철퇴했다. 그러나 곧 다시 포위망을 쳐서 조여 왔다.

"겁내지 마라! 좌후방 골짜기로 몸을 굴려 탈출한다. 절반씩 나눠 엄호한다."

부하들은 그대로 움직였고 김경천은 침착하게 대원들을 지휘해 혈로를 뚫고 포위망을 빠져 나왔다.

마적들은 마을로 달라붙어 40채의 민가에 한꺼번에 불을 질렀다. 불길과 연기가 하늘로 솟아오르고 비명이 울렸다. 마적들은 불타는 초가집에서 살겠다고 달려나오는 한인들을 향해 닥치는 대로 총을 쏘았다.

그렇게 한인부락을 분탕질한 카오샨 파 마적은 유유히 그곳을 떠나 석탄광 요새로 들어갔다. 석탄광 요새는 일본군이 사용한 곳이었다. 일본군 중대장은 요새를 넘겨주고 이동하면서 마적 두목에게 말했다.

"정보에 의하면 일본 육사 출신 조선인이 유격대를 조직했다고 하는데 조심하시오."

마적 두목은 조심하겠노라고 대답했으며 밤이면 단단히 경계를 했다. 그러나 아무 일도 일어나지 않았다.

"제깟 놈들이 농사나 짓는 주제에 어찌 요새로 쳐들어오겠나."

두목이 방심하고 대원들도 방심했다.

김경천은 다우지미를 분탕질한 마적들이 석탄광 요새 안에 들어가 있음을 확인하고 치밀하게 기습을 준비했다. 대원들을 산속으로 끌고 들어가 혹독하게 훈련시키면서 예행연습을 했다. 그때 지원군이 왔다. 도비허(도병하

[都兵河], 현재 지명 아르세네프)에서 100여명, 멀리 니콜라예프카(新英巨于, 신영동)에서 한창걸이 끌고 온 40명이었다.

그동안 서로 이름을 여러 번 들었던 김경천과 한창걸, 두 사람은 김경천 부대의 밀영에서 만나 악수했다. 일본 육사에서 군사학을 정통으로 공부한 김경천, 원호민으로서 러시아 군대에 징집되었다가 키에프군사학교를 다니고 준위로 임관했던 한창걸, 나이는 김경천이 세 살 위였다.

김경천은 이미 작전계획을 세운 터라 저절로 연합부대 지휘관이 되었다. 한창걸이 전투경험이 많다는 것을 그는 알고 있었지만 지휘권을 넘길 수는 없었다.

전 대원에게 얼굴을 검댕으로 칠하게 하고 자정 무렵에 석탄광 요새로 접근했다. 미명의 새벽빛이 비쳐 왔다. 어깨가 붓도록 석궁을 쏘아 연습한 궁수 셋이 요새 전망대의 보초를 소리 없이 쓰러뜨렸고 손에서 피가 나도록 줄사다리를 타고 오르는 연습을 해온 몸 날랜 사람들이 벽을 타고 넘어가 문을 열었다. 전 대원이 쏟아져들어가 마적에게 집중사격을 하니 마적은 300여 명이 죽고 60여 명만 목숨을 부지해 달아났다.

마침 러시아 적군 민병대 수백 명이 달려와 합세하니 그들 60명도 집중사격을 받고 몰살당했다.

한꺼번에 300정 이상의 소총과 그만큼의 말을 노획한 유격대는 함성을 올렸다.

"김경천 대장 만세!"

노획한 말들 중에 미끈하게 빠진 명마가 몇 필 있었는데 그 중 백마 하나가 돋보였다. 그것이 그의 차지가 되었다. 그는 말들을 최상의 상태로 사육하고 관리하는 일에도 능숙했다. 그리고 용사들을 빨리 승마에 능숙하게 훈

스찬 지역 한인지도자들 2000년 답사 중 빨치산스크(스찬) 전쟁기념관에서 촬영.

련하는 일에도 이골이 나 있었다.

　김경천은 부대 이름을 '창해(滄海)청년단'이라고 이름을 짓고 본격적인 체제를 만들어 갔다. 다우지미에 총지휘부를 두고 30명의 상비대와 278명의 예비대를 두었다. 그리고 3개 지역에 지대(支隊)를 두었다. 칫쿤(한자명 적양촌[赤陽村]) 지대는 정순철(鄭舜哲)이 지대장, 김규면이 참모장으로 22명의 상비대와 191명의 예비대를 지휘했다. 니콜라예프카 지대는 한창걸이 지대장, 선우정(鮮于政)이 참모장을 맡고 50명의 상비대와 476명의 예비대를 지휘했다. 전체병력은 상비대 102명, 예비대 945명으로, 모두 합해 1047명이었다.*

----

*　　반병률, 『1920년대 만주 러시아 지역 항일무장투쟁』, 한국독립운동사편찬위원회, 62쪽. ;
　　윤선자, 「1920년대 초반 김경천의 항일무장투쟁」, 『한국독립운동사연구』 제52집, 82쪽. ;
　　「蘇城方面不逞鮮人의 행동에 관한 건」, 1920년 10월 14일, 『不逞團體關係雜件 朝鮮人의 部

노획한 전리품, 군마도 넉넉하고 소총과 탄약도 많았다. 김경천은 직할 상비대를 지휘하는 한편 승마에 능숙한 9명의 별동대원들과 함께 틈나는 대로 예하 지대를 순시했다. 그러다가 일본군 순찰대가 보이면 쏜살같이 달려가 공격해 전멸시켰다. 그는 백마를 타고 달렸다. 그가 백설처럼 흰 백마를 타고 질풍같이 달려가는 늠름한 모습에 동포들은 경탄을 금하지 못했다.

"김경천 대장은 우리의 수호신이야."

그는 동포들의 지지를 받으면서 스찬 지역에 군정(軍政)을 폈다. 그 지역에 사는 한인은 물론 중국인과 러시아인도 통치하였다. 러시아인도 그곳으로 들어가거나 밖으로 나가려면 군정관인 그가 발행한 증명서를 휴대해야 했다.

민정을 맡은 이는 정재관이었다. 그는 김경천을 도와 매우 적절한 민정을 실시했으며 민족교육을 폈다. 그리고 둔전병 제도를 만들어 무장세력을 뒷받침했다.

일본군에게 돈을 받고 한인 마을을 약탈하는 마적단과의 싸움은 한 달쯤 간격으로 벌어졌다. 4월 20일 따니채 산중의 전투, 5월 15일 변강촌락의 전투, 6월 초순 이수해 지방의 전투 등이었다.

습격을 받는 마을에서 가까운 지대 병력이 우선 출동했지만 김경천은 신속하게 봉화 신호로 중계된 보고를 받고 기병대를 이끌고 달려가 합세했다.

"마적은 일본 놈들 돈을 받고 우리 동포들을 죽이는 놈들이다. 한 놈도 살려두지 말라!"

6월 5일 전투를 치르고 다른 마적단이 보복공격을 해올 수도 있어 산에

在西比利亞」, 10, 국편 DB.

서 천막을 치고 거의 밤을 새우다 보니 32회 생일이었다. 새벽에 지척지척 비가 내리니 고향생각이 났다. 지난해 생일은 탈출 하루를 앞두고 친구들과 생일파티를 한 뒤 아내와 애틋한 마음으로 밤을 보냈는데 어언 1년이 지난 것이었다.

가족에 대한 그리움과 함께 한 가닥 회의가 들었다. 일본군을 공격한 건 다섯 번도 되지 않았다. 마적을 퇴치해 동포들의 생명을 지킨 것은 잘한 일이지만 내가 망명 탈출한 것이 일본군을 무찔러서 조국을 찾기 위해서인데 그건 제대로 못하고 있지 않은가? 고국에 있는 내 친구들, 내 사정을 알면 마적 잡으려고 망명했느냐고 물을지도 모른다. 그런 생각이 들었다.

며칠 후 그는 놀라운 소식을 들었다. 홍범도가 이끄는 대한독립군, 안무가 이끄는 국민군, 최진동의 군무도독부 연합부대 7백여 명이 북간도의 평우둥(鳳梧洞, 봉오동) 계곡으로 일본군 대대를 유인해 수백 명을 사살하고 우군은 4명이 전사한 경이로운 승리를 거두었다는 것이었다.

"대한독립 만세! 독립군 만세!"

그는 부하대원들과 함께 만세를 불렀다. 일본군을 통쾌하게 무찌른 것이 기쁘기도 하거니와, 홍범도가 많은 세월을 연해주에서 절치부심하며 독립전쟁을 준비해온 것을 그들이 알기 때문이었다. 함경도의 삼수 · 갑산에서 1907년과 1908년 일본군과 싸워 연전연승했던 포수 출신 의병장 홍범도는 병력을 잃고 연해주로 와서 니콜스크 우수리스크, 블라디보스토크, 스찬, 수이푼 등지에서 재기하려고 애를 썼다. 유인석 등과 함께 십삼도의군(十三道義軍) 조직에 참여하고 이상설이 주도한 성명회 조직에도 참가했다. 그 뒤 연해주와 시베리아에서 추종자들을 이끌고 항구와 철도 공사장과 금광에서 노동을 하며 군자금을 모았다. 연해주 동포들은 그런 사실들을 김경천에게 자랑스럽게 들려주었다.

김경천은 어느 날 정재관 선생과 보드카를 마시며 자신의 느낌과 생각을 말했다.

"김 선생님은 아시지요? 내가 하고 싶은 게 홍범도 장군처럼 적을 유인해 섬멸하는 전투입니다."

독립운동 전선에서 산전수전 다 겪은 정재관 선생은 그의 얼굴을 들여다보며 고개를 주억거렸다.

"압니다. 하지만 지금 홍 장군은 멀리 있고 당신은 군정관으로서 동포들을 보호하는 자리에 있어요. 동포들은 김 동지를 장군이라고 부릅니다."

"일본군 중위였던 내가 장군이라니요? 감히 홍범도 장군과 비교할 수는 없지요."

그는 천천히 술잔을 기울였다.

정재관 선생이 그의 잔에 다시 술을 채웠다.

"지금은 김 동지가 영웅입니다."

이런 때일수록 방심하면 안 된다고 김경천은 스스로 다짐했다. 그리고 대원들을 더 강인하게 훈련시키고 군정도 질서를 잡아가며 확인했다.

7월 상순, 그는 왕포수홀로애라는 곳에서 다시 대규모 마적단을 섬멸했다. 그 뒤에도 스찬 지역 이곳저곳에서 무리의 마적들이 출몰해 부하들을 보내 섬멸하기도 하고 때로는 그가 직접 지휘해 격퇴작전을 펼쳤다. 동포들은 큰절을 하며 고마움을 표시했고 그는 겸손하게 말에서 내려 그들을 격려했다. 그러는 사이에 여름이 갔다.

가을이 되자 마적단 기습이 끊어졌다. 일본군이 더 이상 마적을 시켜서는 안 된다고 판단해 대규모 병력이 진군해 와 스찬을 점령하였다. 창해청년단은 식량이 떨어졌고 추수를 앞둔 농번기라 한인 마을은 일손이 모자랐다. 대원들은 동포들의 논밭 일을 돕는 일에 나섰다. 조직은 그대로 유지했다. 한창걸은 부대를 이끌고 근거지인 도비허로 돌아갔다.

9월 중순에 김경천은 니항(니콜라예프스크) 남쪽 경치 좋은 해변에서 쉬면서 사관학교와 육군학교 때 배운 전술을 기억해 노트로 정리했다. 그러다가 철늦은 해수욕을 한 뒤 열병을 앓아 여러 날 누워 지냈다. 그때 북간도에서 연락이 왔다. 무관학교를 열 것이니 와서 자문해 달라는 것이었다.

그는 정재관 선생에게 양해를 구했다,

"다른 일이라면 몰라도 사관교육 일이라면 가서 도와줘야지요. 북간도에는 일본 유학시절 형제처럼 가깝게 지낸 한상우라는 선배가 있습니다. 도움을 받을 수 있을 겁니다. 늦어도 석 달 뒤에는 돌아 올 테니 창해청년단과 군정관 일은 정재관 선생님이 김규면 선생과 의논해서 처리하십시오."

정재관은 선선히 대답했다.

"그렇지요. 여기 일은 염려 마시고 잘 하고 오십시오."

아직 몸이 낫지 않아 미열이 있었으나 김경천은 북간도로 가는 여정에 올랐다. 처음 선택한 행로는 육로가 아니라 해로였다. 그동안 참모노릇을 해온 장기영이 젊은 동지 넷을 이끌고 호위로 따라붙었다. 스찬의 동해안 니항 남쪽 작은 포구에서 어선을 타고 블라디보스토크 앞 금각만 바깥을 통과해 조선반도와 만주 남단과 가까운 시지미(柴芝味)*까지 간 뒤 만주로 넘어가기로 했다.

----

* 시지미(柴芝味 Sidimi) : 1860년대에 한인들이 개척한 바라바쉬 서남쪽 20km 시지미 강(현재지명 Narva강) 강변에 위치했던 마을. 이 지역의 옛 한인부락 관련 자료는 반병률 교수의 답사보고서에 있다.(「연해주 남부 교통요지 바라바쉬 일대의 한인 마을들」,『신동아』, 2003년 9월호).

돛을 단 어선은 블라디보스토크 항구의 외항, 일본 구축함 곁을 스치듯이 항행했다. 야간에 시지미 강 하구에 배를 대고 상륙해 동포 어부의 집에 묵었다. 김경천은 정보망을 통해 북간도 사정을 탐문하며 며칠을 보냈다.** 한상우 선배가 건재한 사실도 확인했고 일본군의 움직임에 대한 정보, 러시아 백군 관련 정보도 있고 조선인 독립운동 진영의 인물들에 대한 정보도 얻었다.

블라디보스토크에 당숙모가 와 계시다는 뜻밖의 소식이 왔다. 그는 소식을 전한 사람에게 쪽지를 주어 당숙모에게 보냈다. 당숙모는 이틀 뒤 60리 길을 나귀를 타고 와서 그와 일행에게 저녁 한 끼를 넉넉히 먹여주었다. 김경천은 처남 대진이 신흥무관학교를 찾아갔다가 허탕친 사실을 숙모에게 들어서 알았다.

"숙모님, 제가 독립전쟁을 하는 처지라 가족합류가 당장은 어렵다고 제 아내에게 전해 주세요. 그리고 우리 집에 내가 가져다 놓은 군사서적이 몇 권 있습니다. 혹시 조선 땅으로 가시게 되면 가져 오실 수 있겠어요?"

그의 말에 숙모는 선뜻 승낙했다.

"자네 개인의 일, 나 개인의 일이라면 못하겠다 하겠지만 독립군 키우는 일이니 천 리 머나먼 경성까지라도 가겠네."

10월 12일, 그는 국경을 넘어 만주 땅으로 들어섰다. 40리 이상이 인적이 없는 산중이었다. 그러나 마음을 놓지 않았다. 큰길을 피해 걸었다. 몸에 밴 철저한 군인정신 때문이었다.

** 김경천은 『경천아일록』에 북간도에서 온 요청을 받아 사관교육을 하기 위해 출발했다고 썼는데 초청자는 밝히지 않았다. 그리고 이때 블라디보스토크에 머물던 '북청 숙모'가 찾아와 자신과 일행을 대접했다고 기록했다. 숙모는 북청에 사는 친척으로 잠시 거기 머문 것으로 추정된다. 그가 처음 그 도시에 간 날 만났다는 기록을 남기지 않았기 때문이다.

시지미에서 그들보다 늦게 떠났으나 말을 타고 달려온 동포 청년을 만났다. 중요한 정보를 얻었다.

"조심하십시오. 선생님들이 시지미를 떠나고 나서 곧장 일본군 장교 한 놈이 졸병 여러 놈을 데리고 뒤를 밟아 떠났습니다"

동포 청년의 말을 들으며 김경천은 '동포 밀정'이라는 말을 생각했다. 동포들의 정착촌 시지미에도 독립투사들의 동태를 일본군에게 알려주는 밀정이 있었던 것이다. 일본군 추격자들은 큰길로 앞질러간 듯했다.

이틀 뒤 북간도 타이핑춘(太平村)에 도착했다. 그러나 실망스런 소식이 기다리고 있었다. 지난 10월 2일 마적 떼가 훈춘(琿春)의 일본영사관을 습격해 일본인들이 죽자 만주에 대규모 병력이 출병했다는 것이었다.* 장차 만주 땅을 지배할 욕심, 그리고 지난 6월 펑우둥에서 홍범도 부대에게 크게 당한 터라 조선 독립군이 중국에서 발을 못 붙이게 하려는 계산을 앞세운 것이 분명했다.

김경천은 자신을 안내해가기로 한 북간도 무장세력의 밀사를 기다렸다. 목을 뽑고 기다린 것이 사흘, 밀사가 와서 무관교육 계획이 보류되었음을 알렸다.

"왜놈들이 동북 군벌을 협박해 만주 조선인들이 위태로워졌습니다. 김 동지를 모셔 열기로 한 사관교육도 보류할 수밖에 없습니다."

"어쩔 수 없지요. 다음 기회를 기다려야지요."

김경천은 그렇게 답했다. 그리고 한상우에게 보내는 편지를 써서 전해달

---

* 이것을 '훈춘사건'이라고 한다. 일본군이 마적단을 매수해 자기들 영사관을 습격하게 했고 일본인 9명이 죽자 마적을 토벌한다는 명분으로 출병했고 독립군에게 창산리 등지에서 패하자 그 보복으로 만주의 조선인 3천여 명을 학살했다. 이를 경신참변이라고 한다.

라고 부탁했다.

그는 연해주로 발길을 돌렸다. 스찬에 도착했을 때 창해청년단은 상비대가 적군 부대에 편입되고 예비대는 귀가해 있었다. 그래도 그의 직책은 군정관으로 살아 있었다.

이것도 저것도 놓친 터라 아쉬움만 남았다. 그때 놀라운 소식이 왔다. 김좌진이 이끄는 북로군정서군이 챵샨리(靑山理, 청산리)의 바이윈핑(白雲坪, 백운평)에서 일본군 부대를 유인해 대승을 거두었다는 것이었다. 더 놀라운 것은 치밀한 매복작전을 벌인 것이 연성대 대원들이고 그들을 지휘한 사람이 이범석이라는 것이었다.

사관 양성기관이 없는 북로군정서에서 서로군정서에 이범석을 보내달라고 간청했고 이범석은 신흥무관학교 졸업생들을 교관 조교 요원으로 데려가 청년들을 가르쳤다고 했다. 신흥무관학교는 이청천이 거의 혼자 도맡아서 생도들을 가르치다가 백두산 삼림으로 이동했다는 소식도 있었다.

"아아, 이범석 동지!"

그는 탄식하듯이 중얼거렸다. 자신이 하지 못하는 것을 해낸 신흥무관학교 후배 교관 이범석에 대한 고마움도 있었지만 연해주까지 와서 일본군과의 전투보다 마적과 싸우는 자신에 대한 아쉬움도 있었다. 이범석을 도와 초급지휘관으로 싸운 대원들은 그의 제자들이기도 했다.

승전 소식은 꼬리를 물고 들려왔다. 북로군정서군이 위험에 빠지자 홍범도 부대가 달려가 합동작전을 했고 쟈산춘(甲山村), 완로우거우(完樓溝), 첸수이핑(泉水坪), 위랑춘(漁浪村) 등지에서 연쇄적으로 전투를 벌여 경이로운 승리를 거두고 있었다. 다른 소문은 보름 또는 한 달이 지나야 동포사회에 떠돌게 마련이지만 승리소식은 바람처럼 빨랐다. 일주일도 안 되어 전해졌다.

"아, 나의 불운이다. 북간도에 있었으면 일본군과 크게 맞붙었을 게 아닌가!"

그것은 정말 김경천의 불운이었다. 연해주에 옴으로 인해 청사에 남은 독립전쟁의 대첩에 끼지 못한 것이었다.

10월 중순, 김경천은 혈성단 간부들을 만나러 뜨레치푸진으로 갔다. 군정관으로서 해야 할 일이었다. 뜨레치푸진은 추구예프라나라는 이름의 깊은 계곡에 위치하고 있는 한인 원호민들의 부촌이었다.

혈성단은 서간도에서 독립투쟁을 하다가 연해주로 온 무장세력 80여 명이 바탕이었다. 그들은 1919년 가을에 연해주로 이동해 왔는데 대장 최영호가 사고로 죽고 대원들은 뿔뿔이 흩어지게 되었다. 그때 함경북도 북청 출신으로 구한국 군대의 장교를 지낸 강국모(姜國模)가 그들을 만나 자신이 이끄는 세력 십여 명과 통합했다. 그는 오츠크의 금광에서 한인 노동자들에게서 독립운동 자금 모금을 하여 넉넉한 군자금을 갖고 있었고 그것으로 신식 무기를 사서 지급함으로써 단장 자리에 올랐다. 그리고 통합한 100여 명의 단원을 이끌고 수이푼의 자피거우*로 이동하고 조직을 정비했다. 단장은 자신이 맡고 명예단장 김규면, 사령장 채영, 참모장 김청람(金淸嵐)으로 지휘부를 구성했다.

강국모 단장이 김경천 군정관을 맞았다. 그는 선비 집안 출신인 듯 갓을 쓰고 도포를 입고 있었다. 뜻밖에 투박한 함경도 북청 사투리로 말했다.

"내레 김 동지의 명성 듣고 벌써부텀 만나고 싶었습메다. 내레 북청 출신입메다."

---

*   수이푼 강 지류인 자피거우 강(夾皮溝江, 현재의 크로우노브카 강) 인근에 있던 한인 개척촌.

"아, 그렇습둥? 반갑습메다."

김경천은 반색하며, 강국모가 내미는 손을 잡았다.

"내레 소싯적에 진위대 장교를 지냈수다. 김 군정관의 선친인 김정우 부령의 젊은 시절 모습을 뵌 적이 있습메다. 조부이신 김규준 어르신은 내 아버님하고 가까웠습메다."

"그렇습둥? 이방에서 고향 선배님을 만나니 반갑기 그지없습메다."

"러시아 적군은 우리 혈성단을 자기네 소속군으로 만들려 하는데 일부 간부들은 우리 깃발 아래 있겠다 합메다. 결국 적군 소속으로 가야겠지요. 김 군정관은 스찬의 한인 대표니까 군대 간부들 의견을 잘 조절해 주십시오."

강국모의 말에 김경천이 답했다.

"알았습니다. 사실 스찬 지역 적군 대원도 7~8할이 우리 동포청년들 아닙니까. 우리 조국 깃발 아래 있으면서 적군사령부의 명령을 받아 작전을 펼치는 방식으로 하면 될 일이지요."

마적을 퇴치한 일로 하여 김경천에 대한 스찬 지역 적군사령부의 신뢰는 컸다. 김경천은 군정관으로서 여러 가지 일을 하며 바쁜 나날을 보냈다. 때로는 살인사건 등 중요한 일을 해결했다.

10월 하순, 그는 위험을 무릅쓰고 블라디보스토크로 잠입해 가서

빨치산스크 전쟁기념관의 기관총 2000년 답사 때 촬영.

숙모를 만났다. 숙모가 며칠 뒤 경성에 갈 것이라는 전갈을 보내 온 때문이
었다.

"왜놈들에게 붙잡히면 고문당할 거예요. 그래도 군사서적을 가져 오실 거
예요?"

그의 말에 숙모는 눈을 크게 뜨고 머리를 끄덕였다.

"해야지. 그걸 가져다가 독립군을 키울 수 있으면 가져와야지."

그는 포기할까 하고 잠시 망설였다. 자신도 북청 출신이지만 북청 여인들
은 무서운 걸 몰랐다. 그 용기를 믿기로 했다.

"경찰에 붙잡히면 놈들이 고문하기 전에 아시는 걸 모두 말하세요."

숙모는 말없이 고개를 가로저었다.

"절대로 안 잡힐 거야."

스찬의병대장 그리고 사관교육

1921년 새해가 왔다. 1월 하순 연해주 북쪽 지방 아무르 주(州) 청사에 출
장 갔던 젊은 참모 김려하(金麗河)가 대한국민의회 이름으로 된 공문서를 가
지고 김경천을 찾아왔다. 직책을 줄 테니 조직으로 들어오라는 것이었다.

대한국민의회는 연해주에서 투쟁하는 독립투사들이 조직한 임시정부였
다. 중국 상하이의 대한민국임시정부, 경성의 한성임시정부와 더불어 3대
임시정부였다. 김경천은 망명한 직후 서간도에서, 그리고 연해주에 온 뒤에
도 보고 느끼고 있었다. 일본과 싸울 생각은 안하고 단체의 간부를 맡고 회
의나 하러 다니는 걸 좋아하는 사람들이 많다는 것을.

'국력이 약해서 무력으로 나라를 빼앗겼는데 외교적 노력으로 해결한다

고? 독립의 길은 무장투쟁밖에 없다. 임시정부는 상하이에 하나 있으면 되지.'

그렇게 생각하고 있었다. 사실 상하이의 임시정부에도 참여하고 싶은 마음이 없었다. 그는 스찬 지역 군정관 일이 많아 임무에 충실하려니 시간이 없다는 답을 보냈다.

정재관 민정관이 민간인들의 문제, 이를테면 토지분쟁이나 관내에 들어온 외부인에 대해 통행증을 발급하는 일들을 하고 있지만 너무 바빠 군사와 군대에 관한 임무를 가진 그가 대신 처리하는 경우도 많았다. 때로는 법관 노릇을 할 때도 있었다. 동포들의 고충을 해결해주는 보람은 있지만 '내가 이런 일을 하기 위해 망명 탈출했나' 하는 회의도 들었다. 더구나 일본군은 연해주에 17만 명이나 들어와 있었다. 그런데 무장세력을 이끌고 공격하지 못하는 것은 러시아 적군과 일본군과의 미묘한 대치 때문이었다.

어느 날, 일본군 기병중대의 출동을 가까이에서 볼 수 있었다. 그때 그는 보통 농민처럼 솜을 넣은 누비옷을 입고 동포들 속에 섞여 눈 덮인 길을 걷고 있었는데 100여 명의 기병이 빨치산의 저격을 피하기 위해서 빠른 속도로 달려왔다.

"도케 도케 키에로 조센진(비켜라 비켜라, 조선 놈들)!"

첨병부대가 욕설을 뱉으며 달려가고 본진은 바람처럼 눈보라를 일으키며 달려 왔다. 혹시 저격병이 있을지 모르는 산모퉁이를 향하여 기병총을 발사하며 바람처럼 달려갔다. 동포들은 혼비백산하여 길가로 물러나 엎드렸다.

동포들 속에 엎드렸던 그는 본진 선두에서 군도를 휘두르며 달려가는 자기 동기생 쯤의 대위를 볼 수 있었다. 동기생들은 거의 모두 대위로서 기병중대장을 맡고 있을 것이었다.

'낯익은 얼굴이군. 혹시 동기생인가?'

기병과 출신 동기생 36명 중 그에게 진실한 우정을 보인 사람은 없었다. 문득 아베가 떠올랐다. 교토 출신으로 다른 동기생들의 비해 조선인인 그를 따뜻하게 대해 주었던 아베 생도, 포병 병과이니 여기서 말을 타고 달릴 일은 없었다.

"동기생들과 내가 맞선다면 나는 내 총으로 조준해 사살할 것이다. 아베도 마찬가지다."

그는 기억 속의 아베 생도의 얼굴을 떠올리며 혼자 중얼거렸다. 원인을 알 수 없는 비애가 가슴 밑으로부터 퍼져 올라왔다. 그는 품속에 숨겼던 권총을 꺼내 장전상태를 확인하며 이를 악물었다.

그렇게 시간을 보내고 있는데 겨울이 끝나갈 무렵 블라디보스토크의 비밀 조직이 놀라운 소식을 암호문으로 보내 왔다.

> 동지의 숙모가 도착했음. 일본 경찰에 피검당했다가 석방되었으며 동지의 부인께서도 구속되어 16일간 갇힌 후 석방됐음을 확인하였음. 숙모의 말씀에 의하면 일본 측이 동지의 신분과 동태에 대해 파악하고 있을 것이므로 숙모를 만나러 이곳에 오시지 말 것. 아울러 밀정들로부터 각별한 경계를 요함.

암호문을 읽고 그는 낙심하여 털썩 주저앉았다. 지난 가을 군사서적을 가져오라고 숙모를 경성 사직동 집으로 보낸 자신의 결정이 큰 화를 불러온 것이었다.*

---

* 『경천아일록』, 107쪽. 1921년 2월 5일 일기에서 아내와 함께 구속되었던 숙모가 블라디보스토크로 돌아왔다고 썼다.

'숙모님과 아내 정화가 일본 경찰의 악독한 고문을 어떻게 이겨냈을까. 아내는 내가 탈출한 직후에도 보름 동안 갇혔다는데 그때 모든 것을 신고하겠다고 서약하고 석방됐겠지. 그러다가 다시 체포됐으니 보복당했겠지. 숙모는 조카인 나를, 아내는 남편인 나를 원망했겠지. 내게 조국이 무엇이기에 숙모와 아내에게까지 화를 안겨준 것인가.'

그는 우울한 기분으로 군정관 일을 해나갔다.

'아, 나는 일본군과 싸우려고 탈출했다. 일본군을 공격하고 싶다. 총을 맞아 쓰러지더라도 싸우고 싶다.'

머릿속에는 그 생각이 떠나지 않았다.

음력 정월보름이 왔고 임시로 머무는 동포 마을의 노인들이 찾아와 술잔을 권하며 위로했다. 노인들 중에 유식한 분이 있어 한시를 지었기에 김경천도 즉석에서 시를 지었다.

述懷(술회)
萬里孤客雪寒野(만리고객설한야) 멀리 떠나온 외로운 나그네 차가운 들에
눈이 내려
千山疊懷依酒消(천산루회의주소) 무수한 산이 겹치듯한 감회에 젖어 술에
의지하네
半醉半腥日將斜(반취반성일장사) 오랫동안 취했다가 깨니 해는 기울어가고
萬里鄕山眠前開(만리향산면전개) 멀고 먼 고향의 산이 눈앞에 펼쳐지네.**

그는 1921년 봄을 평온하게 맞았다. 자신이 언제 다시 격전 속으로 빠져

** 『경천아일록』, 109쪽. 원문의 3행 '腥(비릴 성)'은 '醒(깰 성)'을 잘못 쓴 것으로 보인다.

들지 모르지만 우선 당장은 스찬의 군정관으로서 지역의 한인들은 물론 러시아 민간인들까지 통제하는 임무를 수행했다.

　봄이 와서 온천지에 새 풀과 새순이 돋아나고 새들이 야단스럽게 지저귀고 있었다. 아내와 세 딸에 대한 그리움이 새록새록 솟아올랐다. 그는 일기에 이렇게 썼다.

> 4월 11일(음력 3월 5일)
>
> 　양지에 노란 꽃이 피고 풀잎 새 싹이 빨강 노랑 두 빛으로 새봄을 자랑한다. 먼 산 북면 기슭에 잔설이 점점이 남아 있다. 교목(喬木) 위에 까치가 새로 집을 짓고 들판에서 꿩이 스스로 운다. 마을 이름이 만춘동인가. 시베리아의 봄이 으레 더딜 것이다. 나의 경천원에서는 천만백화가 일시에 웃겠다. 삼손(三孫)은 일거에 오지 못하는가. 용금수(湧金水) 좋은 샘에 누가 마시고 꽃구경하는가. 외로운 아내 정화는 어린 아이들을 데리고 잘있는가. 고대(高臺) 경천원에서 북쪽을 보고 나를 찾으리라. 앞산에 꾀꼬리 우는 노래 옛산에 꾀꼬리 왔는가. 동원(東園)에 새가 나무 쪼는 소리는 조국 땅이나 여기나 같구나. 새끼 데리고 있는 암탉이 쌀알을 보고 새끼 부르는 꼬꼬 소리, 나의 사랑하는 세 딸은 어디 있나. 나도 그 같은 마음은 있건만 국가와 민족을 위하는 마음을 이기지 못해 고국 땅을 버리고 이곳에 왔노라. 나의 발소리에 놀라 날아오르는 알록달록한 새야, 내 마음을 너는 모르는구나. 부귀도 불원(不願)하고 이곳에 왔거든 너를 잡을쏘냐.*

　그 무렵, 그는 북만주에 파견했던 밀사로부터 보고를 받았다. 3~4천 명

---

*　『경천아일록』, 115쪽.

에 달하는 만주 지역 독립군이 결국 일본군의 토벌작전과 중국 군벌 정부의 요구에 못 이겨 시베리아를 향한 대장정에 들어갔다는 것이었다. 북간도와 서간도에서의 독립전쟁이 더 이상은 불가능해진 것이었다. 이제 희망은 연해주와 시베리아였다.

'나도 기회가 있으면 우리 부대를 이끌고 북간도에 가서 독립군단과 합류하려 했는데 군단이 연해주로 오면 저절로 합류할 기회가 오겠지.'

그는 그렇게 생각하며 기다렸다.

독립전쟁 전선의 현실은 김경천을 그렇게 살도록 내버려두지 않았다. 4월 19일, 혈성단을 이끌고 있는 강국모 단장이 그를 방문했다. 뜨레치푸진으로 찾아갔을 때 만나고 반 년만에 다시 만나는 것이었다.

"김 군정관과 긴히 상의할 일이 있어서 왔소이다."

강국모는 그렇게 운을 떼고는 미리 준비한 듯 이야기를 시작했다.

"연해주에 한인 무장단체가 수십 개 있고 병력이 3-4천 명 되겠지요. 통합해야 힘을 크게 쓸 수 있고 원동공화국 정부나 러시아 적군사령관에게 목소리를 크게 낼 수 있지요. 장차 연합체를 만들 것이고 우선 우리 혈성단은 고려노농군회 동지들과 통합하기로 합의했습메다. 또한 김 군정관을 초치하여 통합의병대의 군무와 사관양성을 맡겨드리기로 했소이다."

북청 출신 선배 강국모의 말에 김경천은 미소로 답했다.

"제가 지휘권을 맡는 건 영광이지만 혈성단에는 쟁쟁한 투사들이 계시지 않습니까? 채영 대장 같은 사람이 적격이지요."

강국모는 손사랫짓을 했다.

"채영 동지는 떠났습메. 나와 뜻이 맞지 않았습메다. 북쪽 이르쿠츠크로 홍범도 대장한테 간다고 떠났습메다. 지금 이만에 있을 겁니다. "

"사관 교육장소는 어딥니까?"

"뜨레찌푸진으로 정했소이다."

강국모는 구한국 군대의 장교 출신이지만 설득력도 있어서 군자금을 잘 끌어왔다. 그는 혈성단의 군사 지휘권을 '맹호'라는 별명으로 불리던 채영에게 맡겼는데 뜻이 맞지 않았다. 채영은 북쪽 이르쿠츠크로 떠났고 고려노농군회와 통합하고 장차 외연을 넓혀 연해주 전체의 조직을 통합하는 것으로 목표를 정했다. 군사와 작전, 반년 과정의 속성 사관 양성 과정 등을 맡을 책임자로 지목하고 김경천을 찾게 된 것이었다.

통합무장부대의 지휘권을 갖는 것, 그것은 김경천의 간절한 소망이기도 했다. 그러나 얼른 대답할 수는 없었다. 연해주 한인사회가 크게는 원호민과 여호민, 사상적으로는 러시아 적군 편에 서는 세력과 민족주의 세력, 그리고 몇 사람의 거물 지도자들 중심으로 분파되어 있기 때문이었다. 게다가 국제간섭군인 미국군, 영국군, 프랑스군, 일본군의 존재, 적군과 백군의 역학 관계 등으로 복잡하게 얽혀있기 때문이었다.

그가 선뜻 대답을 안 하자 강국모 혈성단장이 손을 잡았다.

"김 군정관, 이렇게 하십시다. 나하고 우선 연합총회에 가서 협의도 하고 의견도 나누고 그런 뒤 결정하십시다. 노농군회와 혈성단 연합부대 간부들도 만나고 대원들 사정도 보고 사관 속성교육을 시킬 장소도 보고 결정하십시다."

"좋습니다." 하고 김경천은 대답했다.

김경천은 군정관 직책을 일단 사직하고 강국모와 함께 길을 떠났다. 목선을 타고 출발해 여러 날을 이동한 끝에 수주하(水走河)로 갔다. 그곳에서 일단의 부대를 이끌고 있던 한창걸이 반색하며 그를 맞았다.

"어서 오시라우요, 군정관님."

"다시 만나서 반갑소, 한 대장."

두 사람은 포옹하며 인사를 나누었다.

김경천은 간부들과 함께 여러 날을 이동하여 깊고 깊은 산속 마을 뜨레치푸진에 도착했다. 그로서는 두 번째로 간 것이었다.

올긴에서 300리, 스파스크에서 300리, 도비허에서 300리였다. 삼림이 우거지고 100리 사방에는 무인지대였다. 원호민인 한인 동포들이 60여

한창걸
스찬에서 무장투쟁을 펼친 지도자였다. 박환, 『러시아지역 한인의 삶과 기억의 공간』.

가구인데 땅이 기름져서 풍족하게 살았고 조국애가 강해 혈성단 부대 200명을 먹여 살렸다.

4월 27일, 연합총회가 열렸다. 단체 이름을 한인사회당 연해주총회로 정하고 총회장 강국모, 부회장 김종화(金鍾和), 군무부장 겸 사령관 김경천, 고문 정재관, 재무부장 한일재, 민수부장 강백우, 외교부장 한창걸 교육부장 박경철 등으로 구성했다.

김경천은 연합의병대 사령관이 되자마자 뜨레치푸진 마을에 견고한 방어선을 구축했다. 마을 외곽에 한 길 넘게 도랑을 파고 창끝이 뻗쳐나가는 튼튼한 나무 울타리를 만들었다. 그리고 대원들을 격렬한 훈련으로 단련시켰다.

고지를 쉬지 않고 달려 올라가는 훈련이나, 숨을 헐떡이며 달린 뒤에 총을 쏘는 훈련, 야간 이동과 집합 분산 등 고도화된 전술을 적용시켰다. 대원들은 투덜거리면서도 열심히 매달렸다. 사령관인 그가 앞장서 뛰기 때문이었다.

그는 곳곳에 정탐요원을 배치하고 신속히 전달되는 신호망을 만들어 대비

한창걸 부대 한창걸이 지휘한 스찬 독립군. 김경천의 부대도 복장이 비슷했다. 박환, 『러시아지역 한인의 삶과 기억의 공간』.

하면서 일본군을 공격할 기회가 오기를 기다렸다.

그 무렵, 일본군이 대규모로 백군을 지원함으로써 동시베리아와 연해주 지역의 판도가 적군 우세에서 백군 우세로 넘어갔다. 김경천은 도비허(도병하)에 주둔 중인 적군사령부의 요청을 받아들여 그들과 연합하기로 하고 소총과 탄약, 군복 등의 지원을 받아 대원들에게 지급했다. 보병도 있고 기병도 있었다.

어느 날 간부대원이 물었다.

"사령관님, 우리는 조국독립을 위해 싸우는 독립군인데 왜 러시아 적군과 연합합니까?"

그것은 김경천 자신이 스스로에게 묻는 질문이기도 했다. 그는 러시아 혁명은 당연하다고 생각하지만 공산주의자는 아니었다. 러시아 땅에서 독립군 부대를 꾸리고 살아남으려면 적군과 연합해야 했다. 일본군이 백군 편이고, 적군이 한인 무장부대에 우호적이었다.

"백군과 적군의 싸움은 러시아 내전이다. 우리의 적인 일본군이 백군 편

니콜라예프카 마을 김경천이 연합의병대를 지휘하며 사관교육을 했던 니콜라예프카(신영동) 의 현재 모습. 박환, 『러시아지역 한인의 삶과 기억의 공간』.

이니 우린 적군 편에 설 수밖에 없다. 일본은 우리 조국을 강제로 점령했다. 지금은 러시아를 점령하기 위해 출병했으니 일본군을 격멸하는 건 우리 조국의 독립을 달성하기 위함이야."

그는 부하에게 그렇게 말했다.*

500명에 달하는 병력이 지휘 안에 들어오고 무기를 제대로 갖추게 되자 김경천의 투쟁은 눈부시게 빛났다. 여러 차례 백군과의 전투에서 이겼다. 한인마을에 마적이 들어왔다 하면 소대 단위 기병대를 즉시 출동시켜 격퇴했다. 대규모 마적 떼가 왔다 하면 그가 직접 기병대를 이끌고 달려가 격퇴했다.

동포들은 백마를 타고 달리는 그를 향해 함성을 올렸다.

"연해주 독립군 사령관 김경천 장군 만세!"

----

* 　박청림, 「혈성단에 대한 참고」, 박환, 『재러한인 민족운동가 김경천 연구』 재인용.

'백마를 타고 산야를 달리는 김장군' 이야기가 빠른 소문으로 퍼져 나가고 있었다. 고국 신문 『동아일보』는 조선인들을 괴롭히는 마적의 만행을 보도하는 기사 끝에 김경천의 부대를 소개하여 그와 대원들의 독립투쟁을 슬며시 알렸다. 본론은 마적이 아니라 독립군 이야기였다. 조선총독부의 사전 검열을 피하기 위한 묘책이었다. 이름은 당시 그가 쓰던 김응천(金應天)이라는 가명으로 썼다.

보기(步騎) 양대(兩隊)의 대단(大團) 총사령관 김응천

김응천(金應天)이 사령관이라는 마적대는 보병 기병의 두 대를 조직하여 보병대장 리학운(李學雲)은 일소대 일백삼십오명씩 되는 세 소대를 지휘하고 기병대장 신태용(申泰龍)은 팔십기를 지휘하는데 그들은 전부 소총을 가지고 탄환도 백 발 이상 삼백 발씩 준비하였으며 군마 80두에 기관총 네 정을 갖고 그 외에 육혈포도 가져 있다 하며 그들은 조선의 독립을 목적 삼고 로국 공산당과 기맥을 통하며 병졸은 십칠 세 이상 삼십 세 이내의 청년이며 사령관 김응천은 삼십사 세인데 십육 세에서부터 일본에 가서 모 학교를 졸업하고 계속하여 일본에 있다가 사 년 전에 이곳에 와서 이 단체에 들었는데 부하의 존경이 비상하며 재질이 영민하고 또한 말을 잘 타는데 스스로 사회당 연해주 총사령관이라 일컫는다 하며 그들의 주둔은 항상 민가에 나누어 자며 일상에 체조 교련 보초 척후 등의 연습을 실행하며 여가에는 도로 교량의 수부에 종사하고 부서를 정하여 병기와 전곡을 징발하러 나가기도 하며, 로국 군대와 연락이 있어 병졸은 로국 군사령부에서 최근에 발행한 공산당 군인의 증명서를 가졌다 하더라.*

* 「기세(氣勢)가 치성(熾盛)한 마적」, 『동아일보』, 1921년 8월 18일자.

이 기사의 '사회당 연해주 총사령관'은 잘못 짚은 보도였다. 일본 측 관헌의 부정확한 정보를 보고 잘못 쓴 것이었다. 김경천이 한인사회당 소속군이 되는 것을 거부하여 동지들과 갈등한 기록들이 남아 있기 때문이다. 그는 러시아 내전에서 적군과 손을 잡기는 했지만 민족주의 성향이 강했으며 상하이에 있는 대한민국 임시정부의 지침을 받아 '고려 혁명군'이라는 명칭을 썼다.

그리고 기사에 있는 군사조직도 통상적인 편제방식과 맞지 않고 실제 김경천 부대의 편성과 다르다. 당시 김경천 부대의 초급간부였던 고상준(高尙俊)은 회고록에서 부대 편제에 대한 상세한 기록을 남겼다.

> 보병 3개 중대, 1중대에 4개 소대, 1소대에 4개 분대, 1소대에 소대장까지 45인, 1분대는 11명씩. 제1중대장 申용걸, 소대장 위계원, 2소대장 조생필, 3소대 ○○○, 제2중대장 허용하, 2소대장 김성식(金成植), 제3소대장 최치홍(崔致弘), 제3중대장 김춘관, 소대장 윤창구 기타. 중대 인원수는 181명. 3개 중대 인원수는 543명. 기병중대는 3개 소대로 편성하니 1개 소대에 34명씩 1소대엔 3개 분대씩, 분대는 11명으로, 기병중대 인원수는103명이고 기병중대장은 김택룡이었다. 포병은 1개 소대 16명씩, 7개 분대 각 5명씩, 기관포 3문, 군마 6필을 갖추었다, 그 외 명부로 사무원 41명이 있어, 전체 인원수가 683인이었다.**

조국 땅의 동포들은 『동아일보』 기사를 읽고 러시아 연해주에서 막강한 편제를 갖춘 독립군 부대를 김응천이라는 일본 유학생 출신 지휘관이 이끌고 있다는 사실에 흥분하였다. 몇 달 전부터 북방에서 소문으로 들려오는

** 　「고상준-수청군대」,『회상기, 아령과 중령에서 진행되던 조선민족해방운동』, 독립기념관 원문자료.

'백마 탄 독립군 대장 김 장군' 이야기와 맥락이 통했다. 그래서 그 소문이 사실임을 깨닫게 되었다.

'북간도 봉오동(펑우둥)에서 홍범도 대장이 이겼고 청산리(챵샨리) 전투에서 김좌진이 이겼다. 연해주에는 백마 탄 장군 김응천 대장이 승승장구하고 있다.'

그것은 3·1 만세운동이 무참히 꺾여버려 열패감에 젖어 있던 동포들에게 자긍심과 희망을 안겨 주었다.

김경천의 황실유학생 동기생들, 그리고 대한제국 마지막 무관생도들로서 일본 유년학교와 육사를 나온 후배들은 그가 김경천임을 금방 알아차렸다. 그들 중 누군가가 김경천의 아내 유정화에게 신문을 전달했고 유정화는 딸들을 껴안고 울먹였다.

"애들아, 너희들 아버지가 아라사 땅에서 독립군 대장으로 싸우고 계시다."

시숙모의 군사서적 반출 실패로 경찰서에 끌려가 16일간 혹독한 신문을 받으며 반주검이 되어 풀려난 그녀는 하염없이 눈물을 흘리며 남편의 무사를 기원했다.

김경천 대장은 뜨레치푸진의 방어진지를 튼튼히 만든 뒤 사관 속성과정을 열었다. 한때 몸담았던 서간도의 신흥무관학교에 비교하면 교지도 좁고 허술하지만 장점도 있었다. 서간도에서는 태부족이었던 소총이 넉넉히 있었다. 생도들을 먹일 군량도 부족하지 않았다.

정예요원만 장교로 키운다. 이것이 김경천이 가진 신념이었다. 그는 42명을 뽑아 철저하게 가르치기 시작했다. 생도들 중에 신용걸이 있었다. 블라디보스토크 신한촌에서 군인구락부를 조직할 때 만났고 북만주 모다오시로 갈 때 호위로 곁을 지킨 미더운 투사였다. 사람됨도 건실하고 이미 전투경험이 많은 터라 보조교관으로 쓰려 했으나 신용걸은 한사코 사양했다.

"제대로 군사교육을 받고 싶어서 그럽니다. 제발 생도로 있게 해주십시오."

김경천은 일본 육군유년학교와 육사에서 배운 내용 중 핵심을 뽑아 6개월 코스로 교육과정을 마련해 하나하나 몸소 시범을 보여 가며 생도들을 가르쳤다. 숙모가 군사사적을 가져오는 것은 실패한 것이 아쉬웠다. 그러나 6개월 간으로 압축해 가르치는 것은 기억을 더듬어 강의노트를 만들면 가능했다.

김경천 외에 박경철·강백우·강호여가 교관으로 나서 가르쳤지만 체계가 없었다. 집총훈련이나 사격훈련 따위는 가능했지만 군사지식은 전하지 못했다. 김경천은 일본 육사의 탁월한 교수들의 교수법을 본받아 가르쳤다. 사격훈련마저도 이론이 충분히 뒷받침하는 것이었다. 생도들은 백지가 잉크를 빨아들이듯 받아들였다. 가장 큰 도움이 되는 것은 신용걸이었다. 평양 숭실학교를 나온 터라 군사지식에 대한 이해도가 빨랐고 저녁마다 그것을 동기생들에게 쉽게 풀어 가르쳐 주었다. *

김경천은 몸이 세 개라 해도 모자랄 정도로 바빴다. 500명이 넘는 부대를 지휘해야 하고 사관속성반 생도들을 가르쳐야 했다. 때로는 야간에 강의를 하고 코피를 흘렸으므로 생도들은 그와 한 몸이 되어 갔다. 마치 도제(徒弟) 교육과도 같아서 생도들 일부는 말투와 걸음걸이까지 그와 똑같았다.

---

*   「조선인민의 전설적 영웅 홍범도 장군을 추억하면서」, 「늙은 빨치산들 회상기」, 독립기념관 원문자료.

여러 곳에서 모인 동포 무장 세력들은 색깔이 다양했다. 서로 존중하고 양보하며 절충하면 될 일인데 자기들 주장만 펴니 갈등의 골이 생기기 시작했다. 가장 큰 것은 이념이었다. 원호민을 중심으로 하는 일부는 러시아 혁명이 시대의 정의이므로 적군 소속이 되어야 한다고 주장하고, 다른 그룹은 망명자들이어서 민족주의를 내세우며 뜻을 굽히지 않았다. 김경천은 민족 독립을 위한 투쟁만이 우리의 목표라는 신념이 있었으므로 민족주의 편에 가까웠다. 갈등의 골은 점점 커졌고 그는 자신을 초치한 강국모, 군대지휘 자로 혁혁한 기록을 가진 한창걸과 거리가 멀어졌다.*

김경천은 일사불란한 명령체계와 복종을 생명처럼 여기고 있었다. 강국 모와 한창걸 계열의 부하들이 불복종을 선언하므로 소대장 6명을 해임했다. 전체 지휘권을 가진 사령관으로서 어쩔 수 없이 결정한 일이었다.

6월 말, 김경천에 반대하는 간부들이 임시총회를 요구했고 총회를 위한 예비회의가 5월 28일에 열렸다. 반대파는 김경천이 한 달 동안 사용해온 '고려혁명군' 명칭을 버리고 '한인사회당군'이라고 해야 한다고 주장했다. 특히 옴스크에 있는 공산당 기관에서 파견 나온 손풍익은 강력하게 항의하였다.

김경천은 밤새 고심하며 잠을 자지 못했다. 그는 상하이의 대한민국 임시 정부를 신봉하지는 않지만 '고려혁명군' 명칭은 임시정부의 명령과 지침을 받아 정한 것이었다. 그리고 민족독립이 계급혁명보다 우선한다고 확신하고 있어서 명칭을 고칠 수는 없었다.

---

* 김경천은 강국모와 한창걸이 능력이 모자라 자신에게 지휘권을 맡겼으나 군대 전부가 복 종함을 보고 시기하여 배척하는 마음이 생겨 분란이 일어났다고 기록했다.(『경천아일록』, 119-120쪽)

명칭 문제는 주도권을 빼앗으려는 반대파 간부들의 획책에서 나온 것이었다. 그에게 전권을 맡긴 북청 출신 강국모도, 한창걸도 반대파 쪽으로 기울어 있었다. 두 사람이 독립투쟁 공로자이고 중요한 간부이긴 하지만 김경천으로서는 그들에게 휘둘릴 수는 없었다. 그는 다수 대원들의 뜻이 조국독립을 최우선에 놓고 '고려혁명군'이이라는 명칭을 지지하고 있었다.

다음날인 6월 29일 아침, 김경천이 이 날의 생도 교육을 위해 노트를 준비하고 있을 때 비극적인 일이 발생했다. 김경천에게 절대 충성하는 사관생도들이 소총을 들고 반대파를 제압하고 무기를 빼앗았다. 그들 손을 피한 강국모와 한창걸이 권총을 뽑아들고 소리치며 김경천에게 달려왔다.

"김경천 이놈! 왜 공산당 소속을 거부하는 거야? 당장 쏴 죽이겠다!"

김경천은 피하지 않았다. 가슴을 내밀며 소리쳤다.

"내 가슴속엔 내 조국 하나밖에 없소! 쏘려면 쏘시오!"

그 순간 강국모 편인 손풍익이 어서 그 총을 내놓으라며 강국모를 껴안고 실랑이하던 차에 총탄이 발사되어 즉사했다.

손풍익은 평안북도 용천 출신으로 1차 세계전쟁 당시 우랄 산 목재소에 일했다. 그 후 김 알렉산드라 페트로브나 스탄케비치를 만나 한인사회당에 참가했고 1919년 말에는 외교부 전권위원부 번역부 교정원으로 사업하다가 조선 땅에 공산주의 사업을 하기 위하여 잠입한 경력이 있고 당에서 파견 나온 공산주의 투사였다. 그런데 이날 그렇게 희생되었다.**

다음날 임시총회에서 김경천은 눈물을 흘리며 말했다.

** 「연기우 의병대와 수청 빨치산대에 참가한 강호여 동지 회상기」, 「늙은 빨치산들 회상기」, 독립기념관 원문소장 자료. 강호여는 함경북도 덕원군 출신으로 경성의 오성학교와 수원농림학교애서 공부하고, 연기우 의병대에 들어 독립운동을 시작해 연해주로 간 투사였다.

"동지들, 제가 부덕한 탓입니다. 저를 벌해 주십시오."

20여 명의 간부 회원들은 그를 탓하지 않았다. 오히려 더욱 신임하고 지휘권을 재확인해 줌으로써 강국모와 한창걸은 조직을 떠났다. 총회는 결국 다시 김경천을 최고 지휘관으로 인정했고 그의 위상은 공고해졌다.

7월초 충격적인 소식이 들려왔다. 동시베리아의 도시 알렉세예프스크에서 1천여 명의 독립군단이 희생당하는 참극이 벌어진 것이었다. 한국 독립운동사의 최대 참사로 기록된 자유시(自由市) 사변, 그것이었다. 김경천은 사건 경위에 대한 자세한 보고를 받았다.

1920년 펑우등 전투와 창샨리 전투, 위랑춘 전투 등에서 빛나는 전과를 세운 3천 명에 달하는 만주 지역 독립군단은 일본군의 토벌작전과 만주 군벌정부의 요구에 못이겨 시베리아를 향한 본격적인 대장정에 들어갔다. 혹한을 뚫고 분산 이동해 1921년 1월 마침내 1차 집결지인 북만주 미산(密山)에 도착했다.

독립군단은 회담을 열어 '대한독립군'이라는 하나의 명칭으로 통합했다. 이때 시베리아 치타에 있는 소비에트 원동공화국이 지원을 다시 약속했으므로 독립군단은 이만으로 가기로 결정했다.

이만에 갔으나 묘책은 없었다. 국제간섭군으로 온 일본군은 철수한다는 약속을 어기고 아직 이만 근방에 버티고 있었고, 원동공화국 정부는 독립군단에게 무장을 해제하고 기차로 사흘이나 걸리는 알렉세예프스크로 가라고 요구했다. 알렉세예프스크는 하바롭스크 서북방 600킬로미터, 시베리아 횡단 철도가 지나가는 도시로 자유시라고도 불렀다. 독립군단이 무장상태로 있는 것을 핑계로 일본군이 철수하지 않고 오히려 이만을 공격할 것을 우려해서였다.

독립군단의 지휘관들은 생각들이 달랐다. 홍범도와 이청천의 대한의용군은 소비에트 원동공화국 정부 요구대로 알렉세예프스크로 가서 신무기를 공급받아 재무장하자고 했으나 김좌진, 이범석 등 북로군정서 측은 거부했다. 결국 의견 통일은 이루지 못하고, 추위가 풀려가는 3월에 북로군정서 세력은 북만주로 돌아가고, 잔류를 선택한 홍범도와 이청천의 대한의용군은 알렉세예프스크로 갔다. 미리 도착해 있던 연해주와 시베리아 한인 무장단체들이 그들을 열렬히 환영하였다.

독립군단은 30킬로미터쯤 떨어진 마사노프로 이동해 주둔했다. 그런데 최악의 상황이 기다리고 있었다. 러시아 지역 의병대 출신 양대세력인 고려군정회의 측과 사할린에서 온 무장부대는 각각 이르쿠츠크 파 공산당과 상하이파 공산당을 배경으로 하고 있었는데 주도권을 놓고 다투었다. 결국 한쪽이 다른 한 쪽을 무장 해제시키려고 알렉세예프스크 수비대를 동원해 공격하고 이에 무력저항을 하기에 이르렀다. 이청천의 부대도 휘말려들었다. 그리하여 6월 27일 수백 명이 총을 맞아 죽고 수십 명이 탈출하다가 제야강*에 빠져 죽었다.

"대원들은 얼마나 죽었소?"하고 김경천은 목소리를 높여 물었다.

"900여 명이 죽고 1천8백 명이 포로가 됐다 합니다."

"그놈의 이르쿠츠크 파와 상해파! 서로 으르렁대더니 결국 민족상잔을 하고 말았네!"

김경천은 발을 구르며 탄식하다가 소식을 전한 대원에게 물었다.

"홍범도·김좌진·이장녕·김홍일·이청천·이범석, 이런 분들은 어찌 되셨

---

*   제야 강 : 러시아 연해주 아무르 강의 남쪽 지류로서 스보타이 산맥에서 발원하여 1,242km 를 흐르는 강이다. 주변에 발해시대 성터들이 남아 있다.

소?"

"홍범도 장군님은 반대편에 섰고 김좌진·김홍일·이범석 세 분은 자유시까지 안가고 빠지셨기 때문에 무사하다 합니다. 이청천 장군님은 생존하신 게 분명합니다."

알렉세예프스키는 1천 킬로미터 북쪽, 시베리아 횡단철도로 2-3일 거리였다. 독립전쟁 진영의 선배들과 동지들, 신흥무관학교에서 가르쳐 배출한 제자들이 그곳에 간 것이 분명했다. 김경천은 속수무책으로 그 후 소식을 기다리는 수밖에 없었다.

김경천은 정신없이 바빴으므로 그 비통한 일을 덮어두고 일상에 매달렸다. 그리고 7월이 끝나갈 무렵, 이만으로 떠났다. 연해주 지역 빨치산 부대 연합을 위한 회의에 참석하기 위해서였다.

연해주 북쪽 아무르강과 인접한 큰 도시 이만, 1918년 유동열이 지휘하는 한인적위대가 일본군과 싸운 곳이고 몇 달 전 만주지역 독립군단 수천 명이 중간집결지로 잡았던 곳이었다. 독립군단은 이곳에 모였었다. 소비에트 원동공화국 정부의 요구에 따라 자유시로 이동했다가 대참변을 당해 일시에 무너지고 말았으므로 이곳을 밟은 김경천의 마음은 착잡했다.

이만은 겨울에 영하 30도의 혹한이 몰아치는 곳이라 하지만 여름이라 시원하고 풍광이 아름다웠다. 그는 이 도시에 머물면서, 아무르 주에서 온 최니꼴라이, 수이푼에서 온 채영·정재관 등과 더불어 긴요한 논의를 했다. 고려인군사위원회 조직을 하기 위해 다른 지도자들을 기다렸다. 전 혈성단 단장 강국모도 왔다. 위원장으로 김백추를 뽑았다. 김경천에 대한 지도자들의 신뢰와 존경심은 가장 컸다. 그의 위상이 견고해지자 강국모는 자기 추종자들을 이끌고 수이푼으로 떠났다.

고려인군사위원회는 기구만 만들어진 것이라 부대를 지휘할 일이 당장은 없었다. 마지막 날 반나절 정도 시간이 남았다. 지난겨울 군인구락부를 만들 때 처음 만난 채영, 그는 김경천과 다시 헤어지는 것을 퍽 아쉬워하고 있었다.

"김경천 동지, 말을 두 필 빌립시다. 이 곳 이만의 께드롭까 강변 풍광이 좋은데다 전략적으로 중요해 김 동지와 함께 돌아보고 싶소."

채영이 덥수룩한 턱수염을 손으로 쓸면서 말했다.

"좋소이다. 채 동지에게 전략 전술을 배우게 되니 좋지요."

김경천의 말에 채영은 고개를 저었다.

"천만에요. 기병장교 출신인 김 동지에게 말 타고 달리는 기술이나 기병 전술을 배우게 되니 나에게 행운이지요."

두 사람은 이만에 사는 동포지도자에게서 말을 빌려 타고 이곳저곳 돌아 보았다. 강변에서는 말에서 내려 전략 전술에 대한 대화를 나누었다. 채영 은 중국의 항조우 군관학교 출신으로 보병 전술에 능숙하고 김경천은 기병 전술에 능숙해 서로 얻는 바가 있었다.

채영이 화제를 돌렸다. 김경천이 강국모·한창걸과 충돌하고, 손풍익이 죽은 사건에 대한 이야기였다.

"나는 자세히 들어서 압니다. 아시겠지만 나는 한인사회당 당원입니다. 그러나 독립군부대는 임시정부 지침을 따라야 합니다. 송풍익 동지가 죽은 일은 김 동지 잘못이 아니에요. 그러니까 독립운동 진영이 김 동지에게 더 큰 임무를 맡긴 거지요. 독립전쟁이 나라 찾기 위해 싸우는 일이지만 주도 권 싸움은 있기 마련이지요. 그 사건은 다 잊고 힘내세요."

채영이 말했다. 함께 말 타고 돌아보자고 한 것이 결국 몇 마디 격려의 말

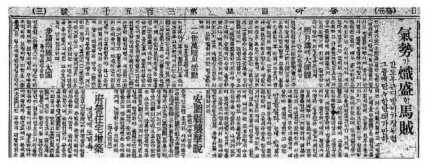

기세치성 마적 김경천이 마적을 격파하여 동포들을 보호하는 등 투쟁 사실을 처음으로 보도한 『동아일보』 1921년 8월18일 기사.

을 하고 싶어 그런 것이었다,

"고맙소, 채동지."

김경천은 그의 손을 굳게 잡으며 고개를 숙였다.

참담한 패배와 빛나는 승리

8월 한여름에 김경천은 러시아 빨치산 군사위원회의 결정에 따라 뜨레치푸진에는 수비대만 남겨 두고 부대 주력을 이끌고 도비허(도병하, 현재 지명 아르세네프)로 이동하여 새 주둔지로 정했다. 대원들을 지휘해 원목을 베어와 막사를 짓고 연병장을 만들었다.

기지가 거의 완성되어 가는데 적군 빨치산 부대장이 '적극적인 공세로 나서자'며 다시 부대 이동을 요청해 왔다. 작전회의에 참석해보니 현재 상황에서는 그 길밖에 없었다.

'아, 나는 우리 민족의 적인 일본군과 싸우려고 망명했는데 러시아 내전에 휘말리는 구나.'

속으로 그렇게 외쳤지만 빨치산 부대장의 요청을 받아들일 수밖에 없었다. 그는 부하들에게 설명했다.

"우리 스찬의병대는 러시아 적군의 도움이 필요하고 따라서 그쪽 요청에 응할 수밖에 없다."

그는 주력을 이끌고 도비허의 아누치노 마을로 이동하고, 1개중대 병력은 올가 항을 수비하고 있는 나자렌코 빨치산 부대를 지원하기 위해 보냈다. 올가 항 지원군 중대장은 용맹한 간부장교 신용걸이었다.

"우리 수청(스찬)의병대의 기세가 드높다는 걸 빨치산 부대에게 보여줘라. 만약 일본군과 맞붙게 된다면 악착같이 싸워 박살내라."김경천은 신용걸의 어깨를 끌어안으며 말했다.

"대장님 말씀을 명심하겠습니다."

신용걸은 그렇게 답하고 중대원들에게 전체 경례 구령을 내렸다. 예규에 의하면 차렷구령을 내리고 혼자 대표 경례를 하면 되는데 그렇게 했다.

김경천은 꼿꼿이 서서 엄숙한 거수경례로 답하고 대원들 하나하나 손을 잡았다.

일부 병력을 올가로 보내고 그는 아누치노에서 자기 수하에 남은 대원들을 혹독하게 훈련시켰다. 앞장서 같이 뛰며 같이 땀을 흘리니 부하들은 존경심으로 바라보았다.

8월에 그는 세프첸코 대장의 유격대와 합류하여 북쪽으로 이동했다. 시베리아인데도 한여름은 더위가 심해 하루에 평균 22킬로미터밖에 행군하지 못했다. 그러던 중 냇물을 발견하면 대원들이 탄성을 올렸다. 김경천은 명령했다.

"삼십 분간 휴식이다. 찬물에 목을 축이고 몸을 적셔라!"

일본 육사에서 철두철미하게 지휘력을 익힌 그는 사방으로 기마 정찰병을 보내는 일을 잊지 않았다.

휴식이 끝나갈 무렵 기마 정찰병이 전력으로 달려와 적의 움직임을 보고했다. 김경천은 출동 명령을 내렸다.

그때의 일을 김경천 부대의 대원이었던 김 블라지미르는 뒷날 이렇게 기술했다.

한 기마병이 달려와 불안한 소식을 전했다. 무장고도패들이 추쿠엡까촌을 습격할 준비를 하고 있는 한편 우데게이 종족이 사는 타바헤즈라는 곳에는 마적단이 집결돼 있다는 사실이 밝혀졌다.

우리들이 강도 집결지역에 도착하니 타바헤즈를 끼고 흐르는 강 위에 안개가 자욱하여 적들이 숨어 있는 곳이 잘 보이질 않았다. 우리 중대는 3개 습격조로 나뉘어 3면 공격계획을 세웠다. 그들이 빠져나갈 수 있는 길은 강 쪽밖에 없었다. 3면에서 기관총 사격을 맹렬히 하자 강도들이 바깥으로 뛰어나왔다. 그러자 저격수들이 그들을 쏘아죽였다. 오직 강도 몇 명만이 불도가니에서 겨우 빠져나와 강을 건넜으나 결국은 우리 유격대원들에게 생포되고 말았다. 우리들이 마적들에게서 노획한 무기들은 다 일본제였다. 그것들 다수가 낡은 것들이어서 좋은 장총 100자루만 가졌다. 탄약은 전부 가졌다. 말 50필은 기마병들에게 주었고 의복은 현지 우데게이 종족에게 나눠주었다.*

김경천은 사기가 충천해진 대원들을 이끌고 다시 행군을 시작했다.

....

* 「혈성단 부대의 전투행로」, 김 블라지미르, 조영환 역, 박환 편·해제, 『재소한인의 항일투쟁과 수난사』, 국학자료원 1997, 50~51쪽. 우데게이 종족은 동시베리아 원주민 소수민족이다.

10월 중순의 어느 날 아침, 김경천은 도비허 진지에서 아침잠에서 깼다. 부모형제를 떠나 의병대에 입대한 젊은 대원들, 밤새 아픈 사람은 없었나, 가을이 깊어 추워지는데 헐벗은 사람은 없나 한 사람 한 사람 부하들을 살피며 물었다.

"대장님, 괜찮습니다."

부하 대원들은 차렷 자세로 서서 대답했다.

그러나 그는 느끼고 있었다. 러시아 적군에서 주는 보급품이 태부족이라 다 떨어진 군복을 걸쳐 걸인이나 다를 바 없다는 것을.

아침식사를 하며 대원들 한 끼 식사로 주는 러시아 흘레브빵과 채소 수프가 겨우 배고픔을 면할 정도로 부족한 것을 보며 다시 가슴이 아팠다. 조국을 찾겠다고 북방까지 와서 싸우는데 뱃구레가 큰 대원 하나가 게 눈 감추듯 먹어치우고 여전히 배고픈 얼굴을 했다.

그는 올가 항으로 보낸 신용걸 중대 130여 명 외에도 전략적으로 중요한 거점에 중대 혹은 소대급 부대를 보내 수비하고 있었다. 거기 부하들은 제대로 먹고 있을까? 그런 생각을 하며 식사를 했다.

그때 부관이 급히 달려와 적군사령관의 긴급 통신문을 내어놓았다.

스찬의병대 대장 김응천 장군 각하

스찬에 일본군과 백군이 함께 기동 중입니다. 용감한 각하의 부대가 정의로운 우리 적군 부대와 연합작전으로 적들을 격퇴하기를 긴급히 요청합니다. 동쪽으로 진군, 투두거우까지 가며 적을 무찌릅시다.

정의로운 러시아혁명군 도비허 지구사령관 블라디미르 세프첸코 요청이라고 했지만 명령이나 다름없었다. 통신문을 꼼꼼히 읽은 김경천은 일본군도 공격할 수 있겠다는 생각에 벌떡 일어섰다.

"부관, 러시아군 전령에게 그러겠다고 답하라. 전 대원 출동명령을 내려라!"

부대는 숙영 천막을 배낭에 결박한 완전군장으로 행군에 들어갔다. 연해주의 10월은 겨울이다. 낙엽이 떨어져 길을 덮고 개천은 얼어 있었다. 하늘이 컴컴해지더니 눈보라가 앞을 가로막았다. 그래도 쉬지 않고 전진했다.

세프첸코 휘하의 적군 부대를 만나 함께 이동했다. 이리저리 분산 배치했던 김경천 휘하 스찬의병대의 소대 규모 파견대들이 합류해 그의 직접지휘로 들어왔다.

이때 김경천은 소규모 파견대에 끼어 온 전령으로부터 올가 항 피습에 대해 보고받았다.

"10월 16일 밤 백파 군대가 불시에 포위 공격을 하여 올가 항을 수비하던 우리 대원들 22명이 희생됐습니다."

"신용걸 중대장은 어찌 됐느냐?"

"전사하셨습니다."

김경천은 전령의 어깨를 잡고 흔들었다.

"어떻게 죽었느냐?"

"백파 놈들의 포위선을 끊어 대원들을 모두 내 보내고 마지막으로 남았다가 다시 포위되어 앞이 막히자 적 아홉 놈을 사살하고 마지막 총탄으로 자결하셨습니다."

김경천 대장은 그 자리에 선 채로 눈물을 쏟았다.

"시체는 잘 거둬 묻어주었느냐?"

"네, 올가 항에 사는 우리 한인 동포들이 양지 바른 곳에 묻었습니다."

김경천은 독립전쟁에서 이겨 나라를 되찾는 것이 죽은 부하들을 위로하는 길이라고 생각하며 이를 악물고 부대를 지휘했다. 위험이 늘 도사리고 있어서 더 이상 슬퍼할 겨를도 없었다.

그의 부대는 눈밭 위에 천막을 쳐서 야영하면서 십여일 간 행군을 계속했다. 길고 긴 고통의 시간이 이어졌다.

김경천은 11월 14일 일기에 이렇게 썼다. *

여러 날을 행군하여 수청(스찬) 투두거우 지방에 이르러 수청 러시아군과 또 합류하니 각지에서 들어온 군대가 8-9개 군대다. 추위는 뼈를 쑤시는데 외로운 군대를 거느리고 만 리를 지나온 오늘 나의 심정을 훗날 사람에게 알게 하겠다. 밤 10시경에 인가에 도착하니 오늘 행군 거리 100리며, 60리의 큰 고개를 넘었다. 음력으로 5일인지 달빛은 하얀 눈빛을 띠며 공중에 높이 솟았다.

11월 17일 밤, 김경천이 지휘하는 스찬의병대 주력과 적군 연합부대는 스찬의 신영거우(新英巨于)에서 백군에 근접하여 전투준비 상태에 돌입했다. 신영거우는 가장 오래된 한인 마을로 러시아 지명은 니콜라예프카였다. 적군 편에서 보내준 작전지도가 있었지만 그는 자신이 숙소로 삼은 통나무집의 주인 원호민 노인에게서 마을 유래와 지형설명을 들었다.

"나는 추풍(수이푼) 지신허에 살다가 열 살 때 여기 왔어요. 벌써 50년이 지났구먼요. 첨에는 석인동(石人洞)이라 했소이다. 호인(胡人)들 4백 호쯤 살

* 『경천아일록』, 127쪽.

았는데 아라사 군대가 그놈들을 내쫓고 우리덜을 살게 했지요. 김공심(金公心) 어르신이 우리덜을 이끌고 개척했소이다. 그 어르신 이름이 니콜라이라서 아라사 사람들이 지명을 니콜라예프카라고 지었소이다. 돌아보시면 알겠지만 둘레가 수십 리 되는 성터가 있쇠다. 우리 선조들의 발해(渤海) 나라 때 쌓은 성이라 합디다."

"알았습니다. 기사년 대흉년으로 그 굶던 시기에 이곳에 오셨군요. 발해 성터라니 우리 조상님들의 자취가 남은 곳이기도 하군요. 이곳에서 싸워서 이겨야지요."

김경천은 낮에 지형정찰을 하고는 야간에 부하들을 이동시켰다. 야간전투도 대비할 수 있게 혹독하게 훈련을 시킨 터라 대원들은 앞 사람의 군모에 새긴 흰색 실 표시를 보고 민첩히 성 위로 올라갔다. 음력 초엿새, 달빛도 희미하고 먹구름이 가득 끼어 한 치 앞도 보이지 않는다.

그래도 성곽을 찾아 새벽까지 엎드려 기다렸다. 푸르스름한 여명이 퍼져왔다. 그런데 그 시각 좌우능선에 자리잡기로 한 적군 빨치산 부대가 보이지 않았다. 그는 급히 쌍안경을 들었다. 러시아 적군은 골짜기를 타고 빠져나가고 있었다.

"올라오다가 되돌아가면 어쩌자는 거야!"

그렇게 중얼거리던 그는 들었다. 탕탕 탕 탕탕 다섯 발의 총성, 적군이 그에게 보내는 신호였다. 백군의 대병력이 포위선을 치고 있어 자기들은 급히 추격권 밖으로 기동한다는 것이었다.

그는 마상에 앉은 채 정신이 번쩍 나서 다시 쌍안경을 들었다. 능선을 타고 백군 병사들이 개미들처럼 까맣게 기어 올라오는 것을 볼 수 있었다. 적군 지휘관의 약속위반이었다. 뒤늦게 성 위로 오르려다가 대병력이 포위해

오는 것을 보고 발길을 돌린 것이었다.

"포위당하겠다! 3시 방향으로 탈출한다. 기병대가 신속히 기동하며 엄호할 것이니 보병은 경사를 타고 몸을 굴려라! 바위산은 아니니 부딪혀도 죽지 않는다!"

그는 부대를 입체적으로 지휘해 아슬아슬하게 포위망을 빠져나왔다.

"아! 내가 한 순간만 늦었으면 전멸당했을 것이다. 천지신명님, 고맙습니다!"

부대를 이끌고 포위망을 벗어난 그는 소총을 움켜쥐며 중얼거렸다.

그는 빨치산 사령관에게 약속위반을 따지는 전령을 보냈다. 연합부대는 긴밀한 연락을 유지하지 못하면 위험하니 기동방향을 수시로 알려 달라고 했다. 전령은 잘못을 인정하는 적군사령관의 말과 앞으로 진행할 방향을 지시하는 명령을 받아 왔다.

그러나 다시 문제가 생겼다. 오라가 지역을 행군할 때 다시 빨치산 부대와 연락이 끊어졌다. 전령은 빨치산 부대를 찾지 못하고 돌아왔다.

"적군 부대의 약속 위반 때문에 다시 고립될지 모른다. 모두 정신 차리자."

그는 부하들에게 소리쳤다. 그리고 불길한 예감이 머리를 스쳐 사방으로 정찰대를 내보냈다. 절망적인 보고가 연속해서 들어왔다.

"빨치산 부대는 우리 부대를 던져놓고 엉뚱한 방향으로 갔습니다."

그 후 1개 사단 이상의 백군과 일본군이 500여 명의 김경천 부대를 향해 사방에서 벌떼처럼 달려들었다. 적은 1만 명이 넘고 기병대만도 1개 연대 1천 명에 달했다.

빗발치듯 총탄이 날아오기 시작했다. 20대 1의 중과부적, 전멸의 위기였다. 살아남기 위해 각자 도피와 탈출을 감행하는 수밖에 없었다. 그의 부대는 거의 절반이 전사하고 생존자들은 흩어져버렸다. 김경천은 소수 기병대 병력만 이끌고 간신히 탈출했다.

"아, 이 참혹한 패배를 어찌한단 말이냐! 수백 명의 대원들을 한꺼번에 잃다니! 차라리 나하나 전사하는 게 낫지!"

김경천은 통곡하며 눈얼음 위에 주저앉았다. 나라가 없는 탓이었다. 빼앗긴 조국을 찾겠다고 조국 땅을 떠나 와서 굶주리고 헐벗은 채로 투쟁해왔는데 동맹군의 계략에 빠져 미끼로 던져져서 한꺼번에 부하들을 잃고 참패한 것이었다.

신영거우에서의 패배는 빨치산 사령관의 무책임한 행동 때문에 당한 일이었다. 그러나 늘 승승장구했던 김경천의 생애에서 가장 큰 실패였고 연해주 지역 독립군 투쟁도 큰 타격을 입었다. 뜨레치푸진에서 김경천과 대립하고 부대를 떠났던 반대파의 일원인 강호여는 그를 비난하는 기록을 남겼다.

> 김경천은 연해주 총사령관 명령이 수청에 있는 백파를 진공하란다고 빙자하고 전 군대를 동원하여 가지고 수청 신영동으로 찾아가다가 흰파(백위파)와 왜놈 군대 포위에 들어서 퇴각하게 되었다. 우리 군인들은 적군들에게 근 30리 되는 거리를 추격을 받으며 모두가 수림이 무성한 데 와서 해산되었다. 김경천이는 대대장 이학운이와 단 2놈이 말을 타고서 이만으로 달아나고 지도자가 없는 군인들은 몇 명씩, 혹은 10여 일 만에, 20일 만에 찾아냈는데 손발이 언 자, 병든 자가 10명에 8-9명이 되었다. 수주허에 소집된 우리 간부들은 회의를 열고 한창걸이는 사령관, 박경철이는 참모장을지정하여 군대를 다시 편성하게 되었다. 병들고 손발이 언 동무들은 근방에 집이 있는 자들은 집으로 보내고

기타는 입원시키고 나니 성한 대원수가 90명 미만이었다.*

김경천의 패배는 고국 땅에도 알려졌다. 백군과 함께 김경천의 스찬의병대를 쫓은 일본군은 그를 사살한 것으로 판단했다. 블라디보스토크 주재기자의 긴급전보를 받은 『동아일보』는 그가 전사했다고 보도했다.

김광서 전사설

해삼위(海蔘威)「맨크로푸」정부군(政府軍)은 지나간 22일에 연해주(沿海州) 「오라가」(慈城 東北方 約40里)에서 과격파군과 충돌하여 두어 시간을 서로 맹렬히 싸운 후에 과격파군을 물리쳤는 바 그 싸움으로 부하 약 3백 명 가량의 독립파 조선 사람을 거느리고 과격파를 원조하는 기병중위 김광서(金光瑞)는 부하 70여 명과 같이 그 자리에서 전사를 하고 기타 과격파 군병도 다수히 전사하였는데 김광서는 원래 일본 육군사관학교(陸軍士官學校)에서 기병과를 졸업하고 제1연대(第一聯隊)에 사관으로 있다가 병을 치료한다는 이유로 경성에 돌아와서 있던 중 재작년 독립소요 때에 그대로 로국(露國) 방면으로 행적을 감추어 지금까지 독립파의 조선사람을 모아가지고 맹렬한 무단주의를 실행하던 사람이라더라. (해삼위)**

살아남은 김경천은 전사한 부하들의 이름을 부르며 참혹한 기분으로 말을 몰았다.

"내가 이런 패배를 당하려고 독립군이 됐단 말인가!"

---

*　　「연기우 의병대와 수청 빨치산대에 참가한 강호여 동지 회상기」, 같은 자료.
**　　「동아일보」, 1921년 11월 27일자. 8개월 후 김경천이 생존해있다고 정정 보도했다. 「김경천씨의 소식」, 1922년 7월 1일자.

김경천 전사설 김경천이 전사했다고 잘못 보도한 『동아일보』 1921년 11월 21일 기사와 생존을 확인해 다음해 7월에 정정한 기사.

제대로 먹이고 입히지 못한 대원들을 허무하게 죽게 한 것이 깊은 자책감으로 그를 몰아넣었다. 패배의 원인은 적군 빨치산 사령관의 배신이지만 책임은 지휘관인 자신에게 있었다.

블라디미르 세프첸코 사령관이 급히 전령을 보내와 부하 장교의 행동에 대한 사과와 함께 처벌을 약속했다. 그리고 그에게 빨치산 사령부가 있는 깔리닌 구역 까르똔 마을로 오라고 명령했다. 그는 까르똔 마을에 도착해 탄약과 보급품을 받고 엘레 쏘스노프카 마을로 이동해 주둔했다.

며칠 뒤인 12월 15일 백군이 까르똔을 포위했고 적군 대대장은 백군에게 항복했다. 포위망 밖에 있던 보병 60명과 기병 40기가 김경천에게로 왔다. 간부가 경례하며 말했다.

"저희는 대장님의 용기와 명성에 대해서 압니다. 저희를 받아 주십시오."

김경천은 그들을 편입시켜 부대를 증강하고 이만을 향해 이동했다.

그는 1922년 새해 첫날을 놀리허(羅扶遺, 나부유)라는 오지 마을에서 맞았다. 까르똔에서 100리를 이동했고 목표인 이만까지 300리가 남아 있었다. 도로가 없었다. 여름에는 목선을 타고 강을 오르내릴 수 있으나 겨울이라 말이 끄는 눈썰매를 타야 했다. 그러나 백군이나 일본군의 기습을 피하느라 눈썰매를 타지 못했고 얼어붙은 계곡 길을 타고 이동해야 했다. 밤에는 쌓인 눈을 파고 엄폐호(掩蔽壕)를 만들고 얼음 조각을 쌓아 보초막을 만들었다.

김경천은 『경천아일록』에 새해를 맞는 감정을 이렇게 썼다.

아, 어찌하여 나는 군대를 데리고 이같이 산을 등진 깎아지른 계곡으로 왔는가. 천고에 이같은 고난이 다시 없으리라. 나는 이를 기록하지 못하겠다. 어느 문사, 어느 화가가 나를 따라와서 이것을 쓰며 그릴 수 있을까. 눈으로 지은 산병호(散兵壕), 얼음으로 지은 보초막, 실로 따뜻한 지방에서 사는 사람은 그 모양을 상상하지 못하리라. 이 부근의 땅은 사람은 드물고 단지 다어재, 질나까에서 겨울과 여름을 따라 혹은 물가에서 혹은 산간에서 어류를 잡아먹고 산다. 그러나 이번에 우리 독립군이 오는 것을 알고 그들은 모두 산골짜기로 도망가고 없다. 기후는 극도로 춥다. 숨쉬기조차 힘들다.*

김경천은 최악의 조건에서 부대를 훈련시키며 기회를 노렸다. 1월 하순 하바롭스크에서 적군과 백군이 맞붙었고 이만 주둔 백군 주력이 북상해 하바롭스크로 이동했다. 게다가 일본군은 하바롭스크 주와 아무르 주를 끝까지 강점하려고 병사들에게 백군 군복을 갈아 입혔다는 정보가 왔다.**

김경천은 대원들에게 선언했다.

"동지들! 공격 기회가 왔다. 백군으로 위장한 일본군이라고 한다. 우리가 이만을 점령한다면 일본군과 백군의 연해주 남북을 잇는 연락선과 병참선을 끊을 수 있다."

김경천이 지휘하는 한인과 러시아 빨치산 연합부대는 이만을 향해 행군했다. 민가가 있는 평지가 아니라 산악 밀림 지대여서 고난으로 가득한 전진이었다.

"고통스러워도 참아라! 우리는 조국을 되찾기 위해 거룩한 전쟁을 하고 있는 것이다."

김경천은 부하들을 다독거리며 영하 30도에 눈밭에 허리까지 푹푹 빠지

---

* 『경천아일록』, 132쪽.
** 일본군이 백군으로 위장한 것은 박진순의 구술을 채록한 김 블라지미르의 기록에 있다.(『재소한인의 항일투쟁과 수난사』 54쪽).

는 산악 밀림을 기어이 통과했다. 그리하여 2월 5일 저녁 루끼야높까 마을에 도착했고 대원들을 민가에 분산시켜 따뜻하게 재우고 먹였다.

다음날 다시 행군을 시작해 야꼬블렙까 마을에 도착했을 때 원군을 만났다. 빨낀이 지휘하는 부대와 꾸꾸시낀이 지휘하는 빨치산 부대였다. 두 부대는 김경천 지휘 아래로 들어왔다. 다시 이만을 향해 전진하다가 뽈라꼬브가 지휘하는 50명의 기병대도 만나 합류시켰다.

마침내 이만 시가의 정경이 멀리 보이자 그는 지난 7월을 생각했다. 전략회의를 하러 갔었던 강변의 도시 이만, 그때는 여름풍광이 좋았는데 지금은 영하 30도의 혹한이 몰아치고 있었다. 털모자를 치켜 올리고 전방을 응시하니 믿음직한 동지 채영과 말을 타고 달렸던 산야가 눈에 들어왔다. 눈앞에 평지가 보였는데 께드롭까 강이 얼어붙은 것이었다. 이 강 풍광이 아름다워서 강변을 함께 달렸던 것이다.

"아아, 채영 동지! 당신은 어디 있소? 나는 패장의 신세가 되어 살아남은 대원들을 이끌고 이만에 왔소이다. 지난여름 함께 이곳을 돌아보자고 하신 채 동지의 뜻이 선견지명이었군요. 이번에는 반드시 이기겠소이다."

기습작전에서 지리 지형보다 중요한 것은 없다. 백군은 여름에 그와 채영이 돌아보았던 150고지에 진을 치고 있었다. 그 고지의 취약점이 어디인가는 금방 판단할 수 있었다.

꼬와료브 장군이 지휘하는 병력이 부근에 도착해 전령을 보내왔다. 전령을 통해 협공을 협의하고 장군에게는 반대편 측면에서 공격하게 했다.

김경천은 대원들에게 작전명령을 하달하고 나서 문득 두 달 전 오라가 전투에서 전사한 부하들을 생각했다. 그리고 대원들에게 선언했다.

"동지들, 나는 신영거우와 올가 항에서 전사한 동지들의 죽음이 한스럽다. 오늘 죽을 각오로 싸워 이겨서 동지들의 한을 풀겠다. 모두 나를 따르라!"

"스찬의병대 만세! 우리 조국 만세!"

대원들은 함성을 올렸다.

"백군 복장으로 위장한 일본군도 있다. 한 놈도 살려두지 말라!"

"김경천 사령관님 만세!"

절치부심 끝에 감행한 이만 야간 기습은 여섯 시간 동안 계속되었다. 꼬와료브 장군이 전사하고 김경천은 그 병력까지 지휘했다. 이 전투는 죽은 동지와 부하들의 이름을 부르며 뛰어든 전투였다. 죽음을 두려워하지 않는 용기, 그래서 더 냉철하고 치밀한 공격이었다. 김경천은 자신의 부대원 200명과 적군 부대 연합병력을 지휘해 차르 황제파 정규군인 백군과 백군으로 위장한 일본군 연합부대를 괴멸시켰다. 일본군과 백군 900여 명을 몰살시킨 대승이었다.

당시 전투에 참가한 최호림은 김 블라지미르에게 이렇게 구술했다.

1922년 2월 5일 우리는 하루 종일 행군하여 그날 저녁 늦어서야 루끼야높까 마을에 도착했고 그곳에 숙소를 정했다. 이튿날 이른 새벽 우리 유격대는 이만 근교에 당도하여 꼐드롭까 강을 건너 도시에 바짝 접근했다. 그러나 불의 공격은 불가능했다. 그들은 밀정을 통해 우리 유격대의 이만 쪽으로의 이동에 대한 정보를 미리 받아 방어시설을 튼튼히 갖추어 놓고 우리를 기다리고 있었다. 그런 까닭에 우리는 다른 전술을 적용해야만 했다. 이때 꼬와료브 중장이 그만 전사하였다. 우리는 그 즉시 200명의 기마대를 두어 양쪽 측면에서 공격을 가하기 시작했다. 적군이 노출된 평지에 나타나자 김경천 부대가 기관총 교차사격을 시작했다. 아군 기마병들의 장검이 햇빛에 번쩍거렸다. 적군의 기세가 수그러지기 시작하자 우리 보병과 기마병들은 도시로 돌진하여 우체국 전신국 철도역을 점령했다. 이만 시 수비대를 격멸하고 숱한 군수품, 무기를 노획했다. 이 전투에서 우리 유격대원 12명이 전사했고 13명이 부상했다.*

다음해인 1923년 여름 중국 상하이에서 열린 국민대표회의에 참석한 김경천은 동아일보사의 특별 요청을 받고 자신의 투쟁을 구술하던 중 이만 전투를 이렇게 이야기했다.

 …나는 백군 중간의 연락을 끊어버리기 위해 이만에 있는 백군에 총공격을 시작하니 그때는 정월 어떤 날이라 제1차로 백군이 수백 명 죽고 대략 여섯 시간 동안 격렬히 싸우는데 백군은 대포를 걸고 내리다 질러서 탄환이 우박 쏟아지듯 하였소. 조선군사가 참싸움을 잘 합디다. 여러 가지 미비로 훈련이 부족하고 장비가 불비하였건만 빠득빠득 악을 쓰고 싸우는데 쏘는 총마다 그 큰 아라사 군사가 떨어지지 않을 때가 없었소. 이리하여 아라사 군대가 이때는 조선 군사라면 떨게 되었소. 그들의 말이 적군뿐이라면 하잘 것 없는데 그 눈 까만 놈들 때문에 자기들이 결단이 난다고 하였소.
 이때 적군의 사령관이 백군에 항복하여 그리로 가서 붙었으므로 적군의 일부를 내가 지휘하여 싸우게 되었는데 이때 나는 악에 바친 사람이라 탄환이 비 쏟아지듯 하는 속에 말을 타고 서서 지휘하는데 백군들이 대포를 쏘다가 불빛에 '꺼레이츠'라고 소리 지르고 달아나는 놈들이 있었소. 이리하여 이만을 완전히 점령하였소.

---

*   김 블라지미르, 같은 책, 56~57쪽.

이 전투는 뒷날 극동내전 역사의 위대한 한 페이지를 구성한다는 평가를 받았다. 다만 일본군 대부대와 맞서 싸운 것이 아니어서 독립전쟁사에서 펑우둥 대첩이나 챵샨리 대첩처럼 빛나지는 않는다.

제13장

연해주 독립군사령관

고국 땅에 명성을 떨치다

김경천이 이만에서 대승을 거둔 직후인 1922년 1월 하순, 고국 땅에서는 '백마 탄 김장군' 이야기가 인구에 회자되고 있었다. 북부 지방에만 전설처럼 떠돌던 무용담이 전라도 경상도까지 퍼져나갔다. 장엄하게 죽은 영웅 이야기여서 동포들을 비탄에 잠기게 했다.

지난 해 11월, 김경천이 오라가 전투에서 크게 패했을 때 전사했다는 소식이 신문에 실렸고, 만주와 연해주를 취재하던 나경석(羅景錫)이 그것을 안타까워하며 장문의 르포를 기고했던 것이다.

경천(擎天) 김 장군(金將軍)

시베리아에 가면 누구든지 우리 경천 장군의 명성이 놀라움을 알 것이외다. 월전(月前) 일본 신문에 누차 게재하였음에 의한 즉 반과격파 정부 멜크로푸군(軍)의 야습을 당하여 전사했다고 하는데 우선 그것이 사실이라면 노령 일대의 조선 사람에게는 큰 불행이라 하나이다. 그를 보았고 그를 아는 사람은 마음으로 추모하여 위대한 공적을 기억하게 하기 바라나이다. 그는 누구냐 하면 일한합병 당시에 일본 도쿄 사관학교에 재학하던 유일한 관비 군인학생으로 졸업한 후 도쿄 기병대 소위가 되어 의연한 소년 사관의 웅자(雄姿)로 아오야마(靑山) 연병장에서 때때로 준마를 달리면서 부하를 지휘하던 김광서 군을 도쿄에 여러 해 있던 학생 제씨는 아마도 역연히 기억할 듯하외다.

그가 구주대전(歐洲大戰)이 끝난 뒤 소감이 있어서 칭병하고 경성에 돌아와서 반년 이상을 울불(鬱怫)히 지내다가 3년 전 3월 1일 독립운동 이후에도 경성에 체재하였었는데 그해 5월에 안동현을 경유하여 도보로 서간도에 들어가 민정을 시찰하고 그 후 다시 도보로 북간도에 단신으로 돌입하여 동지들을 규합하려 하였으나 조선인의 고질인 지방 파당싸움에 멀미를 내고 아령 해삼위에 들어가 1년 여를 체재하였으나 역시 여의치 못한 중 일본이 출병하여 일본군이 과격파와 반(反)과격파의 무기를 전부 몰수하고 조선인을 포착(捕捉)할 때에 다행히 도망하여 노령 연해주 삼림지대인 조선인의 통칭 수청(水淸)이라는 산중에 잠거(潛居)하여 있었는데 그 때에 중국인 마적이 러시아인의 무기를 일본이 모두 압수하였음을 아는 까닭에 무인경에 들어오듯 하여 농촌의 절대 대수를 점한 조선인의 피해가 막심하였나이다.

그러나 우리 농민은 마적을 방어할 방략이 절무하여 가산을 포기하고 안선지대로 이전하려다가 처자는 굶어 죽고 부모는 얼어 죽고 반은 미치고 반은 죽은 촌민이 추풍에서 해삼위로 탈주하여 가옥에 거접할 여유가 없는 까닭에 정거장 화차 안에서 생활하면서 시중에서 걸식하는 조선인이 부지기수였나이다.

그뿐만 아니라 일본 군대는 조선인의 독립단과 공산당을 박멸하기 위하여 마적 괴수인 고산(靠山)이란 놈을 니콜리스크시(尼市)에 불러다 놓고 각별 우대하여 가면서 마적에게 무기를 공급하여 조선인 촌락을 습격케 하여 다대한 손해를 주도록 한 것은 공연(公然)한 비밀이라 노령에 있는 조선 사람은 누구든지 아지 못하는 사람은 없나이다. 형편이 이러하므로 조선 청년은 의용군을 조직하여 마적을 토벌하였으나 매양 불리한 채로 가만히 있었나이다.

이때에 김 장군은 각 마을에 격서(檄書)를 발송하여 의용군을 모집하여 급속히 주야로 연습하여 마적 토벌을 시작하였으나 처음에는 의용군에 적지 않은 사상자가 있어서 노령의 수천의 조선인 촌락이 불을 뿜는 산 위에 있는 것 같았나이다.

그 후 김장군은 사력을 다해 토벌을 계속하였으되 매양 자기가 선봉이 되어 단신으로 적진에 돌입하여 공격하였으므로 200~300명의 소수 의용군으로 수천 명 마적을 도주하게 하여 군신(軍神) 김 장군의 전술에 적은 전율하여 감히 접근하지 못하도록 되어 수청일대의 수천 호는 개선가를 부르고 안도하게 된 후 중국인과 러시아인까지도 그 군정의 통치 하에 예속되어 러시아인이나 중국인이 타지방에 여행하려면 김장군의 증명서를 가지고 의용군 수비구역 밖에 출입하게 되었나이다.

미국에 있다가 노령에 온 지 십여 년 된 정모(鄭某)는 민정장(民政長)의 자격으로 민정을 관할함에 덕망이 있어서 매년 매 가구에서 10원씩 납세하여 군자(軍資)를 지불하고 지금까지의 러시아식 교육을 전폐하고 조선어로 아동을 교육하게 하고 둔병을 만들어 함께 생산하는 제도를 적용하여 (중략) 그 지방 사람들은 비교적 풍족하게 지내게 되어 2~3년 전에 마적에 쫓겨 이주하였던 가족들도 다시 태평촌에 돌아가게 되었나이다.

조선의 유지 청년이 노령에 수천수만이 출입하였으나 김 장군같이 위대한 공적을 성취한 사람은 없다 하나이다. 김 장군이 노령에 들어가면서 경천이라 개명하였으므로 노령에서는 김광서라는 본명은 알지 못하고 경천 김 장군이라면 내외국인이 별로 모르는 이가 없나이다. 그의 불행은 실로 노령 전체의 불행이외다 그 흉보가 사실 아니됨을 바라나이다.*

르포를 쓴 나경석은 유명한 여성화가 나혜석(羅蕙錫)의 오빠이기도 했다. 1890년 수원 출신으로 도쿄고등공업학교를 졸업, 중앙학교 교사와 동아일보 기자로 일했으며 시와 시평(詩評), 연극평론을 썼다. 항일투쟁을 하다 체포를 피해 러시아로 탈출해 이 르포를 썼다. 도쿄 유학 시절에 유학생회 모임에서 김경천을 본 적이 있었으며 그의 친구들인 황실유학생 출신들과 교

---

*   공민(公民), 「노령견문기」 5와 6, 『동아일보』, 1922년 1월 23일과 24일. 내용 중 민정장을 지낸 정모는 정재관을 가리킨다.

유가 있었다. 그의 르포 기사는 민족을 더욱 슬프게 했다. 김경천의 비범한 투쟁을 구체적으로 전한 때문이었다.

몇 달 전까지 고국 땅의 동포들은 3·1 만세 운동의 좌절을 잊는 정신적 복수심으로 그의 이름을 불렀다.

'일본 육사를 나와 일본군 장교를 하지 않고 일본에게 총구를 돌린 의로운 독립군 대장.'

'백마를 타고 달리며 적을 박살낸 우리의 김 장군.'

그러나 그가 전사했다니 비탄에 잠겼다. 그를 우상으로 여겼던, 중학교쯤 다니는 학도들은 그의 이름을 말하며 목이 메었다.

김경천의 아내 유정화는 남편의 전사 소식을 신문에서 보고 슬픔에 잠겼다. 그녀는 경천원의 용금수에서 새벽마다 물을 길어 정화수를 떠놓고 어린 딸들과 함께 남편의 전사 소문이 사실이 아니기를 기원했다. 그녀는 실낱같은 희망을 갖고 있었다. 시베리아에 취재를 간 나경석이 남편의 죽음을 확인하지 못한 듯한 문장을 쓴 때문이었다. 그녀는 '그 흉보가 사실 아니됨을 바라나이다.', 이 문장을 되뇌이다가 지난 해 서간도 신흥무관학교로 찾아가게 했던 남동생 대진을 불렀다.

"해삼위에 다녀오너라. 해삼위에서 기차를 타면 소왕영(니콜스크 우수리스크)이 한나절 거리라는데 거기까지 간다면 워낙 유명하니 소문이 돌 게 아니냐. 매형이 죽었다 하면 그 자리에 가보고 살아 있다 하면 그냥 돌아오너라."

김경천을 친아우처럼 아꼈던 윤치성은 그의 아내 다음으로 슬픔에 젖었다. 최남선·최린·유병민·김태진·윤태진·김진용·박용희·지성연·민정기 ·박이병·강전 등 황실유학생 동기생들과 김영섭·안확 등 가까웠던 친구들도 그랬다. 김경천이야말로 항일투쟁 전선에 서서 고군분투하며 그들에게 대리 충족의 기쁨을 주어온 인물이기 때문이었다. 독립전쟁에 투신한다고 결의하고 탈출하지 않은 홍사익과 이응준 등 육사 후배들은 죄의식이 더 커졌다. 그들은 서너 명씩 사직동으로 찾아가 위로하기도 하고 편지도 보냈다.

"그이는 죽지 않았습니다. 저는 믿습니다."

그녀는 남편 친구들에게 그렇게 말했다.

3월 중순, 연해주로 간 대진이 돌아왔다.

"누님, 매형은 살아 계십니다. 이만이라는 곳에서 크게 싸워 이기고 그 후에도 연전연승하고 있다고 합니다."

동생의 말을 듣고 그녀는 경천각 앞에 모셔 놓은 성황당에 절했다.

"천지신명시이어! 그이를 지켜 주셔서 고맙습니다."

일곱 살 된 큰 딸과 다섯 살이 된 둘째 딸이 어머니를 따라 절했다.

"천지신명님, 아버지를 살려주셔서 고맙습니다."

김경천은 1922년 3월 중순에 절정의 투쟁을 전개했다. 러시아 백군이 약골리가(야코플레브까)로 병력을 집중했고 수이푼과 블라디보스토크 중간에 있는 고개 소학령(巢鶴嶺)에 진을 쳤다는 첩보를 얻었다. 병력은 10배였다.

그는 백마를 타고 우뚝 서서 참모들에게 말했다.

"작년 겨울, 우리는 첩보가 없어 20배의 적에게 포위당해 참패했다. 그때 죽은 동지들의 원수를 갚자! 새벽 기습이다. 번개가 치듯이 적을 습격하라!"

여러 번 전투에서 이기는 법을 체득한 부하들은 그의 손발처럼 일사불란하게 움직였다. 마치 스찬의 석탄광에서 요새에 들어간 마적을 공격했듯이 완벽한 기습으로 적을 박살냈다.

"장군님, 대승입니다. 절반 쯤 살아남은 백군은 니콜스크 우수리스크로 철퇴했고 곧 한반도 족으로 방향을 바꾸려 하고 있습니다."

보고를 받은 그는 기마대를 끌고 앞장서 달려가 패잔병들을 박살냈다.

노획한 무기와 식량과 보급품을 대원들에게 지급했다. 사방으로 정찰병을 내보내고 적군(赤軍)사령부에 전령을 보내 상황을 파악했다. 당장 공격할 적은 없었다. 러시아 내전은 적군의 승리로 돌아가고 있고 일본군이 국제간섭군 명분이 없어지자 철병을 시작하고 있었다. 적군사령부는 일본군을 공격하는 것을 엄하게 반대하고 있었다. 철수를 중단할 명분을 줄 것을 우려해서였다. 연해주에 출병할 일본군 병력은 16만 명이었다. 갑자기 총공세로 나와 적군을 공격하면 상황이 어떻기 바뀔지 몰랐다.

김경천은 주먹을 부르쥐며 탄식했다.

"아아! 이 병력으로 일본군을 공격하지 못하는 게 한이다. 아마 내 일생의 한이 될 것이다!"

참모회의에서 어느 날 이런 건의가 나왔다.

"사령관님, 동포 밀정놈들 때문에 입은 피해가 얼마나 큽니까? 얼마나 많은 동지들이 당했습니까? 그놈들을 색출하는 것도 독립전쟁입니다."

김경천은 동의했다. 단검 투척과 석궁에 능숙한 3명 또는 5명의 암살조를 여러 개 만들고 일자리를 구하는 떠돌이 일꾼, 박물장수로 위장한 탐색조를 꾸렸다. 그런다음 한 달 동안 철저하게 훈련을 시켰다. 암살작전을 할 때 근처 야산에 호위조가 잠복하는 등 빈틈없는 작전을 숙달시켰다.

"이제 됐다. 어서 가서 민족의 이름으로 반역자들을 처단하라."

그의 명령에 따라 부하들은 소리 없이 움직였다. 밀정들을 처단하고는 쪽지를 남겼다.

우리는 의로운 조선독립군이다 민족 반역자를 조국의 이름으로 처형했다.

일제에 협력한 자들은 전전긍긍하며 도피하다가 길에서 혹은 산중에서 칼과 화살을 맞았다. 김경천은 그렇게 비밀작전을 벌인 뒤 봄 한 철을 도비허 아누치노에서 지친 심신을 달래며 보냈다.

지난 날 한때 노선이 달라 대립했던 한창걸이 그의 승리를 축하하며 연합을 요청했다. 그는 흔쾌히 받아들였다. 농민 복장으로 변장해 블라디보스토크로 잠행해서 한창걸을 만났다. 연해주 독립전쟁의 두 거물은 보드카를 마시며 머리를 맞대고 전략을 협의했다. 양쪽 부대가 배를 타고 중국대륙 남쪽 끝에 있는 광둥(廣東)으로 이동할까 하는 의논도 했다. 일본군 첩보망이 파악해 현장을 덮쳤을 때 그들은 이미 몸을 피한 뒤였다.

며칠 뒤 동아일보 블라디보스토크 주재 기자가 긴급 타전한 기사가 신문에 실렸다.

독립단의 양언(揚言)

일본군사와 아라사 「지다」 정부의 군사와 서로 충돌할 때 삼백 명의 조선군사를 거느리고 「지다」 군사에 가담하였던 자칭 한국독립군사령관 김응천(金應天)은 그 근처 독립군 수령 한창걸(韓昌傑)과 함께 배일 조선인을 모아가지고 일본군사가 물러나 온 해삼위에 와서 일본 군사의 밀정이 되었던 자와 기타 친일파를 암살하고 다시 광둥(廣東)으로 가서 그곳 독립군과 협력하여 조선 내지를 잠입한다고 떠든다더라. (해삼위 전 보)*

----
* 『동아일보』, 1922년 4월 22일자.

고국 땅에서 신문을 읽은 지식인, 학생들의 입을 통해 이 통쾌한 소식은 삽시간에 퍼져 나갔다. 그리고 민족에게 희망을 안겨주었다. 조선인들은 '백마 탄 김 장군'이 친일파를 처단한다는 소식에 가슴이 벅찼다.

독립단 양언
김응천(김경천)이 한창걸과 더불어 일본군 철수 후 다시 독립군부대를 꾸리고 밀정들을 처형할 것이라고 보도한 『동아일보』 1922년 4월 28일 기사.

일본군은 김경천의 소재를 파악해 친일파 및 밀정 처단 작전을 저지하려고 했으나 한인들이 목숨 걸고 지켜주니 속수무책이었다. 상하이에 있는 임시정부나 만주의 독립전쟁 진영, 혹은 블라디보스토크의 비밀조직이 밀사를 보내 장래의 전략을 협의한 것도 파악했으나 그를 잡을 수가 없었다.

김경천은 동포의 집에 은신하면서, 일본군과 마적단에 매수되어 동포들에 해악을 끼친 동포 밀정들 처단 작전을 지휘했다. 그러면서

일본인 현상 암살
독립군사령관 김응천이 일본인 현상 암살 명령을 내렸다고 보도한 『동아일보』 1922년 6월 2일 기사.

부유한 원호민들에게 호소해 군자금을 확보했다. 사방으로 통문을 돌려 혼자 외출 나온 일본군 장교를 처단하라고 현상금을 내걸었다. 처단을 감행한 사람에게는 민족의 이름으로 현상금을 보냈다.

그리고 일본군 소부대 이동도 탐지했다. 공격 가능하다는 첩보가 오면 별동대를 이끌고 달려가 매복을 쳐서 일본군을 사살했다.

고국신문 『동아일보』는 즉시 기사를 실었다.

日本人 懸賞 暗殺(일본인 현상 암살)

독립군사령관 김응천의 선전

서백리아(서백리아)에 주둔하던 일본군이 돌아가는 틈을 타서 조선 내지에 침입하려고 계획 중이던 조선독립군사령관 김응천(金應天)은 「시고도와」 부근에서 조선의 독립을 부르짖고 격렬한 배일선전서를 배포하는 중이라는데 그 선전서의 내용은 상금을 줄 터이니 일본군 장교와 일본인을 암살하라 하였으며 대개 다음과 같다더라. 일본 장교 1명 50원, 통역 밀정 각 1명 30원, 군사탐정 각 1명 20원, 병졸 1명 10원, 일본인 남 1인 5원, 여 1인 3원(동경 전보)*

모든 조선 민족은 흥분했다.

"백마 탄 김 장군이 왜놈과 왜놈 앞잡이들을 처단하고 있어. 왜놈들을 처단하고 백마를 몰고 군사들을 거느려 조국 땅으로 진공할 거래."

마치 전설과 같은 소문을 믿으며 사람들은 그가 백마를 타고 질주하며 고국 진공을 감행하기를 기다렸다.

---

* 『동아일보』, 1922년 6월 2일자.

김경천은 1922년 봄을 그런 투쟁으로 보내고 5월에 오랫동안 투쟁근거지로 삼았던 스찬을 떠나 수이푼으로 이동할 준비를 서둘렀다. 하얼빈에 있는 연해주혁명군사위원회가 그를 한인의병대 총사령관으로 임명했기 때문이었다. 임명장과 함께 도착한 명령서에는 일본군과 백군 사이를 끊어내 양쪽을 고립시키라는 작전명령, 그리고 연해주의 전체 조선인 부대를 포시에트로 집결시키라는 명령도 들어 있었다. 포시에트는 조국인 조선반도를 지척에 두고 있는 국경지역이었다.

다시 격렬한 공격을 하여 고립작전에 성공했다. 이제 조국 땅이 가까운 포시에트로 가야 했다.

6월 5일은 33세의 생일, 그는 사령부 지휘소 옆 자신의 숙소로 쓰는 러시아식 통나무집 이즈바에서 참모장교들이 잡아온 멧돼지 고기와 독한 보드카로 축배를 들었다.

참모 하나가 "사령관님 소원은 무엇인가요?"하고 물었다:

"내 소원은 오직 하나, 고국 진공이다. 이제 우리는 먼 길을 행군해 추풍(수이푼)까지 가고 그곳 독립군과 연합해 고국 땅이 가까운 포시에트까지 갈 것이다. 포시에트는 곧 최재형 노야님과 안중근 의사의 근거지 연추(얀치혜) 마을도 가깝다. 나는 이참에 연추를 거쳐 두만강을 건너 고국 땅으로 진격해 일본군을 내쫓고 싶다."

참모들은 보드카 잔을 치켜 올리며 "사령관님 만세!"를 외쳤다.

그는 조선인 총사령관으로서 여러 방향으로 전령을 보내 모든 동포 무장세력에게 수이푼을 거쳐 포시에트로 가라는 명령을 내렸다.

6월 7일, 그는 백마에 올라타며 수하 대원들에게 출발명령을 내렸다. 부대가 숙영한 꼬르가몐까 마을에서 포시에트로 가려면 길이 멀었다. 스찬에서 동해로 나가 배를 타면 간단하다. 그러나 바다를 일본 해군이 장악하고 있어 내륙으로 가야 한다.

김경천은 부대를 이끌고 험준한 시호테알린 산맥의 남부에 위치한 높은 재를 넘고 스찬 계곡을 통과하는 노정을 선택했다.

첫날 숙영지는 투두거우라는 마을, 그곳에서 하룻저녁 숨을 고르고 다음 날부터 속도를 빨리 했다. 온종일 걷고 밤에는 야영 텐트를 쳤다. 시호테알린 사막은 호랑이가 많이 사는 곳, 인적미답의 깊은 산속에서 노루와 사슴이 갑자기 달려나와 쉽게 잡을 수 있었다. 대원들을 배불리 먹였다.

철저히 사방을 경계하며 열흘 이상을 이동해 산맥을 넘었다. 수이푼 지역에 도착해 초저녁에 차거우(車巨于)라는 한인마을로 숨어들어 조밥과 야채를 먹고 새벽에 빠져나와 마을 아래 서남철도를 횡단했다. 이제 일본군의 경계선을 돌파해야 했다. 수심이 깊은 수이푼 강이 경계선이었다. 그것을 소리 없이 통과해야 했다.

몸이 민첩한 대원들을 정찰병으로 보냈다. 경계선의 보초 하나가 불을 켜놓은 채 자고 있었다. 그러나 야간에 기병이 포함된 수백 명 부대를 이끌고 강물 경계선을 돌파하기란 손에 땀을 쥐게 하는 긴장, 목숨을 거는 위험을 이겨야 하는 것이었다. 일본 육사를 나와 일본군에 복무하며 일본군의 생리를 잘 아는 김경천만이 할 수 있는 일이었다.

말들에게 재갈을 물리고 철저하게 기도비닉을 유지했다. 그가 타는 군마를 포함하여 여러 마리의 백마가 있었다. 검정색 포장으로 덮고 소리 없이 이동했다. 강을 건너야 했다. 일본군 보초는 불을 켜놓고 잠들어 있었다. 그러나 배가 없었다. 몸이 날렵한 소년병 하나가 강물 위를 가로지른 철사 줄을 타고 건너가 배를 갖고 왔다. 한 사람이라도 소리를 내어 발각되면 몰살당할 일이었으나 모두가 정신을 집중하니 무사했다. 강을 건넌 그의 부대는 수이푼 지역에 도착했다.

김경천은 부하대원들에게 명령했다.

"동지들, 고생했다. 이제 추풍(수이푼)에 왔으니 우리 독립군과 연합하자! 우선 하루 군복 세탁이나 하고 이삼 일 푹 쉬어라."

그는 병사들을 쉬게 하고 자신을 한인의병대 총사령관으로 임명한 연해주 혁명군사위원회 책임자를 찾아갔다. 그러나 그가 받은 것은 다른 한인부대를 공격하라는 명령이었다.

경위는 복잡했다. 한인 독립군부대에 군사자금을 지원하던 수이푼 지역 한인 원호민 부자들이 백군 쪽에 붙으면서 독립군 지휘관에게 적군을 공격하라 했다. 지휘관은 지난해 그와 대립했던 강국모였다. 강국모는 설득력이 좋아 활동자금을 잘 끌어오는 사람이었는데 그게 빗나간 것이었다. 게다가 일본군은 지휘관이 한인부대에 여러 번 당한 자여서 그들을 공격하니 수이푼 지역의 역학관계가 뒤죽박죽되고 만 것이었다.

"나는 내 동포부대를 공격할 수 없소. 내게 사령관 직책을 주었으니 전체 지휘권을 주시오. 우선 일본군을 공격해 응징하고 당신들 편에 서서 백군을 공격하겠소."김경천은 힘주어 말했다.

강국모가 대립한 적이 있지만 죽으면 죽었지 그를 공격할 수는 없었다. 그리고 그로서는 일본군과 정면으로 맞서 싸울 수 있는 절호의 기회였다. 그가 스찬에서 이끌고 온 병력, 수이푼의 병력을 모두 합하면 한인부대가 1천 명이 되었다. 일본군을 유인하고 매복하면 홍범도의 펑우둥 전투, 김좌진의 챵샨리 전투처럼 크게 이길 자신이 있었다.

연해주혁명군사위원회는 그를 해임했다.

'명령 불복은 즉결처형이다. 김경천은 지난날의 공적이 있어 사령관직을 해임하는 것으로 대신한다. 모든 병력을 놓아두고 스찬으로 돌아가라.'

연해주혁명군사위원회는 그렇게 통보하고 전 부대에 전투대기 명령을 내렸다. 여차하면 공격하겠다는 뜻이었다.

혁명군사위원회 명령을 거부하고 그대로 부대를 이끌고 만주로 갈까 하는 생각도 들었으나 모든 적군이 한꺼번에 덤벼들 것이기 때문에 그럴 수 없었다. 김경천은 부하들의 희생을 원하지 않았다.

"아, 눈앞에 일본군이 있는데 물러서야 한다!"

김경천은 피눈물을 흘리며, 지휘권의 상징인 권총을 풀어 참모들에게 넘겨주었다. 1천 명의 부하대원들이 울면서 소리쳤다.

"사령관님, 탈영을 해서라도 사령관님 밑으로 가겠습니다

김경천은 다섯 명의 호위와 함께 스찬으로 떠났다. 김경천의 생애에 있어서 한 번 다가왔던 고국 진공 기회는 그렇게 사라졌다.

도중에 그는 강국모가 보낸 밀사를 만났다.

고맙소, 김장군. 작년의 일을 사죄하오. 김장군은 의로운 군인, 부디 은인자
중하며 독립전쟁을 성공적으로 이끌어 주시오.

밀사가 가져온 밀서를 읽고 그는 '고맙다. 독립전쟁 전선에서 다시 만나자'는 답을 보냈다. 그리고 며칠 후 스찬 다우지미에 도착했다.

그는 부하들을 수이푼에 두고 왔으나 다시 부대를 조직하는 데 온 힘을 쏟았다. 연해주혁명군사위원회도 그의 진정성과 능력을 알고 막지 않았다. 그는 무장 병력 500명, 군마가 80필의 '스찬의병대'를 다시 조직해 철저한 훈련을 시켰다.

러시아 연해주 지역의 한인 무장단체들은 대한혁명단이라는 이름으로 연합하고 지휘체계를 확립했다. 김경천은 사령관이 되었다. 그는 다시 사관양성을 계획했다. 그가 지속적으로 가져 온 꿈이었다.

그는 지도자들에게 역설했다.

"일본 육사를 뛰어넘게 군사학을 가르치는 무관학교를 만들어야 합니다. 청년장교를 많이 배출해야 독립전쟁에서 일본을 이길 수 있어요. 챵샨리 전투에서 승리한 것도 신흥무관학교에서 초급간부들을 양성했기 때문입니다."

김경천이 뜨레치푸진에서 소규모 사관교육을 알차게 한 것을 기억하는 지도자들은 그의 요청을 들어주었다. 니콜스크 우수리스크 서쪽의 비옥한 숲속에 학교를 만들고 청년들을 뽑았다. 교관은 러시아 정규 사관학교 출신 장교들을 초빙해 왔다.

수이푼 지역이 물이 많고 땅이 비옥해 농사짓기에는 좋지만 동포들은 가난한 사람이 많았다. 원호민이라고 부르는 초기 유민들은 러시아 파견 연해주 총독의 장려정책 때문에 토지 소유권을 가져 부를 축적했으나 조국 독립의 염원은 약했다. 여호민이라 부르는 후기 유민들은 독립의 염원은 컸으나 원호민 토지의 소작농인 경우가 많았다. 독립운동 조직은 동포들로부터 군자금을 거둘 수밖에 없었고 여호민들은 그로 인해 굶주리고 있었다. 김경천은 둔전을 만들어 자급자족해야 한다고 주장했다.

이 무렵 고국의 신문은 그의 근황과 함께 그의 주장을 전했다.

도처에 온 정보에 의하였으되 로국(露國) 지방에 있는 조선독립단 중에 가장 유력한 김응천(金應天)은 요사이 합이빈(哈爾賓)에 있는 과격파 군사정부로부터 로선군대(露鮮軍隊)로부터 사령관의 중임을 명하여 추풍(秋風)으로 향하여 그곳에서 고려공산당 수령과 연락하여 운동을 계속하려 하였으나 의견이 맞지 아니하므로 김웅천은 사령관의 책임을 사임하고 그 이후로는 독립하여 활동하고자 계획 중이라는데 그는 말하되 조선동포들의 자기힘으로 독립운동을 하는 것은 어디까지든지 찬성할 바이나 외지에 흩어져 사는 가난한 조선 동포들에게 군자금을 징수하는 것은 찬성하지 못할 일이오. 다수 청년을 양성하여 철저히 운동을 하는 것이 완전하며 로국국경에는 비옥한 토지가 많은즉 청년들을 모집하여 농업을 계속하여 실력을 닦아서 시기를 기다리면 지금과 같이 군자금을 모집하기에 급급하지 아니하고도 능히 목적을 달성할 수 있다고 하여 급진파와는 반대의 의사를 가지고 있다더라. (해삼위)*

이렇게 고국 신문에 그의 소식이 실릴 무렵 김경천은 대원들을 이끌고 다시 시호테알린 산맥을 넘어 수이푼으로 이동했다. 그를 해임했던 군사위원회가 그가 단시간에 부대를 꾸리고 정예대원을 양성하는 활동을 호의적으로 본 것이었다. 그러나 군사위는 여전히 우려하고 있었다. 김경천이 일본군을 공격하거나 국내 진공을 감행하면 일본군에게 철수 중단 명분을 줄 것이기 때문이었다. 그러나 그의 능력과 염원을 외면할 수가 없었다. '일본군 공격은 되도록 줄이고 백군 잔당을 소탕해 연해주를 완전 해방시켜 달라'는 것이 묵시적인 요구였다.

김경천은 수이푼을 거쳐 모국 땅이 가까운 얀치혜까지 진출해 백군 및 일본군과 전투를 벌였다. 백마를 타고 수십 명의 경기병을 이끌어 적진을 질풍처럼 내달렸고 크고 작은 전투에서 승리했으며 고국 땅이 보이는 두만강

---

* 『동아일보』, 1922년 9월 26일자.

하구까지 진격했다.

그러나 늘 행운이 그를 지켜주지는 못했다. 백
군 패잔군과 싸워 이긴 그는 호위병 몇 명을 데리
고 전장을 시찰했다. 그 때 중상을 입고 죽어가던
백군 장교가 총을 쏴서 그가 탄 백마가 쓰러졌다.

"장군님이 쓰러지셨다."

그의 부하 대원들이 말에 깔린 채 부상을 입은
그를 끌어냈다. 그들은 작전을 중단하고 그를 말
에 태우고 겹겹이 호위한 채로 후방으로 빠져나왔다.

김아파나시
연해주 한인사회의 촉망받는
지도자였다.

모국 국경에서 가까운 얀치혜의 동포들은 그의 치료에 정성을 다했다. 문
병 온 지도자들 가운데 새롭게 떠오른 23세의 청년 김아파나시*가 있었다.
얀치혜 출신인 그는 지난해(1921년) 11월, 이동휘·홍범도·박진순과 더불어
모스크바로 가서 레닌과의 면담에 동행해 통역을 하고 레닌으로부터 '장래
가 촉망되는 청년지도자'라는 칭송을 들은 인물이었다. 베르후네우딘스크에
서 한인 공산주의자들의 단합을 위한 회의가 열리는데 새파란 나이에 대표
로 간다고 했다.

"백마 탄 김 장군, 김 대장님을 이제 뵙는군요. 저는 스찬에서 군정을 펴
신 걸 큰 의미로 봤습니다."

김아파나시가 말했다.

"왜 그렇소?"하고 김경천이 웃으며 물었다.

---

*   김 아파나시 아르센치에비치(1890-1935): 연해주 얀치혜에서 출생, 블라디보스토크 극동대
        학을 나와 혁명에 투신, 1921년 이동휘·박진순 등과 함께 레닌을 접견했다. 1935년, 러시
        아 공산당 얀치혜 구역 서기를 지내는 등 최고의 지도자로 활동했으나 1935년 11월 체포되
        어 처형당했다.

"연해주는 지난날 우리 민족의 나라 발해의 영토였고, 현재 인구도 백계 러시아인보다 한인이 많고, 혁명전쟁에서 러시아인들보다 우리가 더 열심히 싸웠지요."

김경천은 고개를 끄덕이며 젊은 지도자의 다음 말을 기다렸다.

"연해주를 한인자치주 또는 한인자치구역으로 만들 가능성 말입니다. 그걸 김 대장님이 스찬 군정에서 보여 주셨습니다."

김경천은 눈을 크게 떴다.

"좋은 생각이오. 김 동지 같은 원호민들은 그게 꿈이겠지요. 그런데 나는 솔직히 조국의 독립을 찾는 게 그보다 더 우선한다고 생각하고 있소."

그가 보기에 김 아파나시는 자신이나 홍범도처럼 전투를 할 사람이 아니고 총명한 두뇌와 언변으로 외교적 책략을 펼치는 데 더 적격자였다. 그것이 뒷날 김아파나시를 죽음으로 몰아넣으리라고는 조금도 상상하지 못했다.

연해주혁명군사위원회는 김경천에게 그의 투쟁근거지인 스찬의 다우지미 마을로 가서 부상을 치료하고 요양하라고 명령했다. 그는 마차에 실려 날랜 부하들의 호위 속에 스찬으로 가서 다우지미 마을에서 몸을 눕혔다.**

김경천이 부상치료를 하고 있던 시기에 러시아 연해주의 모든 한인 무장단체가 고려혁명군으로 결합되었다. 그는 그 조직의 동부사령관에 임명되었다. 그는 몸이 아직 회복되지 않은 채 기동이 빠른 기병 별동대를 휘몰아 일본군을 공격하고 빠지는 작전을 감행했다.

"일본군은 철병하고 있다. 우리가 직접 싸울 기회는 곧 사라진다."

일본군은 그가 누구인지 알고 있었으므로 넌더리를 쳤다.

** 김경천의 부상과 다우지미 이송은 김블라지미르의 기록에 있다.(『재소한인의 항일투쟁과 수난사』59쪽).

"그놈은 우리 전술을 꿰뚫고 있다. 육사에서 배운 모든 전술을 역이행하고 있다. 즉시 사살해야 일본군 정부가 무사히 돌아갈 수 있다."

김경천은 백마를 타고 10명 안팎의 기병 별동대를 이끌었다. 50-60킬로미터 거리를 질풍처럼 내달리며 여기서 번쩍 저기서 번쩍 기습공격을 감행하니 일본군 병사들은 벌벌 떨었다.

그러던 중 중국 상하이에 모든 독립투쟁 세력이 모여 임시정부를 강력하게 만들고 나아가서 임정을 러시아 연해주로 끌고 오는 문제를 협의하러 떠나니 같이 가자는 연락이 연해주 지도자들에게서 왔다.

"임시정부를 러시아 연해주로 옮겨 오는 것도 좋지요. 그러나 더 중요한 건 일본군과 싸우는 일이지요. 나는 무관이니까 여기서 싸우렵니다. 국민대표회의에서 결정한 걸 나중에 따르면 되지요."

"거기 가야 중요한 자리를 맡을 텐데요? 당연히 김 동지는 상해 가시면 중책을 맡으실 겁니다."

그의 동지가 말했으나 그는 머리를 저었다.

"나는 총 든 동지들이 있는 야전이 임시정부보다 더 좋습니다."

그는 다시 백마를 타고 일본군을 기습하기 위해 달려 나갔다.

어느 날 한바탕 원정 공격을 하고 스찬에 돌아왔는데 소비에트 정부가 내린 명령서가 와 있었다. 한인유격연합대 해산 명령이었다. 그는 공격작전을 중지할 수밖에 없었다.

10월에 들어 일본군은 철수했다. 마적도 뿌리가 뽑혔다. 그러자 싸울 적이 없어졌다. 그러나 그게 좋은 것만은 아니었다. 이미 '조선인 유격 연합대 해산 및 국민전쟁 참가자 귀가 명령'을 내린 원동 소비에트 정부가 무장해제 명령을 하달한 것이었다. 이 지역에서 신생 소비에트의 권력을 강화하기 위한 조치였다. 대원들을 이끌고 국내로 진공해 일본군과 싸우는 독립전쟁의 길, 모든 독립군단이 하나로 뭉쳐 일본을 공격하는 희망은 점점 멀어지고 있었다.

장차 어떻게 될 것인가. 나는 어떤 길을 가야 하는가. 그는 그런 숙제를 안은 채 군사서적을 번역하는 일에 매달렸다. 그러던 어느 날, 반가운 편지를 받았다. 채영이 블라디보스토크의 독립운동 비밀조직을 통해 보낸 그 편지는 뜻밖에도 이청천이 쓴 것이었다. 봉투의 이름을 확인하는 순간 그는 급하게 귀퉁이를 찢어 편지지를 꺼냈다.

김 선배님께 올립니다.

저는 고려혁명군 특립연대 대표로 상하이국민대표회의에 참가하러 떠나기 위해 지금 블라디보스토크에 도착해 머물고 있습니다. 백두산 처녀림에서 이르쿠츠크까지 참으로 먼 곳을 돌아 선배님 자취가 남은 이 도시에 오니 감회가 크기만 합니다. 간혹 선배님이 용맹하게 투쟁하시는 바를 소식으로 들어 왔고 최근에는 제가 채영 동지와 함께 투쟁한 터라 자세히 들을 수 있었습니다. 존경하는 마음이 헤아릴 수 없이 큽니다.

이곳에서 들으니 전투 중에 부상을 당하셨다 하여 앞이 캄캄했으나 생명에도 지장 없고 투쟁에도 장애가 없을 듯하다는 말에 안도합니다.

저도 그동안 겪은 일을 필설로는 다 표현할 수 없을 듯합니다. 그래도 조국을 위해 싸울 수 있게 아직 살아 있습니다. 저는 상하이의 국민대표회의에 선배님도 가실 것이라고 하는 말을 이곳에서 들었고 그럴 것으로 확신합니다. 상하이에서 만나 뵐 수 있기를 간곡히 기원합니다.

뵙는 날까지 무사 건강하십시오.

이청천 받들어 올림

"아, 이청천 동지. 그대는 늘 미덥고 한결같은 후배였지. 내가 이끌어주던 도쿄의 유년학교 시절, 그리고 요코하마에서 단지맹세를 하고 동지가 된 이후에도 그랬지. 블라디보스토크까지 왔는데 만나지 못하는구나. 하지만 상하이에서 만나게 되겠지."

그는 중얼거리며 편지를 소중이 접어서 주머니에 넣었다. 그는 상하이 국민대표회의에 2차 출발명단에 들어가기로 결심했다.

백마를 타고 달리며 마적 떼와 일본군을 공격하는 김경천의 독립전쟁은 이것으로 끝났다. 뒷날 만주를 점령한 일본군을 공격하게 해달라고 소비에트 당국에 요청했지만 뜻을 이루지 못했다. 일본군과의 전투보다 마적 토벌이 많았던 점, 펑우둥 대첩을 한 홍범도, 챵샨리 대첩을 한 김좌진처럼 청사에 남는 승리를 거두지 못한 것 때문에 존재감이 약해 보이나 실상 그의 공적은 그들보다 작지 않았다. 이 무렵 동포들의 염원 속에는 그의 존재가 큰 나무로 우뚝 서 있었다.

상하이 국민대표회의에 가다

김경천은 1923년 양력 정월 초하루를 스찬의 한인촌에서 맞았다. 스찬은 석탄광이 많은데 금광이 발굴돼 금갱리(金坑里)라는 이름이 붙은 마을이었다. 그는 따로 집이 없었다. 어느 한인 마을에라도 가면 그곳에서 가장 잘 사는 집 주인이 '백마 탄 김 장군이 우리 마을에 오셨다'고 기뻐하며 자기 집에 모셔 대접하기 때문이었다.

간밤에 집주인이 페치카가 뻘겋게 달아오르도록 불을 때주어 동지들과 담화를 나누며 보드카를 마시고 자정 지나 잠들었는데 아침에 들창문을 열어 보니 혹독한 추위가 몸을 움츠러들게 했다. 큰 바람까지 불어 마치 전쟁이 일어난 듯 소란스러웠다.

아침식사 후 동지들이 모였다. 새해를 맞아 독립운동을 어떻게 전개할 것인가, 토론이 이어졌다. 지금까지 터를 닦아온 러시아 땅에 계속 머물 것인가, 우리가 적군 편에 서서 러시아의 혁명을 위해 싸웠으니 레닌 정부는 이제 한인 독립운동을 정말 도울 것인가, 그런 토론을 했다.

한 동지가 말했다.

"소비에트 지도자 레닌은 우리 독립운동 전선에 60만 루블을 지원했지요. 미·영·독·불 제국주의 열강 어느 나라도 지원하지 않았어요. 일본과 미국, 영국은 동맹국이구요."

다른 동지가 말했다.

"3년 전 그러니까 3·1 만세운동 나던 해 열린 제2회 전(全)러시아공산당대회에서 레닌이 한 말 중에 있습니다. '사회주의 혁명은 국내적인 혁명으로 한정되는 것이 아니라 제국주의에게 억압 받고 있는 모든 식민지, 모든 종속국이 제국주의에 대해 감행하는 투쟁이 될 것이다. 우리는 그것을 도울 것이다.' 라고 했어요. 레닌의 지원금은 그런 의미로 받아들여야 합니다."

김경천은 고개를 끄덕였다.

"연해주에 근거지를 둔 독립운동 단체들이 레닌의 지원금 일부로 상하이에서 국민대표회의를 열려고 하는 거지요. 임시정부를 연해주로 끌고 오거나, 다시 만들자고 하는 거지요. 다만 소련을 무조건 우리 편으로 여기면 안 됩니다. 자유시에서 자기들 말을 듣지 않는다고 우리 독립군단에 무차별 공격을 한 걸 보면 그렇지요."

그렇게 하루하루를 보내고 있는데 상하이 국민대표회의 소식이 들려왔다. 회의는 1월초에 시작되었으나 분파별 쟁점을 조절하지 못하고 표류하고 있다고 했다. 그리고 연해주 독립운동 조직들에게 여러 명의 초청장과 여비가 왔다고 했다. 김경천의 이름은 당연히 초청자 명단에 들었다. 이동휘 중심의 상하이 파가 주도권을 잡으려고 부른다는 말도 들렸다.*

"나는 주도권 싸움에는 관심 없어. 민족의 역량을 모으자고 호소할 거야."

그는 동지들에게 그렇게 말하고 출발을 서둘렀다.

1월 중순, 그는 선배인 김규면, 후배인 장기영과 함께 중국 상하이로 가는 먼 여정에 올랐다. 한인 지도자들의 이동을 알고 중국 땅으로 넘어가는 길목에 밀정들 백여 명이 깔려서 혈안이 되어 찾고 있다는 첩보가 왔다. 특히 밀정들이 김경천을 잡으려 애쓰고 있다고 했다. 그의 부하들이 수십 명의 밀정들을 처단한 것 때문이었다. 청년장교 시절의 사진을 들고 용모와 체구가 비슷한 사람을 붙잡고 "당신이 김경천이지?"하며 다짜고짜 끌고 간다는 것이었다.

"김 장군은 단단히 변장을 해야겠군."하고 김규면이 말했다.

"그래야겠어요. 두 분 먼저 가세요. 나는 혼자 가는 길을 잡을게요."

발길을 돌린 그는 소리 소문 없이 스찬으로 돌아갔고 믿을 만한 동지의 집에 숨었다. 스찬의 동포들은 그가 되돌아온 줄 아무도 몰랐다. 그를 제외한 대표단은 일본군 감시망을 통과해 상하이로 갔다. 그는 일본 헌병들이 '김경천을 놓쳤구나'하고 판단할 때를 기다려 다시 짐을 꾸렸다.

---

* 이동휘 중심의 상하이파 고려공산당은 국민대표회의에서 임시정부의 개조를 주장한 개조파였다. 김경천은 거기 속했으나 소극적이었다. 1923년 대회를 마치고 블라디보스토크로 돌아갔을 때, 이동휘·김하석 등의 영접을 받았다고 그는 기록했다(『경천아일록』, 148쪽).

그는 조심하고 또 조심했다. 자신에게 친절했던 엄인섭이 일제의 밀정이 었음이 일본군 철수와 함께 드러난 때문이었다. 소문에 의하면 그 자는 철수하는 일본군을 따라 함경도로 갔다가 사람들의 돌맹이 세례를 받았다고 했다.

김경천은 2월 11일에 니콜라예프카에서 기차를 타고 서쪽으로 이동해 국경을 넘었다. 중국인 부자들이 입는 고급스러운 치파오를 입고 사흘 뒤 하얼빈역에 내렸다. 일본군 장악지역을 지나 중국인 여관에서 하룻밤을 묵었다.

다음날 다시 기차를 탔다. 이번에는 일본인 차림이었다. 창춘역에 내려 일본인이 경영하는 일본식 료칸 창춘관에 들었다.

"요오꼬소(잘 오셨어요)!"하며 인사하는 료칸 주인에게 그는 실내가 일본풍이고 아늑해서 고향생각이 난다고 칭찬했다. 숙박부에 기병학교에 있을 때 세 들어 살았던 지바 현 니노미야 촌 주소를 썼다. 영락없이 일본인의 행동이었다. 상하이에서 조선인 독립투사 100명 이상이 집결하는 대표회의가 열리는 터라 삼엄한 경계를 펴고 닥치는 대로 검문을 하고 있었지만 경찰도 헌병도 그에게는 오지 않았다.

그는 오랜만에 느긋하게 저녁상을 놓고 앉아 젊은 일본 여자가 손으로 떠 먹여주는 음식을 먹었다. 그녀의 봉사를 받으며 목욕도 했다. 여자가 말했다.

"혼자 주무시겠습니까? 손님이 원하시면 제가 객고를 풀어드릴 있습니다. 저는 특별한 손님에게만 봉사합니다."

그는 그런 일에 익숙한 일본인처럼 천연스럽게 고개를 끄덕였다. 그것이 의심을 사지 않는 일이었다. 일본에 맞서 독립전쟁을 하다가 비밀회의에 참석하러 가면서 일본 창기와 동침하다니. 그는 속으로 중얼거리며 일본 여자와 몸을 섞었다.

다시 기차를 갈아타고 펑톈에 내렸다. 일본인 경영 펑톈료칸에 전화를 걸어 일본인 사환을 불러 마차를 타고 갔다. 또다시 일본 여인이 음식을 떠먹여주는 밥상과 목욕 봉사를 받았고 그 여자를 안고 잤다. 아침에 료칸의 하인을 시켜 텐진(天津)행 기차표를 사오게 했다. 기차가 떠날 시간에 맞춰 마차를 타고 역으로 나갔다. 일본군 점령지역이라 헌병과 경찰이 여기저기 보였다. 그는 하인을 세워놓고 능숙한 일본어로 쓸데없는 잔소리를 함으로써 헌병 경찰의 관심을 벗어났다.

다음날 텐진에 도착해 그런 식으로 상하이행 기차표를 샀다. 상하이에 도착한 것은 2월 19일, 국민대표회의가 개막되고 달포가 지난 뒤였다.

국민대표회의란 무엇인가. 3·1 만세운동과 만주에서의 독립군의 승리, 그리고 일본군이 보복학살을 한 경신참변 이후 모든 항일 단체의 대동단결이 요청되고 있었다. 신숙(申肅)·신채호(申采浩) 등은 북경에서 군사통일 주비회(籌備會)를 열고 내부 분열로 약화된 임정을 강화하는 방안을 찾자고 제안하였다. 남만주에서 김동삼·이탁·여준 등 서로군정서의 지도자들이 어무현(額穆縣, 액목현)에서 모임을 갖고 임정의 개조를 요구하였다. 마침 레닌이 조선인 독립운동을 위해 지원한 60만 루블 중에서 경비를 쓸 수 있게 되어 회의 개최는 탄력을 받았다. 그리하여 국내, 중국 관내, 만주, 러시아, 미주 등지에서 민족 대표 120여 명이 모였다.

김경천이 상하이에 도착한 것을 알고 이청천이 채영과 함께 달려 왔다. 김경천은 이청천을 끌어안았다.

"김 선배님, 오시기를 얼마나 기다렸다고요."

이청천은 눈물이 글썽해지고 있었다. 그는 지난해 말 상하이에 도착해 1월초 회의 개막 때 군사위원에 뽑혀 있었다.[*]

채영이 김경천과 굳은 악수를 하며 말했다.

"이청천 동지와 나는 둘도 없이 가까운 동지가 됐습니다. 함께 사형선고까지 받았었지요."

"아, 어쩌다가 그런 일을 당했어요?"

김경천의 물음에 이청천이 답했다.

"이르쿠츠크에서 고려혁명군사관학교를 만들었는데 거기서 민족독립을 우선한다고 구속당해 소비에트 군사재판에서 사형 선고를 받았었지요."

"그랬었군. 나는 혹독한 전투를 치르고 포위망에 갇혀 구사일생으로 살아나온 적이 있었네."

김경천이 말했다.

"선배님, 소비에트를 믿지 마십시오."

"알았네. 자유시에서 무자비한 공격을 한 일, 청천 동지한테 사형선고 내린 일 맘에 새겨 두겠네."

이청천은 그가 러시아로 떠난 뒤에 처남 대진이 다녀간 이야기를 했고, 그는 처남을 환대해주고 무사히 돌아갈 수 있게 호위를 붙여준 것에 감사하는 말을 했다.

그때 자신이 속한 그룹의 회의에 참석했다가 부랴부랴 그를 보러 달려온 지도자가 있었다. 황실유학생 동기인 조소앙(조용은)이었다. 조소앙은 그의 팔을 잡은 채 눈물을 흘렸다.

---

[*] 『경천아일록』, 57쪽 ;『동아일보』, 1923년 1월 3일자.

"자네가 전사했다는 잘못된 기사를 읽고 내가 얼마나 가슴이 아팠던지…. 백마를 타고 광야를 달리며 독립전쟁을 하는 게 내 자랑이었네."

김경천도 목멘 음성으로 말했다.

"살아 있으니 이렇게 만나는군. 임시정부의 핵심 인물이 된 자네가 자랑스럽네."

1904년 마지막 황실유학생으로 일본으로 건너간 50명의 동기생들 중 독립운동 전선에 나온 것은 둘뿐이었다. 김경천은 '백마 탄 김장군'으로 명성을 떨쳤고 조소앙은 무오독립선언서를 기초하고 도쿄로 가서 2·8독립선언을 지도하고 상하이임시정부 국무원비서장, 그리고 서양 여러 나라를 돌며 국권회복을 위한 외교를 펼치고 온 인물이었다.

"자네가 신흥무관학교로 간 건 알고 있었고, 그 후 연해주에서 들려온 소식을 들었지. 백마 타고 이리 번쩍 저리 번쩍한다는 백마 탄 장군, 그게 자네라고 나는 짐작했지. 그 뒤 임정으로 온 연해주 대표들로부터 짐작이 맞는 걸 확인했지."

"그런데 국민대표회의는 어떻게 돼 가고 있어?"

"논란을 거듭하고 있지. 김구(金九) 선생을 중심으로 한 분들은 이대로 됐다, 무조건 따라와 달라고 하며 임시정부를 고수하려 하고, 여운형 선생과 안창호 선생 등은 임시정부를 확대 개편하려고 하고, 창조파 지도자들은 새로운 임시정부를 보다 안전한 러시아 연해주에서 창조해야 한다고 주장하고 있네. 나는 현 체제를 고수하자는 수호파네."

김경천은 조소앙의 말을 들으며 피식 웃었다.

"나는 상하이파 고려공산당 측 대표로 왔으니 개조파라 해야겠지. 그러나 나는 파쟁이 싫어. 그냥 잘해보자, 하는 쪽이야."

그는 이청천·조소앙과 할 이야기가 많았다. 세 사람은 늦은 밤 숙소에서 고량주 잔을 기울이며 지나간 세월을 이야기했다.

비록 늦게 도착했지만 김경천은 국민대표회의 중심으로 들어갔다. 임정의 중요인사인 조소앙이 그를 중심에 끌어올리기 위해 애쓸 필요는 없었다. 그의 명성은 모든 독립운동 진영에 알려져 있었다. 그래서 곧 군무위원으로 지명되어 무장 세력의 연합을 위한 토론에서 중요한 포스트에 앉았다.

이청천의 존재도 덩달아 더 커졌다. 사관생도 시절에 탈출 결의를 하고 조국이 부르는 순간 일본군 중위 군복을 벗어버리고 탈출한 두 사람이야말로 가장 극적인 자기 투신을 말해주는 인물들이기 때문이었다.

도산 안창호 선생은 김경천의 손을 잡고 말했다.

"동지가 바로 그 백마 탄 김 장군이군. 동지야말로 민족의 자존심을 지켜준 자랑스런 투사요."

다른 민족 대표들도 반색하며 그를 칭송했다.

『동아일보』특파원은 국민대표회의의 새 간부들을 소개하는 기사에서 김경천과 이청천을 주목하는 내용을 담아 본사로 송고했다.

> 국민대표회의는 (중략) 군무위원은 우리 혁명 운동에 가장 중요한 책임이라
> 하여 고려 중이며 방침은 아령(俄領) 군인 출신 김경천(金擎天)·이청천(李青
> 天) 씨가 중임으로 군사행동에 힘쓸 터이라더라. (상하이)*

그러나 회의는 각파의 주장이 엇갈려 석 달 동안 토론을 하고도 합의점을

---

* 「국민대표회의 속보」, 『동아일보』, 1923년 7월 1일자.

찾지 못하고 결렬되었다. 김경천은 개조파로 왔지만 그 편에 서서 강한 주장을 펴지 않았다. 지도자들을 찾아다니며 대동단결을 호소했다.

"만주나 연해주에 독립군 무장 세력을 집결시켜 주세요. 대원들을 가르치고 훈련시켜서 일본과 싸우겠습니다."

그러나 서로 이해가 안 맞아 아무것도 이루지 못했다.

6월 어느 날, 모국 신문 『동아일보』와 인터뷰를 하게 되었다.

"이곳 상해(상하이)에 수많은 독립운동 지도자와 독립군 지휘자들이 와 있지만 동포들은 '백마 탄 김 장군'을 궁금해 합니다."

김경천은 수첩을 펴든 기자를 향해 손사랫짓을 했다.

"독립전쟁에 평생을 바친 쟁쟁한 선배님들이 계신데 나한테 장군이라니요. 당치도 않습니다. 인터뷰하려면 그런 분들을 하십시오."

"국내 동포들은 장군님을 몹시 궁금해 합니다. 나라를 일본에 빼앗겼다는 울분을 씻어주기 때문이지요. 지금까지 투쟁해온 걸 구술해 주십시오."

그는 고개를 저으며 사양했다. 그러나 기자는 사흘을 매달렸다.

그가 사양한다는 이야기를 들은 조소앙이 말했다.

"왜 사양하나?"

"나는 봉오동 전투나 청산리 전투 같은 대첩을 하지 못했네."

그의 말에 조소앙은 펄쩍 뛰었다.

"이 친구야, 줄기차게 싸운 당신 공적이 더 커. 그분들은 단번이었지만 당신은 여러 번, 그리고 종합적으로 했지. 왜 동아일보 기자가 김좌진 장군한테 안 매달리고 당신에게 매달리겠나? 어서 구술을 해줘. 당신을 위해서가 아니라 일본에 짓밟힌 동포들에게 희망을 주기 위해서야. 우리 조국을 위해서란 말이야."

김경천은 황실유학생 동기생 조소앙에게 설득당했다. 다음날 기자를 만나 구술을 승낙하며 빙그레 웃었다.

"사이토 마코도(齋藤實) 총독이 일본 육사 출신인 내가 탈출한 이야기를 실으면 화가 날 텐데요."

그렇게 말하고는 물을 한 잔 청해 마시고 이야기를 하기 시작했다. 기자는 그의 구술을 노트 한 권이 꽉 차도록 적었다. 그것은 요약 정리되어 한 달 뒤 『동아일보』에 게재되었다. 그는 구술을 끝내며 즉흥시를 한 수 지어 기자의 노트에 적어 주었는데 그것도 실렸다.

빙설 쌓인 서백리아(西白利亞)에서, 아령(俄領) 조선 군인 김경천

별로 경력이라 말할 것도 없고 아무 성공도 없는데 특별히 말할 것은 없습니다. 그러나 정 물으시면 과거 경험을 말하지요. 세상 사람이 다 아는 바와 같이 1919년에 전후후무한 세계대회가 열리고 각 소약(小弱)민족에게도 권리를 준다 하매 우리 동경 유학생 독립운동의 첫소리를 발하였소. (중략) 나는 간도 모사관학교에 가서 군사를 기르며 시기를 엿보았습니다. 당시 아령(俄領)에는 대여섯 곳에 헤어져 있는 우리 군대가 3천여 명이었소.

조선군의 용전(勇戰), 각국 군사들도 놀라

그런데 1920년 3월에 저 유명한 니항 사건이 발생하였습니다. 3월 초나흗날 각처에 헤어져 있는 조선 군대와 러시아 적군(赤軍)이 연합하여 니항에 있는 일본 군대와 백군(白軍)에 총공격을 개시하였소. 이때 군세는 적군(赤軍) 연합군은 2천여 명이고 우리 조선 군사가 7백 명인데 소학령에는 수천 명의 백군과 일본군 8백 명이 주둔하였소. 전후 두 시간을 콩 볶듯이 싸우는데 이 싸움에서 일본군이 2백 명이 죽고 적군 속에는 헝가리 군사가 많이 죽었으며 우리 군사는 겨우 6~7인 전사자가 있을 뿐이었소. 이 싸움에 우리 조선군이 용감히 싸운 것은 세계 각국 군사의 경탄하는 대상이 되었었소.

마적 240명을 일시에 몰살했다

그러나 그 후 구당(白軍)이 일본군을 뒤에 업고 쳐들어오므로 우리 군사는 몇 배나 되는 일본군과 싸우는 것은 무모이라 그 곳에서 수청(水淸) 지방으로 퇴각하였습니다. 이 때에 수청 지방에는 마적 고산(告山)의 패가 횡행하여 인민이 살 수 없었소. 이 때에 우리 군사와 마적 사이에 충돌이 있었는데 우리는 탄환이 부족하므로 일시 퇴각하였더니 마적이 들어와서 조선 사람의 집 40~50호를 일시에 불을 놓아 밤이 새도록 화광이 충천하고 연기가 산간에 가득한데 이것이 우리 인간의 생지옥인가 하는 생각이었소.

나는 이 광경을 보고 아무래도 마적을 토벌하지 아니하면 아니 되겠다 결심하고 이 때에 이를 토벌하기 위하여 지원병을 뽑는데 학교 교사로 일하는 사람이 제일 많이 지원하였소. 이 때에 마적 4백여 명은 일본군이 파놓은 요새 속으로 들어가 있는 것을 별안간 공격을 시작하여 일제 사격하니 필경 그놈들이 지탱하지 못하고 산산이 헤어지는데 필경 거의 다 죽고 3백여 명 중에 겨우 60명쯤 살아가고 몰살을 하였소. 그리고 그 겨울에는 여러 가지 일로 아무 일도 하지 못하였소.

군대생활 곤경, 겨울에도 발을 벗어

1921년 봄에 나는 러시아 모처에 가서 군대 5백~6백 명을 모아가지고 어떻게든지 시기를 기다려 00(독립)전쟁을 일으키려는데 이 때에 돌아보는 이 없는 우리 군대는 일본군 때문에 나오지는 못하고 산중에 주둔하여 교련하였는데 그러노라니 그 고생이란 형언할 수 없었소. 그 추운 곳에서 겨울에도 신발을 못

얻어 신었으며 여름에는 동복을 그대로 입고 지내다가 적군(赤軍)사령관에게 의복을 좀 얻어 입고 1921년 여름에 각처 수비대가 그 지방에 횡행하는 마적을 소탕하니 러시아에 있는 우리 동포가 십여 년래 빼앗긴 재산이 수십만 원이요, 생명이 많이 죽어 마적은 그 지방의 공동 대적이 되었으므로 먼저 그 지방 백성을 편안히 살게 하기 위하여 십여 년래 화근이던 마적을 소탕한 것이오.

신용걸(申用杰)의 자살, 부하를 죽였다고

그때 러시아 연해주 지방에는 곳곳에 러시아 수비대가 있어서 우리 조선 사람을 보호하고 적군과 연락하더니 백군이 일본군을 뒤에 업고 적군에게 공격하니 이때 우리 군사는 적군과 일치행동을 취하였소. 이때 어리간 수비대장 신용걸은 수비하고 있다가 구당(白軍)이 별안간 쳐들어와서 군사 20여 명이 죽게 되니 그는 부하를 죽이고 무슨 면목으로 살랴 하고 배를 갈라 자살하였소. 매우 애석한 일이오. 내가 제일 사랑하는 사람인데 28세에 죽었소.

혈흔(血痕) 점점(點點)의 발자취, 미국 독립운동을 연상

그러던 중 백군과 적군 사이에는 15~16차의 전쟁이 있었는데 이러할 때마다 조선군대도 영향을 입어 일진일퇴하게 되었소. 이때 철도와 중요한 길목은 모두 일본 군대가 점령하였으므로 우리 군사는 할 수 없이 산에 가서 주둔하는데 하루 귀리죽 몇 그릇을 먹고 발을 벗고 하루 눈이 한 길 쌓인 산 속에서 지내니 그 고생이 어떠하였겠소. 미국이 독립전쟁을 할 때에 겨울에 맨발을 벗고 얼음 위를 지나가서 얼음에 발이 베어 발자국마다 피가 흘렀다더니 우리 군사도 이때 발자국마다 피가 고였었소. 그러나 사람 없는 산천에 보이는 것은 망망한 백설과 하늘뿐인데 깎아지른 듯한 산을 지날 때에 우리는 프랑스 명장 나폴레옹의 알프스 산 넘는 행군을 연상하였소. 달 밝은 밤에 눈으로 행군하는 우리 모양은 완연히 한 예술이요 그림이었소.

빙설로 요새를 삼고 산을 등에 지고 일전을 결심

이때 우리는 적군(赤軍)과 행동을 같이 하였으므로 백군이 조선군이라고 만나기만 하면 죽일 때이오. 이때 연해주에 적군(赤軍)이 전멸함에 따라 다시 쫓기어 들어가는데 강냉이죽을 먹어가며 겨울에 박착(薄着. 옷을 얇게 입음)을 하고 이만 강 가로 2백 리를 행군하여 갔소. 그래서 마침내 어떤 산에 가서 얼음과 눈으로 요새를 만들고 지키고 있으니 이 때 일본군이나 백군이 들이치면 산을 등에 지고 최후의 결전을 치르려 했소.

호랑이 등을 타고 넘는 대모험, 19세 기병의 대단한 행동

1922년, 즉 작년 3월 중에 약골리가로 백군이 집중하매 우리 군사는 적군과 연합하여 공격하였더니 백군은 소학령으로 쫓기어 갔소. 그 후 일본 군대가 철병하게 됨에 우리나라 있는 쪽으로 퇴각할 듯하므로 나는 이것을 추격하기 위하여 군사를 데리고 일본군 경계선을 돌파하고 추풍(秋豊)으로 나오니 이것은 범의 허리를 밟고 지나가는 듯한 장쾌한 모험이었소. 불빛에 번히 비치는 일본군 초병의 눈을 피하기 위하여 흰 말(馬)을 포장으로 덮어서 데리고 강을 건너는데 강에 이르자 배가 없어서 어찌할 수 없었소. 마침 19세 먹은 소년 기병 한 사람이 자원하고 강 위에 걸린 철사에 매달려 십여 간이나 되는 강을 건너가서 배를 가지고 와서 전 군대를 건너게 하니 이 때 발각만 되면 몰사(沒死)라 소년을 구사일생의 경우에 보내고 매우 염려되었었소. 건너간 후 그날 밤으로 추풍 우리 독립군인 있는 곳에 도착하였소.

시베리아 벌

1. 뜬구름도 방황하는 시베리아의 벌

칼을 홀로 짚고 서서

흰 뫼 저편을 바라보니

사랑하는 00화(유정화)는 희미하고

2. 00에 목마른 사람이

이천만 애처롭다

뜻을 열 곳이 없으므로

흑룡수에 눈물 뿌려

다시 맹세하노라. 경천 작.*

며칠 뒤 인터뷰한 사실을 안 이청천이 술을 사라 하여 두 사람은 프랑스 조계의 한 술집으로 갔다.

"이응준은 어디 있을까요? 김 선배님의 기사를 읽으면 마음이 어떨까요?"

"대위 계급장 달고 일본, 조선, 만주, 어디엔가 있겠지. 조선 땅에 있다면 신문을 보겠지. 청천이 국민대표회의 중심인물로 활동하는 것, 내가 뒤늦게 참여한 것, 내가 그동안 투쟁해 온 과정, 그런 걸 알게 되겠지."

"홍사익은 육군대학에 갔습니다."

이청천이 첫잔을 부어주며 하는 말에 그는 고개를 끄덕였다.

"우리가 탈출을 고심할 때 육대 입시대상으로 지명됐다더니 소원을 이뤘군. 조선인으로 육군대학에 입학하는 것은 기적에 가까운 일이지. 뒷날 홍

---

* 『동아일보』 1923년 7월 29일자. 중간 생략부분은 이 책의 401쪽에서 인용하였다. 내용 중 마적 두목 고산(告山)은 靠山(고산)의 오류, 니항은 러시아 지명으로 니콜라예프스크, 소학령은 수이푼과 블라디보스토크 사이에 있는 고개로 한자로는 '巢鶴嶺(소학령)'이었다. 본문 중 0은 검열을 피하기 위함으로 보인다. 짐작해 괄호에 넣었다.

사익과 이응준이도 우리 곁으로 오길 바랄 뿐이네."

"저도 그렇게 기다립니다."

두 사람은 말없이 술잔을 주거니 받거니 하며 술을 마셨다.

이청천이 다시 문득 생각난 것이 있는 듯 술잔을 내려놓았다.

"제 한 해 후배인 27기 이종혁을 기억하세요? 우리가 탈출한 소식을 듣고 만주로 탈출했어요. 마덕창(馬德昌)이라는 가명을 사용하고 있대요."

김경천은 육사 26기와 27기 후배들에게 각별히 관심을 기울였던 터라 이름과 얼굴을 거의 기억하고 있었다.

"아, 그 친구 생각나지. 몸이 무쇠처럼 단단하고 충청도 사투리를 썼지. 충무공 이순신 장군의 후예라고 들은 것 같군."

"충무공 후예 맞아요. 12사단에 배속되어 후쿠오카(福岡) 연대에 가 있다가 시베리아에 출병했었어요. 그 뒤 우리가 탈출한 걸 알고 서간도로 탈출했대요."

"그랬군. 한 번 보고 싶네. 이곳 상해에는 안 오는 모양이지?"

"제가 이종혁을 오게 하려고 이리저리 알아 봤지만 종적을 알 수 없었어요. 유동열 선생한테 직접 들었는데 이종혁은 시베리아에서의 뼈아픈 경험을 하고 몹시 괴로워했대요."

"무슨 경험?"

"조선인 독립투사 하나를 잡았는데 이종혁이 조선인이라는 걸 알아봤대요. 형장으로 끌려가면서 왜놈의 개라고 꾸짖었대요. 그 뒤 갈등하다가 탈출한 거지요."*

....
*　　선우휘, 「마덕창 대인」, 『현대문학』 1965년 5월호 ; 이원규, 「마지막 무관생도들」.

이청천이 말했다.

김경천은 한숨을 쉬었다.

"우리하고 요코하마에서 맹세를 한 이응준과 홍사익, 그리고 아오야마 묘지에서 결의를 한 33명이나 되는 26기와 27기생들이 그런 갈등을 겪으며 복무하겠지."

"선배님을 중심으로 하여 도쿄에서 묶었던 전의회 말이에요. 그게 아직도 살아 움직이나 봐요."

이청천은 더 말할 듯하다가 그냥 창밖을 내다보았다. 김경천은 그의 표정에 스쳐가는 어두운 그림자를 읽었다.

"할 말 있으면 더 하게."

이청천은 눈을 지그시 감고 길게 한숨을 쉬었다.

"탈출 후 혹시 가족하고 연락된 일이 있습니까?"

"꼭 한 번 있었네."

그는 숙모 소식을 전했던 밀사의 전갈을 생각하며 대답했다.

"전의회가 선배님이 망명 중인데도 회장을 새로 뽑지 않고 자리를 비워둔 모양입니다. 간사를 돌려가며 맡는데 돈을 거둬서 제 아내한테 보낸 모양입니다. 제 가족은 거의 굶고 지냈나 봐요. 그 사람들 도움이 무척 고마웠다고 한 걸 보면."

김경천은 자신과 동갑이고 생일이 며칠 빠른 그의 어깨에 손을 얹었다.

"지 동지, 가족이 당할 핍박이나 고난을 각오하고 탈출한 우리가 아닌가. 그럴수록 더 강한 의지로 무장하세."

이청천은 고개를 끄덕였다.

다음날, 김경천은 이름만 알았던 현정건을 만났다. 현정건은 이미 임시정부가 설립되던 1919년 여름에 임시의정원의 전라도와 경상도 지역대표로 지명된 적이 있는 독립투사로 이동휘가 이끄는 상하이파 고려공산당의 핵심 멤버였다. 그래서 여러 차례 회동하며 이야기를 나누었다. 문득 계옥의 소식을 묻고 싶었으나 그럴 수 없었다. 본처는 아니고 기생 출신 정인이지만 그녀와 은밀히 몸을 섞은 그로서는 아무 말도 할 수 없었다.

어느 날, 그는 작은 회합에서 벌어진 파당과 논쟁에 질려서 회의 도중 슬쩍 빠져 나왔다. 두 블록을 걸어 상하이의 프랑스 조계에 있는 프랑스 공원으로 갔다. 그때 치파오(旗袍)를 입은 여인이 미소를 지으며 걸어왔다. 눈여겨보니 현계옥이었다.

"오랜만에 만나는군요. 이국 땅 망명지에서 말이에오."

그녀가 말했다.

김경천은 미소를 지으며 자신도 같은 마음임을 표현했다.

현계옥은 활짝 웃었다.

"오신 걸 알고 어떻게 해야 뵐 수 있나 생각하고 있었어요. 오늘 문득 고향생각이 나서 공원에 왔는데 만나게 됐군요."

두 사람은 공원을 천천히 걸었다.

계옥이 지나간 시간을 이야기했다.

"저는 여동생, 남동생과 더불어 망명길에 올랐어요. 현정건 씨는 군자금을 더 모으느라 출발이 늦었구요. 저는 지금 상하이에서 영어를 배워요. 김원봉 동지와 더불어 비밀공작도 하고 있구요."

김경천은 약산 김원봉이 길림에서 의열단을 조직했고 일제요인 암살, 친일파 처단 등 테러 공작을 감행하기 위해 상하이에 잠복해 있음을 알고 있었다.

"중위님, 아니 이제는 장군님이라 해야지요. 장군님하고 경성에서의 인연 때문에 만주와 연해주에서 장군님 소식이 들려올 때마다 무사하시기를 기원했어요."

그녀는 동거 중인 현정건이 임무를 갖고 난징으로 갔다고 했다.

"그이는 내 사생활을 구속하지 않는 자유분방한 사람이에요. 의열단 김원봉 단장이 헝가리 폭탄기술자 마자르를 데리고 와서 셋집을 얻어 폭탄을 만들 때, 내가 자원해서 마자르와 동거했어요. 조국을 위한 일이니까요. 장군님, 우리 집으로 가요."

그녀가 촉촉하게 젖은 두 눈을 하고 말했다. 여전히 앉거나 서거나 감기는 듯한 매혹이 있는 그녀의 자태, 오랫동안 여자와 자지 않은 그는 그 말에 꼼짝 못하고 끌려들었다. 곧장 그녀의 숙소로 갔고 지칠 때까지 사랑했다. 그리고 그 날 이후 다시는 계옥을 만나지 못했다.

국민대표회의는 연해주에서 간 창조파가 새로운 기구로 국민위원회를 결성하면서 결렬되고 말았다. 김경천은 임시정부가 상하이보다는 사정이 좋은 연해주로 오는 데 찬성했었지만 끝장 보듯 회의를 결렬시킨 것에는 실망했다.

그는 황실유학생 동기 조소앙과 헤어지며 물었다.

"나 어떻게 할까? 소비에트 정부가 빨치산 해산과 귀가명령을 내렸는데 그래도 연해주로 갈까?"

조소앙은 그의 손을 잡은 채 말했다.

"당연하지. 만주도 중국 관내도 몸 붙이기가 어려워. 연해주는 그래도 사정이 낫고 자네가 동포들의 희망이자 모든 독립전쟁 전선의 희망이기도 해.

굳건히 거기를 지켜."

8월 하순, 김경천은 국민대표회의에 참석했던 50여 명의 러시아 지역 지도자들과 함께 스위스 선적의 기선을 타고 중국 상하이를 떠나 러시아 연해주 블라디보스토크로 향했다.

우울한 세월

1923년 8월말, 김경천은 블라디보스토크에 도착했다. 지도자들은 각각 자기 활동지역으로 돌아가야 했다. 김경천은 다시 이청천과 포옹을 하고 작별했다. 그는 스찬으로 가야 하고 이청천은 기차를 타고 소비에트 원동공화국 정부와 교섭하기 위해 시베리아 치타로 가야 했다.

이동휘, 황석태 등 상하이파 고려공산당 간부들이 따뜻하게 김경천을 맞아 이 항구도시의 조선인 마을 신한촌으로 데려 갔다. 쌍두마차에 동승한 이동휘가 말했다.

"멀리 다녀오느라고 고생했네. 이곳 해삼위에서 여독을 풀며 방략을 논의하세."

"좋습니다, 장군님."

김경천은 머리를 끄덕였다.

그는 신한촌에 임시숙소를 정하고 가을 한 달을 보냈다. 상하이파 인물들은 러시아 현지의 공산당원들과 연합하려 애쓰고 있었으나 진척이 없었다. 그는 담판에서 비켜서서, 해변을 산책하며 시간을 보냈다.

상하이파 간부들이 활동비로 쓰라고 돈 봉투를 주었다.

"이것도 레닌의 자금에서 나온 돈입니까?"하고 물으니 동지는 고개를 저었다.

"그게 아니고 익명의 어떤 독지가가 우리들 투쟁에 쓰라고 기탁한 돈이지요."

"고마운 일이군요."

김경천은 머리를 끄덕이며 두툼한 돈 봉투를 받았다. 이곳 동포들이 앞을 다퉈 그를 초대해 먹이고 재워주고 있지만 돈은 필요했다.*

늦가을에 그는 니콜스크 우수리스크로 떠났다. 상하이에서 함께 돌아온 국민위원 일부가 분파를 이루어 대립하고 있었다. 상하이 국민대표회의도 파쟁 때문에 결렬되고 말았는데 같이 러시아 연해주에서 투쟁하는 세력이 또 분파하여 대립하고 있었다.

'나는 파쟁은 꼴도 보기 싫어."

김경천은 묵묵히 우수리스크에 한거했다.

'때를 기다리자. 언제고 다시 기회가 올 것이다.'

그는 그렇게 생각하며 책을 읽었다.

북국에 겨울이 왔다. 영하 40도를 기록하는 맹추위가 닥쳐오고 자주 눈이 내렸다. 날씨가 풀린 날, 여러 차례 블라디보스토크 신한촌에 가서 가까운 동지들 집에 머물렀다. 거기서 펑우둥(봉오동) 전투의 영웅 안무(安武, 1883-1924)를 만났다.

안무는 이 해 마흔 살로 김경천보다 여섯 살이 많았다. 김경천은 함남 북청, 그는 함북 경성 출신이었다. 함경도 출신의 정리(情理)가 있고, 김경천의 아버지와 형을 만난 인연 때문에 그를 소중하게 여겼다. 안무는 대한제

---

* 뒷날 김경천이 반역 누명을 쓰고 체포당했을 때 소련 관헌이 심문한 내용에 이때 받은 활동자금 수수가 들어 있다. 트집을 잡기 위한 심문이었다.

국 시대 군대의 교련관으로 있을 때 업무상 일로 김정우 군기창감과 김성은 공병대장을 만났다. 1907년 군대가 강제 해산당하자 북간도로 망명했다. 3·1 만세 운동으로 민족의 항일의지가 타오르자 독립군 부대인 국민회군 지휘를 맡았다. 그리고 홍범도 · 최진동과 더불어 청사에 빛나는 펑우둥 대첩을 이뤄냈다.

홍범도 장군
김경천은 신한촌에서 만났다.
국사편찬위 DB.

어느 날, 안무와 마주 앉아 보드카 잔을 기울였다.

"이보라우, 아우님. 내 소원은 봉오동 전투 같은 싸움을 한 번 더 해 보고 죽는 거야. 그때 우리덜은 죽기 살기로 싸웠지. 일본군을 또 한 번 박살내 보고 싶어. 홍범도 대장 첫 총탄을 맞고 거꾸러지는 왜놈 지휘관 모습이 눈에 선하구만."

"선배님, 저는 마적단이나 백파군대 상대로 큰 전투를 해봤지만 봉오동, 청산리 같은 일본군 대첩을 못해봐서 아쉬워 죽겠습니다."

"아우님도 기병 별동대를 이끌고 벼락같이 내달려 일본군 소부대를 때려잡지 않았던가? 그리고 왜놈 앞잡이 밀정들을 처단하고 왜놈 장교와 병사들을 암살하라는 명령을 내리지 않았던가? 그 소문을 듣고 얼마나 통쾌하던지."

안무는 덥수룩한 콧수염을 손등으로 쓱 문지르고 보드카 잔을 기울였다.

"언제 아우님과 봉오동에서처럼 그렇게 싸울 날이 오겠지."

"그날을 기다리겠습니다."

김경천은 안무의 손을 굳게 잡으며 말했다.

니콜스크 우스리스크로 돌아와 군사서적 번역하는 일을 했다. 폭설이 쌓여 열흘 쯤 가지 못했는데 안무가 보고 싶다는 전갈을 보내왔다. 김경천은 추위를 무릅쓰고 다시 블라디보스토크로 갔다. 시베리아 식 통나무집 니즈바에서 안무는 짐을 꾸리고 있었다.

"나는 동지들이 불러서 북간도로 가네. 김 대장은 여기 남아서 기회를 기다리시게. 어떻게든 군대를 꾸리시게. 소비에트 당국의 신임도 크고 우리 동포들의 지지도 강하니까."

"그러겠습니다."하고 김경천은 대답했다.

소비에트 당국은 러시아 내전이 끝나자 유격대 해산을 명령했고 조선인들의 독립군부대도 예외로 두지 않았다. 김경천은 소비에트 당국이 일단 질서를 잡은 뒤에는 애당초 약속한 대로 조선인들의 독립운동을 도와줄 것이라는 기대를 갖고 있었다.

안무를 북간도로 떠나보내고 돌아온 며칠 뒤였다. 한낮 햇살이 좋은 시간에 지붕에 쌓인 눈들을 기다란 고무래로 끌어당겨 떨어뜨리는데 여럿이 걷는 인기척이 났다. 돌아보니 조선인 걸인들, 아니 해산한 독립군 부대 대원들이었다. 대여섯 명이 홑저고리와 낡아 떨어진 바지를 입고 덜덜 떨면서 걸어오는데 대번에 독립군 출신임을 알 수 있었다. 혹시 늦게 벼 타작하는 곳이 있으면 울력을 하려고 도리깨를 하나씩 메고 있었다.

"그대들은 독립군 출신이 아닌가? 어디서 오는가?"

김경천의 물음에 한 사람이 허기가 져서 푹 꺼진 눈을 하고 대답했다.

"부대가 해산한 뒤 울력거리를 찾아 동가식서가숙하며 지냅니다요."

김경천은 가슴이 먹먹해져서 말했다. "이리들 들어오게."

그들을 자신이 얹혀 살고 있는 집 안으로 데리고 들어갔다. 집 여주인에게 부탁해 있는 식량을 모두 내어 밥을 짓게 했다.

걸신들린 듯이 정신없이 밥을 퍼먹는 그들에게 조선인 여주인이 물었다.

"부모가 계신 고향으로들 가세요."

"고향에 가면 왜놈경찰이 체포하겠지요. 그래서 이러지도 저러지도 못합니다."

김경천은 그들을 하루 재우고 다시 든든히 먹여 떠나보내면서 얼마 전 받은 활동자금 일부를 덜어 나눠주었다.

"추풍(수이푼)으로 가게. 거기는 경작지가 많으니까 인심이 좋지. 혹한에 어떻게든 살아남게."

1923년 세모가 다가왔다. 김경천은 니콜스크의 아스트르한스카야 거리 5호의 숙소에서 1924년 1월 첫날 아침잠을 깼다. 어지러운 꿈에서 깬 것이었다. 며칠 전 따뜻한 밥을 먹여 보낸 독립군 대원들처럼 자신이 홑저고리를 입고 도리깨를 메고 얼어붙은 광야를 덜덜 떨면서 눈밭을 걸어가는데 아내와 아이들이 바라보며 울고 있는 꿈이었다.

간밤에 젊은 미망인 김 엘리자베따의 집에 몇 사람이 모여 망년회를 열었다. 거기서 동지들에게 굶주린 독립군들 이야기를 했고 엘리자베따가 눈물을 흘렸다.

"불쌍해요."

장기영 동지가 눈을 지그시 감고 중얼거렸다.

"아아, 내 처 자식이 그렇게 굶주리며 사는지도 모르겠어요."

그 말 때문에 모두가 고국의 처자를 생각하며 눈물을 흘렸고 독한 술로 가슴을 달랬다. 그래서 그런 꿈을 꾼 것이었다.

엘리자베따는 아름답고 활달한 여인으로 원호인 남편이 유산을 남겨준 터라 궁핍하지 않게 살고 있었다. 이따금 젊은 지도자들을 불러 저녁을 대접하는 파티를 열었다. 그리고 김경천에게 특별한 호감을 보이고 있었다. 왜 재혼하지 않느냐는 누군가의 말에 그녀는 대답했다.

"김 장군님이 기혼자이니 내가 재혼할 수 없잖아요?"하고.

그래서 그는 웃고 말았다.

램프 불의 심지를 키워놓고 손목시계를 보니 7시 20분이었다. 통나무집 니즈바는 영하 30도의 맹추위에 열을 빼앗기지 않기 위해 창마다 두터운 나무 문짝과 커튼을 장치해 단열을 하기 때문에 캄캄했다. 뻬치카의 석탄이 잘 타고 있어서 방 안은 후끈했다.

그는 램프 심지를 더 올리고 책상 위에 놓았다. 그리고 노트에 새해 첫날을 맞는 소회를 적었다.

1월 1일에 부치는 노래
나의 일신도 한심하거니와 나의 집도 한심하다
우리 사회도 한심하고 독립운동도 한심하다
일꾼도 한심하고 민족도 한심하다
따라 죽자 하여도 한심하다.

펜을 잡은 김에 며칠 전에 본 걸인과도 같았던 옛 독립군 대원들을 떠올리며 다시 시를 한 편 지었다.

불쌍한 독립군
영하 40도 시베리아 지뷔에

여름 모자 쓰고서 홑저고리로
밑 빠진 메커리(짚신)에 간발하고서
벌벌 떨고 다니는 우리 독립군

한반도에 결박한 철사를 벗겨
강산 옛 빛을 보렸더니
경박한 사람들은 코웃음 마오
부모나 찾아가서 보려무나

서산에 지는 해는 쓸쓸도 하다
너의 고향 이곳에서 몇천 리이더냐
널 기르신 너의 부모 이 곳 있으면
너의 모양 보고서 어쩌하리오.*

　　정월 초하룻날이라 수이푼 지역 동포들 중 몇몇 유지들이 국민대표회의에
다녀온 국민위원회 멤버들을 환영하기 위해 잔치를 열었다. 국민위원회 멤
버들은 15만 명에 이르는 연해주 조선인들의 정신적인 지도자이기도 했다.
그들은 앞을 다투어 애국심에 대해, 조국 독립을 위한 방략에 대해 연설을
했다. 일본 육사를 나와 일본을 잘 아는, 그리고 무수한 전투의 승리로 '백
마 탄 김장군'으로 불린 김경천도 강연을 했다. 전투경험을 이야기하여 박수
갈채를 받았지만 가슴 한 구석은 안개로 가득했다. 상하이 국민대표회의도
결렬됐고 그가 머무는 연해주에서의 독립투쟁의 전망도 어둡기 때문이었

＊　　『경천아일록』, 150쪽.

다.

잔치는 다음날부터 한인들이 '추풍 4사(四社)'라고 부르는 지역을 이동하며 이어졌다.** 지난 세기 후반, 제정 러시아의 장려정책 속에 남부여대(男負女戴)로 이주해와 황무지를 개척하고 넉넉한 삶을 영위하게 된 원호민 동포들, 국적이 러시아인데도 모국 독립에 대한 염원은 강했다. 국민위원회의 지도자들에게 아낌없이 술과 음식을 내놓았다. 연일 마시고 놀고 여러 사람 만나 대화를 나누었다.

그런 분위기 속에 지도자들은 1월 15일, 제1회 국민위원회를 열려고 했다. 그러나 혹한과 폭설로 인해 연기되었고 김경천은 한가한 나날을 보냈다. 그러던 중 소련 국가원수 레닌의 사망소식이 전해졌다. 매독으로 사망했다는 소문, 스탈린이 독살했다는 소문이 시베리아 횡단 열차에 실려 연해주까지 퍼져 왔다.

레닌이 2-3년 전부터 각종 병에 시달려 온 터라 크게 놀랄 일은 아니었다. 그러나 연해주 한인들에게는 매우 실망스런 소식이었다. 레닌은 이동휘 장군에게 조선독립을 도울 것이라는 약속을 했고, 60만 루블의 지원금을 보냈던 것이다.

2월 중순 블라디보스토크에서 계획보다 축소된 채로 국민위원회가 열렸다.

"트로츠키와 부하린을 제치고 스탈린이 권좌에 오를 것인데 우리 한인들에게는 장차 어떤 영향이 올 것인가?"

....

** 추풍 4사는 수이푼 강 유역의 초기 한인 마을들이었다. 현재의 지명은 코르사코프, 푸질로브카, 크로우노브카, 시넬리니코보이다. 수이푼 지역 한인 마을의 형성과 현재의 지명에 관해서는 반병률 교수의 르포「러시아 한인 발자취를 찾아서 5 秋風 四社」가 있다(『신동아』 2004년 10월호).

연해주 한인 지도자들 김올가 씨 제공.

　연해주의 한인 지도자들은 낙관도 비관도 하지 않았다. 연해주 한인들이 빨치산 부대를 조직해 적군 편에 서서 싸워 러시아 혁명을 도운 것이 명백한 사실로 인정되고 있기 때문이었다. 스탈린이든 트로츠키든 권력을 잡은 지도자가 한인들의 독립투쟁을 돕고 묵인해 주기를 기대할 뿐이었다.

　김경천이 소중한 물건처럼 붙잡고 기대하는 것 중 하나가 군인구락부였다. 언제고 본격적인 독립전쟁에 돌입하면 여러 군대의 장교 경력자들이 뭉쳐야 된다는 생각을 갖고 있었다. 시베리아 치타에 머물고 있는 이청천·채영과 밀서를 주고 받았다. 거기서도 알력과 갈등이 있다고 했다. 공산주의에 물든 사람들은 공산당 깃발을 앞세워야 한다고 주장하고 이청천 같은 민족주의자들은 반대하고 있었다.*

'민족주의자도 공산주의자도 서로의 입장을 존중해야 한다. 가장 중요한 것은 하루 빨리 일본을 조국에서 쫓아내는 것이다.'

김경천은 중립에 서서 통합하려 애썼다. 그러면서 1924년의 봄과 여름을 니콜스크 우스리스크에서 보냈다. 몸은 한가했고 숙소는 쁘리발나야 거리에 있었다. 주인은 월세를 받지 않고 공손한 태도로 그를 모셨다. 시내의 고려구락부에서 당구나 카드놀이를 하고, 산책하고, 수이푼 강에서 목욕 겸 수영을 하며 지냈다. 그러면서 이따금 말을 타고 동포 마을을 둘러보았다. 그가 끈을 놓지 않은 것이 있었다. 자신의 영향력이 살아 있는 수이푼과 스찬의 청년조직이었다. 마을마다 공산주의 청년동맹이 조직되고 있었는데 그 중심은 그가 거느렸던 부하들이었다. 여차하면 소집해 독립군 부대를 만드는 것, 군인구락부 소속 장교 경력자들에게 지휘관을 맡기는 것이 그의 꿈이었다.

그는 지난날 자신의 부하였던 젊은 동지들에게 당부했다.

"원동공화국이 아직 평정되지 않아 민감하니까 군복 입고 다니지 말라. 총은 당분간 잊어라. 기름종이에 싸서 마루창 밑에 감춰 둬라."

그는 한편으로 해외의 정보를 파악하기 위한 일도 게을리하지 않았다. 베이징과 상하이에 있는 독립운동 조직, 그리고 동지들과 편지를 주고받았다.

9월에 참으로 탄식할 만한 일이 일어났다. 수이푼의 자피거우에서 러시아 적군 기병 부대가 산중에 있는 한인 독립군 대원 13명을 살해하는 사건이 일어난 것이었다.** 그가 장악한 대원들이 아니었지만 말을 타고 현장으

---

*　기밀 제118호. 1924년 4월 25일, 간도총영사가 외부대신에게 보낸 보고, 국편 DB.

**　『경천아일록』, 350쪽. 반병률 교수의 르포에 의하면 자피거우라는 지명은 수이푼 지역, 지

로 달려갔다. 처참한 현장을 돌아보고, 부상당한 채 살아남은 대원의 말을
들었다.

"우리들끼리 그냥 산속에서 훈련하고 있었습니다. 그런데 갑자기 기병대
가 달려와 경고도 없이 집중사격을 해서 당했습니다."

그는 그 길로 곧장 적군 사령부를 찾아가 사령관을 만났다.

"혁명전쟁 기간에 한인 독립군은 적군과 한 편이었습니다. 그런데 경고도
없이 사살합니까?"

그가 따져 묻자 사령관은 고개를 저었다.

"모든 빨치산 부대에 해산과 무장해제 명령을 내렸는데 왜 총 들고 훈련
을 합니까? 내 부하들이 실수를 했지만 잘못한 건 아닙니다."

그것으로 끝이었다. 무장항쟁은 연해주 땅에서도 금지되고 있었다. 지도
자들이 모여 토론하고 대책을 세우려 했지만 은인자중하고 기다리는 수밖
에 길이 없었다.

한형권이 독립군 대원 피살 문제를 조사하러 왔다. 그는 대단한 인물이었
다. 이상설·이동휘와 더불어 권업회를 조직했고 한인사회당을 창당했다.
임시정부 총리가 된 이동휘의 밀사로 모스크바에 가서 레닌을 만나 조선의
독립을 도와달라고 간청했다. 돕겠다는 약속, 그리고 200만 루블 지원 약속
을 받아냈다.

그는 2차로 20만 루블을 받아 상하이로 갔다. 그 공로는 참으로 눈부신
것이었다. 봄과 여름에 걸쳐 상하이에서 열렸던 국민대표회의도 그 자금이

신허 지역, 암바강 지역 등 세 곳에 있었다.(「러시아 한인의 발자취를 찾아서 4」, 「신동아」,
2004년 4월호). 당시 김경천의 위치로 보아 사건이 난 곳은 수이푼의 자피거우로 추측할 수
있다.

있어 가능했던 것이다. 김경천이 연해주에 와서 투쟁한 4년 동안 길이 엇갈려 만나지 못했고 상하이 행사 때 그를 처음 만났다. 그 후 김형권이 모스크바의 코민테른과 연락차 왕래하였기 때문에 가까이 교유할 기회가 없었다. 이번에는 김경천과 자주 만났다.

"한 동지께서 레닌의 지원금을 받아낸 것은 독립운동 사상 기념비적인 일이 될 겁니다."

김경천의 말에 한형권은 고개를 가로저었다.

"제대로 사용되지 못한 게 아쉬워요. 오해도 있었고, 그 오해 때문에 내가 윗분으로 모셨던 김립(金立) 동지도 암살당하셨어요. 그리고 결국 분열하고 결렬됐지요."

1차로 받은 40만 루블은 이동휘 중심의 상하이파 고려공산당으로 들어갔다. 백범 김구를 비롯한 임정 사람들은 그 돈의 수령자가 임정이라고 주장했고 그래서 김립을 암살했다. 한형권은 자신이 임정의 밀사 자격으로 모스크바로 갔지만 수령인은 고려공산당으로 되어 있었다고 말했다.

"거금을 쥔 고려공산당이 임정을 주도해야 했어요. 국민대표회의도 내가 가져온 2차 자금 20만 루블로 진행한 것이잖아요. 뜻대로 끌고가지 못하고 결국 국민의회를 만들어 분열한 것이 아쉽지요. 두고 보세요. 소련이 주기로 한 200만 루블 중 남은 160만 루블, 결국 받지 못할 거예요. 레닌 동지가 살아 있어도 줄까 말까인데 죽었으니 다 틀렸지요."

한형권처럼 알짜 상하이파 당원이 아닌 김경천은 자신의 생각을 말했다.

"뒷날의 역사는 한 동지가 받은 자금을 상해파 공산당이 독차지하지 말고 그것으로 임정의 주도권을 잡는 정도로 하고 임정에 활력을 불어넣었어야 한다고 판단할 거예요."

"그렇겠지요."하고 한형권은 머리를 끄덕였다.

"다 지나간 일이지요. 이제 내 임무는 혁명에 성공한 소련이 우리 독립운동 전선을 형제 같은 동지로 여겨 무장단체의 조직을 승인하고 계속 자금과 무기를 지원하게 하는 겁니다. 그러나 쉽지 않습니다."

한형권은 독한 보드카 잔을 기울이며 그렇게 말했다.

"스탈린이 레닌 동지만큼만 우리 카레이스키 문제에 관심을 가져 주면 좋을 텐데요. 그럴 조짐은 없나요?"

"유감스럽게도 그게 없어요. 그래서 불안합니다."

김경천은 한형권의 빈잔에 보드카를 부어 주었다.

한형권은 스찬 지역을 돌아본다며 짐을 꾸렸다.

김경천에게 호감을 갖고 있는 김 엘리자베타의 집에 톨스토이의 소설 등 읽을 만한 책이 여러 권 있었다. 김경천은 그것들을 읽으며 소일했다. 알렉산드로 뒤마의 『몽테크리스트 백작』이 재미있었다.

나쁜 일은 또 일어났다. 펑우둥 전투에서 홍범도를 도왔던 최진동이 투쟁 근거지인 북간도를 떠나 연해주에 와서 잠시 머무르고 있었는데 만주 군벌 정부의 관헌이 와서 체포해 가는 일이 일어났다. 김경천과 악연으로 이어졌다가 관계를 회복한 강국모도 함께 체포돼 압송당했다. 한동안 만주에 가 있다가 왔는데 군벌 우페이푸(吳佩孚)의 명령을 거부한 때문이라고 했다. 러시아 연해주도 나라 없는 민족에게는 안전한 곳이 아니었다.

김경천은 니콜스크 우수리스크로 돌아온 한형권과 다시 술을 마셨다.

"김 동지, 스찬의 콤소몰(공산주의 청년단)은 점점 단단해지고 있어요. 문제는 민족 독립보다는 공산주의 혁명의 완성을 지향한다는 거예요."

한형권의 말에 그가 대꾸했다.

"나는 만주 독립운동 조직 서로군정서와 관계를 맺었던 사람이에요. 여차
하면 만주로 돌아갈 수도 있소이다."

한형권은 고개를 저었다.

"그래도 만주보다는 연해주가 낫지요. 혁명전쟁에 참가해준 일이 있으니
까 한인들을 끝까지 박대하진 않을 거요. 스탈린이 어떻게 나오는가 좀 더
기다려 봅시다. 아무르 강 건너편 북만주에서는 김좌진 장군이 무너진 조직
을 꾸리기 위해 악전고투하고 있지 않소이까? 만주의 한인들은 거의 대부
분이 중국인들의 소작농이어서 군자금 마련이 어렵지요. 게다가 마적 떼가
늑대처럼 조선인 마을을 착취하고 있고, 일본은 동북 군벌과 결탁하여 만주
에 23개의 총영사관 및 분관을 설치하고 영사재판권을 이용하여 조선인들
의 통치를 강화하고 있어요. 그리고 장작림(장줴린) 군벌과 협정을 맺고 조
선인들의 독립투쟁을 막는 것에 상호 협조하기로 합의할 거라는 소문이 돌
고 있소이다. 그래서 만주보다는 연해주가 조건이 좋지요."

한형권은 그렇게 말했다. 사실 김경천도 동의할 수밖에 없었다.

11월 6일, 귀한 손님이 왔다. 친척 조카 창섭(昌燮)이었다. 친척들이 대부
분 북청에 살지만 친척 형인 현익 씨 일가는 경기도 안성에 이주해 살고 있
었다. 창섭은 그의 아들이었다.*

김경천은 북청 숙모 사건 이후의 가족 소식을 들을 수 있었다.

"아저씨를 만날 가능성은 절반도 안 된다고 생각하고 왔는데 뵙게 되니
다행입니다. 제가 북만으로 가는 길에 연해주도 들를 수 있을 것 같아 사직

---

* 『경천아일록』, 157쪽. 족보가 발굴되지 않아 김창섭이 김경천과 몇 촌인지는 알 수 없다.
육군중앙유년학교 재학시 작성한 신원조서에 경기도 거주 김현익(金顯益)이라는 사촌형 이
름을 넣었는데 자신이 6대독자라 했으므로 어긋난다. 친척 일부가 경기도 안성에 살았다.
김창섭은 김현익의 아들로 추정된다.

동에 가서 숙모님 말씀을 들으려 했어요. 북청 할머님이 군사서적을 찾아 가시려다 체포당하는 바람에 숙모님까지 끌려가서 보름 이상 고초를 겪으 셨고 어린 누이들도 붙잡혀 고통당했다는 걸 알기에 조심스럽게 다가갔습 니다. 집 근처에 얼쩡거리는 밀정이 있었습니다. 그래서 숙모님이 시장에 가시는 걸 따라가서 자연스럽게 다가가 대화를 나누었습니다. 숙모님은 눈 물을 흘리며 '집 걱정은 하지 말고 부디 무사히 투쟁하시라'고 전하라 하셨 습니다. 그리고 '감시가 심하니 집으로는 편지든 사람이든 보내지 마시라'고 하셨습니다. 군사서적 일로 끌려갔을 때 종로경찰서 고등계 미와 경부란 놈 이 그랬답니다. '나는 김경천의 탈출을 예상했는데 방심하다 놓쳐버렸다'고, 기어이 잡아 경성으로 끌고 올 거라고 말입니다."

조카의 말을 듣고 김경천은 탄식했다.

"군사서적 욕심낸 내가 잘못한 거야. 내 탓이야. 미와 경부 그놈이 계속 우리 집에 밀정을 붙여 감시할 줄은 몰랐어."

창섭이 계속 이야기를 풀어 놓았다.

"숙모님이 말씀하셨어요. 사직동 집을 전세로 내 주고 작은 집으로 옮겨 야 할 것 같다고 하셨어요. 그 집을 탐내는 사람들이 여럿인데 일본 놈 하나 가 많은 돈을 내려 해서 속상하다고 하셨구요. 그리고 참, 아저씨의 일본 사 관학교 후배들 친목회요. 이름이 뭐라더라 생각이 안 나네요."

"전의회야. 내가 회장이었지."

"맞아요, 전의회. 그 사람들이 모은 성금을 들고 찾아왔었답니다. 윤치호 선생과 세브란스의전 학장인 오긍선 박사도 돈을 보낸 모양입니다."*

----
* 　　이응준·김석원 등 일본 육사 출신 후배들이 지석규(이청천)와 김경천의 가족돕기 추렴을 한 　　사실은 전의회 회지 『사막천』, 1924년 6월 24일자에 실렸다. 윤치호와 오긍선이 도운 사실

"고마운 일이군. 감시가 심해 우리집에 돈을 보내기도 힘들었을 탠데."

김경천은 천천히 고개를 끄덕이다가 다시 입을 열었다.

"윤치호 선생과 오긍선 박사, 두 사람이 혹시 친일 부역의 대열에 들어선 건 아닌가?"

"그런 냄새가 다분히 납니다. 그래서 숙모님께서 돈을 돌려보내려 하셨답니다."

"그랬군. 두 사람이 다 미국유학을 한 터라 만세운동이나 독립운동이 효력이 없다고 판단한 거겠지. 그러나 그게 다 자기 합리화이지."

김경천은 그렇게 말하고 한숨을 쉬었다.

다시 매서운 추위가 몰아치는 겨울이 왔다. 은인자중하며 조용히 말을 몰고 한인 마을을 돌며 조직을 확인하는 일, 그는 그 일을 접고 수이푼에 머물렀다.

한형권이 연해주 독립운동 조직의 사정을 알리고 연합전선을 만들기 위한 임무를 갖고 북만주 하얼빈으로 떠났다. 일본 밀정들이 노리는 거물 지도자이므로 사냥꾼 차림으로 떠나갔다. 무사히 안착했다는 연락이 없어 김경천은 애면글면하면서 겨울을 보냈다.

1924년의 제야를 그는 지난해처럼 코르사코프 한인 마을에 있는 젊은 미망인 엘리자베따의 집에서 보냈다. 두어 달 전부터 그녀와 가까워졌다. 그러나 마치 갈증과도 같은 육체적 욕망을 해소하는 관계, 그 이상은 아니었다.

"나는 당신 아내가 경성에 있는 걸 알아요. 우리 관계는 위안이라 생각하

은 김경천이 1924년 11월 6일 일기에 썼다(『경천아일록』, 157쪽).

세요. 우리 둘 다 위안이 필요하잖아요?"

그녀는 그렇게 말하며 그에게 육체적으로, 정신적으로 정성을 다했다.

그는 그녀가 말한 그대로 위안을 나누는 관계를 담담하게 받아들였다. 2월 내내 아침이면 엘리자베따의 집으로 갔고, 톨스토이의 소설을 읽거나 몸을 섞었다. 그러면서 가끔은 아내와 엘리자베따 중 누구를 선택해야 할까, 이러다가 일본과 싸워 이기려는 나의 투지가 좀먹는 건 아닐까, 갈등에 빠지기도 했다.

얀치혜 박물관 얀치혜 전쟁박물관의 기념물. 2000년 답사 중 촬영.

제14장

대지에 남은 한

가족과 합류하다

1925년이 시작되었다. 김경천은 젊은 미망인 엘리자베따와의 관계로 인한 자의식 때문인지 아내 유정화에 대한 꿈을 자주 꾸었다. 그래서 한동안 엘리자베따의 집에 가지 않았다.

초기 유민으로 흘러들어와 부지런히 일한 덕에 부자가 된 원호민 노인이 가난하여 굶은 채로 보냈던 고국의 음력설을 회상하다가 사흘 뒤 설날에 만두와 떡국으로 동네잔치를 하겠다고 선언했다. 술도 한 잔 마시고 노인들과 어울려 윷놀이도 하자고 했다.

설날 오전에 그가 그 집에 가려고 여우 털로 만든 두툼한 루바슈카를 입고 그 위에 가죽 띠를 조여 매는데 컹컹 개가 짖었다.

"끄따 에따(누구십니까)?"하고 그는 러시아 말로 물었다.

얼어서 성에가 낀 창밖으로 뿌옇게 보이는 모습은 여자였다.

"정화입니다. 당신 아내 정화가 왔습니다."

그는 자신이 잘못 들었는지도 모른다고 생각하면서 급히 문을 열었다. 아내였다. 솜을 두툼하게 넣은 누비 두루마기를 입은 아내 유정화가 거기 서 있었다.

"당신이 오다니!"

그는 러시아인 남녀가 그러는 것처럼 두 팔을 활짝 벌려 아내를 끌어안았다. 엘리자베따가 생각났지만 그동안 쌓인 그리움이 그것을 넘었다. 아내는 당연히 그래야 한다는 듯이, 마치 그렇게 안기고 싶어서 달려온 여인처럼 가슴으로 파고들었다.

"어떻게 험한 길을 왔소? 왜놈들 감시도 심했을 텐데?"

"미리 준비하고 떠난 게 아니에요. 웬일인지 당신이 자꾸 꿈에 보이고, 제가 꼭 가야 할 것 같았어요. 나는 당신이 부상당했나 생각했어요. 부랴부랴 떠났기 때문에 종로경찰서 고등계도 전혀 눈치 채지 못했을 거예요."

김경천은 엘리자베따를 생각하며, 여자의 육감은 3천 리나 되는 먼 거리에서도 투시하는가 보다 하고 생각했다. 그는 아내의 손을 잡으며 말했다.

"나는 지난 몇 달 전투가 없어 매우 안전하게 지냈소. 먼 길 오는데 위험한 고비는 없었소?"

"당신 만나러 간다고 결심하니까 두렵지 않았어요. 창섭 조카가 가르쳐 준대로 함경도 웅기(雄基)에서 밀선을 타려고 했어요. 그러나 경찰의 감시가 심해 배를 탈 수 없었어요. 그래서 경의선 기차를 타고 신의주를 거쳐 압록강 국경을 건너 안동(안둥), 봉천(펑톈), 장춘(창춘), 하얼빈을 거쳐 연해주로 들어왔지요. 아편과 인삼 밀매쟁이들하고 같이 기차를 타곤 했는데 바짝 정신을 차렸어요."

아내는 묻지도 않은 말을 하고 있었다.

얼굴을 어루만지니 뺨이 차고 눈물이 손에 묻었다. 그래서 한 쪽 팔로 그녀 어깨를 안은 채로 집 안으로 들어가 페치카 앞에 섰다.

이번에는 아내가 그를 어루만지기 시작했다. 두 팔이 이상 없이 달려 있는가, 손가락 열 개는 그대로인가, 얼굴에 상처는 없는가, 코와 귀는 제대로 있는가. 그렇게 확인하는 사람처럼 샅샅이 돌아보더니 목멘 소리로 말했다.

"헤어진 지 여섯 해인데 당신 모습이 강파르게 변했어요. 그동안 얼마나 힘들었으면……. 사관학교 졸업하고 돌아왔을 때보다 더 강인해 보여요."

그는 아내의 두 눈을 향해 고개를 끄덕였다.

"그래, 나는 줄기차게 싸웠으니까."

문득 아내 눈빛이 몹시 깊어진 느낌이 들었다. 서른 살을 넘어버린 나이 때문이기도 하겠지만 긴 인고(忍苦)의 세월을 이겨낸 여인에게서 볼 수 있는 인생의 무게 같았다.

속이 출출한 점심때인데 그의 숙소에는 먹을 것이 없었다. 그는 그녀를 데리고 밖으로 나갔다. 마구간에서 백마의 고삐를 풀어낸 뒤 눈썰매에 연결했다.

아내와 나란히 눈썰매에 올랐다.

"20년 전 처음 만났을 때 같이 말을 타고 한강 변을 달린 게 생각나요. 이 말이 당신을 태우고 이리 번쩍 저리 번쩍 달려간 애마인가요."

아내가 그의 가슴에 안기듯 앉은 채로 말했다.

"벌써 세월이 그렇게 많이 흘렀군. 이 말은 망명한 뒤 네 번째 인연을 맺은 애마야. 앞서 탄 말들은 총을 맞고 쓰러졌어. 승마용이지만 가끔은 이렇게 눈썰매를 끌게 하지."

눈썰매는 길에 깔린 눈얼음 위를 미끄러져 달렸다. 이웃에 사는 러시아인, 그리고 한인 동포들이 모자를 벗어 인사했다.

"일본 땅이었지만 우리 결혼생활은 일본 지바현에서 살 때가 제일 좋았어요."

그녀가 그의 팔을 잡으며 말했다.

"당신에게 고생을 시켜 미안해."

"당신이 매우 먼 곳에 있다고 생각해왔어요. 그런데 북청 숙모님이 길을 열어놔서인지 막상 오기는 어렵지 않았어요."

"그렇지. 그런데 우리 딸들은 어때?"

"큰애 지리는 너그럽고, 둘째 지혜는 사람들이 다시 돌아볼 정도로 예쁘

고 명랑하고, 셋째 지란이, 참 그애 이름은 당신이 곁에 없어서 제가 지었어
요. 그애는 뱃속에서 유치장도 경험하고 고문도 이기고 단식도 이겨서인지
악바리에요."

"그렇군."하고 대답하며 그는 눈썰매를 엘리자베따네 집 쪽으로 몰고 갔
다.

그가 태울 사람이 있어서 조금 돌아서 간다고 말할 필요는 없었다. 아내
는 길을 몰랐고, 눈썰매가 집 쪽으로 다가가자 마침 엘리자베따가 잔치에
가기 위해 문밖으로 나왔던 것이다.

"저 여자는 이름이 엘리자베따인데 친구처럼 지내요. 태워 갑시다."

그는 그렇게 말하고 엘리자베따에게 소리쳤다.

"리자, 고국에서 아내가 왔어요."

아내는 좋다고 고개를 끄덕였고 엘리자베따는 그녀를 향해 손을 흔들었
다.

"반가워요. 사령관님이 아내를 몹시 그리워했는데 오셨군요."

아내는 그녀의 손을 잡아 올려 자신의 옆에 앉게 했다.

"고마워요, 남편이 외롭지 않게 친구해줘서."

"고맙습니다, 부인. 저를 따뜻하게 대해 주셔서."

아내와 엘리자베따는 다 이해한다는 듯이 마주 보고 웃으며 말하고 있었
다.

설날 잔치를 벌이는 집에 도착하자 그의 아내는 떠들썩한 환영을 받았다.
그녀는 부유한 진사 집안의 딸, 명성 높은 무관가문의 며느리답게 품격을
지키면서도 부드러운 태도로 사람들을 대해 주목을 받았다. 초대된 대저택
에 피아노가 있었는데 그녀는 몇 곡을 연주해서 박수를 받았다. 특히 러시

아 민요 '볼가 강의 뱃노래'를 연주하자 거기 참석한 러시아인들은 "하라쇼!"를 연발했다.

아내는 그의 곁에 20일을 머물고 짐을 꾸렸다. 니콜스크 우수리스크에서 기차를 타고 블라디보스토크로 가고, 거기서 함경도 웅기로 가는 밀선을 타는 길. 그는 아내를 배웅하기 위해 블라디보스토크까지 동행했다.

기차 안에서 아내가 말했다.

"이곳은 사회주의 혁명에 성공한 나라라 민족차별이 없는 듯해요. 아이들 학비도 병원비도 안 들고요. 아무래도 아이들을 데리고 당신 곁으로 와야 할 것 같아요. 당신이 독립운동을 하는 터라 재산 지키기는 불가능해요. 조선 땅 전체에서 일본인에게 토지를 빼앗기는 일이 벌어지고 있는 판이에요. 어차피 빼앗길 거라면 군자금으로 쓰는 게 낫지요."

20일 간 머무르면서 충분히 이야기를 나눈 터이고, 이제 결론을 내야 할 순간이라고 생각한 것이었다.

"그냥 안주할 것이라면 참 좋지. 나는 혁명군 지역사령관을 지냈으니 합당한 대우를 받을 것이오. 문제는 내 가족들에게는 좋지만 독립전쟁이 용납되지 않을 가능성이 크다는 거요. 독립군은 만주 땅에서도 러시아 땅에서도 발을 붙이기 어려운 사정이 돼 가고 있소. 만주가 투쟁지역이 된다면 나는 그곳으로 가서 싸울 것이오."

"좋아요. 그렇게 하세요."

아내가 말했다.

그는 차창 밖으로 희끗희끗 스쳐가는 자작나무를 내다보다가 고개를 끄덕였다.

"애들을 데리고 와요. 조용히 은밀하게 전 재산을 팔아요. 일본돈 고액권이나 금화로 바꿔서 아이들을 데리고 와요. 실수 없이 해야 하오.”

아내는 그의 손을 잡았다.

“알았어요.”

“쉽지 않을 거요. 먼 거리를 가는 기차표나 배표를 사려면 경찰서에 가서 여행권을 받아야 하는데 경찰이 그걸 내줄 리가 없소. 이번처럼 몰래 와야 하는데 혼자가 아니니까 힘들 거요.”

“당연히 세 딸 손을 잡고 밀행해야지요. 해볼게요. 사직골 집은 놔두고 싶어요. 세를 놓아 볼게요. 경천원을 탐내는 사람이 있어서 제값을 받을 수 있을 거예요. 피아노도 제값보다 더 받고 팔았어요.”

그는 궁금해서 물었다.

“그 고마운 사람이 누군데?”

“누구겠어요? 나라를 일본에 판 덕으로 자작, 백작, 남작, 그런 작위를 받은 더러운 자들이지요.”

아내는 생각난 것이 있는 듯 돌아앉았다.

“이응준 대위가 집에 왔었어요. 사관학교 후배들이 모금을 했다 하기에 우리는 아직 살 만하니 지석규(이청천) 씨 댁이나 도우라고 했어요. 지석규 씨네 가족은 아이들 학교도 못 보내고 끼니를 거르고 있어요.”

“잘했어. 당신이 자랑스러워.”

그는 아내의 어깨를 끌어안았다.

3월 11일, 아내를 블라디보스토크에서 캄캄한 밤에 밀선에 태워 보내고 돌아온 뒤 그는 초조하여 줄곧 잠을 이루지 못했다. 그래서 걱정을 잊어보려고 마을의 노인들과 장기(將棋)를 두고 중국소설 『삼국지연의』를 읽었다.

엘리자베따도 만났다. 그녀가 옷을 벗어 알몸이 된 채 말했다.

"사령관님 부인이 저를 동생처럼 따뜻이 대해 줬으니 이러면 안 되는데…. 오늘 마지막으로 안아줘요. 앞으로는 존경하는 친구로 바라보며 살게요."

그는 거의 밤을 새우며 그녀와 몸을 섞었다.

4월 8일, 아내에게서 경성에 안착했다는 편지가 와서 김경천은 안도의 한숨을 쉬었다.

그는 니콜스크 우수리스크의 쁘리발나야 거리에 있는 숙소 마당에 꽃밭을 만들어 소일거리로 삼았다. 특별히 할 일이 없기 때문이었다. 스찬에서 투쟁할 때 부대원이었던 박민규(朴敏奎)가 기차역에 잠시 내렸다 안부를 확인하고 가면서 "사령관님을 곧 스찬으로 모실 생각입니다."라고 한 말이 그에게 전해져 왔다. 박민규와 옛 부하 대원들은 어떻게든 그를 조직을 이끄는 대표로 추대할 계획을 세우고 있었다.

"여름이 오면 젊은 동지들을 만나 스찬 해변으로 해수욕을 갈까 생각하네. 전투를 할 때 그러자고 약속했거든."

그는 말을 전한 사람에게 그렇게 말하며 자신이 백마를 타고 내달렸던 스찬의 산야를 떠올렸다.

5월 초는 한가했다. 그는 조용히 숙소에 앉아 진중일기를 정리했다. 육군유년학교 편입 직후부터 일기를 썼다. 유학 직후부터 쓴 일기는 사직동 집에 두고 왔다. 1919년 6월 망명 탈출한 이후에도 매일 일기를 썼으나 수많은 전투를 하며 여러 번 잃어버렸다. 모두 잃어버리고 잊어버리기 전에 복원할 필요가 있었다. 1888년 출생 때부터 망명 탈출까지는 회고록 형식으로, 그 이후는 일기를 복원하는 형식으로 정리했다.

아내가 탈출 준비가 다 되었다고 소식을 알려 온 것은 5월 중순이었다. 아내는 재산을 처분했고 탈출 루트를 확보하기 위해 미리 남동생 대진을 블라디보스토크로 보냈다. 블라디보스토크에 온 대진은 밀정들에게 발목을 잡힐까 봐 편지만 보내고 돌아선 것이었다.

김경천은 가족을 데려 올 밀사를 물색했다. 한 사람도 아니고 일가족을 한꺼번에 데려오는 건 위험이 열배는 컸다. 그는 믿을 만하고 눈치 빠른 사람을 찾았다. 그의 눈에 들어온 사람은 김연희였다.* 보성전문학교를 나와 사회주의운동을 해온 29세의 청년이었다. 책임감과 추진력이 강하고 만주와 연해주를 여러 번 드나들어 해로와 육로 모두 익숙한 인물이었다. 배짱도 강했다. 이미 감옥에 갇힌 경력이 있어 일본 경찰의 추적을 받을 것이라는 점이 마음에 걸렸지만 그만한 사람이 없었다.

김연희는 김경천의 요청을 받아들였다.

"장군님 가족을 무사히 탈출시키는 일도 독립투쟁의 하나지요. 목숨을 걸고 추진하겠습니다."

그는 경성에 도착해 은밀히 김경천의 아내 유정화를 만나 김경천의 편지를 전했다.

6월 17일 아침 7시, 유정화는 세 딸 지리, 지혜, 지란, 그리고 시누이 옥진과 더불어 경원선 열차를 타고 북행 망명길에 올랐다. 원산에 도착했으나 배를 구하기 어려워 작은 어선을 타고 청진으로 갔다. 거기서 곧장 연해주 남단의 블라디보스토크로 가려고 큰 어선을 탔다. 아이들을 선창에 깊숙이 숨기고 아내와 옥진은 어부 차림으로 남장(男裝)을 했다. 그러나 워낙 일경의 감시가 치밀하고 곳곳에 밀정이 깔려 있는데다 동행자가 많아 발각되기

----

*   김연희(金演義, 1898-?): 경기 김포 출생. 보성전문 졸업. 1924년 8월 조선노동당 창설에 참여하고 이듬해 민중대회 사건으로 피검, 징역 1년 집행유예 3년을 선고받아 풀려났다. 1926년 조선공산당에 입당했으며 7월에 다시 체포되었다. 1944년 건국동맹에 참여했으며 광복 후 서울시인민위원회에서 활동했다.(강만길 성대경, 같은 책, 93쪽)

쉬운 상황이었다.

일본은 자신들이 장교로 양성한 김경천을 위협적인 존재로 여기고 있었다. 거의 맨손으로 일어서 스찬 지역을 평정했고, 이만 점령 작전에서 보여준 그의 지휘력을 두려워하고 있었던 것이다. 그래서 가족들을 밀착 감시했으나 놓쳐버렸다. 경찰과 헌병대는 공동으로 체포 명령을 내렸다.

'반일분자 김경천의 아내와 누이동생이 여자 아이 셋을 동반해 연해주를 향해 잠행중이니 체포하라.'

그런 명령이 헌병 경찰과 밀정들에게 하달되었음을 알고 유정화는 아이들을 데리고 다시 뭍에 내렸다.

그 후 노정을 북간도 쪽으로 변경하여 함경북도 회령에서 두만강을 건너 밍동촌(明東村, 명동촌)을 거쳐 룽징에 도착했다. 일가는 그곳에 있는 김경천의 동지들에게 맡겨졌다. 김연희는 조선 땅으로 돌아가고, 일가는 김경천 동지들의 보호 속에 한숨을 돌린 뒤 다시 길을 떠나 만주와 연해주의 경계인 우수리 강을 건너는 데 성공했다.

뒷날 억울하고 가혹한 숙청을 당한 것을 생각하면 김경천은 가족을 부르지 말았어야 했다. 이 시기에 만주지역 조선인들의 투쟁 여건이 악화되고 있었지만 그는 만주로 근거지를 옮겨야 했다. 그러나 그는 자신이 몸담아온 연해주에 희망을 갖고 있었다. 공산주의에 찬동하지 않고 공산당 입당을 고려하지 않으면서도 이곳에 있으면 다시 기회가 올 것이라고 그는 그렇게 희망을 가졌다.

김경천 가족의 경성 탈출은 6월 27일 신문에 보도되었다. 김경천 부인의

거처? 딸들 셋 데리고 부지거처돼 남편 찾아 서백리아로 간 듯

일찍이 일본 육군사관학교를 졸업하고 육군 중위까지 다니면서 삼일운동 때
에 만주 망명으로 뛰면서 독립군 대장으로 있는 김경천(金擎天 일명 光瑞) 씨
는 최근에 노령(露領)으로 들어가서 적군(赤軍)에 가담하여 받자한 운동을 일
으킨다는데 그 부인 류정(柳貞)은 시내 사직동 일백육십육번지에서 어린 딸 셋
으로 더불어 화조월석 멀리 있는 남편을 그리면서 칠년 동안의 긴 세월이나 지
내왔으나 남편 만날 기회는 막연하므로 금년에는 단독 여자의 몸임도 불구하
고 「시베리아」로 갈 작정으로 몇 달 전부터 경찰서에 여행권을 청구하였으나
끝내 허락을 얻지 못하였더니 수 일 전에 그 부인은 어린 딸아이 셋을 이끌고
어디로 떠났는데 간 곳은 알 수 없다고 하는 바 소식을 탐문한 종로서(鐘路署)
에서는 남편을 찾아 시베리아로 향한 듯하다하여 매일 형사를 파견하여 그 행
방을 조사 중이라고 한다.*

기자가 무엇인가 알아채고 김경천의 집 주변 사람들에게 탐문해 쓴 기사
로 보인다.

김연희는 6월 30일 경성으로 돌아오는 길에 체포되어 종로경찰서로 압송
되었다. 김경천 일가의 망명 탈출과 경위는 고등계의 미와 경부에 의해 샅
샅이 파악되었다. 1925년 7월 6일, 종로경찰서장이 경성지방법원 검사정에
게 보낸 기밀보고서에 김경천 가족의 탈출 경위가 기록돼 있다. 북간도의
협력자가 누구였는가는 기록에 없다.** 룽징에서 위험을 각오하고 김경천

* 「시대일보」, 1926년 6월 27일자.
** 경종경고비(京鍾京高秘) 제7035의 2, 「노동당 간부 김연희의 귀경에 관한 보고」, 국편 DB.

의 가족을 보호해 연해주로 보낸 협력자는 같은 함경도 출신으로 황실유학생 동기인 한상우일 가능성이 크다. 그는 지난 10여 년 간도국민회 간사를 맡는 등 룽징을 근거지로 삼아 독립운동을 했고 이 무렵 간도교육회 집행위원을 맡고 있었다.

김연희가 호송
김연희가 김광서의 가족을 북간도까지 안내하고 경성으로 돌아왔다고 종로경찰서장이 경성지방법원에 올린 기밀 보고서. 국사편찬위 DB.

한편, 지난날 그가 이끌었던 일본 육사 후배들이 그의 가족 탈출 사실을 인지한 사실이 전의회의 회지 『사막천』 1925년 7월 5일자에 실려 있다. 김 부인은 김경천의 아내 유정화를 뜻한다.

김 부인은 전 가족을 통솔해 조선을 멀리멀리 안녕히 가셨다고 하는 소문이 사실인 모양이오. 6월 상순 경 회원 일동을 대표하여 위문의 뜻을 표하기 위해 재경 체류 중인 형들의 동의를 얻어 김 씨 자녀 3인에 대한 학용품 대금으로 금 15엔을 증정하니 김 부인은 물론 김 부인의 모친도 우정이 두텁고 의리 있는 것에 감사를 표했소.

1910년 합방 소식에 통곡하며 뒷날 독립전쟁에 투신하자고 맹세했던 육사 26기와 27기 후배들, 대한제국의 마지막 무관생도들로서 독립전쟁 전선으로 탈출하지 않고 일본 군복을 입고 있던 그들은 곤궁한 김경천과 지석규(이청천)의 가족돕기 이미 1차 추렴을 한 바 있었다. 이번에 2차 추렴을 한 것이었다. 위문금 15엔은 결국 딸들의 학용품 값이 아니라 탈출 비용으로 들어간 셈이다.

위의 7월 5일자 김연희 체포 관련 종로경찰서장의 기밀보고서에는 대지가 700여 평에 달했던 김경천의 사직동 저택의 처분에 관한

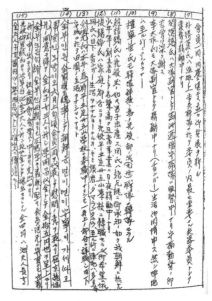

사막천 김광서 선배의 아내가 가족을 데리고 탈출한 사실을 알린 육사 후배들의 친목회 전의회 회지『사막천』1925년 7월 5일 지면.

내용도 있다. '김경천의 아내 유정화가 경성 신정(新町 현 중구 묵정동)에 사는 쿠사츠(草津)온천 주인인 일본인 유시마(湯島)에게 250엔에 전세로 주고 그 돈으로 여행경비를 마련했다'는 내용이다. 쿠사츠 온천은 일본 군마현(群馬縣)에 있는 일본 3대 온천 중 하나이다.

그런데 1년 전인 1924년 6월 24일자 전의회 회지『사막천』실린 내용은 조금 다르다. 김경천과 지석규 가족 돕기 1차 추렴 사실과 김경천 가족과 저택 매각에 관한 이야기가 있다.

김 부인은 수년래의 부채와 또한 생활난을 견디다 못해 지난겨울 소유 가옥
을 매각,그 부채를 정리하여 가까스로 생계를 유지하고 있다. 그러면서도 김 부

인은 지 부인(지석규의 부인)의 비참한 처지에 동정하여 가옥매각 때 일금 백
원을 지 부인에게 기부했다고 한다. 그 의거는 참으로 장렬하다고 할 것이다.*

이 기록에 의하면 유정화가 남편을 찾아 떠나기 2년 전인 1923년 겨울에
저택을 매각한 것이다. 경기도 여러 곳에 있던 토지와 산판을 처분한 것을
저택을 판 것으로 잘못 안 듯하다.

서울시 중구청에 보존되어 있는 토지대장은 사직동 166번지를 포함한 옛
김경천의 집 대지 3필지가 1926년 인천부(仁川府) 거주 일본인 가쿠 에이타
로(加來榮太郎)에게 소유권이 이전된 것으로 실려 있다. 가쿠 에이타로는 조
선인촌(燐寸, 성냥), 인천수산 등 회사를 경영하면서 인천미두취인소 이사를
지낸 인천의 거물 실업인이었다.

토지대장 기록이 가장 정확할 것이다. 그러나 소유권 이전 등기(登記)가 부
동산 매매와 양도의 계약이 성립되고 한참 지나 이뤄지는 수도 있으므로 매
도 시기까지 확정할 수는 없다.

다만 김경천의 처자가 곤궁하게 지낸 것은 분명하고, 넓은 저택의 본채와
별채 중 하나를, 혹은 3필지로 돼 있던 대지의 일부를 매각했을 것으로 추
정할 수가 있다. 그리고 그의 장모가 함께 기거했음을 『사막천』 기록으로 확
인할 수 있다.

대한제국 말기의 고관대작들, 나라가 망한 뒤 독립운동에 투신하여 재산
을 조국독립에 바친 경우는 저 삼한갑족 이회영·이시영 형제와 김좌진, 여

----

*   전의회 회지 『사막천』1924.6.24. 山本七平, 이명성 역, 『홍사익 중장의 처형』상권, 도남서
    사, 1986, 48-49쪽 재인용.

운형 등이 더 있었다. 그러나 대부분의 가문은 일제와 적극적 혹은 묵시적으로 타협하며 재산을 지키거나 불려나갔다. 김경천의 부 김정우를 발탁했고 아들 김경천까지 가깝게 지냈던 윤웅렬·윤치호 가문도 그랬다. 815 광복 후에 대통령과 장관, 서울시장이 나왔다.

'독립운동 하면 3대가 망하고, 친일하면 3대가 흥한다'는 말 그대로였다. 김경천은 전자에 속해 조국에 재산도 바쳤다.

1926년 7월 5일 일요일, 김경천은 가족이 도착했다는 연락을 받고 급히 말을 몰아 달려갔다.

"아버지! 보고 싶었어요!"

못 알아볼 정도로 부쩍 자란 딸들이 달려와 그의 품으로 뛰어들었다.

"그래, 나도 너희들이 무척 보고 싶었단다."

지리는 열한 살, 지혜는 아홉 살, 지란은 일곱 살이었다. 머나먼 길을 돌아오며 온갖 위기를 겪었던 딸들은 다시는 떨어지지 않겠다는 듯 아버지의 목을 끌어안았다. 아니, 일곱 살짜리 막내 지란은 아버지를 알아보지 못했다. "우리 아빠 아니야."하며 달아났다.

그는 천천히 다가온 아내를 포옹했다.

"당신이 큰일을 했소."

김경천이 가족을 러시아 연해주로 불러들인 뒤 러시아 연해주 정세는 빠르게 안정을 찾아갔다. 적군이 백군을 완전 제압하면서 총성은 그쳤고 지주의 재산 몰수와 재분배가 시작되었다. 그는 일본군과 싸워 이긴 공훈 때문에 지주에게서 몰수한 꽤 넓은 시베리아 식 통나무집 니즈바를 무상으로 받았다. 그리고 비록 개척 시기의 선착 이주민이 아님에도 영주권도 받았다.

김경천 부부는 계속 한인 이름을 사용했으나 자식들에게는 러시아식 부칭(父稱)이 필요하여 '이반'이라는 이름을 쓰게 했다. 이반은 그의 수하에서 러시아어 통역을 맡았던 총명한 부하대원 이름이었다. 그리하여 큰딸 지리는 김 베라 이바노브나, 둘째딸 지혜는 김 니나 이바노브나, 셋째딸 지란은 김 지나 이바노브나라는 이름으로 불리었다.* 큰딸 지리와 둘째 지혜는 한인 학교에 입학시키고 셋째 지란은 러시아인 학교에 보냈다. 이복누이 옥진은 아무래도 생모가 있는 경성이 공부하기에 나을 듯해 모국으로 보냈다.

꼴호즈 위원장에서 일본어 교수로

김경천의 가정은 안정을 찾아갔다. 러시아라고 하지만 니콜스크 우수리스크는 한인 유민들이 많아 언어가 통했고 그의 아내는 불편함이 거의 없었다. 옛날 일본에 살 때도 그랬는데 여기 와서도 러시아 여인들과 잘 어울렸다. 러시아는 조선처럼 남존여비 관습이 없는 땅이고 한인 마을도 그랬다. 그래서 그녀는 다소곳이 지내지 않고 마치 그것을 즐기듯이 수다스럽고 활달해졌다.

간혹 부부싸움도 했다. 신혼시절에는 몰랐는데 연해주에서 다시 합하니 두 사람의 성격상 차이 때문에 충돌했다. 아내는 옛날과 달리 목소리가 커졌다.

그녀는 소리쳤다.

----

* 가족 합류 이후에 태어난 장남 수범, 4녀 지희, 차남 기범도 각각 블라디미르 이바노비치, 지나 이바노브나, 겐나지 이바노비치라는 이름을 사용했다.

"우리 부부는 성격이 맞지 않아요."

그도 맞받아 소리쳤다.

"그래, 일곱 해만에 만났으니 편안해야 하는데 그렇지 않아."

그렇게 언쟁하다가 그는 문득 지금 나의 삶이 내 가족이 얼마나 소중한 가. 영하 40도의 빙판 위를 군마 타고 달릴 때 얼마나 이런 삶을 갈망했던 가, 하고 생각하며 그가 먼저 마음을 풀고 "미안해" 아내의 손을 잡았다.

"사상체질(四象體質)이야. 나는 소양인(少陽人)이고 당신은 태음인(太陰人)이 라 부딪히는 거야. 하지만 부부금슬은 그렇게 달라야 상생하는 거래."

그러면 아내는 웃으며 동의했다.

"당신 말이 맞아요."*

김경천은 육군중앙유년학교와 육사의 생도 시절에 지은 시들, 그때 약혼 녀인 정화에게 편지로 써 보낸 시들, 그리고 독립전쟁 중 진중(陣中)에서 지 은 시들을 버리지 않고 노트에 적고 「경천아시가집」라는 제목을 달아 보관 하고 있었다. 조용히 시를 소리 내어 읊으며 그때 일을 회상하는데 큰딸 지 리가 곁으로 와서 대신 낭독했다.

"아버지 시를 읽으니 참 좋아요."

딸의 말에 그는 고개를 끄덕였다. 언제고 조국이 독립되는 날 시집을 출 간하고 싶었다.**

그렇게 금방 여름이 가고 가을이 지나갔다. 그가 가족과 합류한 뒤에도 동지들은 찾아왔고, 그의 아내가 차려준 술상을 받고 대화를 나누고 대개는

----

*   김경천이 아내와의 성격 불일치를 사상체질로 설명한 것은 1925년 11월 13일 일기에 있다. 『경천아일록』 375쪽.
**   이 시집은 김경천이 카자흐스탄에서 두 번째로 체포될 때 압수당했다. 뒷날 유족이 『경천아 일록』을 돌려받을 때 받지 못했다. 아직 카자흐스탄 관헌에 남아 있다.

하룻밤을 자고 갔다. 스찬의 신영거우 전투에서 패해 사선을 넘었던 이학운은 아직도 충실한 막료처럼 충성을 보이고 스찬 지역에 흩어져 사는 옛 부하대원들의 소식을 전했다.

"저희들은 사령관님을 다시 모실 날을 기다립니다. 끊임없이 서로 연락하며 결속을 다지고 있습니다."

이학운의 말에 그는 힘이 났다.

"그래, 우리 조국은 여전히 일본에 짓밟혀 있어. 다시 독립전쟁을 해야 해."

그는 스스로 다짐하듯이 그렇게 말했다.

러시아 연해주는 대풍이었다. 벼의 재배 북방한계선을 연해주까지 끌어올린 것은 초기 한인 유민들이었다. 모내기부터 수확까지 짧은 기간에 하다보니 10월에 갑자기 찾아온 추위에 냉해를 입어 수확량이 많지 않았는데 이해는 냉해가 없어 무진장으로 거둬들였다.

아무르 강 건너 만주 땅도 마찬가지로 풍년이어서 한인 유민들이 독립운동 진영에 의연금을 냈다. 김좌진과 이청천에게서 무기 구입이 가능한가 묻는 밀사가 다녀갔다. 혁명전쟁 중에는 무기가 많았는데 빨치산 해산명령으로 사정이 나빠졌다는 답장을 보냈다.***

11월 초순에 한 동안 소식이 없어 걱정하게 한 한형권이 최준형(崔俊衡)과 함께 왔다. 최준형은 수산(睡産)이라는 가명을 썼다. 한형권과 같은 함경북도 경원 출신으로 만주와 연해주를 넘나들며 독립투쟁을 한 투사였다. 김경

*** 　일본 간도총영사는 '불령조선인단이 농작수확기에 활동자금을 충당하려고 의연금 모금을 획책하고 있다고 외무대신에게 보고했다(기밀 제229호. 1925년 10월 24일, 국편 DB)

천과 더불어 남만주에서 신흥무관학교 교관을 한 이범석이 북만주에 있는 김좌진의 북로군정서로 가서 사관양성소를 만들었을 때 생도대장을 지낸 사람이었다. 이름만 들어 왔는데 찾아와주니 반가웠다. 연해주 지역 독립투사들 중 거의 절반이 함경도 출신이었다.

한형권이 말했다.

"김 동지가 연해주에서 지휘한 젊은 대원들은 김 동지께서 집결명령을 내리면 즉시 달려올 거요. 모스크바 한인들의 대표인 김 미하일 동지, 거기 사관학교에서 일하는 오하묵 동지, 이동휘 동지, 최고려 동지 등과 의논했소. 레닌의 급작스런 사망 이후 정권을 잡은 스탈린 동지에게 독립군을 용인해 달라고 청원하기로 했소. 조선혁명군이라는 이름으로 군대를 편성할 작정이오. 중국의 국민당 정부는 물론 걸출한 군벌인 펑위샹(馮玉祥) 장군과도 잘 접촉하고 있소. 한인 연합부대를 만들어 모국으로 진공하자는 것이오. 김 동지에게 지휘권을 맡길 것이오."*

김경천은 눈을 빛내며 한형권을 주목했다.

"때를 기다렸소이다. 이미 만반의 준비를 해 두고 있소이다. 조선혁명군의 모국진공, 내가 꼭 지휘하고 싶소이다."

세 사람의 함경도 내기들은 보드카 잔을 기울였다. 두 손님은 나이가 대여섯 살 아래인 김경천을 친구처럼 대했고 김경천은 기쁘게 받아들였다. 두 동지는 그가 가족을 무사히 탈출시켜 합류하게 된 것을 축하하고 부러워했다. 수많은 독립투사들 중 그런 경우는 드물었다.

---

*   일본 첩보망은 김경천과 그 일파들이 중국 국민군 원조를 받아 만주와 연해주에서 한인군대를 새롭게 편성하려 한다고 보고했다.(조보비(朝保秘 1210호, 조선총독부 경무국장의 보고서, 1926년 10월 5일, 국편 DB).

고국과 다른 관습이 있었다. 아내가 음식을 접시에 담아오면서 술좌석에 끼었다. 한형권과 최준형은 고국에 남은 가족 이야기를 했다.

그녀가 말했다.

"남편이 다시 독립전쟁을 한다면 저와 아이들은 여기 있어야 합니다. 재산을 다 처분하고 왔으니까요. 동포들이 살지만 낯선 나라잖아요." 한형권이 그녀를 바라보며 입을 열었다.

"제수 씨. 김 대장은 독립군 부대 대장이자 빨치산 연합부대 사령관이었습니다. 소비에트 정부가 김 대장과 가족을 책임질 겁니다."

그의 아내는 머리를 끄덕였다.

"다행이에요. 경성에서는 김경천의 아내라 하여 왜놈들 핍박을 받는데 여기선 정반대니까요."

김경천이 끼어들었다.

"내가 독립전쟁에 나가 전사하면 당신과 아이들에게 영예가 이어질 것이오."

김경천과 그의 동지들도, 그의 아내도 그렇게 소비에트 정부를 믿었다. 뒷날 그가 체포당하고 모든 한인들이 화물열차에 실려 중앙아시아로 강제이주당할 것이라고는 꿈에서도 예상하지 못했다.

김경천은 다시 출정할 날을 기다렸다. 그러나 조선혁명군 조직이 좌절되었다는 소식이 왔다.

"출정할 희망은 없나요?"하고 아내가 묻자 그는 뚜릿뚜릿한 눈을 하고 말했다.

"그렇소. 조선혁명군 사령관으로 국내진공을 감행하는 것, 필생의 꿈이었는데 이제 어렵게 됐소."

온 세상이 꽁꽁 얼어붙는 겨울이 왔다. 한형권과 최준형이 근처에 숙소를 정하고 머무는지라 거의 매일 만나 장기를 두었다. 북간도 사정을 김경천보다 잘 아는 최준형은 연해주나 만주에서의 무장투쟁이 더 이상 가능한지 2-3년 안에 결정이 날 것이라고 말했다.

한형권이 김경천과 장기를 두다가 입을 열었다.

"일본이 만주를 차지하고픈 건 수백 년 된 꿈이잖소?"

김경천이 응답했다. "그렇소이다. 지금이 국가 융성기라고 여기고 있지요. 내가 일본 군복을 입고 있을 때 장군들은 노골적으로 그렇게 말했소이다."

"일본군이 만주와 중국 본토를 침공하면 중국 정부나 군벌들이 조선독립군을 동지로 여기고 함께 싸우자 할 것이고."

한형권은 장기의 말을 움직이며 "장군!" 하고 다시 입을 열었다.

"일본이 만주를 점령한다면 소비에트는 연해주 한인 독립군을 소집해 함께 방어할 것이고, 김 동지는 사령관이 되겠지요."

"정말 그랬으면 좋겠소이다."

김경천은 딱 소리가 나게 장기 말을 장기판에 때렸다.

훈수를 두고 있던 중국통 최준형이 소리쳤다.

"그런 때가 올 겁니다."

김경천은 러시아 연해주에서 그런 희망을 갖고 기다리고 있었다. 그 무렵, 만주 땅에서의 무장투쟁은 주춤하긴 했지만 끊어진 것은 아니었다. 1925년 3월에 그가 머무는 니콜스크 우수리스크에서 가까운 무링에서 신민부(新民府)가 조직되었고, 참의부(參議府)의 한 무장부대는 국내진공을 계획중에 서간도 지안현(輯安縣) 구마링(古馬嶺)에서 일본 경찰의 공격을 받고 접전을 벌여 중대장 최석순(崔碩淳) 등 43명이 전사했다. 그리고 일단의 독립군이 평안북도 초산 벽동의 경찰 주재소를 습격해 7명을 사상시켰다.

중국 측의 제약이 많았다. 1925년 7월, 그의 탈출동지였던 이청천은 일본의 강압에 굴복한 중국 측의 요구로 정의부가 군사행동 중단하게 되자 우창현(五常縣, 오상현)에 머물고 있던 가족에게 가서 은둔해 필부로 살고 있었다.

그래도 만주와 중국의 한인들은 줄기차게 싸웠다. 1926년에는 5월에 신민부 군사위원장 김좌진이 조선총독부가 만주로 보내는 공금 6천 엔을 탈취했고, 의열단원 나석주(羅錫疇)가 폭탄을 갖고 경성으로 잠입해서 식산은행과 동양척식주식회사를 폭파하고 자결했다. 신민부이든 참의부이든 의열단이든, 김경천이 혈혈단신으로 찾아갔다면 환영했을 것이다. 그러나 그러지 않고 연해주에서 때를 기다렸다.

김경천은 기다리면 때가 온다고 생각했다. 조용히 집에 앉아 진중일기를 다시 정리했다. 사직동 집에 둔 일기를 아내가 가져오지 않은 것이 아쉬웠다.

어느 날 장기를 두러 그의 집에 온 한형권에게 말했다.

"난 요새 일기를 써요. 한 동지나 나나 다시 일본군과 싸우고 살아남는다면 늙은 뒤에 생애를 되돌아보는 회고록을 쓰게 되겠지요. 그걸 위해 정리해 놔야 해요."

한형권은 장기 말을 옮기며 말했다.

"나는 수첩을 잃어버려 남은 게 없소이다. 김 장군이나 잘 쓰시오. 김 장군께서 늙어 회고록을 쓸 때 무엇이 돼 있을까요? 해방된 조국은 장군의 공을 잊지 않겠지요?"

그는 고개를 가로저었다.

"독립운동은 훗날의 영화를 바라고 하는 게 아니지 않소? 해야 되니까 하는 거지."

"그건 나도 마찬가지입니다."

한형권이 말했다.

1926년 봄, 김경천은 식솔들을 이끌고 니콜스크 우수리스크를 떠나 스찬 다우지미 지역의, 한인들이 서개척리(西開拓里)라고 부르는 마을로 이사했다. 그의 지휘를 받으며 싸웠던 옛 부하대원들이 소비에트 당국의 승인을 얻어 꼴호즈(협동농장)를 만들고 그를 위원장으로 모신 것이다.

지난날 그의 활동무대인 스찬은 삼림이 우거지고 석탄광이 많은 곳이었다. 그 중 한인들이 '내수청'이라고 부르는 지역은 큰 분지여서 땅이 비옥하고 물이 많아 논농사에 최상이었다. 초기 한인 유민들은 손이 닿는 모든 곳을 무논으로 만들었고 볍씨를 개량해 벼농사 북방한계선을 끌어올렸다. 이미 개척된 곳이라 꼴호즈는 큰 걱정이 없었다.

문제가 있다면 공산주의 혁명으로 인한 모든 토지 국유화의 후유증이었다. 초기유민으로서 개척을 끝내고 그 대가로 많은 토지를 소유했던 부자 원호민들이 하루아침에 노농자 농민 계급으로 신분이 하락되니 크고 작은 문제들이 일어났다. 그것을 해결하는 데는 김경천 만한 인물이 없었다. 그는 지난날 마적 떼의 살육과 약탈로부터 그들을 보호했고 공평하게 민정을 폈던 인물이기 때문이었다. 꼴호즈의 구성원들은 진심으로 그를 공경했고 그의 아내와 아이들에게도 친절했다.

9월, 꼴호즈에 있는 집에서 아들 수범(秀凡)이 태어났다. 그는 39세로 불혹의 나이를 바라보는, 세 딸과 아들 하나를 가진 가장이 되었다. 그는 말을 타고 꼴호즈 이곳저곳을 돌아보고 곡물 증산을 위해 고심하면서 세월을 보냈다. 그러면서 끊임없이 멀리 있는 동지들과 편지를 주고받았다. 미국에 유학 중인 김영섭 목사도 편지가 오고 갔다. 동지와 친구들은 권하고 있었다. 당신은 17만 연해주 조선인들의 상징으로 거기 남아 있어야 한다고.

1929년 초, 그는 아프로 꼴호즈로 자리를 옮겼다. 스찬의 해안 지역으로서 한인들이 난채시(蘭採市)라고도 부르고 한성동(漢城洞)이라고도 부르는 곳이었다. 그의 집은 호수와 바다 사이, 산 맑고 물 좋아 노인들이 장수한다 하여 불로원(不老園)이라 부르는 곳에 있었다.* 그곳에서 넷째 딸 지희(智姬)가 태어났다.

1931년 9월, 김경천과 많은 독립투사들이 예견한 대로 만주사변이 일어났다. 일본군이 상황을 조작하고는 말도 안 되는 구실을 앞세워 만주대륙을 침공해 파죽지세로 점령해갔다. 만주와 연해주는 러시아인들이 아무르 강이라고 부르고 만주인들이 헤이룽(黑龍)강이라고 부르는 큰 강을 국경으로 하고 있었다. 1904년 김경천이 일본 유학을 떠나던 해 러일전쟁에서 참패했던 소비에트는 국경지역에 병력을 증강했다.

스찬 해변은 니콜스크 우수리스크보다는 교통이 편리하지 못한 곳이었다. 김경천은 블라디보스토크나 니콜스크 우수리스크로 나가 동지들을 만나고, 스찬의 곳곳에 있는 옛 부하대원들을 부르거나 찾아가서 만났다. 만주와 중국 관내에 있는 동지들과도 자주 편지를 주고받았다.

'이제 곧 소비에트 군대와 더불어 만주로 진격하고 고국 땅으로 진공해야지. 언제 갑자기 총을 들고 나설지 몰라.'

그는 그렇게 생각했다.

1932년 새해에 그는 자신의 조상과 부모형제의 내력을 담은 가계(家系) 기

---

* 김경천이 어업조합 대표로 일했다는 증언이 있다.(이 책 523쪽 주석 참조). 일부 구술 내용이 사실과 어긋나 신뢰하기는 어려우나 김경천은 이때 해안가에 살았다.

록을 썼다. 자신이 혹시 만주 땅으로 진격해 일본군과의 전투에서 죽어 해방된 고국에 돌아가지 못하면, 내 자식들이 친족을 어떻게 찾아가나 걱정하다가 쓰기 시작했다. 기록이 끝나자 「오가세기(吾家世紀)」라는 기록을 붙이고, 몇 해 전 정리해둔 진중일기는 『경천아일록』이라는 제목을 붙였다.

2월 하순, 3·1만세 기념일이 다가오고 있었다. 이 때 그는 북간도의 한상우가 일제에 투항해 민생단이라는 친일단체의 간부가 되었다는 정보보고를 받았다.

'한상우 선배가 변절하다니. 어쩌면 그럴 수가 있나!'

낙심하여 혼자 술을 마신 그는 내친 김에 다른 동창들의 소식도 탐문했다.

최근에 경성을 떠나 탈출해온 한 망명객으로부터 황실유학생 동기생들의 소식을 들을 수 있었다. 기미독립선언서를 기초한 최남선은 총독부 산하에 역사 연구기구를 만들어 일본의 식민사관에 발을 맞추는 행위를 보여주고 있었다.

최린에 관한 나쁜 소식들도 있었다. 프랑스 여행 중에 최린이 파리에서 나혜석을 만나 불륜을 저질렀다는 소문이 돌았다. 최근에는 민족운동에서 발을 끊고 일제통치에 동조할 움직임을 보여주고 있었다.

유승흠은 총독부 자문기구인 중추원 참의를 맡아 대놓고 친일행위를 하고 있었다.

일본 유학시절 치열하게 저항했던 사람들의 변절, 김경천은 두 손에서 맥이 빠졌다. 그러나 이내 두 주먹을 움켜쥐며 다짐했다.

"나는 꺾이지 않는다. 때가 오면 반드시 군대를 일으킨다. 끝까지 일본과 싸울 거다."

꼴호즈에서 삼일절 기념식을 했다. 3월 1일 바로 그날 천지를 흔드는 첫 번째 만세 함성을 직접 들었고 잠시 후, 자신의 눈앞으로 밀려가는 시위대를 보고 뛰어들었던 그였다. 13년이 지났지만 기억이 생생했다.

"그 순간의 감격 때문에 나는 탈출했어요."

기념식에서 연설할 때 그는 그렇게 외치며 조국을 잊지 말라고 말했다.

그리고 며칠 후 청년단원들을 이끌고 야영훈련을 할 계획을 세웠다. 그런데 군용차를 타고 손님이 왔다. 마치 도시 출신 신사처럼 양복을 입은 중년 사내였는데 신분은 소련군 정치장교였다. 장교는 김경천에게 거수경례를 하고 서류를 내밀었다.

"사령관 각하, 공화국은 사령관 각하를 필요로 합니다."

김경천은 가슴이 뛰었다.

'이제 군대를 조직해 만주의 일본군을 공격하자는 거구나.'

그렇게 생각하며 서류를 받았다. 그러나 그것은 연방국가보안부 근무명령서였다.

전(前) 명예로운 붉은 빨치산 지역사령관 김경천 앞. 연방국가보안부 근무를 명함. 3월 4일 정오 하바롭스크 지역사령부에 출두할 것.

연방국가보안부는 게페우(GPU) 혹은 오게페우(OGPU)로 불리는 국가비밀경찰기구로서 지난날 체카(Cheka)라고 했다가 명칭을 바꾼 것이었다. 반혁명과 파괴행위를 방지하는 특수업무를 가진 기관으로 막강한 권력을 갖고 있었다. 조직원들은 누구라도 영장 없이 체포, 구금하고 또는 처형할 수 있었다. 게페우의 지시는 거부하거나 늦출 수 없는 절대명령이었다.

문득 하바롭스크로 가면 안 된다는 생각이 들었다. 소비에트를 도우면 자신의 위상이 커져 뒷날 독립전쟁에 이로울 것이라는 생각도 동시에 들었다. 그는 급히 짐을 꾸렸다. 기관으로 가는 것이 기밀이어서 동지들에게 편지를 쓸 수도 없었다. 근처에 사는 가까운 동지는 물론 아내에게조차 자신이 게페우로 간다고 말할 수가 없었다.

"정부기관으로 가라는 명령이오. 내가 가진 일본 군사지식이 필요한 모양이오. 아이들을 잘 부탁하오."

그는 그렇게 말하고 니콜스크 우수리스크로 나가 시베리아 횡단열차를 탔다. 침대가 달린 최고급 특등석이었다.

'나는 조국독립을 염원하며 일본 군사지식을 배웠는데 그걸 소비에트 국가를 위해 쓰게 됐군. 일본을 파멸로 밀어 넣는 일, 그게 조국독립을 위한 거지.'

그는 혼자 중얼거리며 차창 밖을 스쳐지나가는 자작나무와 타이거 삼림을 바라보았다. 그렇게 하루 낮과 밤을 북상해 3월 1일 아침 하바롭스크에 내렸다. 지붕까지 온통 검정색 칠을 한 게페우 소속 자동차가 그를 태우고 달렸다.

그 날부터 그는 게페우에서 일본어 문서의 번역과 분석업무에 매달렸다. 체포한 일본 첩자를 심문하는 일도 맡았다. 놀라운 것은 첩자들의 태반이 일본인이 아니고 한인들이라는 것이었다. 중국인들도 있고 일본인도 있었지만 한인들이 가장 많았다. 먹고 살기 위해 밀정을 하는 자들도 있었지만 블라디보스토크의 엄인섭처럼 거물들도 있었다.

"이런 나쁜 놈, 조국이 일본에 짓밟혀 신음하는데 일본의 첩자질을 하다니!"

그는 그런 자들을 따귀를 때리며 혹독하게 심문했다.

한 달 후, 가족이 하바롭스크로 이사했다. 아이들은 그곳에서 학교를 다녔고 그의 아내는 7월에 둘째아들 기범(奇凡)을 낳았다.

한두 달 시간이 지난 뒤 그는 게페우가 한인들을 믿지 않으며, 한인 지도자들을 사찰한다는 사실을 알게 되었다.

'이러다가 소련이 우리 한인들을 우군이 아니라 일본 편이라고 몰아붙일 가능성도 있겠구나.'

소련은 러일전쟁의 패배라는 뼈아픈 경험을 잊지 않고 있었다. 혁명기간 중 일본이 11개 사단 17만 명에 달하는 최대 병력을 파견해 혁명군인 적군이 수많은 전사자를 낸 사실도 잊지 않고 있었다.

김경천이 하바롭스크 특수기관에서 일한 기간은 길지 않았다. 1933년 가을 그는 블라디보스토크 국제사범대학 교수로 가라는 명령을 받았다. 이 대학은 연해주 지역에 큰 공동체를 이루고 있는 중국인과 한인 아이들을 가르칠 교사를 양성하기 위해 만든 대학이었다. 그런데 얼마 전에 중국인 대상 교육파트는 레닌대학으로 옮겨가서 한인 학생들만 남아 있었다.

그는 1920년 겨울, 탈출한 일본군 중위 신분으로 찾아갔던 블라디보스토크 한인 마을 신한촌, 그곳에 집을 마련했다. 시 인민위원회가 혁명전쟁 공로자에게 준 통나무집 이즈바였다. 이 집에 대한 유족들의 증언이 있다.

블라디보스토크 시절, 아버지는 존경 받는 독립투사이자 빨치산 사령관이었으므로 좋은 집 한 채가 제공되었다. 앞서 그 집에 살던 주인은 방 한 칸으로 밀려났다. 그러나 원망이 심했고 15-16세 된 그 집 아들은 흙을 뿌리거나 유리창에 돌을 던지는 등 행패를 부렸다. 김경천은 미안하지만 어쩔 수 없다고 말하며 양해를 구했다. 결국 이 사실은 인민위원회 알려졌고 그 집 사람들은 도시 밖으로 쫓겨났다.*

　김경천은 대학에서 일본어와 군사학을 강의했다. 한인 교수는 그 외에도 6명이 더 있었다. 혁명군 장교로 참전해 공을 세운 사람들이었다. 소련 국적을 가진 원호민들이어서 독립운동의 의지는 강하지 않았다. 대학 당국은 한인교수들의 성분을 둘로 나누어 기록했는데 김경천은 러시아어 담당 김세르게이 미하일로비치와 한안톤, 조선어 교수인 오정황과 더불어 비공산당원이자 일본군 장교 출신, 부르즈와 계급 출신으로 분류되어 있었다. 남준희, 이상순 등은 당원이자 프롤레타리아 계급 출신이었다. 김경천의 명성이 워낙 커서 학장을 포함한 모든 교수가 존경심을 보였지만 혁명전쟁의 빛나는 공훈에도 불구하고 '나쁜 출신 성분'이라는 기록이 불길한 요소로 남아 있었다. 가장 안전한 길은 당원이 되는 것이지만 그는 아직 후보당원이었다.**

　그래도 생활은 안정되었으며 처자식들도 혁명전쟁의 공로자인 교수 가족으로서 평온한 일상을 보냈다. 세 딸은 국제사범대학에 들어갔고 처남 유대진도 이 도시에 와서 기자로 일하다가 그가 일하는 대학의 인쇄소 식자실(植字室)로 자리를 옮겼다.

　김경천은 일본어 교재를 직접 만들어 매학기 새로 고쳐 가면서 동포 학생들을 가르쳤다.*** 그는 강의 중에 말했다.

극동국제대학 김경천이 일본어와 군사학을 가르친 블라디보스토크 극동국제사범대학 건물.

"우리가 적국인 일본의 말을 배우는 건 일본을 이기기 위해서이다. 일본 군은 지금 만주를 침공해 거의 다 점령했다. 아마 곧 카레이스키는 다시 빨 치산 부대를 조직해 정의로운 소비에트 군대와 더불어 만주로 진격하게 될 것이다."

블라디보스토크에서 출생해 소련 해군장교, 해방 후 북한의 문화선전성 제1부상을 지낸 정상진(鄭尙鎭, 1918-2013) 선생은 이 무렵 한인사회의 정 황에 대해 이렇게 회고했다.

일본군이 철수해서 평화가 찾아왔다고 생각했으나 만주를 침공해 다시 불안 해졌네. 그러나 내 또래 청년들은 소비에트 중앙이 한인 무장부대를 꾸려 만주 로 쳐들어가기를 희망했지. 우리는 자신 있었네. 모두 조국을 사랑했고 우리가 사는 연해주가 조국독립의 가장 중요한 전초기지라고 생각했네. 뒷날 강제이

되어 있다. 유족이 요청했으나 돌려받지 못했다.

정상진 선생 인터뷰 1995년 8월 카자흐스탄 알마티 고려일보사에서 이원규의 정상진 선생 인터뷰. 대학시절 김경천 장군의 집을 방문한 기억, 한인 강제이주에 대해 설명했다.

주를 당하리라고는 단 1퍼센트도 예상하지 못했네. *

정상진은 김경천의 셋째딸 지란의 국제사범대 선배이기도 했다. 지란의 초대를 받아 여럿이 그의 집을 방문한 일을 말년에 KBS TV 카메라 앞에서 이렇게 회고했다.

"세 번째 딸 지란이 초청 받아서 그 집을 찾아갔을 때 김경천 장군님이 하시는 말씀이 '젊은이들이 많이 왔구나. 나는 비켜줘야겠네.' 하셨지요. 그런데 내가 유일한 남자 대학생이었는데 하시는 말씀이 '자네는 젊은 청년인데 앞으로 일본과 싸울 때가 올 것이다. 반드시 싸워서 이겨야 한다' 하시는 그 말씀을 제

----

*   1995년 8월 초 카자흐스탄 알마티 고려일보사에서 인터뷰. 김경천의 집을 방문한 기억도 말했으나 강제이주사를 취재하러 간 터라 김경천에 대해서는 자세히 묻지 못했다.(저자 주).

신한촌 기념탑 이원규 한인들의 정착과 투쟁을 담은 블라디보스토크 신한촌 기념비 앞 저자 이원규. 2000년 가을 답사 중에.

가 들었습니다."**

어느 일요일 오후, 홍범도 장군이 신한촌에 강연하러 왔다. 홍범도는 한인 사회는 물론 러시아인들에게도 이름이 퍼져 명성 높은 러시아인 장군의 이름을 따서 '조선인 차파예프'***라는 칭호를 받고 있었다. 신한촌에는 조국 독립의 염원을 잊지 말자고 애국지사들이 세운 아치 형의 '독립문'이 있었다. 거기서 노장군은 연설을 했다.

입담이 점잖지 못하고 거칠었지만 경험담이라 재미가 있어 모두 숨을 죽

**   2012년 12월 6일 방영 **KBS TV** 역사스페셜 「백마 탄 김장군 김경천, 시베리아의 전설이 되다」. 이 다큐멘타리는 김올가 씨가 리포터로 참여했다.

***   차파예프(Chapaev 1887~1919) : 1차 대전과 러시아 혁명전쟁에서 명성을 펼친 영웅, 사회주의 리얼리즘의 고전 푸르마노프카(Furmanov)가 동명의 소설을 썼고 영화로도 제작되었다.

이고 들었는데 이따금 아이들이 깔깔 웃었다. "제미 씨부럴 눔덜!" 하는 욕설이 스무 번이나 나온 때문이었다.*

연설이 끝나고 지도자들과 점심을 먹을 때 홍장군은 그를 곁에 앉혔다.

"나는 김 대장 이야기를 이청천한테 들었지. 이청천은 나하고 백두산 밑자락에서부터 북만주를 관통해서 이만까지 천릿길을 걸었고 이르쿠츠크까지 갔지. 그 사람 곰처럼 뚝심 강한 사람이야. 뭔가 해내고 말 거야."

노장군의 말에 그는 고개를 숙였다.

"저도 상해에서 만났을 때 청천한테서 장군님을 모신 이야기를 들었습니다."

"이보게, 김 대장. 자네가 백마를 타고서리 이리 번쩍 저리 번쩍 왜놈들을 족치고 마적 놈들 가슴에 냅다 불콩알을 안겨준다는 소식을 듣고 내 가슴이 얼마나 후련했는지 아는가?"

그는 늙은 장군이 내미는 보드카 술잔을 받았다.

"장군님, 저는 일본군과 다시 싸울 기회를 기다렸습니다. 곧 소비에트 군대와 더불어 만주로 진공하고, 나아가 조국 땅으로 진격하고 싶습니다 ."

20대 나이에 의병 투쟁으로 명성을 날리고 10년을 기다리며 절치부심해 펑우둥(봉오동) 전투와 창샨리(청산리) 일대의 전투에서 청사에 빛나는 무공을 세웠던 노장군은 레닌에게서 받았다는 권총을 허리에 차고 훈장을 가슴에 달고 있었다.

"기다려. 기다리면 때는 오게 마련이야."

노장군은 그의 등을 두드리며 그렇게 말했다.

---

* 　1993년 8월 20일, 러시아 블라디보스토크 신한촌 현장에서 고 송희현 선생 인터뷰. 선생은 당시 신한촌 한인중학교 재학 중이었다.

그러나 세월은 더 이상 그에게 기회를 주지 않고 불운의 먹구름을 끌고 머리 위로 다가오고 있었다. 그는 깨닫지 못했지만 운명의 시간이 다가오고 있었다.

반역죄 누명 쓰고 숙청당하다

광대한 만주 대륙을 손에 넣은 일본은 괴뢰 만주국을 세웠다. 시간이 흐를수록 일본의 동아시아 지배현실은 확고해지고 소련에 점점 큰 위협이 되어 갔다. 4반세기 전 일본과의 전쟁에서 무참히 패해 쓰라린 맛을 본 소련은 그때보다 몇 배 더 커진 일본의 국력을 보면서 불안감에 휩싸였다. 그리고 연해주와 동시베리아에 사는 한인들이 스파이 활동을 할 것이라는 위구심은 점점 더 커졌다.

김경천을 비롯한 한인 지도자들은 그런 불리한 상황을 극복하려고 애썼다. 소련이 미래의 적으로 규정한 일본의 야욕을 상기시키며 일본의 등에 비수를 꽂겠다고 제안했다.

"우리 한인들에게 총을 주십시오. 총만 주면 아무르 강을 건너 만주 땅으로 들어가 휘젓고 오겠습니다."

그러나 거부당했다. 소련이 도발한 것으로 간주되어 대규모 충돌을 불러올 것이라는 우려 때문이었다. 그리고 무엇보다도 소련은 한인들에 대해서는 아무것도 믿으려 하지 않았다. 소비에트 중앙과 코민테른에 가까웠던 이동휘도, 한형권도, 박일리아도, 그리고 늙은 장군 홍범도도 손을 쓰지 못했다.**

** 　홍범도 장군도 카자흐스탄으로 강제이주당해 크즐오르다 극장 수위로 살다가 여생을 마쳤

소련 측과 접촉한 한형권이 낙심한 얼굴을 하고 말했다.

"우리 한인들 중에 일본을 위해 일하는 밀정이 너무 많다는 거예요."

소련은 볼셰비키 혁명을 위한 내전 기간에는 한인들의 무장 독립투쟁을 지원하고 공산주의를 통한 조선인들의 혁명투쟁을 독려했으나 이제 태도가 바뀌었다.

상황은 점점 더 나빠졌다. 스탈린이 당과 정부를 손아귀에 넣고 강력한 독재체제를 구축했다. 그리고 대규모 숙청작업에 착수했다. 매일 수백 명씩 체포되어 약식 재판을 받고 시베리아 유형지로 끌려갔다. 숙청 인원은 1천만 명이 넘었다. 그들을 벌목장, 철도부설 현장, 탄광 등지에 보내 노역을 시켰다.

외부적 상황도 나빴다. 1936년에 정권을 잡은 일본의 히로다(廣田) 내각은 야심차게 군대를 확장하면서 미국과 소련을 주요 가상적국으로 삼았다. 그리고 만주에서 친일 한인들을 첩자로 뽑아 연해주 거주 한인인 것처럼 위장해 침투시켰다. 연해주 도처에서 돈에 팔려 일본의 사냥개가 된 한인 첩자들이 체포되었다.

잠재적 가능성 때문에 처벌하는 것은 철권을 휘두르는 새로운 지도자 스탈린의 통치 방식이었다. 의심나는 구석이 있으면 미리 발본색원하여 죽이거나 시베리아 유형지로 보내는 것, 스탈린 시대의 독재와 공포가 바로 그것이었다. 이른 바 '대숙청 시대' 가 시작되고 있었다.

스탈린은 일본이 점령한 만주와의 국경지역에 일본과 친근한 한인들이, 그것도 소련 국적을 갖지 않은 한인들이 17만 명이나 살고 있다는 사실을

다(이원규, 『독립전쟁이 사라진다 2』, 자작나무, 1996, 225~235쪽 참조).

두려워했다. 그리하여 한인 공동체의 중심인물들을 제거하기로 결정했다. 그 사업을 맡은 것은 비밀경찰 임무를 가진 엔카베데(NKVD. 국가 내무인민위원회) 극동지부였다.

'일본에 협조한 경력이 있거나 그럴 만한 잠재적 가능성이 있는 조선인 지도자를 체포해 제거할 것.'

그것이 내부방침이었다.

1935년 말부터 약 3천 명의 한인이 체포되어 끌려갔다. 거기서 김경천은 빠졌다. 그는 일본군 장교 신분을 버리고 탈출한 독립전쟁 지휘관이며, 러시아 혁명을 방해하려고 출정해온 일본군과 백군을 상대로 수십 번 전투를 해서 경이로운 승리를 한 존재였다.

김경천은 연해주 한인의 미래를 짊어진 총명한 지도자 김아파나시가 체포되었다는 소식을 들었다. 그는 나쁘게 돌아가는 상황이 놀랍고 슬펐지만 자신에 대해서는 아무 일이 없을 것이라고 생각하고 있었다.

일부 동지들이 소련을 탈출하기 위해 밀선을 탈 준비를 하고 있었다. 그들 중 일부는 김경천에게도 탈출을 권했다. 그는 문득 소비에트를 믿지 말라고 한 이청천의 말이 떠올랐으나 자신은 소련이 연해주를 일본으로부터 지키는 데 필요한 존재라고 생각했다.

그는 천천히 고개를 저었다.

"나는 여기서 동포들을 지킬 겁니다."

김경천이 러시아 연해주에서 체포된 이유와 경위는 관련 자료들이 러시아 비밀문서로 지정되어 확실하게 알려지지 않았고 카자흐스탄 카라간다에서 다시 체포된 뒤의 심문 내용이나 유족들의 증언으로 추정해 왔다. 그런데 김경천이 연해주에서 처한 상황을 짐작하게 하는 논문들이 최근 러시아의 연구자들에 의해 발표되었다. 아마도 기밀자료를 보고 쓴 것으로 보이는 말랴비나 세르게예브나의 논문「한인사범대학 : 설립부터 강제이주까지」와 마카렌코의 논문「블라디보스토크 세계 유일 한인국제사범대학 : 1930년대 소련 연해주 고등교육의 역사」로써 당시 상황을 조금 더 알 수 있다.

1936년~1937년, 이 대학(블라디보스토크 국제사범대학)은 정치적으로 신뢰할 수 없 는 대학으로 인식되었다. '계급과 외부세계적 요소', '외국 밀정 요소'를 적발하기 위한 전국적인 광범위한 정치 캠페인을 전개하고 있었다. 대규모 사회적 변혁의 모든 실패와 실수를 그들에게 뒤집어씌우기 위해서였다.

1936년에 특별위원회를 만들어 여러 번 감사를 하였다. 그 보고서에 의하면 이 대학은 '심각하다', '당파의 집단이 있다'는 것이었다.*

1930년대 후반 정치적 분위기는 사회의 모든 계층에서 '해독분자', '인민의 적', 그리고 '스파이'의 색출과 폭로에 관한 경각심을 높인 것이 특징이었다. 특별 감사에서 이 대학도 피할 수가 없었다. 1936년 1월 20일에 이 대학에서 학생과 교수의 정당 및 노동 조합 문서를 재검토하였다. 결과적으로 67명 중 29명은 당에서 추방되었고(스파이 12명, 옛 백군 및 외부세계적 요소 6명, 스파이로 의심 받은 자의 추천을 받은 자 5명, 반혁명에 적극적으로 참여한 자 5명) 83명의 노동조합표가 가짜라는 것이 밝혀졌다.

---

*   Малявина Людмила Сергеевна, 「Корейский(Интернациональный) педагогический институт во Владивостоке: от создания до выселения (1931−1937)」, 『Научный диалог》 (51) №3」 2016, pp195−208. (말랴비나 류드밀라 세르게예브나, 「한인사범대학; 설립부터 강제이주까지」, 1931−1937, 『과학적 대화』(51) No.3, 2016)김올가 씨 번역제공.

감사위원회는 또한 이 대학에서 많은 외부세계적 요소가 있음을 밝혔다. 한국어 교수인 오정황, 러시아어 교수인 김 세르게이 미하일로비치(전 백군 장교), 일본어 교수인 김경천(전 일본군 장교. 일본군의 유명한 한인 장군의 아들 체포), 식자실 담당 박진(김경천 아내의 형제, 이산수의 추천으로 들어옴. 또한 당에서 추방당한 김낙원 및 오선권 추천으로) 등이었다.[**]

추측하자면 이렇다. 스탈린 체제 하의 대숙청 기간에 블라디보스토크 국제사범대학은 특별위원회의 감사를 받았다. 위원회는 간첩혐의, 경계해야 할 외국인, 간첩 혐의를 받은 사람의 추천으로 대학에 온 교수와 직원, 반혁명 활동을 한 사람들을 적발했고 '심각하다'는 보고서를 썼다. 김경천은 전 일본군 장교라는 사실 때문에 '경계해야 할 외부세계인'으로 지목되었다. 외부세계적 요소란 가상적국인 일본을 일컫는 것이었다.

그의 부친 김정우 군기창감은 일본에서 공부했지만 일본군 군복을 입은 적이 없이 대한제국 군대에 몸담았을 뿐인데 '일본군의 장군'이라고 적시하고 숙청 사유 중 하나로 삼은 것이 보인다. 그리고 김경천의 아내 형제는 남동생 하나뿐으로 이름이 유대진이었는데 '박진'으로 기록되었다. 유대진은 이름을 바꾸었고, 간첩 혐의로 추방된 김낙원과 오선권의 추천을 받고 대학 출판 인쇄실에 취직한 터라 숙청된 것으로 보인다.

특별감사위원회는 김경천이 포함된 '인민의 적' 명단을 앤카베데에 넘겼

**   В. Г. Макаренко, 「Единственный в мире интернациональный (корейский) педагогический институт во Владостоке (Из истории высшего образования на Дальнем Востоке в」, 1930, 『Вестник Сахалинского музея》 Сахалинского областного краеведческого музея」, 2011, pp 265-271. (마카렌코, 「블라디보스토크 세계 유일 한인국제사범대학 : 1930년대 소련 연해주 고등교육의 역사」, 「사할린 박물관 회보」, 2011). 김올가 씨 번역제공.

을 것이다. 위원회와 엔카베데의 판단이 이성적이고 정직하게 이뤄지지 않았음은 알려진 사실이다. 죄를 뒤집어씌우기 위해 혐의를 만들고, 배당된 인원을 채우기 위해 마구잡이로 숙청했던 것이다. 김경천에게도 혐의를 만들어 덮어씌웠다. 한인 지도자들의 숙청과정에 대해 반병률 교수는 이렇게 기술했다.

> 스탈린 대탄압으로 불려진 이 숙청은 파별, 연령, 남녀를 불문하고 거의 무차별적으로 진행되었다. 이 과정에서 과거 시베리아 내전에서 붉은 빨치산에 가담하여 백위파 및 일본간섭군과 투쟁하였던 한인혁명가들과 한인공산주의자들이 대거 검거되었다. 이들은 '관동군 첩보조직'과 연결된 '일본 정탐', '반소적 반역행위; 테러활동 준비' 등의 '반혁명적', '반소비에트' 활동 등의 혐의로 출당, 체포되었다. 한인공산주의자들의 경우는 대부분 종파에 참여하였다는 혐의를 받아 체포 처형되었다.
>
> 소련 NKVD(내무인민위원회)는 한인공산주의자들을 종파별로 나누어 감금하고 조사하였는데 상해파와 엠엘파는 하바롭스크에, 이르쿠츠크파는 니콜스크 우수리스크(보로실로프, 현재의 우수리스크), 국민의회파는 블라디보스톡 정치범 감옥에 감금되었던 것이다.*

김경천은 대학에서 강의를 하고 교문을 나오다가 기다리고 있던 엔카베데 요원들에게 체포되었다.

"당신을 소비에트연방공화국 형법 제58조 위반혐의로 체포한다."

형법 58조는 가장 무서운 법이었다. 반역 음모, 간첩 행위 등 공화국에 해

---

*   반병률, 「일제강점기 러시아(소련)의 대(對) 한인정책과 한인들의 소련인식」.

악을 끼친 자를 재판 없이 총살할 수 있는 법이었다.

"동지들이 잘못 알았군요. 내가 반역자라니요?"

"그렇다. 당신은 반역혐의로 고발되었다. 형범 58조 2항과 6항 위반이다."

엔카베데 요원은 무뚝뚝하게 말하며 그의 손목을 포승으로 묶었다.

엔카베데 본부로 끌려간 그는 심문에 대답했다.

"일본군 장교 지위를 버리고 탈출해 일본군과 싸운 나를, 러시아 혁명군 포시에트 지역 사령관을 지낸 나를 반역자로 모는 건 정말 억울한 일입니다. 내가 결백한 것은 하늘이 압니다. 내가 반역한 증거를 대시오."

엔카베데는 자기들이 수집한 자료를 내놓았다.

"공화국이 모든 빨치산 부대의 해산과 귀가 명령을 내렸는데 당신은 조직을 유지했소. 스찬을 비롯한 연해주 일대에 흩어져 있는 옛 부하들을 비밀 조직으로 단단히 결속시켜 놓았소. 만주를 점령한 일본군이 연해주를 침공하면 반란을 일으켜 일본과 내응하려 한 것이잖소? 이건 형법 58조 2항, 소비에트 연방의 어느 한 부분을 떼어낼 목적으로 폭동을 일으키거나 예비한 죄에 해당되는 것이오."

김경천은 펄쩍 뛰며 부인했다.

"나는 조직하지 않았소. '장차 일본이 만주를 점령할 것이다, 그리고 연해주를 침공하려 할 것이다. 그때는 소비에트연방공화국이 우리를 필요로 할 것이다. 우리는 한인 독립부대로서 만주로 침투해 일본군을 공격할 수 있을 것이다. 그때 다시 우리 조국을 위한 독립전쟁을 할 수 있을 것이다'라고 말했을 뿐이오."

"그런 명분으로 부하들을 속인 것이잖소? 당신은 외부와 무수히 많은 편지를 써 보내고 받았는데 일본군 첩자와 접촉한 거 아니오?"

김경천은 억울하고 기가 막혀 두 눈을 똑바로 뜨고 말했다.

"아니오. 나는 내 조국을 찾으려고 일본사관학교로 갔고 중위 군복을 벗고 탈출해 독립운동을 하다가 소비에트가 우리를 돕겠다고 한 약속을 믿고 연해주로 왔소. 혁명을 도우면 뒷날 우리 독립을 도울 것이라고 판단해 목숨 걸고 싸웠소. 그런 결과로 지역 사령관을 했고 여러 번 전투에서 싸워서 이겼소."

"당신이 우리 붉은 군대 편에서 싸운 걸 인정하오. 그러나 일본사관학교를 나왔으니 일본 편에 붙을 가능성이 있소. 빨치산 부대를 해산한 뒤 재소집 가능하게 옛 부하들에게 영향력을 행사한 것도 일본에 붙기 위한 책략이었을 것이오. 일본 간첩이 그걸 알고 수없이 당신에게 접근했을 게 틀림없소. 소비에트 형법 58조 6항은 간첩죄를 범한 경우는 물론 혐의가 있는 경우라도 국가의 안전을 위해 처벌하게 돼 있소. 당신은 인민의 적이오."

김경천이 아무리 아니라고 항변해도 고개를 저을 뿐이었다.

수사관이 다시 말했다.

"그리고 당신은 국민회의파였소. 국민회의파는 인민에 해악을 끼치는 중대한 종파로 규정되었소."

국민회의파는 주로 원호민들로서 독립투쟁보다는 볼셰비키 혁명을 중시한 그룹인데 왜 종파로 몰렸을까? 문득 그런 생각이 스쳐갔다. 도대체 아무 논리로도 이해할 수 없었다.

"왜 공산당에 입당하지 않았소?"

"장차 내 조국으로 돌아갈 몸이기 때문이었소."

엔카베데 수사관들의 심문에 답하면서 김경천은 깨달았다. 소련 당국은 과거에 일본군 장교였다는 사실 때문에, 장차 있을지도 모르는 잠재적 위험인자라고 판단해 제거하려 하는 것이라고. 그는 수백 번 절망하고 후회했다. 소련을 믿고 연해주에 왔고 혁명군인 적군 편에 서서 싸운 것, 모든 것이 믿는 도끼가 발등을 찍듯이 그의 발등을 찍고 있는 것이었다.

엔카베데는 그의 아내 유정화와 딸들을 연행했다. 아내는 물론 딸들도 그에게 죄가 없다고 호소했다. 대학에 다니던 세 딸에게 유도심문이 집중되었다. 세 자매는 수사관들에게 조목조목 따지며 아버지의 무죄를 호소했다.

논리에 빈곤해진 엔카베데 장교들이 자매를 귀가시키며 말했다.

"안심하시오. 우리도 모든 것이 잘 되도록 노력하고 있소."

그래서 그의 가족은 그가 쉽게 석방될 것으로 믿었다.*

그러나 9월 29일, 김경천은 연해주국경수비대 군법회의에서 3년 징역형을 선고 받고 블라디보스토크 정치범 감옥으로 이송되었다. 아무리 군사재판이라 하지만 변호사도 없는 재판이었다. 손목과 발목에 쇠고랑을 차고 걸으면서 그는 혀를 깨물고 죽고 싶었다. 차라리 일본군 총탄을 맞고 전사했으면 더 좋았을 것이라고 생각했다.

그는 하늘을 올려다보며 울먹였다.

"하늘이여, 내가 뭘 잘못했습니까! 내 조국은 어떡하란 말입니까!"

그는 흘러내리는 눈물을 쇠고랑 찬 죄수복 소매로 닦았다. 소련을 믿고 그대로 남은 것이 얼마나 큰 잘못이었나 깨달았지만 후회해도 소용없었다.

감방생활이 시작되었다. 죄수들이 처음에 거의 그렇듯이 그는 억울해서 밤잠을 자지 못하고 먹지도 못했다. 항소심도 없고 면회도 편지도 허가되지 않는 곳이었다. 몸이 야위어갔다.

---

* 박환,『대륙으로 간 혁명가들』, 382쪽.

어느 날, 식량 자루를 옮기는 노역을 했다. 뜻밖에 한인들이 많이 보였다. 대화가 금지되기 때문에 눈짓으로만 인사했다. 나이 지긋한 동포 한 사람을 만났다. 감시병이 잠깐 자리를 뜬 사이에 그가 말했다.

"백마 탄 김 장군님 맞지요? 나는 스찬에서 학교 선생 한 사람입니다. 한인 동포 몇 사람이 장군님을 여기서 봤다 해서 설마하고 있었지요. 이 감옥은 국민의회파가 수용되었고 하바롭스크 감옥은 상하이파가 니콜스크 우수리스크감옥은 이르쿠츠크파가 갇혔다 합니다."

김경천은 그에게 물었다.

"그냥 영향력 있는 한인지도자이므로 숙청한 거란 말이군요."

"그렇습니다. 자중자애하십시오. 지금처럼 하시면 1년도 못 견뎌 죽습니다. 형기를 무사히 마치고 나가야 가족 만나고 독립투쟁도 다시 하실 거 아닙니까?"

김경천은 며칠 뒤 모범수는 형기가 단축된다는 사실을 알고 무사히 형기를 마치기로 마음을 고쳐먹었다. 소련에 배신당했으니 떠나자. 6년 전 경성을 탈출했듯이 출옥하면 소련을 탈출하자. 그렇게 생각했다.

그는 사관학교에서 익혔던 목검체조와 냉수마찰을 다시 시작했고 감옥의 규칙에 순응했다. 공손히 고개를 숙이며 감시병들을 대했고 저절로 한인 죄수들의 대표격으로 올라섰다. '말썽 없이 순응하자. 무사히 가족에게 돌아가자.' 그렇게 말하며 한인 죄수들을 이끌었다. 그러나 절대로 조직을 만들지도, 표면에 나서진 않았다. 그리하여 모범수로 인정받았다.

김경천이 블라디보스토크 정치범 감옥에 갇혀 있는 동안 그의 가족과 한인들에게 나쁜 일이 지속적으로 일어났다. 1937년 여름, 둘째딸 지혜가 죽었다. 성격이 명랑하고 미모가 뛰어나 모든 남학생들이 말을 걸고 싶어 할 정도로 인기를 한 몸에 받고 있었는데 학기말 기념파티에서 먹은 음식이 잘못되어 식중독에 걸렸고 블라디보스토크 병원으로 옮겼으나 사망했다. 아버지 없이 장례식이 열렸고 전체 학생들이 모두 참석해 애도를 표했다.

그리고 블라디보스토크에서 신문기자를 하던 아이들의 외숙 유대진이 앤카베데에 끌려가 처형되었다.

큰딸 지리는 미술에 소질이 있어 모스크바 국립미술학교로 편입해 가려던 계획을 포기했다. 한인들에게 무서운 운명의 그림자가 먹구름처럼 다가오는 것을 느껴서였다. 이 무렵, 약 1천 명의 한인 지도자들이 재판도 없이 처형당하고 있었다. 김경천이 3년형을 받은 것은 그래도 행운이었다. 그간에 있었던 일련의 조치가 한인들을 중앙아시아로 강제 이주시키려는 사전 작업이었다. 1937년 7월 7일, 일본이 중일전쟁을 일으켜 중국대륙을 유린하기 시작하자 소비에트 정부는 강제이주를 급히 밀어붙였다.

1937년 8월, 소비에트 사회주의연방공화국 인민위원회 위원장 몰로토프와 공산당 중앙위원회 서기장 스탈린의 서명이 붙은 조선인 강제이주 명령서가 하급기관에 내려 왔다. 이주명령을 전달하고 기차에 태우기까지 시간은 겨우 5일, 이 명령서 한 장으로, 80년 전부터 황무지를 개척하고 만들어 온 한인 공동체는 붕괴되었다. 동시베리아와 연해주 일대의 한인들은 속절없이 중앙아시아로 끌려가기 시작했다.

소련 정부가 17만 명에 달하는 한인을 강제 이주시킨 이유는 세 가지였다. 첫째가 연해주를 일본이 차지하게 도울 것이라는 의구심, 둘째는 자치주를 만들겠다는 한인들의 희망을 꺾어야 할 필요, 셋째가 중앙아시아에서 농업집단화 정책을 실현하기 위함이었다.

김경천의 가족은 카자흐스탄의 카라간다 주 텔만스키 구역으로 끌려갔다. 카라간다는 광대한 카자흐스탄의 중심에 있는 곳으로 1931년 시베리아 횡단 철도가 개설되면서 세상에 알려진 오지, 탄전이 많은 척박한 땅이었다. 텔만스키는 독일인들의 거주 지역이었는데 그들을 소개시키고 한인들을 집어넣었다. 그의 가족은 이곳에 있는 제3 카루굴랴 국영농장에 채소밭 작업원으로 던져졌다. 이 집단농장에는 1,155가구의 한인들이 수용되어 있었다.*

배급을 받기 위해 일하지 않으면 안 되었다. 그의 아내는 마른 쇠똥과 석탄으로 목욕탕에 불을 피우는 일을 해야 했으며 욕조를 채울 물을 길어야 했다.

대학에 다니던 딸들은 물론 어린 아들도 경작지에 투입되었다. 반역자의 가족으로 낙인찍혀 있었으므로 박해를 받았으나 작업원들은 아무도 그것을 믿지 않았다.

"장군님은 꼭 무사히 석방되실 거예요. 힘내세요." 이렇게 말하며 격려했다.

김경천은 1939년 2월 4일, 2년 반 만에 석방됐다. 감형 조치가 아니라 구속 후 법원 선고까지의 미결수 수감기간을 합산한 것이었다. 그는 시베리아 횡단열차를 타고 중앙아시아 카자흐스탄으로 향했다. 한인 17만 명이 화물칸에 실려 떠났던 그 길을 보름동안 혼자 3등 칸 기차에서 흔들리면서 갔다.

바깥 기온은 영하 30도가 넘지만 열차 안은 난로가 있어서 루바슈카 위에

---

* 소베트 사회주의 연방공화국 내무인민위원회, 「까자흐 소베트 사회주의 공화국에 조선인 이주민을 분포시키는 것에 대한 보고서」 1937년 8월 21일. 리 블라디미르 표도로비치·김 예브게니 예브게니에비치, 김명호 역, 『스딸린 체제의 한인 강제이주』(1994, 건국대학교 출판부), 108쪽.

두툼한 담요를 두르면 견딜 만했다. 이따금 무료함을 피하려고 차창에 서린 성에를 긁어내고 밖을 내다보았다. 낮보다 밤이 길었다. 오전 10시가 되어서야 환해지고 오후 4시면 어두워지기 시작했다. 짧은 낮 동안에도 맹추위에 얼어붙은 드넓은 시베리아 벌판이 눈에 들어올 뿐이었다. 어느 날은 산하나 없이 하늘과 땅이 맞닿은 듯한 지평선 끝이 보이기만 했다.

"내 인생은 실패였어. 거룩한 의지를 갖고 실천하는 사람은 거룩한 삶을 살 수 있다고 판단한 게 잘못이었어. 그냥 다 괜찮았지만 소련을 믿고 끝까지 남은 게 결정적인 잘못이었어."

회한은 감옥에 있던 3년 동안 수백 번 가졌던 것이었다.

그런 상념들을 갖고 앉아 있으려니 가슴에서 열이 올라 답답해졌다. 차창은 사람들이 내뿜은 김이 성에로 얼어 있었다. 그것을 루바슈카 소매로 닦고 밖을 내다보았다. 낮보다 밤이 길었다. 차창 밖으로 어둑어둑한 가운데 희끗희끗 자작나무들이 스쳐 갔다.

그러다 보면 대자적(對自的)으로 자기를 바라볼 수 있었다. 김경천, 너는 누구인가. 너는 무엇을 위해 살고 있는가. 일본에 빼앗긴 조국, 그걸 찾으려고 나를 던졌지. 사심 없이 조국의 제단에 나를 바쳤지. 그게 내 인생의 성취였어. 그러나 그건 지금처럼 참혹한 결과를 불러 왔어.

왜 추억은 순서와 질서 없이 떠오르는 것일까. 문득 지금까지 살아온 생애의 장면들이 그렇게 떠올랐다.

"나는 기울어 버린 조국의 운명을 되돌려 놓을 수 있는 일이란 군인만이 할 수 있다고 생각해."

자신이 황실유학생 동기로서 함께 준텐중학으로 갔던 현태섭 참위에게 한 말이었다.

"독립전쟁에 몸을 던지는 건 나 하나 문제가 아니야. 나를 던지느냐 참느냐 선택은 자기 운명은 물론 자식의 운명, 아내의 운명, 부모의 운명까지 바꾸게 되지. 그래서 마지막 결단을 내리지 못하지. 자기를 버리는 건 아무나 할 수 있는 게 아냐. 그런 분들을 사람들은 지사라고 부르지. 대신 위대한 자취를 뒷날 남기게 되지."

형의 육사 동기생인 윤치성 사장이, 그가 독립전쟁 전선으로 탈출할 결심을 하고 있음을 알고 한 말이었다.

도쿄의 유학생회에서 만나 그가 가진 말채찍 손잡이에 '견위치명' 한자를 새겨준 안확의 얼굴도 떠올랐다.

기차가 터널로 들어가며 밖에서 들리는 굉음이 커졌다. 김경천은 상념에서 깨어나 심호흡을 했다.

윤치성 사장의 말처럼 나의 선택은 내 운명, 아내와 자식들의 운명까지 바꿔놓았지. 문제는 아무 희망도 없다는 것이야. 일본은 나날이 더 강성해지고 소련은 일본이 무서워 나를 체포했어. 한 줄기 빛 같은 희망이 있다면 얼마나 좋을까?'

길고 긴 밤에 열차는 요람처럼 흔들리는데 잠은 오지 않았다. 차창을 보면 어둑어둑한 가운데 희끗희끗 자작나무들이 스쳐 갔다. 마치 절망 속의 작은 희망의 빛처럼. 그는 희망을 찾고 희망을 붙잡으려 애썼다.

긴 여로가 끝나 가족이 있는 강제이주 정착촌 텔만 지구에 도착했다. 땅을 밟고 서는 순간, 그는 가까운 언덕에 보이는 잡초 속에 희끗 보이는 것이 소금이라고 생각했다.

"아아, 우리 한인들이 무슨 죄를 졌기에 소금 벌판으로 쫓아 보냈나!"

그는 탄식했다.

가족이 배치된 코민테른 꼴호즈로 가니 더 기가 막혔다. 그가 왔다는 꼴호즈 사무원의 외침을 듣고 아내와 자식들이 모습을 드러낸 곳은 불모의 언덕에 만들어진 반지하식 움막들이었다. 그것이 한인들의 집이었다.

강제이주와 노동의 고단함으로 10년은 더 늙어 보이는 아내, 제대로 먹지 못해 형편없이 야윈 몸에 낡은 작업복을 걸친 아들과 딸 들. 식구들을 한꺼번에 끌어안은 그는 기가 막혀 눈물도 흘리지 못했다.

"우리는 아무러면 어때요? 당신이 살아 오셨으니 됐지요."

아내가 그의 얼굴에 뺨을 비비며 흐느꼈다.

딸들 중 가장 예뻤던 둘째 지혜가 그의 유형 중에 죽었는데 묘지가 블라디보스토크에 있으니 찾아갈 수도 없었다. 석방돼 돌아올 때도 내무위원회가 기차 편을 지정해 승차권을 주었기 때문에 장소를 알아도 갈 수가 없었다.

아내 유정화는 목욕탕 담당 작업부였다. 물을 길어다 욕조를 채우고 석탄으로 아궁이에 불을 피우는 일을 하느라 얼굴 피부가 갈라지고 터지고 손과 발은 동상에 걸려 있었다.

코민테른 꼴호즈는 독일인 농장이었으나 소련과 독일이 대립하면서 농장주가 쫓겨 가고 강제이주 한인 중심 콜호즈를 조직해 운영하고 있다고 했다. 김경천은 이곳의 작업부로 배치되었다.

가장이 돌아왔으므로 그의 아내는 일을 많이 하지 않아도 되었다.

어느 날, 등짐을 지다가 허리를 다친 그에게 뜨거운 수건으로 찜질을 해주던 아내가 물었다.

"당신은 조국 독립을 위해 모든 것을 바쳤어요. 후회 안 하시나요?"

그는 고개를 저었다.

"감옥에서 억울하다는 생각을 수천 번 했지만 독립운동을 후회하지는 않소. 다만 잘못 선택한 것을 후회할 뿐이오. 소련을 끝까지 믿은 게 회한으로 남았소."

그는 길게 한숨을 쉬고 움막 지붕을 올려다보았다.

"이건 가축의 우리이지 사람 사는 집이라 할 수 없소. 지금 독립운동은 잊겠소. 우리 식구들과 한인들이 살아남는 게 큰일이오."

김경천이 온 뒤 움막은 달라졌다. 그는 꼴호즈 작업부로 일하면서도 틈틈이 짬을 내서 흙벽돌을 찍어 번듯한 집을 만들었다.

변화는 꼴호즈 전체에서도 일어났다. 그의 제안으로 공동우물을 파고 위생에 문제가 없게 주변을 깨끗하게 정리했다. 이때부터 그가 설명하면 꼴호즈의 동포 구성원들은 선뜻 받아들였다. 그의 제안이 하나둘 실현되면서 어수선하던 조직이 단단해지고 정리가 되어 갔다. 봄이 오기 전 농기구를 수리하고 장차 파종을 위한 양질의 종자들을 구했다 그러면서 흙벽돌을 찍어 주택 10채를 지었다.

그리하여 그는 결코 원하지 않았는데 꼴호즈 책임자로 추대되었다. 강제이주 전 지도자들을 대거 숙청해 꼴호즈 운영을 맡을 인물도 없었던 것이다.

그러나 그것도 열흘을 넘지 못했다. 어느 날, 파종을 위해 꼴호즈 토지를 돌아보고 돌아오던 그가 구타당하는 일이 일어났다.

그 날, 아버지는 얼굴에 피를 흘리고 온몸에 상처가 난 채 다리를 절룩이며 간신히 집에 들어오셨다. 아이들이 모두 울었고 어머니는 맑은 우물물을 길어다 아버지 상처를 닦아 드렸다. 엔카베데의 명을 받은 인접 카자흐 마을의 덩

치 큰 지능 낮은 바보 청년이 갑자기 달려들어 아버지를 때린 것이었다. 엔카
베데가 시켜서 살해하려고 한 것이 분명했다.*

엔카베데가 저능한 청년을 시켜 김경천을 살해하려 한 것이라기보다는 지
도자로 나서지 말라고 경고한 것인지 알 수 없다.

다시 체포되어 유형지에서 죽다

김경천은 그 사고로 한 동안 몸져누워 있다가 몸을 일으켜 꼴호즈 일에
매달렸다. 그리고 4월에 엔카베데에 간첩죄로 다시 체포되었다. 그의 집에
들이닥친 수사관들은 침대 시트까지 찢으며 뒤졌다. 그의 일기장과 편지,
시집, 사진 등 중요한 것들을 담아놓은 큰 가죽가방을 압수했다.

그가 끌려간 곳은 카라간다의 인민안전위원회 산하 사회안전국 조사부였
다. 중앙아시아의 카자흐 족 원주민들을 복종시키기 위해 온갖 고문을 자행
해온 곳이었다. 3년 전 연해주에서 그를 체포해 심문했던 자들은 그가 독립
군 대장이자 적군 지역사령관을 지낸 사실을 인정하고 있었지만 이곳은 달
랐다.

4월 6일 정오, 심문이 이렇게 시작되었다.

"당신은 일본을 위해 간첩질을 해서 당신 동족인 카레이들에게 고발되었
다."**

---

*   「나탈리아의 일기」, 김올가 씨가 번역하여 제공.
**   그의 아내 유정화는 허위로 꾸며 밀고한 자들을 알고 있었다. 그러나 자녀들에게 그들 이름
     은 말하지 않았다(「나탈리아의 일기」 김올가 씨가 번역하여 제공.)

제14장 대지에 남은 한 509

참으로 어설픈 심문이 시작되었다. 카자흐스탄의 엔카베데가 그의 연해주에서의 행적에 대해 수사한다는 것이 어불성설이었다.

"당신은 당원인가?"

"나는 공산당에 입당하지 않았다. 1929년부터 31년까지, 그리고 1934년부터 35년까지 후보당원이었다."*

언제 러시아에 왔는가, 언제 어디 머물렀는가, 지루한 심문이 이어졌다. 그렇게 사흘을 심문하고는 대답의 꼬투리를 잡아 윽박질렀다.

"이제 간첩질한 내용을 자백하라. 숨기면 사형당한다."

김경천은 고개를 저었다.

"나는 내 가족과 꼴호즈 회원들의 삶을 향상시키기 위해 묵묵히 일만 했다. 외부로 편지한 장 보낸 적 없는데 무슨 간첩질인가? 죄가 있다고 해도 3년 복역으로 끝났다."

"연해주에서 수사 중에 발견하지 못한 혐의란 말이야!"

엔카베데 요원들은 그를 고문실로 끌고 갔다. 구타와 전기로 지지지, 코로 물 먹이기 등 온갖 고문을 하면서 윽박질렀다.

"죽기 싫으면 지금까지 간첩질한 걸 실토해!"

"자백하려고 해도 할 게 없다."

그는 힘없는 목소리로 말했다.

그는 깨닫고 있었다. 묵묵히 농장 작업원으로 일했는데 동포들이 존경심을 보이며 그를 중심으로 결집하려고 했다. 그래서 다시 위험인자로 판단해 테러를 가했고 콤소몰 단원들을 고발하도록 사주한 것이었다.

----

* 「김경천 심문조서」, 카자흐스탄 카라간다 주 인민안전위원회 산하 사회안전국, 1939년 4월 6일, 김올가 씨 제공.

김경천은 카자흐 족 원주민과 강제이주 한인들이 가장 무서워하는 카라굴라그(카라간다 소재 강제노동수용소)에 수용되어 강제노역을 했다. 그는 아내에게 편지를 보냈다. 자신은 하늘에 맹세하건대 죄가 없고 일본과 동맹을 맺은 독일과 소련의 전쟁 가능성 때문에 예비검속을 하는 것에 걸려든 같다는 말을 썼다.

두 달 뒤인 6월 25일, 그는 한인들이 많은 카라간다에 있어서는 안 될 위험 인물로 분류되어 모스크바 부띄르스꼬이 감옥으로 이감되었다. 그리고 12월 17일, 간첩죄로 유죄 판결과 함께 교정(矯正)강제수용 8년 형을 선고받았다.

부띄르스꼬이 감옥은 죄수들로 넘쳐났다. 30명 수용 감방에 150명이 들어갔으며, 그것으로 부족해 복도 계단에서 족쇄로 발목을 묶인 채 잠을 자는 죄수들도 많았다. 엔카베데는 교통편이 되는 대로 죄수들을 시베리아 유형지로 보냈다. 기록에 의하면 김경천은 1941년 1월 17일, 코틀라스 북부철도수용소에 도착했다.

코틀라스는 어떤 곳인가? '천사들의 땅'이라는 뜻을 가진 아르헨겔스크 주에 속한 인구 6만의 작은 하항(河港)도시이다. 알렉산드르 솔제니친의 소설 『이반 데니소비치의 하루』에 나오는 정치범들의 유형지였다. '대숙청 시기'라고 부르는 1940년대 초반 가장 악명 높았던 유형지였다. 수만 명의 죄수들이 침목과 교량 건설에 쓸 원목 벌채와 철도공사에 동원되었다. 이 도시에 있던 북부철도수용소에서는 하루 평균 50명 이상, 통산 2만5천 명이 죽어나갔다.

스탈린이 철권을 휘두른 광기의 시대였다. 대숙청작업은 극에 달해 공산당의 핵심당원들도 제거되고 있었다. 1934년의 제17차 전당대회에서 선출된 중앙위원과 후보위원들도 139명 중 98명이, 대의원들도 1,964명 중에

카라간다 정치억압박물관 김경천 등 대숙청시기 소련이 정치범들에게 박해를 가한 현장이 보존돼 있는 카라간다 정치억압박물관.

1,100명이 체포되어 재판도 없이 총살당하고 있었다. 김경천보다 몇 해 늦게 코틀라스 유형지에 끌려 왔던 솔제니친, 그의 논픽션 「수용소군도」에는 말도 안 되는 체포와 처형의 예가 무수히 실려 있다.

　김경천이 호송된 1941년 1월, 코틀라스는 영하 40도의 혹한이 몰아쳤다. 북극에서 불어온 찬바람이 강을 거대한 얼음덩어리로 만들고 기온을 끌어 내렸다. 대지는 동토(凍土)로 변했다. 죄수들은 철도작업 현장에 투입되었다. 묵직한 방한설상화와 두툼한 방한복을 입은 채 뒤뚱거리며 노역을 했다. 백여 명이 한 줄로 서서 1미터 깊이로 얼어붙은 지표를 곡괭이로 찍어내는 일이었다. 혼자 작업이 늦으면 다른 죄수들에게 누가 된다. 작업조장도 경비병도 용납하지 않았다. 저녁에 지쳐서 검정색 콜타르를 칠한 바라크 숙소로 돌아오면 형편없는 열량의 저녁식사를 하고 밀짚 위에 몸을 눕혔다. 빈대와 벼룩의 소굴이었다. 그것들에 물어뜯기는 것도 모르고 잠에 빠졌다.

카라간다 정치범수용소 고문취조실 도구
김경천 등 정치범들이 갇혔던 고문취조실의
천장 수갑.

여름도 땡볕에서 쉬지 않고 일해 버티기 힘들었다. 몸이 약하거나, 호송
되고 몇 달이 지나 체력이 바닥난 죄수들이 무수히 쓰러졌다. 대개 영양실
조에 걸리고 펠라그라 병(Pellagra, 홍반병[紅斑炳])에 발목을 잡혔다. 옥수
수 탄수화물만 먹고 싱싱한 야채와 단백질 섭취가 부족하면 걸리는 병, 비
타민B 부족이 원인인 병이었다. 얼굴에 홍반이 생기고 설사가 계속되면 그
병에 걸린 것이었다.

가끔 강에서 물고기를 잡아 시이(러시아 수프)에 넣어 줄 만도 한데 수용
소당국은 그러지 않았다. 스탈린은 죄수들이 빨리 죽기를 바랐고 끊임없이
새로운 죄수들을 실어 보냈던 것이다. 죄수들은 몇 달 써먹고 버리는 소모
품이었다. 라자렛 지구에 병원이 있지만 펠라그라 치료는 안 했다. 나으면
다행이고 대개는 그냥 죽었다.

김경천도 그렇게 노동하다가 그렇게 죽었다. 1941년 11월, 그는 허리에 돋
은 홍반을 발견했다. 그리고 걷기조차 힘들 정도로 힘이 빠졌다. 결국 펠라

그라 병에 걸린 것이었다. 수용소 관할 라자렛 병원에 이송되었으나 치료를 전혀 받지 못하고 두 달 동안 방치되었다.

마지막으로 정신이 살아 있던 날, 그는 죽은 뒤 편지나 유품이 가족에게 전달되지 않는다는 걸 알면서도 짧은 편지를 썼다. '내 삶은 한 번의 잘못된 판단으로 빗나갔다. 내 인생은 실패했다. 그러나 최선을 다해 살았다'고.

그리고 그는 결국 다음해인 1942년 1월 14일 사망해 8백미터 떨어진 공동매장지에 묻혔다.

가장이 다시 체포되어 간 뒤 김경천의 가족이 겪은 고초는 형언할 수 없이 컸다. 카라간다 인민안전위원회 사회안전국은 '시베리아 정치범수용소로 갔다'는 것밖에 아무것도 알려주지 않았고 편지가 금지되어 있다고 하며 주소조차 알려주지 않았다.

아내 유정화는 다시 꼴호즈 목욕탕 일을 해야 했다. 강제이주 전 블라디보스토크에서 국제사범대학에 다녔던 딸들은 꼴호즈의 채소작업반원으로 살고 있었다. 가장이 반역죄와 간첩죄를 지은 죄인이라 처자식들은 숨죽이고 살아야 했다.

1942년 1월 하순 청천벽력과도 같은 소식이 왔다. 죄수 김경천이 1월 14일 아르항겔스크 주 코틀라스에 있는 정치범수용소에서 심장마비로 사망했다는 통지문이었다.

아내 유정화는 러시아어를 읽지 못했다. 큰딸 지리가 그것을 읽고 털썩 주저앉았다.

"엄마, 아버지가 돌아가셨어요. 우리가 갈 수 없는 아주 먼 곳에서."

온 식구가 얼싸안고 울었다.

소련의 북서쪽 끝, 아무리 춥고 먼 곳이라 해도 갈 수 있었으나 여행증명서는 발급되지 않았다. 그리고 주검도 호송되지 않았다.

아내 유정화는 죽지 못하고 마지못해 사는 것이었다. 그러나 그녀는 자신의 생전에 남편의 명예회복을 다짐하며 악착같이 살았다.

몇 해 뒤, 카자흐스탄 거주 한인들 사이에 동부전선 참전설이 돌았다.

'그분이 아침까지 멀쩡한 걸 유형지 숙소에서 본 사람이 있다. 그런데 저녁에 보이지 않았다. 어디 갔느냐고 물으니 그냥 죽었다고 했다. 그러나 실상은 죽은 게 아니고 독일군과 싸우는 동부전선으로 보낸 것이었다.'

가족들은 혹시나 하며 희망을 갖고 소식을 기다렸다. 그러나 독일군이 항복한 1945년 5월 9일 이후에도 그는 돌아오지 않았고 편지 한 장 없었다. 결국 유형지에서의 사망이 확실해졌다.

10년이 지난 1953년, 독재자 스탈린이 사망했다. 억울하게 숙청돼 유형지로 간 1천만 명의 죄수들 중 1백만 명 이상이 누명을 벗겨달라는 청원을 하기 시작했다. 엄격하지만 정당한 심사가 이뤄지고 있다고 들은 김경천의 아내 유정화는 장성한 자녀들과 함께 재심을 청원했다.

1936년 연해주 군사법정에서 3년형을 선고받은 혐의가 먼저 벗겨졌다. 1956년 연해주 군사법정이 재심을 열고 무죄를 선고했다. 그리고 1939년 8년형을 선고받아 코틀라스로 북부철도수용소로 유형을 떠난 사건은 1959년 모스크바 군사법정에서 무죄를 선고받았다. 각각 20년 만의 일이었다. '명예로운 혁명투사'라는 칭호와 함께 복권되었고 자녀들도 '반역자의 자식'이라는 누명과 함께 박탈당했던 권리와 혜택을 회복했다.

라자렛 병원 현재 김경천이 사망한 코틀라스 라자렛 병원 자리.

공동매장지 유골 발굴 김경천이 묻힌 기록이 있는 코틀라스 공동 매장지의 무명 인물들 유골 발굴.

공동매장지 묵념 올가 김경천의 외증손녀 올가 씨가 김경천이 묻힌 코틀라스 유형지 공동 매장지 추모비 앞에서 고개 숙여 참배하고 있다.

에필로그

돌아오지 못한 영웅

그는 왜 돌아오지 않는가

김경천이 코틀라스의 유형지에서 죽고 3년 반이 지난 1945년 8월 15일, 그의 조국은 일본의 지배로부터 해방되었다. 함석헌의 말처럼 해방은 어느 날 갑자기 도둑처럼 찾아왔다. 독립운동에 한 몸을 던졌던 망명투사들이 하나둘 돌아오기 시작했다.

10월 14일, 평양에서 열린 소련군환영대회에서 김일성(金日成)이 지도자로 등장했을 때, 거기 모인 7만 명의 시민들 중 나잇살 많은 사람들은 고개를 갸우뚱했다.

"아니야, 아니야. 저 김일성은 너무 젊단 말이야."

김일성은 그때 32세였다. 함경남도 갑산군의 보천보(普天堡) 습격을 감행했고, 일본군 및 만주군과 맞서 싸운 유격대장 출신이었다. 그러나 사람들은 믿지 않았다. 자신들이 알고 있는 김일성이라는 이름의 독립전쟁 영웅과 나이가 맞지 않기 때문이었다. 그들은 마치 영웅 서사시 주인공과도 같은 '백마 탄 김 장군 김경천'을 생각하고 있었다. 김경천은 '김일성'이라는 별호를 쓴 적이 없었으나 그가 진짜 김일성이라고 믿었다.

평양의 김일성 소문은 신문과 방송으로, 그리고 소문으로 날개 달린 새처럼 빠르게 전국으로 퍼져나갔다. 그러나 참으로 어이없게도 김경천이 머나먼 유형지에서 비참하게 죽었음을 아는 사람은 아무도 없었다.

김경천을 아우처럼 소중히 여긴 인물, 윤치성은 1936년에 사망해 이 세상 사람이 아니었다. 49명의 마지막 황실유학생 동기생들 중 생존자들이 있었다. 조소앙(조용은)과 김진용은 유명한 독립투사가 됐다. 최린·최남선·한상우를 비롯한 많은 사람들이 일제와 타협하며 살았다. 이제는 처벌을 각오하며 숨죽이고 있었다. 독립투사였거나 친일파였거나 그들은 진짜 김일성은 김경천이라고 주변사람들에게 말했다.

또 하나의 그룹, 대한제국무관학교 마지막 생도들로서 학교가 폐교되자 일본으로 건너가 김경천 선배의 지도를 받았던 사람들도 있었다. 조국이 부르는 날 독립전쟁에 뛰어들자고 함께 결의했던 사람들이었다. 그들은 결의를 저버리고 일본군 고급장교가 되어 해방을 맞았다. 미리 퇴역한 사람들도 중책에 앉았었다. 어이없게도 그들 중 일부가 미군정에 협조하여 국방경비대 창설을 준비하고 있었다. 그 정점에 뒷날 초대 육군참모총장이 된 이응준이 있었다. 1919년 6월, 김경천·이청천과 더불어 서간도로 탈출하기로 약속했다가 마지막 순간에 등을 돌렸던 인물이었다.

장택상·조병옥 등 거물지도자들이 이응준에게 '김일성'에 대해 물었다. 이응준은 이렇게 설명했다.

"진짜 김일성은 내 육사 3년 선배 김경천이에요. 함경도 북청 출신으로 본래 이름은 김영은인데 여러 번 개명했지요. 이청천과 더불어 망명 탈출해 백마를 타고 달리며 혁혁하게 독립전쟁을 한 분 아닙니까. 끝까지 일본 군복 입었던 나는 근신하려 했으나 미군정의 간청 때문에 국방경비대 창설 작업을 하고 있지요. 김 선배가 돌아오셔야지요. 그럼 내가 국군총수로 추대할 겁니다."

이응준은 그렇게 설명했다.

미군정청도 이응준에게 물었고 그는 그렇게 대답했다. 군정청은 그의 설명을 통해 북한의 떠오르는 지도자 김일성 이전에 원조격인 김일성이 있었으며 그것이 김경천이라고 파악했다. CIA가 1949년 9월 작성한 「김일성의 정체(identity)」라는 문서가 2012년 기밀에서 해제되었다. 이응준 등에게

들은 것을 바탕으로 한 것이었다. CIA는 당시 북한 지도자로 활동하는 김일성이 실제로는 김성주라는 인물이라고 전제하고 그가 김일성이 되기까지의 행적을 추적한 보고서를 만들었다.

인천에는 1885년 설립된 내리교회가 있다. 김경천의 절친한 친구였던 김영섭 목사는 일제 말기에 일본과 타협한 것 때문에 근신하고 있었다. 젊은 신자들이 묻자 그는 조용히 말했다.

"진짜 김일성은 김경천이야. 내가 미국에서 유학할 때 소련 연해주에서 독립군 대장을 하던 그 친구와 여러 번 편지를 주고받았지. 국내에 들어와 목회 일을 시작할 때도 몇 번 편지가 왔는데 1930년 중반 소식이 끊어졌어. 마지막 편지는 블라디보스토크 국제사범대학에서 교수로 일할 때였어. 고향이 북청이지만 북조선으로 귀국했을 것 같지는 않네. 내 짐작에는 독소전쟁(2차대전 중 독일과 소련의 전쟁)에 출정했고 거기서 희생된 것 같네."

그의 전설을 이야기하는 장삼이사들이나, 그와 교유했던 사람들이나 한결같이 말하는 것은 한 마디였다.

"그는 왜 돌아오지 않는가?"

한 신문기자가 그의 집터를 찾아갔다.

해외에 망명한 혁명지사 중 로서아로 망명하여 이래 26년 동안 그 끝에 있다는 김광서(金光瑞-일명 擎天) 씨의 가족을 방문하고자 더듬더듬 알 만한 길을 통해 처음 얻은 소식은 이러하였다.

사직동 끝 막바지 전 부기동 아래 무덕문 위로 찾으면 아직도 그가 살던 구지가 있으리라는 대단히 명료치 못한 말이었다. 그러나 기자에게는 유일한 단서였다. 무덕문 밑 전에 일본인 중학이던 경성중학 뒤 그리고 일인 관리들의 사택이 있는 동리였다. 그러나 이렇다 한 구지를 찾을 수 없어 그 동리에서 나서 자라서 지금 70이 넘었다는 고로(古老)를 찾으니 자기가 잘 아노라 하면서 들려준 이야기에서 큰 광명을 발견하였다. 고로의 이야기는 이러하다.

"저기 셋집들이 많이 들어앉은 터가 바로 그 김 대장댁 터요. 기미년 만세를 부르던 바로 전 해 가을에 김 대장이 일본서 우리 동네에 나와 사시게 되었지요. 그때는 집 한가운데 연못이 있고 연못가로 큰사랑 작은사랑이 있었는데 날마다 같이 고이 장히 손님들이 많이 오시더군요. 그때 식구는 김 대장 내외분하고 나이 어린 누이 한 분과 애기 둘이 쯤 이렇게 단출합디다. 김 대장은 아침저녁 용산 군대에 나갈 적에 말을 타고 나가고 들어가는 온통 우리와는 별로 가깝게 지내지 않았지만 드나드는 이 말로 보면 대단 후한이 좋다합디다. 저 셋집들이 서기 전 수년 전까지도 돌기둥에 「김광서」라는 백자기 타원형 문패가 역력히 남아 있더니 인제는 그도저도 없어졌군요. (중략)

기자는 다행히도 또 새로운 광명을 잡게 되었으니 위에서 들은 사직골 노인의 이야기가 김경천 씨에 대한 서화(序話)라면 이것은 그 본설이요 후일담이다. 이 이야기를 들려준 분은 최근 소련으로부터 입국한 홍복린(洪福麟)씨이다.

"내가 김경천 선생을 처음 뵈옵기는 지금부터 25년 전 소련 연해주 「따ㆍ뷔」 이라는 조그만 어촌이었습니다. (중략) 선생은 재주 조선인의 새 지도자로서 활동하시는 한편 그가 처음부터 뜻하였던 장차 조국의 완전독립을 위하여 싸우고 또 조국이 완전 해방된 후 조국을 지킬 국군육성에 전력을 기울이게 되었습니다. 선생의 위업 조국 국군의 선봉이 될 중견군은 지금 크게 자라고 있습니다. 현역 예비역 후비역을 통합하면 선생의 정신을 계승한 조국의 군인은 10만이나 됩니다. 이번 독소전쟁에 「하리꼬우」 싸움에서 위훈을 세워 조선군인의 성가를 세계에 떨친 것도 선생 휘하의 조선군인입니다. 염려 마십시오. 그네들은 반드시 고국을 위해서 큰일을 할 터입니다."*

　지금 세상에 나온 자료들과 비교하면 이 신문이 채록한 연해주 시절에 대한 구술은 태반이 지어낸 이야기이다. 그러나 그때는 김경천에 관한 소식이 궁금하던 차라 모두가 곧이들었다. 그가 생존한 걸로 믿고 '소련에서 양성한 10만 독립군'을 이끌고 돌아오기를 기원했다.

　김일성에 대한 인식은 망명했던 독립투사들도 마찬가지였다. 대한민국임시정부 요인들이 환국한 직후 김구 주석의 비서이자 안중근의 조카이기도 한 안우생(安偶生, 1907-1991)은 기자의 질문에 대답했다.

　　문: 김일성(金日成) 씨와 임시정부와의 관계는 어떠하며 최근 평양에 와 있는 32세의 청년 김일성 씨는 어떤 분인지요?
　　답: 김일성 씨는 만주서 활동하였으므로 임시정부와는 아무 연락도 없었다. 그리고 김일성 씨는 지금 상당한 고령인데 평양에 와 있는 김일성 씨는 어떤 분인지 모른다.**

　많은 사람들이 이 기사를 읽고 머리를 끄덕였다. 30~40년 전, 북만주와 연해주에서 풍문처럼 들려온 독립전쟁의 영웅 김경천의 이름을 다시 떠올렸다. 그들은 그가 진짜 김일성이며 거의 환갑이 됐을 거라고 믿었다. 그리고 이런 의문을 가졌다.

　'백마 탄 독립군 대장, 김경천 장군은 언제 조국으로 돌아올 것인가?'

----
*　　「망명지사들 가족방문기 5, 소련(蘇聯)서 활약하는 김광서(金光瑞) 장군」, 『자유신문』, 1945년 10월 11일자. 000은 판독 불능이다.
**　「동아일보」, 1945년 12월 6일자. 김일성은 중국공산당만주성위원회 산하 동북항일연군 고급지휘관이었으나 그 단체가 임정과 교류하지 않아 알지 못했다.

김경천 연구의 시작

뒷날 역사가들의 연구 성과에 의하면 김일성 전설은 김경천을 중심으로 하고 다른 독립투사들의 이미지가 곁가지들처럼 합성된 것이다. 제1대 김일성은 경술국치를 전후하여 함경북도를 활동무대로 삼아 김일성이라는 가명을 쓰며 일본군을 공격한 전 함경북도 온성군수 김두천(金斗天)의 아들 김창희(金昌希)이다. 제2대가 김창희의 투쟁이 중단된 뒤 그보다 몇 배 강력한 투쟁을 한 김경천이다. 그가 자신을 김일성이라고 말한 적은 없으나 민중은 김일성이 살아 돌아왔다고 믿었다. 김경천이 투쟁을 중단한 후 허형식(許亨植, 1909~1942), 양림(楊林, 1898~1936 본명 김훈[金勛]), 양세봉(梁世奉, 1896~1934) 등이 만주에서 혁혁하게 싸웠다. 민중은 그들도 김일성 전설에 합성시켰다. 그리고 소년시절 김경천을 흠모했던, 본명이 김성주인 젊은 항일빨치산 지도자가 1930년대 초반 김일성이라는 별호를 사용해 투쟁했다. 그것도 전설의 일부가 되었다.

한 시대 이민족의 탄압을 받으며 갖는 간절한 해방의 기원(祈願)은 집단무의식으로 뿌리가 깊어진다. 한민족은 초인(超人)이 백마를 타고 나타나 질곡으로부터 해방시켜 주기를 기원했고 그것이 김일성 전설, '백마 탄 김경천' 전설에 담겼다. 의열단원이자 독립투사였던 이육사가 시 「광야」에서 '다시 천고의 뒤에 백마 타고 오는 초인이 있어 이 광야에서 목 놓아 부르게 하리라' 라고 노래한 것도 맥이 닿는다.

김경천의 조국은 대한민국으로 부활했다. 민중은 초인처럼 비범하게 싸운 독립군 대장 김경천을 기다렸다. 가장 비참하게 죽은 것을 알지 못했다. 광복 후 20년이 지나도 그의 생사조차 알지 못했다. 소련이 '철의 장막'으로 불리며 모든 정보가 막힌 때문이었다.

김경천에 대한 연구가 시작되었다. 이명영의『김일성 열전』(1974), 이기동의『비극의 군인들』(1982), 그리고 허웅배(許雄培)의『김일성 정전』(1989)이 중요한 성과들이다.

이명영 교수의 저술은 김경천이 원조 김일성이라는 확신을 갖고 북한 지도자 김일성이 가짜라는 논리를 세운 것이지만 김일성 전설의 근원을 파고 들어간 성과가 있었다.

이기동 교수의 저술은 구한말 일본 육사를 나온 인물들에 대해 기술하면서 김경천의 실체를 파고들어갔다.

의병장인 왕산 허위의 손자이자 동북인민혁명군 총사령을 지낸 허형식의 조카인 허웅배는 북한이 모스크바에 파견한 유학생으로서 귀국을 거부하고 망명했다. 그는 임은(林隱)이라는 필명으로 저술하면서 김경천과 북한 지도자 김일성의 실체를 보다 분명하게 규명했다. 김경천의 유족들이 카자흐스탄에 살고 있다는 것을 처음 밝혀냈다.

그러나 이들 연구가들은 모두 김경천이 소련의 신뢰를 받아 2차대전의 독소전선에 고급지휘관으로 참전한 것으로 기술했다. 러시아 한인사회에 떠돌던 소문을 그대로 썼다. 소련과의 문화적 교류가 전무하여 실증자료를 구하지 못한 때문이었다. 이 때 이미 재러 한인 학자 김마뜨베이는『일제하 극동 시베리아의 한인사회주의자들』을 열전 형식으로 쓰며 김경천을 포함시켰다.* 이 자료는 오랫동안 국내에 들어오지 않았다. 김경천이 김좌진·홍

---

* 김경천 자녀들의 기억에 의하면 김마뜨베이는 김경천의 제자이자 부하였다. 모스크바로 가서 기자가 되었고, 김경천이 유형 중 사망한 뒤 아내와 딸들의 구술을 정리했다. 그러나 저술을 끝내지 못하고 교통사고로 사망했다.(김올가 씨가 할머니 김지리에게 여러 번 들은 것을 증언)

범도 등과 같이 거물 독립투사 반열에 들지 못한 것은 그 때문이었다. 그리고 김경천이 북한지도자인 김일성과 연관이 있을 것 같은 막연한 추측도 그의 존재를 묻어버리게 된 또 다른 원인이 되었다.

국가보훈처가 잊혀진 독립투사들을 발굴해 훈장을 추서하는 사업을 전개했지만 김경천은 유족을 찾지 못해 보류되었다. 김경천의 누이 김옥진이 8 · 15 광복 직후 서울에 살았다는 사실을 알고 찾아 나섰으나 실패했고 '아마도 북한으로 갔을 것'이라는 풍문만 확인했다.

소비에트 연방이 붕괴해 냉전구조가 깨지고 러시아와 왕래가 가능해지고 자료가 쏟아져 들어왔다. 연구자들은 김경천 연구에 본격적으로 매달렸다.

위대한 투사의 유족을 찾다

1998년, 우연한 인연으로 모든 것이 한꺼번에 풀려나갔다. 한국 정부 감사원의 정창영(鄭昌永) 감사관이 모스크바대학에 유학 가서 옘블라디미르 교수를 만났다. 교수는 고려인 3세였다.

"당신은 김경천 장군을 아시오?"

교수의 말에 정 감사관은 고개를 끄덕였다. 그는 이명영 교수의 제자였다. 김경천은 강의시간에 여러 번 들은 이름이었다.

"우리나라의 위대한 독립투사입니다."

"내 아내가 장군의 손녀입니다."

정 감사관은 깜짝 놀라 눈을 크게 떴다. 김경천은 홍범도, 김좌진과 같은 위대한 무장항쟁 지도자인데 자료가 없고 말년이 알려져 있지 않아 안타깝다고 한 스승 이명영 교수의 말이 생각나서였다.

"내 대학 은사님이 김 장군을 연구하셨습니다. 김 장군은 어찌됐습니까? 독일군과의 전투에서 전사했나요? 한국에서 모두 궁금해합니다."

옘 교수는 고개를 저었다.

"장군은 1942년에 시베리아 유형지에서 돌아가셨어요."

그런 인연으로 시작되어 김경천의 말년의 삶과 유족의 존재가 국내에 알려졌다. 이 해 8월, 생존한 자녀 지희(당시 70세)와 막내아들 기범(당시 67세)이 아버지가 망명한 지 58년 만에 고국 땅을 밟았다.*

그 때의 일을 정창영 선생은 이렇게 회고했다.

모스크바대학에 유학중이던 1998년 봄 옘 블라디미르 교수를 만났습니다. 고려인 3세이고 조상의 성씨는 염(廉)씨이지요. 나는 즉시 감사원을 통해 김 장군의 공민증, 소련당국의 무죄판결문 원본 등을 국가보훈처로 보냈습니다. 국가보훈처는 유족과 연락했고 공적 확인 등 서훈절차를 밟기 시작했습니다. 나는 곧 유학을 마치고 귀국했고 정부는 그 해 광복절에 건국훈장을 추서하기 위해 러시아에 사는 김 장군의 막내아들 기범 씨 부부와 막내따님 지희 씨를 초청했습니다. 관례상 한 사람만 초청하는데 김장군 유족은 특별하니 모두 초청해야 한다고 내가 우겼지요. 기범 씨가 먼저 왔고 카자흐스탄에 사는 지희씨는 항공편이 문제가 생겨 광복절 아침에 도착해 곧장 기념식장으로 갔지요. 내가 김포공항으로 지희 씨 마중 나갔습니다. 곱상한 분인데 얼굴에 고생한 흔적이 역력하고 가난한 옷차림에 마음이 아팠습니다. 가장 좋은 옷을 입고 오셨을 거 아닙니까? 승용차가 달리는 동안 그분이 차창으로 산천을 바라보다가 울먹

---

*　「시베리아-만주 호령하던 백마 탄 항일영웅 김경천 장군 56년 만에 햇빛」, 『동아일보』, 1998년 8월 13일자.

이시는 겁니다.

"참 아름다운 나라구나. 아아, 아버지! 이렇게 좋은 나라를 두고 왜 망명해서 그렇게 돌아가시고 우리 자식들을 고생시키셨어요!"

가식 없는 솔직한 말이지요. 그 순간 나는 내가 정말 좋은 일 했구나 하는 생각에 가슴이 벅찼습니다(정 선생은 말을 잇지 못하고 눈물을 닦았다). 북청군민회에서 환영연을 연다 하기에 솔직하게 말했습니다. 잔치보다는 모금이 필요하다고. 글쎄 북청 사람들, 의리와 정리가 대단합디다. 하루만에 4천 달러를 모으셨어요. 선물을 귀국가방 네 개에 가득담아드렸습니다. 나중에 들으니 김지희 여사는 카자흐스탄 카라간다에서 그 돈으로 40평아파트를 사셨다 합니다. 그래도 모자라지요. 김경천 장군 공적을 생각하면 열 배 백 배 해드려도 모자랍니다.*

북청군 전 명예군수인 김경(金慶) 선생은 김지희·김기범 남매를 만난 일을 이렇게 회고했다.

우리 북청군민회는 김경천 장군 자녀 귀국에 열광했습니다. 북청 물장수 전설을 아시지 않습니까. 북청 출신이라면 서로 돕고 끌어주는 북청인의 정신이 있습니다. 더구나 김경천 장군은 이준 열사와 더불어 북청인들의 긍지입니다. 그리고 나는 김경천 장군과 먼 친척이기도 합니다. 어렸을 때 우리 집안에서 이런 인물이 나왔다고 들었지요.

....
*   2017년 9월 7일 저녁 서울 이태원에서 정창영 선생 인터뷰. 김올가 씨 부부도 동석했다. 선
     생은 1954년 대구 출생으로 성균관대를 나와 모스크바대학에서 법률학 석사과정을 마쳤다.
     러시아어로 된「김경천에 대한 부인과 자녀들의 회고」를 정리했다. 감사원 사무총장, 코레
     일 사장을 지냈다.

아무튼 그때 남매를 만나러 중구 필동 아스토리아호텔로 찾아갔지요. 글쎄 남매가 우리말을 한 마디도 못해요. 통역을 통해 김 장군 죽은 이야기, 가족이 살아온 이야기 듣는데 하 기가 막힙니다. 그래서 성금을 모았습니다. 돈 봉투를 갖다 드리니까 기범 씨가 깜짝 놀라며 "이렇게 많은 돈을 주시다니요? 정말 이 돈을 가져가도 됩니까?" 하고 고개를 연거푸 숙이는데 그 돈이 서울에선 뭐 큰돈은 아니잖습니까. 또 한 번 기가 막힙니다. 우리나라가 잘 사니 우리나라가 이제 이 사람들을 챙겨야지요."**

김지희는 서울을 떠나기 전 날, 남동생 기범과 함께 한강변을 찾아갔다. 어머니 유정화와 큰언니 지리가 해 준 말이 떠올랐다.

"한강물은 눈이 시리도록 푸르단다."

"한강변에는 풀어 내린 여인의 머리칼 같은 미루나무들이 서 있단다."

강은 엄마와 큰언니의 말처럼 푸르렀다. 강변은 부유한 나라의 수도답게 으리으리한 고층건물들이 입립해 있지만 물가의 나무들이 정말 여인의 머리칼같이 가지를 늘어뜨린 서 있었다.

그녀는 아버지가 아프로 꼴호즈 회장으로 있던 1929년 연해주 스찬에서 태어났고 아홉 살 때 강제이주를 당해 고려어(한국어)를 거의 알지 못했다. 소녀시절에는 의사소통은 충분했으나 이제는 거의 잊어버렸다. 어머니와 큰언니가 해주었던 고려(한국)에 대한 이야기도 잊어버렸다. 그런데 서울에 오니까 그 이야기들이 새록새록 떠오르는 것이었다.

아버지가 두 번째로 체포된 이후, 가족들은 제대로 노동을 못해 배급식량이 지급되지 않았고 하루 한 끼를 겨우 먹었다. 카라간다 시 소재 인쇄회사

** 　같은 날, 김경 선생 인터뷰.

의 간부로 있던 지리 언니네 형부 김 표트르가 온갖 노력을 다해 처가 식구들을 카라간다로 이주시키는 데 성공했다. 카라간다 시 중심가 레닌 가(街) 5호 건물, 급수시설이 고장나 못쓰고 있던 3층 목욕탕에 이불을 깔고 살다가 한두 달 뒤 방을 들였다.

어머니는 카라간다 기술대학 기숙사의 청소부로 일했으나 때 묻은 작업복을 부끄러워하지 않았다. 자식들이 돕겠다고 나서면 수범과 기범, 두 아들만 오게 하고 딸들은 얼씬도 못하게 했다.

딸들에게 공부하라고 다그쳤다. 그래서 음악에 소질이 있던 작은언니 지란은 타시겐트 음악대학에 진학했다. 그리고 그녀(지희)는 리듬체조를 배우러 체육전문대학에 갈 수 있었다. 어머니와 큰언니의 희생 때문이었다.

아버지 얼굴은 눈을 감아야 떠오른다. 그녀는 눈을 감은 채 울먹거렸다.

"아버지, 엄마, 그리고 큰언니, 내가 아버지 나라에 왔어요."

막내아들 기범은 강변 벤치 옆자리의 누나가 소리 없이 우는 걸 느끼고 손을 잡았다.

"내가 아버지 나라에 오다니, 꿈꾸는 것 같아."

기범은 1932년 아버지 김경천이 연방국가보안부 하바롭스크 분소에서 정보 분석관으로 일할 때 태어났다. 네 살 때 아버지가 체포돼 끌려갔기 때문에 유년의 기억은 별로 없다. 일곱 살 때 석방되어 돌아온 아버지는 막내인 그를 껴안고 울먹였다.

"강제 이주 그 힘한 일을 어린 몸이 견뎌냈구나. 이제 네 곁은 안 떠나마."

그때 아버지의 존재를 든든하게 느꼈는데 두 달이 못돼 다시 끌려가셨다.

그 후 그는 강제이주의 땅 카자흐스탄에서 반역자의 아들, 간첩의 아들로 숨죽이며 살았다. 고등중학교를 졸업할 무렵 사관학교를 지원했으나 거부당했다. 갈 곳은 청년노동단밖에 없었다. 주간에 노동을 하고 수면시간을 줄여 야간대학에서 영상의학과 임상병리학을 공부해 의사자격증을 땄다.

신분 세탁을 위해 러시아 여인과 결혼했고 처자식을 먹여 살리기 위해 분투하며 늙어왔다. 어머니와 누나들과 형이 죽고 카레이의 독립군 대장을 지낸 아버지의 억울한 희생도 잊어 갔다. 그런데 갑자기 아버지의 조국이 잊지 않고 부른 것이었다.

그는 사흘 전 광복절 기념식장에서 아버지에게 추서하는 훈장을 받았다. 태극기 문양이 들어간 훈장은 황금빛으로 찬란했다. 훈장증에 새겨진 한글을 읽을 수 없었지만 그는 벅차오르는 감격 때문에 그날 잠을 자지 못했다.

김지희 김기범 남매는 아버지의 조국이 준 훈장과 선물 보따리, 그리고 그들을 인터뷰한 여러 신문을 들고 카자흐스탄으로 돌아갔다. 후손들이 모여들었고 훈장과 김경천의 사진, 자녀들의 사진이 실린 10개가 넘는 신문 스크랩을 보며 눈물을 흘렸다. 70대인 지희, 60대인 기범마저 모국어를 잊었다. 그러나 신문을 읽을 사람이 하나 있었다. 알마티국립대학 한국어과에 재학 중인 외증손녀 올가였다.

올가는 30여 명의 친척들 앞에서 또박또박 훈장증을 읽고 러시아어로 번역했다.

미94호
훈장증
고 김경천
위는 우리나라 자주독립과 국가발전에 이바지한 바 크므로 대한민국헌법의 규정에 의하여 다음 훈장을 추서함

건국훈장 대통령장

1998년 8월 15일

대통령 김대중

국무총리 김종필

이름을 건국훈장부에 기입함

행정자치부장관 김정길

이모할머니인 지희 씨가 눈물을 훔치며 말했다.

"올가야, 다시 번역해 읽어다오."

올가는 또 읽고 또 읽었다. 읽을 때마다 유족들은 울었다.

김경천의 직계 후손들은 러시아와 중앙아시아와 유럽에 살고 있다. 그들은 '디아스포라(diaspora)'이다. 디아스포라는 나라를 잃고 세계각지에 살면서 민족의 규범을 지키는 유태인들을 지칭하는 말이지만 그 의미가 확대되어 타국에 살면서 민족의 관습을 지키는 사람들을 가리키는 말이 됐다. 김경천의 후손도 박해받으며 러시아와 중앙아시아를 떠돌며 고난 어린 생애를 보냈으니 영락없는 디아스포라이다.

정창영 감사관이 유족을 찾고 정부가 초청해 훈장을 추서한 뒤 김경천 연구가 본격적으로 시작되었다. 마침 러시아와의 통행도 자유로워지고 한인 독립투사들에 관한 1차 자료들이 쏟아져 들어오고 있었다. 대표적 독립운동사 연구가인 박환 교수는 김경천의 큰딸 김지리의 아들인 김 예브게니가 정리한 김경천에 관한 구술노트를 받았다. 그것을 정창영 감사관에게 부탁해 정리하게 하여 「김경천에 대한 부인과 자녀들의 회고」라는 제목으로 2003년 발간한 『대륙으로 간 혁명가들』에 수록했다. 반병률 교수는 1차자료의 발굴과 연구, 그리고 현지답사를 통해 연해주 한인 투쟁사의 지평을 넓혀갔다. 그리하여 거의 모든 궁금증이 풀렸다.

2005년에는 김경천의 육필일기인 『경천아일록』이 국내로 들어와 홍범도 기념사업회에 비치되었다. 신문들이 앞 다투어 보도했다. 대표적인 독립운동사 연구가인 장세윤 박사는 자료를 검토한 뒤 "김경천 장군의 삶과 독립운동 행적이 아주 구체적으로 묘사된 점이나 필체로 보아 김경천의 자전적 친필수기인 것 같다"며 "신흥무관학교나 김경천의 항일운동을 연구하는 데 귀중한 자료"라고 말했다.* 한 작가는 성급하게 소설로 쓰고 『경천아일록』이 『백범일지』와 비교할 수 없고 이순신의 『난중일기』와 비견할 만하다고 덧붙였다.**

『경천아일록』은 난해하여 해독이 쉽지 않았다. 한글교육을 받지 않은 김경천이 19세기식 한글로 쓴데다, 전장에서 급히 펜이 나가는 대로 쓴 때문이었다. 결국 그것은 2012년 카자흐스탄 체류 김병학 시인에 의해 해제를 붙여 발간되었다.

방송사도 나섰다. KBS 역사스페셜 팀은 김경천에 관한 다큐멘터리를 제작 방영했다.

장군의 막내딸인 김지희의 딸 나탈리아는 김경천 할아버지에 관한 이야기를 하나도 빠트리지 않으려고 이삭 줍듯 모든 것을 채록하는 작업에 나섰다. 어머니 김지희와 작은외삼촌 김기범은 물론 외사촌 이종사촌들에게, 김경천 할아버지에 대해서 들은 것을 모두 말하라고 성화를 하여 차근차근 기록하고 있다.

---

* 　『경향신문』, 2005년 9월 5일자.
** 　유길만, 『김일성 장군』, 2006, 광성출판사, 부록.

올가의 아리랑

김 올가는 1974년 카자흐스탄 카라간다에서 김경천의 큰딸 김 지리 이바노브나의 손녀로 태어났다. 아버지가 '지리 할머니'의 차남이었다. 아버지 겐나지는 신문기자로, 어머니는 의사로 일하고 있는 맞벌이였다. 올가는 '지리 할머니' 등에 업혀 '아리랑'을 자장가로 들으며 성장했다.

모국어를 잃어버린 동생들과 달리 김지리 할머니는 그것을 보물처럼 붙잡고 있었다. 1915년 일본 도쿄에서 태어났으나 1918년 귀국 후 경성에서 살았고 보통학교를 다녔다. 1925년 연해주로 가서 아버지와 합류한 뒤에도 한인학교를 다녔다. 그녀는 카자흐스탄 강제이주 후 동포 한인들이 모국어를 잊어가는 것을 보면서 나는 지켜야 한다고 결심해 많은 노력을 했다.

외손녀 올가가 예닐곱 살이 됐을 때부터 그림을 그려 가며 「선녀와 나무꾼」 따위 고국의 동화를 들려주었다. 그녀는 아버지 김경천이 체포되기 전 블라디보스토크 국제사범대학에서 미술을 공부했다.

"올가야, 너 하나라도 고려말을 알아야 한다."

올가가 초등학교에 들어갔을 때 할머니는 그렇게 말했다.

"네, 할머니" 올가가 씩씩하게 대답했다.

할머니는 사직동 저택, 후원인 경천원의 연못과 누각 등을 그림으로 그려가며 이야기를 들려주었다. 늘 푸르게 흐르는 한강, 늘 푸른 소나무가 선 인왕산의 모습도 그려가며 말해주었다.

"내 어머니, 그러니까 네 외증조할머니인 유정화 할머니는 한강변에서 태어나셨다. 경천 할아버지가 유학 떠나기 전 말에 태우고 한강변을 달렸다고 한다."

할머니는 한숨 쉬며 덧붙였다.

"올가야, 네가 서울에 가야 한다."

"네, 할머니."

올가는 어렴풋이 자기 하나라도 한국어를 해야 한다고 생각했다. 그리하여 아버지와 어머니보다도 모국어를 잘하고, 후손들 중 유일하게 모국어를 할 줄 아는 아이가 되었다.

어느 날, 할머니에게 물었다.

"할아버지 할머니의 나라 카레이에는 일가친척이 없나요?"

할머니는 한숨을 쉬며 말했다.

"옥진이라는 내 고모가 있었단다. 그러니까 김경천 장군 할아버지의 누이동생이란다. 옥진 고모는 북한에 살다가 돌아가셨다. 강제이주당한 우리 가족이 카라간다에 사는 걸 어찌 알았는지 옥진 고모의 남편과 자식들이 내 어머니(유정화)에게 소련 시계를 갖고 싶다고 편지를 보내왔단다. 먹고 살기도 힘든 때라 보내지 못했다."

카라간다에서 중학교를 졸업한 올가는 스타니슬라브 교육 칼리지를 마쳤다. 한동안 교사로 일했으나 정해진 숙명처럼 알마티국립대학 한국어과에 입학하게 되었다.

1992년, 올가의 큰아버지(김경천의 외손자, 큰딸 김지리의 큰아들) 예브게니는 할머니와 모친, 이모들, 외숙이 돌아가시기 전 외조부 김경천에 대한 그분들의 기억을 정리해야 한다고 판단했다. 그리하여 차근차근 어른들의 구술을 정리했다. 얼마 후 모친 김지리가 돌아가셨다.

1998년 8월 지희 할머니와 기범 할아버지가 고국에 가서 훈장을 받아온 뒤 유족들은 긍지와 자부심, 애국심이 큰 나무처럼 무럭무럭 커졌다. 카라간다 주 인민안전위원회 산하 사회안전국에 김경천을 체포할 때 압수한 것들을 돌려달라는 청원을 했다. 여러 번 청원한 끝에 가장 소중한 유물을 돌려받게 되었다. 김경천의 진중일기인『경천아일록』이었다. 한글이라 그것을 읽을 수 있는 사람은 올가뿐이었다. 가족들이 모이면 기독교 신자들이 성경을 읽듯이 그것을 읽고 번역해 들려 주었다.

그 뒤 많은 기자와 연구가들이 카라간다로 찾아왔다. 올가는 문득문득 김경천 할아버지를 세상에 더 알려야 한다고 생각해 알마티국립대학 한국어 통번역대학원과정에 등록했다.

2008년 봄, 올가의 큰아버지 김 예브게니는 카자흐스탄 사회안전국, 모스크바 군사위원회와 내무위원회에 외조부 김경천에 관한 증명서들을 요청해 그해 가을 받아냈다. 두 차례 체포되어 유죄선고를 받은 혐의가 재심으로 무효화되어 복권된 사실, 사망한 경위와 매장지 위치까지 증명서에 담겨 있었다.

2011년 석사과정을 마친 올가는 아버지의 권유에 따라 한국에 와서 전남대학교 박사과정 디아스포라 학과에 등록했다. 김경천이 신흥무관학교 교관을 하면서 맺은 이회영 · 이시영 형제와의 인연을 중시한 우당장학회(회장 이종찬)가 올가를 따뜻이 맞았다. 북청군민회도 그랬다.

올가는 할아버지의 집터가 있는 사직동 잣골에 갔다. 집터와 경천원 자리에는 한 가구가 10억 원이 넘고 한 동(棟)이 500억 원이나 된다는 고급 아파트들이 임립해 있었다.

KBS TV 역사스페셜 팀의 류지열 프로듀서가 올가를 찾아왔다.

"김경천 장군님의 생애를 한 시간짜리 다큐멘타리로 제작하겠습니다. 리포터로 출연해주십시오."

"네." 올가는 뜻밖의 제안에 큰소리로 대답했다.

올가는 촬영팀과 더불어 한 달 동안 카자흐스탄과 러시아 모스크바, 장군이 최후를 마친 아르헨겔스크 주의 코틀라스 철도수용소를 돌며 리포터로 출연해 촬영했다. 할아버지가 숨을 거둔 병원 자리도 돌아보았다. 병원에서 800미터 떨어진 곳에 무명 희생자들을 위한 위령비가 세워져 있었다. 올가는 카레이스키답게 엎드려 절했다.

"할아버지, 이제 찾아와서 죄송해요."

더 가슴 아픈 것은 일본이 이곳에 묻힌 유골들을 발굴해 DNA 검사로써 일본인인가 확인해 모셔가고 있다는 것이었다.

큰 보람도 있었다. 김경천이 갇혔던 카자흐스탄의 카라간다 주 인민안전위원회 산하 사회안전국의 고문 취조실과 수용소 감방을 돌아보고, 공개금지로 묶여 있던 심문조서 일부를 확인할 수 있었다. 올가는 서류철을 전부 보겠다고 간청했으나 거부되었다.

올가는 심문조서 사본과 머리를 박박 깎고 죄수복 차림을 한 김경천 할아버지 사진을 받아들고 촬영팀과 함께 김지희 이모할머니에게 갔다. 김경천의 여섯 남매 중 유일한 생존자인 김지희 할머니는 눈물을 펑펑 흘렸다.

"조국이 잘 사니까 이런 걸 내주는구나, 그동안 열 번도 더 청원했었는데. 우리 올가가 큰일을 했다."

지희 할머니는 그렇게 말한 뒤 가슴을 진정시키고 KBS TV 카메라 앞에 섰다.

만약 한국인들이 내 아버지 김경천을 존중하지 않는다면 도대체 누가 나라를 위해 싸우겠습니까?

2012년 6월 12일, KBS 다큐멘터리 「백마 탄 김장군 김경천, 시베리아의 전설이 되다」는 높은 시청률을 올리며 방영되었다.

올가는 전남대 기숙사에 파묻혀 논문 준비에 매달렸다. 정해 놓은 주제는 「연해주 한인, 디아스포라의 삶」이다.

2015년 여름, 올가는 할아버지 김경천 장군의 집터인 서울 사직동 166번 지에 기마(騎馬)동상과 표지석을 세우게 해달라고 우당장학회 이종찬 회장에 게 매달렸다. 이 회장은 즉시 서울시에 요청했고 서울시는 받아들였다. 백 마를 타고 달리며 독립군을 지휘하는 장군의 기마동상은 장차 '김경천장군 기념사업회'가 조직되면 추진해야 한다는 결론을 내렸다. 그리하여 10월 6 일 오후 2시, 사직동 풍림스페이스본 아파트 106동 옆에 표지석을 세웠다.

김경천 金擎天 집터. 김경천(1888-1942)은 만주와 연해주에서 항일무장투 쟁을 이끌면서 '백마 탄 김장군', '진짜 김일성' 등으로 불렸다. 1911년부터 1919 년 만주로 망명하기 전까지 이곳에서 살았다. 2015년 9월 서울시.

폭 30센티미터 높이 70센티미터의 작은 표지석을 세우고 제막식에서 '유 족대표 인사말'을 할 때 올가는 목이 메어 말을 잇지 못했다. 기마동상을 세 우지 못함이 아쉽고, 작은 표지석이지만 고마워서였다. 옆에 섰던 우당장학 회 이종찬 회장이 눈시울을 붉힌 채 올가의 어깨를 몇 번 다독여 주었다.

올가는 디아스포라답다. 마음이 착해서 겉은 여려 보이지만 속은 복숭아 씨처럼 단단하다. 남은 소원은 두 가지, 일본처럼 코틀라스 북부철도수용소 공동매장지에서 유골을 발굴해 DNA 검사로 할아버지의 뼈를 찾아 국립묘 지 애국열사 묘역에 모시는 것과, 안중근기념관 버금가는 기념관을 짓고 그

앞에 기마동상을 세우는 것이다.

유골 발굴은 국가보훈처에 문의했더니 어렵다고 했다. 기념관과 동상에 대해서는 한국에 와서 사귄 친구들이 말해 주었다.

"지방자치단체가 앞 다퉈 자기 고장 출신 애국지사들을 기리는 기념관을 짓고 있어. 네 할아버지는 북한 출신이라 그게 안 되지. 기념사업회도 그래서 힘든 거야."

올가의 부모님은 독일로 이주했다. 방학에 부모님을 만나고 돌아오던 그녀는 여객기 안에서 기막힌 사실을 알았다. 항로 안내 모니터를 보는데 서울까지의 거리 6천 킬로미터를 표시하며 김경천 할아버지가 묻힌 코틀라스 상공을 날고 있었다. 방송사 촬영팀과 함께 가서 엎드렸던 공동매장지가 선명하게 떠올랐다.

'2017년 오늘, 유럽과 한국을 오가는 여객기들이 하루에도 수십 번 북방 항로를 비행한다. 수천 명의 한국인들이 여러 비행기에 탑승해 코틀라스 하

집터표지비 서울 종로구 사직동 166번지 아파트 단지에 서 있는 김경천 집터 표지.

늘을 날고 있다. 한스럽게 죽은 영혼은 죽은 곳을 떠나지 못한다고 한다. 70여 년을 죽음의 유형지에 머물고 있을 김경천 할아버지의 영혼은 고국으로 가는 비행기를 보며 무슨 생각을 하실까? 아마 이렇게 중얼거리실 것이다. 이제 돌아가고 싶다. 나는 70년을 여기 이렇게 누워 70번은 죽었노라고.'

올가는 할아버지의 영혼이 가련하여 엉엉 울었고 승무원이 달려와서 어디 아프냐고 물었다.

"마음이 아파서 그래요. 미안해요." 올가는 울음을 참으며 말했다.

올가는 유골 발굴과 기념관에 대한 희망을 하루도 버릴 수가 없다. 어느 날, 대통령이 "독립유공자 김경천 장군 유골을 찾아 모셔오고 동상 세우고 기념관을 짓겠습니다." 하고 발표했으면 좋겠다. 그러면 박사학위를 받는 대로 모교 알마티대학으로 돌아가 자신과 같은 디아스포라 한인 학생들에

항공사진 유럽을 떠나 한국으로 가는 여객기의 항로 모니터. 김경천이 묻혀 있는 유형지 코틀라스 상공을 지나고 있다. 많은 한국인들이 매일 이 항로를 날고 있다.

게 모국어를 가르치고 한인 사회를 모국과 연결해 주며 살고 싶다.

올가는 한강변을 걷기를 좋아한다. 황실유학생으로 일본 유학에 오르기 전 김경천 할아버지가 약혼녀인 유정화 할머니를 태우고 말을 달린 곳이기 때문이다. 강 건너편에 이 나라 번영의 상징인 고층건물들이 위풍당당하게 서 있다. 할아버지의 조국이자 자신의 조국인 이 나라가 더 번영하고 모두가 행복하게 살기를 바라는 마음으로 그쪽을 바라본다. 김지리 할머니가 불러주신 '아리랑'을 조용히 부르면서. (끝)

김경천 평전 주요 참고자료

단행본

강만길·성대경,『한국사회주의운동인명사전』, 창작과비평사, 1996.

『고종실록』 47권. 1906년 1월 10일, 윤치성의 일본 출장 기록.

국사편찬위원회 편, 『주한일본공사관기록』 22, 1997.

김경천 지음, 김병학 정리,『경천아일록』, 학고재, 2012.

김구,『백범일지』, 도진순 주해, 돌베개, 2002.

김석원,『노병의 한』, 육법사, 1977.

김준엽·김창순,『한국공산주의운동사 1~6』, 청계연구소, 1987.

남파 박찬익 전기 간행위원회,『남파 박찬익 전기』, 1989, 을유문화사.

『대한제국 관원이력서』, 제19책, 국사편찬위원회 데이터베이스. 이하 국편 DB.

민족문제연구소,『친일인명사전』, 1,2,3권, 2009.

『민족문화대백과사전』, 한국정신문화연구원, 1991.

박성수,『광복의 역사인물』, 연합뉴스, 1999.

박환,『대륙으로 간 혁명가들』, 국학자료원, 2003.

박환,『러시아지역 한인의 삶과 기억의 공간』, 민속원, 2013.

박환,『만주한인민족운동사연구』, 일조각 1997.

박환,『재소한인민족운동사연구』, 국학자료원, 1998.

반병률,『한민족독립운동사 - 3·1운동』, 국사편찬위원회, 1988.

반병률,『1920년대 만주 러시아 지역 항일무장투쟁』, 한국독립운동사편
    찬위원회, 2009.

서중석, 『신흥무관학교와 망명자들』, 역사비평사, 2001.

『승정원일기』 고종 22년(1885) 5월 26일자 무관 입격자 명단.

여암선생문집편찬위원회, 『여암문집』 상, 1971.

유길만, 『김일성 장군』, 광성출판사, 2006.

윤치영, 『윤치영의 20세기』, 삼성출판사, 1991.

윤치호, 『윤치호 일기』, 『한국사료총서』, 국편DB.

이명영, 『김일성 열전』, 신문화사, 1974,

이범석, 『철기 이범석 자서전』, 외길사, 1991.

이기동, 『비극의 군인들』, 일조각, 1982.

이상근, 『한인 노령이주사 연구』, 탐구당, 1996.

이원규, 『독립전쟁이 사라진다』 1 · 2, 자작나무, 1996.

이원규, 『마지막 무관생도들』, 푸른사상, 2016.

이응준, 『회고 90년』, 재단법인 선운기념사업회, 1982.

이정희, 『아버님 추정 이갑』, 인물연구소, 1981.

이해경, 『나의 아버지 의친왕』, 도서출판 진, 1997.

임은, 『김일성 정전』, 옥촌문화사, 1989.

조선총독부, 『조선지지자료』 경기도편, 경기문화재단, 경인문화사, 2008.

지헌모, 『청천 장군의 혁명투쟁사』, 삼성출판사, 1949.

지복영, 『역사의 수레를 끌고 밀며』, 문학과 지성사, 1995.

김블라지미르, 조영환 역, 박환 편·해제, 『재소한인의 항일투쟁과 수난사』
　　　국학자료원, 1997.

곤도 시로스케(權藤四郎介), 이언숙 역, 『대한제국황실비사』, 이마고, 2007.

리 블라디미르 표도로비치·김 예브게니 예브게니에비치, 김명호 역,『스
        딸린 체제의 한인 강제이주』, 건국대학교 출판부, 1994.

브루스 커밍스, 남성욱 역,『김정일 코드: 브루스 커밍스의 북한』, 따뜻한
        손, 2005.

알렉산드로 솔제니친, 김학수 옮김,『수용소군도』1, 2, 3, 열린책들, 1989.

山本七平, 이명성 역,『홍사익 중장의 처형』상, 하권, 도남서사, 1986.

今村文英,『陸軍幼年學校の 生活』, 靑年圖書出版社, 昭和 19年(1944). 東京.

武井一,『皇室特派留學生』, 白帝社, 2005, 東京.

福川秀樹,『日本陸軍將官典』, 인터넷 구글 웹사이트.

山田辰雄 編,『近代中國人名辞典』, 霞山會、1995.

阿部牧郎,『大義に死す最後の武人 阿南惟幾』, 祥伝社, 2007, 東京.

東アジア問題研究会 編,『增補 アルバム·謎の金日成』, 成甲書房, 1977,
        東京.

野邑理榮子,『陸軍幼年學校 體制の 研究』, 吉川弘文館, 2006, 東京.

「魚潭少將 回顧錄」,『明治百年史叢書 302』, 영인본, 1987, 고려서림.

宇都宮太郎 關係資料研究會 編,『陸軍大將 宇都宮太郎 日記 1, 2, 3』, 岩
        波書店, 2007, 東京.

陸軍幼年學校,『陸軍中央幼年學校 一覽』, 明治 35年(902), 東京.

『日本陸軍士官學校』, 秋元書房, 1969, 東京.

논문·르포르타주

김병학, 「경천아일록(擎天兒日錄)과 연해주 항일독립운동가 김경천의 생애」, 부경대학교 인문사회과학연구소, 『인문사회과학연구』 제14권 제1호, 2013. 4.

김병학, 「김경천이 꿈에도 그리워했던 서울 사직동 사저」, 『독립기념관』 통권 제299호, 2013.

김영범, 「현정건의 생애와 민족혁명운동」, 한국민족운동사학회, 한국민족운동사연구 제70집, 2012. 3.

박찬승, 「1904년 황실 파견 도일유학생 연구」, 『한국근대사연구』 제51집, 한국근대사학회, 2009. 12.

박 환, 「재러한인 민족운동가 김경천 연구」, 『한국독립운동사 연구』12, 1998, 독립기념관한국독립운동사 연구소.

반병률, 「연해주 남부 교통요지 바라바쉬 일대의 한인 마을들」, 『신동아』, 2003년 9월호.

반병률, 「러시아 한인의 발자취를 찾아서 4」, 『신동아』, 2004. 4.

반병률, 「러시아 한인의 발자취를 찾아서 5」, 『신동아』, 2004. 10.

반병률, 「일제강점기 러시아(소련)의 대(對) 한인정책과 한인들의 소련 인식」, 한양대 러시아 유라시아 연구사업단 데이터베이스(www.euris.or.kr).

선우휘, 「마덕창 대인」, 『현대문학』, 1965. 5.

안보문제연구원 편, 「항일무장투쟁가 김경천 선생」, 『통일로』, 통권178호, 2003. 6.

윤상원, 「시베리아 내전기 연해주 수찬지방 한인빨치산부대의 조직과 활동」, 경원대학교 아시아문화연구소, 『아시아문화연구』제19집, 2010. 9.

윤선자, 「1920년대 초반 김경천의 항일무장투쟁」, 『한국독립운동사연구』 제52집, 독립기념관 한국독립운동사연구소, 2015.12.

이계형, 「1904~1910년 대한제국 관비 일본유학생의 성격변화」, 『한국독립운동사연구』제31집, 독립기념관 한국독립운동사연구소, 2008.12.

이정은, 「최재형의 생애와 독립운동」, 『한국독립운동사연구』 제10집, 독립기념관 한국독립운동사연구소, 1996.12.

이형석, 「지청천」, 『한국 근대인물 백인선』, 동아일보사, 1970.

조찬석, 「관산 조철호에 관한 연구」, 인천교육대학『교육논총』, 1982년 3월.

차문섭, 「구한말 육군무관학교 연구」, 고려대학교 아세아문제연구소, 『아세아연구』16집, 1973.6.

한시준, 「신흥무관학교와 한국독립운동」, 『한국독립운동사연구』 제40집, 독립기념관 한국독립운동사연구소. 2011.12.

한시준, 「이청천과 한국광복군」, 『한국근현대사연구』. 제56집, 한국근현대사학회, 2011 봄.

西澤直子·王賢鍾, 「明治期 慶應義塾への 朝鮮留学生」, 『近代日本研究』 31號, 2014.

阿部 洋, 「舊韓末の 日本留學(2)」, 『韓』5號, 東京韓國研究院, 1974.

阿部 洋, 「舊韓末の 日本留學－資料的考察」(Ⅱ), 『韓』6號, 東京韓國研究院, 1974.

阿部 洋, 「舊韓末の 日本留學」(3), 『韓』7號, 東京韓國硏究院, 1974.

Малявина Людмила Сергеевна, 「Корейский(Интернациональный) педагогический институт во Владивостоке: от создания до выселения (1931–1937)」, 『Научный диалог≫ (51) №3』 2016.

В.Г.Макаренко, 「Единственный в мире интернациональный (корейский) педагогический институт во Владостоке (Из истории высшего образования на Дальнем Востоке в」, 1930, 『Вестник Сахалинского музея≫ Сахалинского областного краеведческого музея』.2011.

신문·잡지 기사

『구한국 관보』, 광무 7년(1903) 7월 3일자,「육군무관학교 제2회 졸업방」.

『구한국 관보』, 광무 7년(1903) 7월 8일자, 참위 임관 명단.

『일본국 관보』 메이지 44년(1911) 5월 31일자. 5월 27에 육사를 졸업한 견습사관 명부.

『황성신문』, 1908년 3월 17일자. 김정우의 장례 파병호장(派兵護葬).

『황성신문』, 1909년 1월 27일자. 안확의 간친회 강연 관련.

『황성신문』, 1910년 2월 3일자. 이조이(李召史)의 정원(情願).

『대한매일신보』1907년 1월 9일자. 황실유학생들의 일본육군대학 교육희망 관련.

『대한매일신보』, 1908년 07월 24일자 광고, 상속재산 매각 불원광고.

『대한유학생회학보』제3호 1907. 5. 25「제4차 결산보고」, 국편 DB.

『만세보』1907년 1월 6일자 및 1월 15일자. 황실유학생들의 일본육군대
　　　학 교육희망 관련.

『매일신보』, 1919년 5월 22일자. 친일형사 신승희의 자결.

『신한민보』, 1919년 6월 24일자. 친일형사 신승희의 자결.

『동아일보』, 1925년 11월 5일자,「육년간 소식 없는 현계옥 내력 4」,

『동아일보』, 1921년 8월 18일자.「기세(氣勢)가 치성(熾盛)한 마적」.

『동아일보』, 1921년 11월 27일자. 김광서 전사설.

『동아일보』, 1922년 7월 1일자.「김경천 씨의 소식」.

『동아일보』, 1922년 1월 23일, 24일. 공민(公民),「노령견문기」5, 6.

『동아일보』, 1922년 4월 22일자. 독립단의 양언(揚言).

『동아일보』, 1922년 6월 2일자. 일본인 현상 암살.

『동아일보』, 1922년 9월 26일자. 완화한 김응천.

『동아일보』, 1923년 1월 3일자. 김광서 이청천 군사위원 지명.

『동아일보』, 1923년 7월 1일자.「국민대표회의 속보」.

『동아일보』1923년 7월 29일자.「빙설 쌓인 서백리아(西伯利亞)에서, 아령
　　　(俄領) 조선 군인 김경천」.

『사막천』, 1924년 6월 24일. 전의회원들의 김경천 가족 돕기 관련.

『시대일보』, 1926년 6월 27일자.「김경천 부인의 거처? 딸들 셋 데리고 부
　　　지거처돼 남편 찾아 서백리아로 간 듯」.

『삼천리』, 1931년 7월호.「붉은 연애의 주인공들」.

『자유신문』, 1945년 10월 11일자.「망명지사들 가족방문기 5, 소련(蘇聯)
　　　서 활약하는 김광서 장군」.

『동아일보』, 1945년 12월 6일자. 김일성의 실체 안우생 문답.

『중앙일보』, 1971년 12월 30일자. 이난향, 「남기고 싶은 이야기」.

『동아일보』, 1998년 8월 13일자.「시베리아—만주 호령하던 백마 탄 항일
　　　　영웅 김경천 장군 56년 만에 햇빛」.

『경향신문』, 2005년 9월 5일자. 『경천아일록』의 발굴.

『중앙일보』, 2017년 11월 8일자. 북한 김일성 정체.

최린,「자화상, 파란중첩 오십년간」, 『삼천리』 제2호, 1929년 9월 1일.

문서

김경천의 제적등본.

김경천의 손녀 나탈리아의 일기.

김경천의 외손자 김 겐나지 선생이 이원규에게 보낸 서신.

훈장증, 건국훈장 대통령장 김경천, 1998년 8월 15일.

국가보훈처, 『독립유공자 공훈록』.

서울특별시가 김올가에게 제공한 종로구 사직동 166번지 토지대장 기록.

「조선민족해방운동에 참가하던 빨치산 회상기」, 이인섭 수기류, 독립기
　　　　념관 웹사이트, 콘텐츠 자료, 독립운동가 원문 자료.

「조선인민의 전설적 영웅 홍범도 장군을 추억하면서」, 이인섭 수기류, 독
　　　　립기념관 웹사이트, 콘텐츠 자료, 독립운동가 원문 자료.

「아령과 중령에서 진행되던 조선민족해방운동」, 이인섭 수기류, 독립기
　　　　념관 웹사이트, 콘텐츠 자료, 독립운동가 원문 자료.

「늙은 빨치산들 회상기」, 이인섭 수기류, 독립기념관 웹사이트, 콘텐츠

자료, 독립운동가 원문 자료.

「한인사회당-한인공산당」, 이인섭 수기류, 독립기념관 웹사이트, 콘텐츠
자료, 독립운동가 원문 자료.

「김승화 작 소련 조선인 역사를 참고하고서」, 이인섭 수기류, 독립기념관
웹사이트, 콘텐츠 자료, 독립운동가 원문 자료.

「조회(照會) 제13호」, 학부대신 서광범이 외부대신 김윤식에게 보낸 공
문, 1895. 8. 국편 DB.

「조회 제17호」1904년 10월 7일 학부대신 이재극이 외부대신에게 발송한
황실유학생 명단, 국편 DB.

「조회 제93호」, '표훈원 총재 민영석 등의 일본시찰 여비를 즉시 지급할 것',
의정부참정대신이 탁지부로 보낸 문서, 1905. 7. 14, 국편 DB.

「통첩, 제33호」, 군부 부관 김기원이 1908년 3월 23일 원유회청첩위원 고
원식에게 보낸 문서, 국편 DB.

「한국 유학생 50명 하기와라(萩原) 서기관 동행 도일 건(件)」 왕전(往電)
제700호, 1904년 10월 7일 정오 하야시 공사(林公使)가 고무라
(小村) 대신에게 보낸 전보, 국편 DB.

「憲機(헌기) 제1522호 한국 군부 폐지 건」, 조선통감부 기밀문건, 1909년
7월 31일. 국편 DB.

야마구치현(山口縣) 지사 후루사와 시게(古澤滋)가 외무대신에게 보낸
보고, 秘第2-638號, 국편 DB.

「한국인 망명자 중 일부의 귀국 권유에 대한 하야시 공사(林公使)의 서
한」, 국사편찬위원회, 『한국근대사자료집성 2』, 2001.

「要注意 韓人 來朝ノ件」, 갑비(甲秘) 제150호, 메이지 40년(1907) 12월
　　　11일, 경시총감 아라쿠 카네미치(安樂兼道)가 하야시(林) 외무대
　　　신에게 보낸 보고서, 국편 DB.

「韓人 動靜 左ノ 通リ 探聞 候條 此段 及 申報候也」, 明治 33年(1900) 8月
　　　15日, 국편 DB.

야마구치현(山口縣) 지사 후루사와 시게(古澤滋)가 외무대신에게 보낸
　　　보고, 秘第2-638號, 「韓人 動靜 左ノ 通リ 探聞 候條 此段 及
　　　申報候也」, 明治 33年(1900) 8月 15日, 국편 DB.

「蘇城方面不逞鮮人의 행동에 관한 건」, 1920년 10월 14일, 『不逞團體關
　　　係雜件 朝鮮人의 部 在西比利里亞』,

「要注意 韓人 來朝ノ件」, 갑비(甲秘) 제150호, 메이지 40년(1907) 12월
　　　11일, 경시총감 아라쿠 카네미치(安樂兼道)가 하야시(林) 외무대
　　　신에게 보낸 보고서, 국편 DB.

기밀 제118호. 1924년 4월 25일, 간도총영사가 외부대신에게 보낸 보고,
　　　국편 DB. 군인구락부와 김경천 관련.

기밀 제229호. 1925년 10월 24일, 간도총영사가 외무대신에게 올린 '불
　　　령조선인단이 농작수확기에 활동자금 충당 위해 의연금 모금을
　　　획책하고 있다고 보고, 국편 DB.

경종경고비(京鍾京高秘) 제7035의 2, 「노동당 간부 김연희의 귀경에 관
　　　한 보고」, 국편 DB.

조보비(朝保秘 1210호, 조선총독부 경무국장이 본국에 보낸 보고, 1926년
　　　10월 5일, 김경천과 그 일파들이 중국 국민군 원조를 받아 만주와

연해주에서 한인군대를 새롭게 편성하려 한다고 보고, 국편 DB.

「김경천 심문조서」, 카자흐스탄 카라간다 주 인민안전위원회 산하 사회
안전국 , 1939년 4월 6일,

카자흐스탄 카라간다 주 인민안전위원회 산하 사회안전국, 「김경천에 관
한 증명서 2008. 9. 10 발행.

「露領蘇城方面ニ於ケル不逞鮮人ノ行動」(1920 - 1921), 高警33075號, 국
회도서관 원문자료 DB

「韓国 官費留学生 金英殷 中央幼年学校へ 入学 志願ノ 件」教育摠監部
甲第190號,, 明治 38年『壹大日記』, 일본 방위성 방위연구소 소장
자료.

教育摠監部, 甲第260號, 明治 36年(1903) 5月 18日, 일본 방위성 방위연
구소 소장자료.

「韓国学生 全顕忠、清国学生 張厚琬 教育ノ件」, 壹第924號, 陸軍省『壹
大日記』, 明治 42年 5月, 일본 방위성 방위연구소 소장자료.

「韓国留学生 金英殷 中央幼年学校へ 入学志願の 件」, 教育摠監部 甲第
269號, 明治 38年 5月 17日. 일본 방위성 방위연구소 소장자료.

「韓国私費学生中央幼年学校へ入学の件」, 陸軍省 第19號, 『壹大日記』明
治 39年 5月 8日, 일본 방위성 방위연구소 소장자료.

「清韓学生教育の件」, 陸軍省 1第924號, 明治 42年 5月, 일본 방위성 방
위연구소 소장자료.

「清国、韓国陸軍学生 士官学校へ入校ノ件」, 陸軍省 2第 2472號, 明治 42年
5月

미디어·기타

KBS TV, 역사스페셜 「백마 탄 김장군 김경천, 시베리아의 전설이 되다」,
2012년 12월 6일 방영.

youtube 동영상, 「김경천 장군 집터 표지석 제막식」.

「가문의 영광」, 덕수이씨대종회 인터넷홈페이지(www.deoksoolee.or.kr).

『日本近代艦船事典』, The Naval Data Base(hush.goodside.com).

1888년(1세) 6월 5일, 함경남도 북청군 북청읍 서문 밖에서 출생. 이름을 영은(英殷)으로 지음. 이때 부친 김정우는 윤웅렬 전 남병사와 함께 전라도 능주에 유배 중이었음.

이 해 북청민란 일어남.

1892년(5세) 5월, 아내가 될 유정화가 경기도 고양군 용강면 신정리(현 서울 마포구 신정동)에서 출생.

1894년(7세) 11월, 부친 김정우가 유배에서 돌아옴. 윤웅렬이 실권을 잡자 경무청 총순 판임관 6등에 임명됨.

1895년(8세) 가을, 가족 전체가 함남 북청을 떠나 경기도 광주군 초월면 학현리에 농장을 마련하고 이사함. 부친 김정우는 장남 성은(成殷)을 동반, 관비유학생으로 일본 유학을 떠남. 어린 영은은 모친과 함께 삶.

1897년(10세) 2월, 뒷날 계모가 된 임춘희, 오우지(王子)잠업학교 졸업.

3월, 김정우, 게이오의숙 보통과정 졸업, 준텐모토메고샤(順天求合社) 예비과 입학. 반년 뒤 도쿄고등공업학교 기계학과 입학.

12월, 형 김성은이 일본 육사에 입학함.

1899년(12세) 가을, 어머니 윤옥련 사망. 아버지와 형이 못 와 상주가 되어 장례를 치름.

9월, 김정우, 도쿄고공 졸업. 포병공창 총탄제조소 실습과정 입교.

11월, 김성은, 일본 육사 공병과를 11기로 졸업하고 실습에 들어감.

1900년(13세) 8월, 김성은, 실습을 끝내고 대한제국 육군 참위로 임명 받아 귀국.

10월, 부친 김정우, 무기 탄약 전문가가 되어 귀국. 일가족 한성 서서 반석방 순동(현재의 중구 순화동)으로 이사함.

김영은, 일본계 사립학교인 경성학당에 편입학함.

1902년(15세) 겨울, 경성학당 졸업. 이후 집에서 독학.

1903년(16세) 2월 8일, 제물포항에서 러일전쟁 해전 러시아 군함 자폭, 밤에 일본군 한성 진주.

가을, 아버지 김정우 탄약과 총기 구입을 위해 일본에 출장

1904년(17세) 4월, 형 김성은, 정위로 진급해 친위제1연대 공병중대장에 임명됨.

7월, 황실유학생 선발시험에 합격. 유정화와 약혼함.

10월, 황실유학생 50명에 끼여 인천항 출발, 일본어를 잘 해서 연락선에서 통역을 맡음. 도쿄 도착, 아버지의 모교인 준텐중학교에 입학함.

1905년(18세) 3월, 아버지 김정우, 군기창감에 임명됨.

7월, 육군중앙유년학교 편입학을 결심함.

8월, 일본에 출장 온 형 김성은 부령을 만나 편입승낙 얻음. 김성은 부령, 광무(고종)황제의 밀서를 일본 군부 실력

자에게 전달한 것으로 추정, 뒷날 그 때문에 죽음을 맞은 것으로 보임.

9월 1일, 도쿄육군중앙유년학교 예과 2학년에 편입함.

10월 7일, 제2차한일협약(을사늑약)이 체결됨.

1906년(19세) 1월, 도쿄에 출장 온 형의 동기생 윤치성 정위를 만남.

가을, 형 김성은 부령이 27세로 요절함.

1907년(20세) 8월 1일, 대한제국 군대가 해산됨.

1908년(21세) 3월 23일, 부친 김정우가 급서하여 일시 귀국함.

6월 8일, 이복누이 옥진이 출생함.

7월 24일,『대한매일신보』에 상속된 재산을 열거하고 매각 불원 광고를 실음.

1909년(22세) 5월, 육사 입학을 준비하면서 신원조서 작성, 이름을 김현 충으로 개명해 적음.

7월, 육군중앙유년학교 본과를 졸업하고 기병병과를 받아 도쿄 기병 1연대에서 대부근무를 시작함.

9월, 대한제국무관학교가 폐교되고 44명의 마지막 무관생 도들 일본행, 육군중앙유년학교 예과 2,3학년에 편입하자 찾아가 격려함.

10월 26일, 안중근이 이토 히로부미를 격살함.

12월 1일, 대부근무를 마치고 육사 23기로 기병과에 입학함.

1910년(23세) 2월 3일,『황성신문』에 김정우의 첩실 화순댁의 토지매각 기 사가 실림.

8월 29일, 한일합방 발표.

9월 4일 일요일, 외출한 조선인 후배생도들이 아오야마 묘지에서 통곡하며 군사교육을 끝까지 받고 뒷날 독립전쟁에 나서기로 결의함.

9월 10일, 토요일 오후, 외박 나온 후배생도 지석규 홍사익 이응준을 동반해 요코하마로 가서 항일 무장투쟁 동지가 되기로 무명지 피를 흘려 섞어 마시며 맹세함.

1911년(24세) 5월 27일, 육사 23기로 기병과를 졸업, 견습사관 근무를 시작함.

11월 초, 조선총독으로 부임하는 데라우치를 만나 격려 받음.

11월 말, 기병 소위 임관, 이름을 김광서로 고침.

12월 초, 휴가로 귀국해 유정화와 결혼함. 사직동 166번지에 집을 마련하고 아내를 두고 도쿄에 귀임.

1913년(26세) 1월, 휴가로 귀국, 아내와 조부 김규준을 동반해 도쿄로 돌아감.

1914년(27세) 봄, 중위로 진급. 도야마육군학교의 6개월 연수과정에 입교하며 지바현 니노미야 촌으로 이사함.

1915년(28세) 6월 11일, 장녀 지리 출생.

1916년(29세) 봄, 지바현 나라시노기병학교에 1년 과정 입교, 기병전술과 보병전술을 열심히 익힘.

10월 10일 시흥김씨로 호적을 고침.

1917년(30세) 2월 8일, 차녀 지혜 출생.

봄, 도쿄의 기병 1연대로 돌아옴. 육사 26기, 27기 조선인 후배들과 친목회인 전의회를 조직하고 회장에 추대됨.

6월 12일, 도쿄에 온 융희(순종) 황제를 알현함.

1918년(31세) 9월 중순, 독립전쟁 전선으로 탈출할 결심으로 병가를 얻어 귀국, 사직동 집에서 휴양하며 탈출 기회를 모색함.

12월, 도쿄에 다녀옴.

1919년(32세) 3월 1일, 종로 YMCA 회관에서 윤치호를 만남. 2시 30분 회관을 나오는 길에 탑골공원 만세 함성을 듣고 눈앞의 시위 대열에 합세함. 독립전쟁이 민족의 명령임을 깨달음. 이날 친구들이 무장항쟁을 권함.

4월 17일, 삼녀 지란 출생.

6월 6일, 지석규와 함께 만주로 탈출. 이후 보름을 걸어 서간도 신흥무관학교에 도착, 교관이 됨.

10월, 신흥무관학교 6기생 배출. 북간도를 거쳐 연해주로 가는 여정에 오름.

11월, 러시아 연해주 니콜스크 우수리스크에 도착함.

12월, 북만주 모다오시로 잠행해서 군인구락부 결성에 참여함.

1920년(33세) 1월말, 수이푼(추풍) 만석동에서 군사교육을 함.

3월 1일, 수이푼 만석동에서 열린 3·1절 기념식에서 연설함.

3월 12일, 니항(泥港) 사건 일어남. 러시아 혁명군 부대 적군과 박(朴)일리아가 이끄는 한인 부대가 일본군을 기습 전멸시킴.

3월 중순, 정재관·장기영과 스찬의 삼림지대를 통과해 치
모우로 이동, 동포 지도자들과 연합총회를 엶. 100여 명의
독립군 부대를 조직했으나 러시아 적군의 요청으로 독립투
쟁을 시작하지 못함.

4월 4일, 일본군이 니항사건 보복으로 연해주 반일 조선인
들을 제압하기 위한 작전에 돌입, 김경천은 살아남았으나
한인들의 정신적 지주인 최재형 노야 등이 처형당함.

5월 18일, 일본군 사주를 받아 연해주로 와서 한인 부락을
약탈해 온 카오샨 파 마적 300여 명을 공격 전멸시키고 한
꺼번에 군마 300필과 소총 300정을 획득해 독립군부대를
꾸림. 부대 이름을 창해청년단으로 정함. 러시아 적군 측의
요청으로 스찬 지역에 군정을 폄 '백마 탄 김 장군' 명성이
고국 땅까지 펴져 감.

6월 4일, 홍범도 부대가 펑우둥에서 일본군을 상대로 싸워
대승함.

6월 5일, 바깥스찬 지역 따인재골 한인부락을 약탈하는 마
적 60여 명을 격멸함. 다음날 야전 천막에서 33회 생일을
맞음.

9월 중순, 스찬 지역이 평정되자 니항 남쪽 경치 좋은 해변
에서 철 늦은 해수욕을 하고 열병을 앓음.

9월 28일, 북간도 독립운동 단체에서 무관학교 개교를 준

비하며 초청하여 해로와 육로로 이동. 도중에 블라디보스
토크에 와 있던 북청 숙모가 찾아와 만남. 북간도 타이펑춘
까지 갔으나 무관학교 개설 계획이 중국 측 요구로 무산되
었다는 연락을 받고 연해주로 되돌아옴.

10월, 스찬의 뜨레치푸진으로 감. 혈성단 단장 강국모 등
지도자들로부터 연합의병대 사령관과 무관교육 전권을 받
음. 위험을 무릅쓰고 블라디보스토크로 잠행해 북청 숙모
를 만나 경성 사직동 집에 있는 군사서적을 가져다 달라고
부탁함.

1921년(34세) 2월 5일, 군사서적을 가지러 경성으로 갔다가 돌아온 숙모를
만나 숙모와 아내가 경찰에 체포돼 겪은 고초를 알게 됨.

4월 27일, 스찬의 뜨레치푸진에서 열린 연해주한인연합총
회에서 연합의병대 사령관 겸 사관교육 책임자로 추대됨.
부대이름을 '고려혁명군'으로 정함.

6월 22일, 동시베리아 알렉세예프스크에서 자유시사변 일
어남.

6월 29일 아침, 강국모 · 한창걸과 지도 노선 및 지휘권 갈
등을 겪는 가운데 간부 손풍익이 오발사고로 사망함.

8월 4일 일본 첩자들이 혈성단 아누치노 지역 주둔 독립군
이 1천 명에 달하며 사령관이 김광서라고 보고함.

8월 18일, 『동아일보』가 「보기(步騎) 양대(兩隊)의 대단(大團)
총사령관 김응천」이라는 제목으로 활동을 보도함.

9월 말, 러시아 적군사령부의 명령에 따라 중대 병력을 신용걸에게 맡겨 올가항을 수비하게 되고, 주력을 이끌고 어수치노(도병하)로 진군함.

10월 16일, 올가항 수비대 괴멸, 신용걸 중대장 전사함.

10월 하순, 스찬 신영동 부근에서 백군 1개 사단에 포위당해 참혹한 패배를 당하고 구사일생으로 생존함.

11월 27일, 『동아일보』가 김경천이 부하 70여 명과 함께 전사했다는 기사를 실어 모국 동포들을 비탄에 빠뜨림.

1922년(35세) 1월, 영하 40도 혹한에 절치부심하며 이만으로 이동, 한러 연합사령관이 됨.

1월 23, 24일, 시인 나경석, 전사했다고 알려진 김경천의 투쟁과 자취를 추적한 르포 「노령견문기」를 『동아일보』에 기고함.

2월 6일, 백군과 일본군 연합부대를 괴멸시키고 이만을 점령함.

3월 중순, 수이푼과 블라디보스토크 중간에 있는 고개 소학령(巢鶴嶺)에서 백군을 공격해 승리함. 연해주 군사위로부터 포시에트 지역사령관에 임명됨.

4월, 친일파 및 밀정 처단작전을 지휘함.

5월, 연해주혁명군사위원회가 연해주 지역 한인의병대 총사령관으로 임명함.

6월, 부대를 이끌고 시호테알린 산맥을 넘어 포시에트를 향하여 이동, 일본군 지역을 관통해 수이푼으로 기동함. 항일정신을 북돋는 선전물과 일본군과 일본 민간인 암살 현상금을 건 선전물을 동포사회에 배포함. 이후 일본군 암살작전을 지휘하고 공로자들을 현상금을 주어 포상함.

7월 1일, 백마 탄 김 장군 김경천이 생존해 있다고 『동아일보』가 정정 보도함.

7월 중순 연해주 항일운동지원자들 3천 명이 모이고 각지의 한인부대가 속속 도착해 총 5천여 명을 지휘하게 됨. 한인연합부대인 대한혁명단을 조직하고 사령관이 됨.

9월 수이푼에서 두만강 국경 가까운 얀치혜로 이동, 여러 전투에서 승리하고 부상당해 스찬 다우지미로 호송되어 요양함. 러시아 한인무장단체들 고려혁명군으로 연합하면서 동부사령관에 임명함.

가을, 소비에트 정부가 한인유격연합대 해산 및 국민전쟁 참가자 귀가명령과 무장해제 명령을 내림. 이로써 생애의 무장투쟁을 끝냄.

1923년(36세) 2월 19일, 국민대표회의 참가차 중국 상하이로 혼자 밀행함.

7월, 지석규와 함께 국민대표회의 군무위원으로 지명됨.

7월 29일, 「아령 조선군인 김경천 빙설 쌓인 서백리아에서」 구술이 『동아일보』에 실림.

8월 말, 국민대표회의 결렬. 다시 연해주로 감. 석 달 간 블라디보스토크에 체류함.

겨울, 니콜스크 우수리스크에 머물며 안무 등 동지들과 교유함. 헐벗은 채 방랑하는 독립군 병사들을 보고 비감한 마음으로 시로 지음.

1924년(37세) 1월 초, 국민위원회 위원들과 수이푼 4사(四社)를 순방하며 연일 환영잔치에 초대됨.

1월 15일, 제1회 연해주 국민위원회 임시회의 참석차 블라디보스토크로 감.

2월 22일 레닌이 사망함.

2월, 우수리스크로 찾아온 처남 유대진과 만남.

여름, 수이푼강에서 수영하고 한가하게 여름을 보내면서 연해주 각지의 옛 대원들과 연락선을 유지함.

9월, 재피거우에서 러시아 적군 기병대가 독립군 13명을 난살하는 사고가 일어남.

10월, 뒤마의 『몽테크르스트 백작』 등 소설을 읽으며 시간을 보냄.

11월 6일, 친척 아우 김창섭이 찾아옴. 윤치호와 오긍선이 가족을 도운 사실을 알게 됨.

1925년(38세) 1월, 젊고 부유한 미망인 김엘리자베타와 가깝게 지냄.

2월. 미국 체류 김영섭과 편지 교환, 일본과 미국 관계를 파악함.

2월 21일, 아내 유정화가 찾아와 20일 머물고 돌아감.

5월, 진중일기를 작성하기 시작함. 먼 기억은 회고록 형태로, 메모가 있는 가까운 날들은 일기로 복원해 감.

6월 초, 김연희를 가족을 데려올 밀사로 파견함.

6월 17일, 아내 유정화가 김연희를 따라 세 딸 지리, 지혜, 지란, 그리고 시누이 옥진과 더불어 북행 망명길에 오름. 일본인 유시마(湯島)에게 사직동 저택을 250엔에 전세로 주고 망명경비를 마련함.

6월 27일, 김광서 가족이 사라졌다고 『동아일보』가 보도함.

6월 30일, 예정 행로를 바꿔 북간도까지 가족을 안내한 김연희, 경성으로 돌아오는 길에 체포됨. 김경천 일가의 망명 탈출과 경위를 일본 경찰이 파악함.

7월 5일, 블라디보스토크에 도착한 아내와 누이 옥진, 딸들을 만남.

9월 28일, 딸 지리와 지혜 한인학교 입학, 지란은 러시아인학교에 입학함.

11월과 12월, 동지 한형권과 최준형이 찾아옴. 며칠씩 장기를 두며 국제정세와 장래 투쟁방향을 의논함. 장차 일본이 만주를 침공하면 소련이 옛 한인 독립군부대를 필요로 할 것이라고 판단함. 이 무렵 진중일기를 정리하고 「경천아일록」이라는 제목을 붙임.

1926년(39세) 봄, 가족과 스찬 다우지미 지역 서개척리(西開拓里)로 이사해서 옛 부하들이 만든 꼴호즈(협동농장) 위원장이 됨.

9월 17일, 장남 수범이 출생함.

1929년(42세) 1월 중순, 스찬 해안 지역 난채시(蘭採市)에 있는 아프로 꼴
호즈 위원장으로 감.

1월 31일, 넷째딸 지희 출생함.

1931년(44세) 9월, 만주사변이 발발, 빠른 시간에 일본군이 만주를 점령
해감. 이제 소련이 옛 한인 독립군부대를 필요로 할 것이
라는 기대를 가짐.

1932년(45세) 3월 1일, 아프로 꼴호즈를 떠나 하바롭스크 연방국가보안
부에서 일본 정보 분석관으로 일함.

4월 4일, 가족이 하바롭스크로 이사함.

7월 24일, 차남 기범 출생함.

이 해「오가세기」를 집필함.

1933년(46세) 가을, 블라디보스토크 국제사범대학 교수로 자리를 옮김.

1935년(48세) 봄, 스탈린의 지시로 엔카베데(NKVD 국가 내무인민위원
회)가 일본에 협조할 잠재적 가능성이 있는 한인 지도자들
숙청을 시작함.

9월 초, 엔카베데에 종파 혐의와 반역 혐의로 체포됨.

9월 29일, 연해주국경수비대 군법회의에서 3년 징역형을 선
고 받음. 1937년(50세) 여름, 차녀 지혜 식중독으로 사망.

8월, 소련 인민위원회 위원장 몰로토프와 공산당 서기장
스탈린, 연해주 한인 16만 명의 강제이주 명령서에 서명.

가을, 16만 명의 연해주 한인들, 중앙아시아로 강제 이주
됨. 김경천의 가족은 카자흐스탄 텔만지구로 배치되어 제3

카루굴랴 국영농장에서 채소작업원으로 일함.

1939년(52세) 2월 4일, 2년 반 복역한 유형지에서 풀려나 카자흐스탄으
로 가서 가족 합류. 텔만 구역 독일인 농장 코민테른 꼴호
즈의 작업부로 일함. 한 달 뒤 꼴호즈 대표가 됨.

3월, 엔카베데의 사주를 받은 불량청년들에게 폭행당해 부
상 입음.

4월 5일, 다시 체포되어 카라간다 정치범수용소에 갇힘

6월 25일, 모스크바 부띠르스꼬이 감옥으로 이감됨.

12월 17일, 모스크바 군구 군사재판에서 간첩죄로 강제노
동수용소 노동교화 8년형을 선고 받음.

1941년(54세) 1월 17일, 러시아공화국 아르헨겔스크 주 코틀라스에 있는
북부철도 수용소로 이송되어 철도건설 노역을 시작함.

1942년(55세) 1월 14일, 비타민 결핍으로 인한 심장 질환으로 사망, 죄수
들의 공동 매장지에 묻힘.

1945년 8월, 일본의 항복선언으로 조국이 해방됨.

10월 14일, 평양에서 열린 소련군 환영대회에 젊은 김일성
이 지도자로 등장. 국민 대부분이 김경천을 '진짜 김일성'으
로 생각하며 환국을 기다림.

1946년 독립전쟁 투신 맹세를 어기고 끝까지 일본군에 남아 고급
장교를 지낸 이응준을 비롯한 일본 육사 후배들이 주축이
되어 국방경비대를 창설함.

1956년 러시아 연해주국경수비대 군법회의가 1936년의 반역죄 혐

의에 대해 재심을 열고 무죄를 선고함.

1959년   모스크바 군구 군사재판소가 1939년의 간첩죄 혐의에 대해
         재심을 열고 무죄를 선고함.

1972년   이명영 교수가 『김일성 열전』을 집필 출간함. 김경천이 '진
         짜 김일성'이라고 결론 내리고 '독소전쟁에서 전사한 것'으
         로 추정함.

1993년   4월 14일, 카자흐스탄 정부, 정치적 탄압에 의한 희생자의
         명예회복에 관한 법률을 제정, 명예가 회복됨.

1998년   3월, 모스크바대 유학 중이던 정창영 감사원 감사관이 옘
         블라디미르 교수를 통해 유족을 찾아 정부에 보고함.
         8월 15일, 아들 가범과 딸 지희가 정부 초청으로 귀국, 건
         국훈장 대통령장을 추서 받음.

2003년   6월, 국가보훈처가 '이 달의 독립운동가'로 선정함.

2010년   5월, 김성회 국회의원, 김경천 장군에게 추서한 훈장의 격
         을 최고로 높여 달라고 보훈처에 청원, 건국훈장 대통령장
         이 적격하다는 답변을 받음.

2012년   2월, 『경천아일록』이 김병학 시인의 현대어역으로 출간됨.
         12월 6일, KBS가 다큐멘터리 「백마 탄 김장군 김경천, 시
         베리아의 전설이 되다」를 방영함.

2015년   9월, 외증손녀 김올가의 요청을 받은 서울시가 사직동 옛
         집터에 표지석을 세움.

2016년   1월, 전쟁기념관이 '이 달의 호국 인물'로 선정함.

저자 약력

이원규 李元揆

1947년 인천에서 출생, 인천고등학교와 동국대학교 국문학과를 나와 젊은 시절 고교 교사로 일했다. 1984년 『월간문학』 신인상에 단편소설 「겨울무지개」가, 1986년 『현대문학』 창간 30주년 기념 장편공모에 베트남 참전 경험을 쓴 『훈장과 굴레』가 당선되었다. 인천과 서해를 배경으로 분단문제를 다룬 소설들을 주로 썼으며 분단에 대한 진보적 시각을 온건하게 표현한 작가라는 평가를 받고 있다. 창작집 『침묵의 섬』, 『깊고긴 골짜기』, 『천사의 날개』, 『펠리컨의 날개』, 장편 『훈장과 굴레』, 『황해』, 『마지막 무관생도들』, 대하소설 『누가 이 땅에 사람이 없다 하랴』(1-9) 등,
독립전쟁 현장 답사기 『독립전쟁이 사라진다』(1-2), 『저기 용감한 조선 군인들이 있었소』(공저), 평전 『약산 김원봉』, 『김산 평전』, 『조봉암 평전』 등을 출간했다. 대한민국문학상 신인상, 박영준문학상, 동국문학상, 한국문학상 등을 수상했으며, 모교인 동국대학교 겸임교수로서 10여 년간 소설과 논픽션을 강의했다.